Design de Identidade da Marca

☐ Não sou um robô.

Obra originalmente publicada sob o título
Designing Brand Identity: An Essential Guide for the Whole Branding Team, 5th Edition
ISBN 9781118980828 / 1118980824

All Rights Reserved. This translation published under license with the original Publisher John Wiley & Sons, Inc.

Copyright © 2018, John Wiley & Sons, Inc.

Gerente editorial: *Arysinha Jacques Affonso*

Colaboraram nesta edição:

Editora: *Denise Weber Nowaczyk*

Capa: *Márcio Monticelli* (arte sobre capa original)

Leitura final: *Mariana Belloli Cunha*

Revisão técnica da 3ª Edição: *Ana Maldonado*

Adaptação de Projeto Gráfico: *Elaine Schaab* e *Lydia Helena Wöhl Coelho*

Editoração: *Techbooks*

```
W562d   Wheeler, Alina.
            Design de identidade da marca : guia essencial para toda a
        equipe de gestão de marcas / Alina Wheeler ; tradução Francisco
        Araújo da Costa. – 5. ed. – Porto Alegre : Bookman, 2019.
            xi, 324 p. : il. ; 28 cm.

            ISBN 978-85-8260-513-4

            1. Marcas. 2. Design de marcas. I. Título.
                                                        CDU 659.126
```

Catalogação na publicação: Karin Lorien Menoncin – CRB 10/2147

Reservados todos os direitos de publicação, em língua portuguesa, à
BOOKMAN EDITORA LTDA., uma empresa do GRUPO A EDUCAÇÃO S.A.
Av. Jerônimo de Ornelas, 670 – Santana
90040-340 Porto Alegre RS
Fone: (51) 3027-7000   Fax: (51) 3027-7070

Unidade São Paulo
Rua Doutor Cesário Mota Jr., 63 – Vila Buarque
01221-020 São Paulo SP
Fone: (11) 3221-9033

SAC 0800 703-3444 – www.grupoa.com.br

É proibida a duplicação ou reprodução deste volume, no todo ou em parte, sob quaisquer
formas ou por quaisquer meios (eletrônico, mecânico, gravação, fotocópia, distribuição na Web
e outros), sem permissão expressa da Editora.

IMPRESSO NO BRASIL
PRINTED IN BRAZIL

Alina Wheeler

Design de Identidade da Marca

quinta edição

guia essencial para toda a equipe de gestão de marcas

Tradução:
Francisco Araújo da Costa

Porto Alegre
2019

Ninguém trabalha sozinho.

Livros, assim como marcas, constroem-se com o tempo. Este livro não é meu. É nosso. É o resultado de uma longa colaboração com colegas do mundo inteiro, que estão criando as marcas do futuro com inteligência, clareza e criatividade sem limites. Vocês sabem quem são. Obrigada por compartilharem seu tempo, sua sabedoria e seus *insights*.

Minha equipe dos sonhos sempre esteve à altura do desafio de trabalhar neste livro. Serei eternamente grata pelo seu conhecimento, sua paciência e seu senso de humor.

A criação desse recurso global é o meu Monte Everest pessoal. Realmente, o amor sempre vence no final. A energia e a risada de Eddy, meu marido, sempre transformam o impossível em possível. Tessa e Tearson são nossas estrelas cadentes. Skylight é meu Shangri-La.

Este livro é dedicado à memória de Michael Cronan, Wally Olins, Bill Drenttel e Sylvia Harris.

Gratidão eterna
Todos os Wheelers
Todos os primos favoritos
Joel Katz
Paula Scher
Richard Cress
Mark Wills
Ange Iannarelli
Heather Norcini
Richard Stanley
Meejoo Kwon
Stephen Shackleford
Tomasz Fryzel
Margie Gorman
Michal Levy
Hilary Jay
Cathy Jooste
As irmãs Quest
Marie Taylor
Marc Goldberg
Liz Merrill
Chris Grillo
Meu irmão, que perguntou quando será lançado o filme

Equipe dos sonhos
Jon Bjornson
capista
Lissa Reidel
estrategista
Kathy Mueller
designer sênior
Robin Goffman
designer + assistente
Gretchen Dykstra
Gramaticista
Blake Deutsch
avatar

Minha equipe editorial na Wiley
Amanda Miller
vice-presidente + editora
Margaret Cummins
editora executiva
Justin Mayhew
diretor associado de marketing
Kalli Schultea
assistente editorial
Kerstin Nasdeo
gerente de produção sênior

Foto: Ed Wheeler

A. Aiden Morrison
Adam Brodsley
Adam Waugh
Adrian Zecha
Al Ries
Alain Sainson Frank
Alan Becker
Alan Brew
Alan Jacobson
Alan Siegel
Albert Cassorla
Alex Center
Alex Clark
Alexander Haldemann
Alexander Hamilton
Alex Maddalena
Alfredo Muccino
Allie Strauss
Alvin Diec
Alyssa Boente
Amanda Bach
Amanda Duncan
Amanda Liu
Amanda Neville
Amy Grove
Anders Braekken
Andrew Baldus
Andrew Ceccon
Andrew Cutler
Andrew Welsh
Andy Gray
Andy Sernovitz
Angora Chinchilla
Aniko DeLaney
Ann Willoughby
Anna Bentson
Anne Moses
Anthony Romero
Antônio C. D. Sepúlveda
Antonio R. Oliveira
Antony Burgmans
Arnold Miller
Ashis Bhattacharya
Aubrey Balkind
Audrey Liu
Ayse Birsel
Aziz Jindani
Bart Crosby
Bayard Fleitas
Becky O'Mara
Becky Wingate
Beryl Wang
Beth Mallo
Betty Nelson
Blake Howard
Bob Mueller
Bob Warkulwiz
Bobby Shriver
Bonita Albertson
Brad Kear
Brady Vest
Brendan deVallance
Brian Collins
Brian Faherty
Brian Fingeret
Brian Jacobson
Brian Resnik
Brian Tierney
Brian Walker
Bridget Duffy
Bridget Russo

Brie DiGiovine
Bruce Berkowitz
Bruce Duckworth
Bruce Palmer
Bryan Singer
Cale Johnson
Carla Hall
Carla Miller
Carlos Ferrando
Carlos Martinez
Onaindia
Carlos Muñoz
Carlos Pagan
Carol Moog
Carol Novello
Caroline Tiger
Cassidy Blackwell
Cassidy Merriam
Cat Bracero
Cathy Feierstein
Charlene O'Grady
Cherise Davis
Charlotte Zhang
Cheryl Qattaq Stine
Chris Ecklund
Chris Grams
Chris Hacker
Chris Marshall
Chris Pullman
Christina Arbini
Christine Sheller
Christine Mau
Clark Malcolm
Clay Timon
Clement Mok
Cliff Goldman
Colin Drummond
Colleen Newquist
Connie Birdsall
Cortney Cannon
Craig Bernhardt
Craig Johnson
Craig Schlanser
Cristian Montegu
Curt Schreiber
Dan Dimmock
Dan Maginn
Dan Marcolina
Dana Arnett
Dani Pumilia
Danny Altman
Darren Lutz
Dave Luck, Mac Daddy
Dave Weinberger
David Airey
David Becker
David Bowie
David Erwin
David Ferrucci
David Kendall
David Korchin
David Milch
David Rose
David Roth
David Turner
Davis Masten
Dayton Henderson
Dean Crutchfield
Debbie Millman
Deborah Perloe
Delphine Hirasuna
Denise Sabet

Dennis Thomas
Dick Ritter
DK Holland
Donald K. Clifford, Jr.
Donna MacFarland
Dra. Barbara Riley
Dra. Delyte Frost
Dr. Dennis Dunn
Dra. Ginny Redish
Dra. Ginny Vanderslice
Dra. Karol Wasylyshyn
Dustin Britt
Ed Wheeler
Ed Williamson
Eddie Opara
Ellen Hoffman
Ellen Shapiro
Ellen Taylor
Emelia Rallapalli
Emily Cohen
Emily Kirkpatrick
Emily Tynes
Erich Sippel
Fo Wilson
Francesco Realmuto
Frank Osbourne
Gabriel Cohen
Gael Towey
Gail Lozoff
Gavin Cooper
Gayle Christiansen
Geoff Verney
George Graves
Gerry Stankus
Gillian Wallis
Ginnie Gehshan
Greg Farrington, PhD
Greg Shea
Gustavo Koniszczer
Harry Laverty
Hans-U. Allemann
Heather Guidice
Heather Stern
Heidi Caldwell
Heidi Cody
Helen Keyes
Hilly Charrington
Howard Fish
Howard Schultz
Ian Stephens
Ilise Benum
Ioanna Papaioannou
Isabella Falco
Ivan Cayabyab
Ivan Chermayeff
J. T. Miller
Jacey Lucas
Jack Cassidy
Jack Summerford
Jaeho Ko
Jaime Schwartz
Jamie Koval
Jane Randel
Jane Wentworth
Janette Krauss
Janice Fudyma
Jason Orne
Jay Coen Gilbert
Jay Ehret
Jaya Ibrahim
Jaye Peterson
Jayoung Jaylee

Jean-Francois Goyette
Jean Pierre Jordan
Jean-Michel Gathy
Jeffrey Fields
Jeffrey Gorder
Jeffrey R. Immelt
Jen Jagielski
Jen Knecht
Jenie De'Ath
Jenn Bacon
Jennifer Francis
Jennifer Knecht
Jennifer L. Freeman
Jenny Profy
Jerome Cloud
Jeremy Dooley
Jeremy Hawking
Jerry Greenberg
Jerry Selber
Jessica Berwind
Jessica Robles Worch
Jessica Rogers
Jim Barton
Jim Bittetto
Jinal Shah
Joan Carlson
Joanna Ham
Joanne Chan
Jody Friedman
Joe Duffy
Joe Pine
Joe Ray
Joel Grear
Joey Mooring
John Bowles
John Coyne
John Gleason
John Hildenbiddle
John Klotnia
John M. Muldar, PhD
Jon Iwata
Jon Schleuning
Jonah Smith
Jonathan Bolden
Jonathan Mansfield
Jonathan Opp
Joseph Cecere
Josh Goldblum
Joshua Cohen
Joshua Davis
Juan Ramírez
Julia Hoffman
Julia McGreevy
Julia Vinas
Justin Peters
Karin Cronan
Karin Hibma
Kate Dautrich
Kate Fitzgibbon
Kathleen Hatfield
Kathleen Koch
Katie Caldwell
Katie Clark
Katie Wharton
Kazunori Nozawa
Keith Helmetag
Keith Yamashita
Kelly Dunning
Ken Carbone
Ken Pasternak
Kent Hunter
Kevin Lee

Kieren Cooney
Kimberli Antoni
Kim Duffy
Kim Mitchell
Kit Hinrichs
Kurt Koepfle
Kurt Monigle
Larry Keeley
Laura Des Enfants
Laura Scott
Laura Silverman
Laura Zindel
Laurie Ashcraft
Laurie Bohnik
LeRoux Jooste
Leslie Smolan
Linda B. Matthiesen
Linda Wingate
Lisa Kline
Lisa Kovitz
Lori Kapner
Lory Sutton
Louise Fili
Luis Bravo
Lynn Beebe
Malcolm Grear
Marc Mikulich
Marco A. Rezende
Margaret Anderson
Maria D'Errico
Maribel Nix
Marie Morrison
Marilyn Sifford
Marius Ursache
Marjorie Guthrie
Mark Lomeli
Mark McCallum
Mark Selikson
Martha G. Goethals, PhD
Martha Witte
Marty Neumeier
Mary Sauers
Mary Storm-Baranyai
Matt Coffman
Matt Macinnis
Matt Petersen
Matt Salia
Matthew Bartholomew
Max Ritz
Megan Stanger
Megan Stephens
Mehmet Fidanboylu
Melinda Lawson
Melissa Hendricks
Melissa Lapid
Meredith Nierman
Michael Anastasio
Michael Bierut
Michael Cronan
Michael Daly
Michael Deal
Michael Donovan
Michael Flanagan
Michael Graves
Michael Grillo
Michael Hirschhorn
Michael Johnson
Michael O'Neill
Michal Levy
Michele Barker
Michelle Bonterre

Michelle Morrison
Michelle Steinback
Miguel A. Torres
Mike Dargento
Mike Flanagan
Mike Ramsay
Mike Reinhardt
Milton Glaser
Mindy Romero
Moira Cullen
Moira Riddell
Mona Zenkich
Monica Little
Monica Skipper
Nancy Donner
Nancy Tait
Nancye Green
Natalie Nixon
Natalie Silverstein
Nate Eimer
Ned Drew
Niall FitzGerald
Nick Bosch
Nicole Satterwhite
Noah Simon
Noah Syken
Noelle Andrews
Oliver Maltby
P. Fouchard–Filippi
Pamela Thompson
Papai Noel
Parag Murudkar
Pat Duci
Patrick Cescau
Paul Pierson
Peggy Calabrese
Per Mollerup
Pete Colhoun
Peter Emery
Peter Wise
Phil Gatto
Philip Dubrow
Philippe Fouchard-Filippi
Q Cassetti
R. Jacobs-Meadway
Rafi Spero
Randy Mintz-Presant
Ranjith Kumaran
riCardo Crespo
Ricardo Salvador
Rich Bacher
Rich Rickaby
Richard C. Breon
Richard de Villiers
Richard Felton
Richard Kauffman
Richard Saul Wurman
Richard Thé
Rick Bacher
Rob Wallace
Robbie de Villiers
Robbin Phillips
Robin Goffman
Rodney Abbot
Rodrigo Bastida
Rodrigo Galindo
Roger Whitehouse
Ronnie Lipton
Rose Linke
Rosemary Ellis
Rosemary Murphy

Roy Pessis
Russ Napolitano
Ruth Abrahams
Ryan Dickerson
Sagi Haviv
Sally Hudson
Samantha Pede
Sandra Donohoe
Sandy Miller
Sara Rad
Sarah Bond
Sarah Brinkman
Sarah Swaine
Scot Herbst
Sean Adams
Sean Haggerty
Sera Vulaono
Shantini Munthree
Sharon Sulecki
Simon Waldron
Sini Salminen
Sol Sender
Spike Jones
Stefan Liute
Steff Geissbuhler
Stella Gassaway
Stephen A. Roell
Stephen Doyle
Stephen Sapka
Stephen Sumner
Steve Frykholm
Steve Perry
Steve Sandstrom
Steve Storti
Sunny Hong
Susan Avarde
Susan Bird
Susan Schuman
Susan Westerfer
Suzanne Cammarota
Suzanne Tavani
Sven Seger
Ted Sann
Terrence Murray
Terry Yoo
Theresa Fitzgerald
Thor Lauterbach
Tim Lapetino
Tim O'Mara
TJ Scimone
Tom Birk
Tom Geismar
Tom Nozawa
Tom Vanderbauwhede
Tom Watson
Tosh Hall
Tracy Stearns
Travis Barteaux
Trevor Wade
Tricia Davidson
Trish Thompson
Victoria Jones
Vince Voron
Virginia Miller
Wandy Cavalheiro
Wesley Chung
Will Burke
Woody Pirtle
Yves Behar

Sumário

Design de Identidade da Marca é um guia de referências, organizado em páginas duplas para facilitar o acesso em meio à correria da vida pessoal e profissional dos leitores. Para usar, basta o seu desejo e sua paixão por ser o melhor.

Básico

A Parte 1 apresenta os conceitos fundamentais necessários para impulsionar o processo de gestão de marcas e criar um vocabulário que possa ser compartilhado por toda a equipe.

O básico das marcas

- 2 Marca
- 4 Identidade de marca
- 6 Gestão de marcas
- 8 Governança de marca
- 10 Estratégia de marca
- 12 Por que investir?
- 14 *Stakeholders*
- 16 Cultura
- 18 Experiência do cliente
- 20 Intercultural
- 22 Arquitetura de marca
- 24 Símbolos
- 26 Nomes
- 28 *Taglines*
- 30 Foco na mensagem
- 32 Grande ideia

Ideais da marca

- 34 Visão geral
- 36 Visão
- 38 Significado
- 40 Autenticidade
- 42 Coerência
- 44 Flexibilidade
- 46 Comprometimento
- 48 Valor
- 50 Diferenciação
- 52 Longevidade

Elementos da marca

- 54 Símbolos de marca
- 56 Marcas com palavras
- 58 Marcas com monogramas
- 60 Marcas pictóricas
- 62 Marcas abstratas
- 64 Emblemas
- 66 Marcas dinâmicas
- 68 Personagens

Dinâmicas de marca

- 70 Tendências
- 72 Fazer a diferença
- 74 Big Data Analytics
- 76 Mídias sociais
- 78 *Smartphones*
- 80 Aplicativos
- 82 Marca própria
- 84 Licenciamento de marca
- 86 Certificação
- 88 Comunicação de crise
- 90 Marca pessoal
- 92 China

Antes e depois

- 94 Redesign de símbolos de marca
- 100 Redesign de embalagens

Processo

A Parte 2 descreve um processo universal independente do escopo e da natureza do projeto. Esta seção responde à pergunta: "Por que isso demora tanto?"

O básico do processo

- 104 Um processo para o sucesso
- 106 Gerenciamento do processo
- 108 Iniciativas de marca
- 110 Aferição do sucesso
- 112 Colaboração
- 114 Tomada de decisão
- 116 Propriedade intelectual
- 118 Gestão do design

Fase 1
Condução da pesquisa

- 120 Visão geral
- 122 *Insight*
- 124 Pesquisa de mercado
- 126 Teste de usabilidade
- 128 Auditoria de marketing
- 130 Auditoria da concorrência
- 132 Auditoria de linguagem
- 134 Relatório de auditoria

Fase 2
Esclarecimento da estratégia

- 136 Visão geral
- 138 Concentração do foco
- 140 Posicionamento
- 142 *Briefing* de marca
- 144 Nomes
- 146 Renomeação

Fase 3
Design de identidade

- 148 Visão geral
- 150 Design do sistema de identidade
- 152 *Look and feel*
- 154 Cor
- 156 Mais cor
- 158 Tipografia
- 160 Som
- 162 Aplicações de teste
- 164 Apresentação

Fase 4
Criação de pontos de contato

- 166 Visão geral
- 168 Estratégia de conteúdo
- 170 Site
- 172 Material colateral
- 174 Artigos de papelaria
- 176 Sinalização
- 178 Design de produto
- 180 Embalagem
- 182 Propaganda
- 184 Ambientes
- 186 Veículos
- 188 Uniformes
- 190 Material efêmero

Fase 5
Gestão de ativos

- 192 Visão geral
- 194 Mudança de ativos de marca
- 196 Lançamento
- 198 Construção de campeões de marca
- 200 Livros de marcas
- 202 Diretrizes
- 204 Sumário das diretrizes
- 206 Centros de marca online

Melhores práticas

A Parte 3 ilustra as melhores práticas. Projetos locais e globais, públicos e privados, que inspiram e elucidam soluções originais, flexíveis e duradouras.

Estudos de caso

- 210 A Vaca que ri
- 212 ACHC
- 214 ACLU
- 216 Ação Contra a Fome
- 218 Adanu
- 220 Amazon.com
- 222 Ansible
- 224 Beeline
- 226 Boston Consulting Group
- 228 Boy Scouts of America
- 230 Budweiser
- 232 Cerner
- 234 Cidade de Melbourne
- 236 Coca-Cola
- 238 Cocktails Against Cancer
- 240 Coors Light
- 242 Cooper Hewitt, Smithsonian Design Museum
- 244 Credit Suisse
- 246 Deloitte
- 248 Dia Mundial de Lavar as Mãos
- 250 Fern by Haworth
- 252 Fred Hutch
- 254 IBM 100 Icons of Progress
- 256 IBM Watson
- 258 Jawwy from STC
- 260 LinkedIn China
- 262 Mack Trucks
- 264 Mastercard
- 266 Mozilla
- 268 Mural Arts Philadelphia
- 270 Museu do Ar e do Espaço do Smithsonian Institution
- 272 NIZUC Resort & Spa
- 274 NO MORE
- 276 Ohio & Erie Canalway
- 278 Ópera de Sydney
- 280 Peru
- 282 Philadelphia Museum of Art
- 284 Pitney Bowes
- 286 PNC
- 288 Quartz
- 290 (RED)
- 292 RideKC Streetcar
- 294 Santos Brasil
- 296 Shinola Detroit
- 298 SocialSecurity.gov
- 300 Southwest Airlines
- 302 Spectrum Health System
- 304 Starbucks
- 306 Unstuck
- 308 Vueling

Pré-textuais

- **iv-v** The book lab
- **x** Prefácio

Pós-textuais

- 310 Referências
- 312 Índice: Marcas
- 316 Índice: Pessoas
- 318 Índice: Empresas
- 320 Índice: Assuntos
- 324 Gratidão eterna

Prefácio de Debbie Millman

Design de Identidade da Marca reinventa a ideia do livro-texto de marketing, desmistifica a gestão de marcas e esclarece uma ampla variedade de técnicas e ferramentas utilizadas pelos praticantes mais experientes. Desde o lançamento da primeira edição, em 2003, o livro de Alina Wheeler tem sido um recurso único, que ajuda integrantes de equipes de gestão de marcas a falarem todos a mesma língua.

Design de Identidade da Marca demonstra a relação entre estratégia e design e apresenta estudos de caso instigantes sobre boas práticas nos setores público e privado, em nível global. Não surpreende que o livro tenha sido um sucesso imediato, com cinco edições atualizadas em 14 anos e traduzido para sete idiomas. Ele dialoga com um elemento profundo da cultura, provando, sem sombra de dúvida, que a prática da gestão de marcas exige muito mais inteligência, criatividade, imaginação e emoção do que o resto do mundo dos negócios.

Design de Identidade da Marca se tornou um recurso respeitado e um mapa para designers, consultorias de marca, lideranças digitais e seus clientes. É raro que um livro possa ser usado pelo marketing e pela criação. *Design de Identidade da Marca* realiza esse feito, educando e inspirando toda a equipe de gestão de marcas, independentemente da função específica de cada um. E seu alcance vai além dos profissionais, pois é usado como livro didático em programas de design e administração no mundo todo.

Em suma, acredito que *Design de Identidade da Marca* fez mais para esclarecer os mistérios e a importância da gestão de marcas do que qualquer outro livro das últimas décadas.

Em mãos, você tem a quinta edição de *Design de Identidade da Marca*. Cada edição evoluiu com as mudanças gigantescas da tecnologia, do comportamento e do nosso entendimento sobre o papel da gestão de marcas na cognição. A contribuição de Wheeler para esse campo não tem precedentes.

> O design é inteligência tornada visível.
> Lou Danziger

Debbie Millman é cofundadora e diretora do programa de mestrado em gestão de marcas da School of Visual Arts (SVA), onde prepara uma nova geração de líderes de marca. Como apresentadora do podcast Design Matters, ela já entrevistou mais de 300 grandes nomes do design e da cultura. Trabalhou com mais de 200 marcas no período em que foi presidente da divisão de design da Sterling Brands, de 1995 a 2016.

Para marcar a ocasião desta nova edição, tive a oportunidade de explorar as origens e a intenção desse esforço com a própria autora.

Por que este livro era necessário?
Eu queria desmistificar a gestão de marcas, desconstruir o processo e dar às equipes as ferramentas para criar confiança e produzir resultados incríveis. Já existiam muitos livros brilhantes sobre estratégia de marca, e muitos livros de design inspiradores, mas não havia um sobre um processo disciplinado de revitalização de marcas. Conheci muitos líderes inteligentes que estavam loucos para entender os fundamentos e as vantagens da gestão de marcas e o porquê de o bom design ser absolutamente essencial nos negócios.

Que mudanças você observou desde a publicação da primeira edição?
Este livro destaca como já chegamos longe. Na primeira edição, não havia apps, não havia mídias sociais. Erguer-se acima da cacofonia da concorrência está cada vez mais difícil. A expressão de marca explodiu em todas as plataformas digitais. O marketing de conteúdo se transformou em competência fundamental, e temos exércitos de algoritmos em ação. Observei um aumento drástico em boas práticas nas organizações – sejam elas grandes ou pequenas, sejam públicas ou privadas, com ou sem fins lucrativos – promovido por uma nova geração de líderes ágeis.

Você mapeia um processo disciplinado em *Design de Identidade da Marca*. Como ele evoluiu ao longo das edições?
Meu processo em cinco fases para revitalizar uma marca ainda é a base. Ele funciona. Líderes de todo o mundo me contam sobre os sucessos das suas organizações ao seguirem o processo. O *feedback* dos leitores enriqueceu cada edição e agregou perspectivas internacionais importantes.

Na minha experiência, alguns CEOs não sabem o que é o bom design. É chocante. Na sua opinião, por que eles não estão cientes do poder do design?
Não fico chocada. Se levantasse o capô de um Lamborghini, não saberia que é um motor de alto desempenho. Se ninguém nunca compartilhou boas práticas ou estudos de caso, como é que o CEO vai entender o poder do design? Existem bibliotecas inteiras de estudos de caso de marketing que nunca mencionam a palavra com "D". Meu objetivo sempre foi lançar luz sobre a sinergia poderosa entre estratégia e design.

No que você mudou desde a primeira edição?
Tenho mais empatia pelos clientes. É preciso muita coragem para fazer qualquer mudança. Só porque é a coisa certa a fazer não significa que vai ser fácil de fazer.

Por que você acha que a mudança é tão difícil de implementar?
Tudo gira em torno das pessoas. Convencer as pessoas sobre a mudança é difícil; a resistência está sempre lá. Mas sou otimista: o envolvimento dos funcionários está sendo adotado. Uma parte crítica do meu processo é dedicar um tempo, logo no início, para gerar confiança e chegar a um acordo sobre a estratégia de marca, antes de passar para a estratégia de design. Mais participação, menos persuasão.

Qual o seu conselho para organizações que estão começando a revitalização de suas marcas?
Comprometa-se com um processo disciplinado. Mantenha-se centrado no cliente e confie no processo. Envolva seus funcionários. Estabeleça conexões emocionais e relações duradouras com seus clientes. Aproveite todas as oportunidades para amplificar a sua diferenciação. Seja inovador, original e dinâmico. Torne-se insubstituível. Mantenha-se calmo na montanha-russa das mudanças constantes e continue avançando.

O que você espera que os leitores ganhem com esta quinta edição?
Os *insights*, a coragem e as ferramentas para fazer a coisa certa pelos motivos certos. Quero dar aos leitores a confiança para colocarem a sua marca no futuro.

1 Básico

A **Parte 1** esclarece a diferença entre marca e identidade da marca e o que é necessário para ser a melhor. Não desconsidere os procedimentos básicos por causa da rapidez com que se desenvolve um projeto novo. Estabeleça um vocabulário que possa ser compartilhado por toda a equipe de gestão de marcas.

Entenda-me.
Faça a diferença na minha vida.
Surpreenda-me, sempre.
Dê mais do que paguei.
Mostre que me ama.

Alan Jacobson
Presidente, Ex;it Design
Cofundador, J2 Design

O básico das marcas

- 2 Marca
- 4 Identidade de marca
- 6 Gestão de marcas
- 8 Governança de marca
- 10 Estratégia de marca
- 12 Por que investir?
- 14 *Stakeholders*
- 16 Cultura
- 18 Experiência do cliente
- 20 Intercultural
- 22 Arquitetura de marca
- 24 Símbolos
- 26 Nomes
- 28 *Taglines*
- 30 Foco na mensagem
- 32 Grande ideia

Ideais da marca

- 34 Visão geral
- 36 Visão
- 38 Significado
- 40 Autenticidade
- 42 Coerência
- 44 Flexibilidade
- 46 Comprometimento
- 48 Valor
- 50 Diferenciação
- 52 Longevidade

Elementos da marca

- 54 Símbolos de marca
- 56 Marcas com palavras
- 58 Marcas com monogramas
- 60 Marcas pictóricas
- 62 Marcas abstratas
- 64 Emblemas
- 66 Marcas dinâmicas
- 68 Personagens

Dinâmicas de marca

- 70 Tendências
- 72 Fazer a diferença
- 74 Big Data Analytics
- 76 Mídias sociais
- 78 *Smartphones*
- 80 Aplicativos
- 82 Marca própria
- 84 Licenciamento de marca
- 86 Certificação
- 88 Comunicação de crise
- 90 Marca pessoal
- 92 China

Antes e depois

- 94 Redesign de símbolos de marca
- 100 Redesign de embalagens

O básico das marcas

Marca

À medida que a concorrência cria uma infinidade de opções, as empresas passam a buscar formas de estabelecer uma ligação emocional com os clientes, tornar-se insubstituíveis e desenvolver relações duradouras. Uma marca forte se destaca em um mercado saturado. As pessoas se apaixonam pelas marcas, confiam nelas e acreditam em sua superioridade. O modo como a marca é percebida afeta seu sucesso, não importando se você é uma *start-up*, uma organização sem fins lucrativos ou um produto.

Quem é você? Quem precisa saber?
Como eles vão descobrir?
Por que eles devem se importar?

Hoje, é comum ver as marcas listadas no balanço geral de muitas empresas. O valor intangível da marca costuma ser muito maior do que o ativo tangível da empresa.

Wally Olins
The Brand Book

As marcas têm três funções principais*

Navegação

As marcas ajudam os consumidores a escolher entre uma enorme quantidade de opções.

Segurança

As marcas comunicam a qualidade intrínseca do produto ou serviço e dão segurança ao cliente de que ele está tomando a decisão certa.

Envolvimento

As marcas usam imagens, linguagens e associações para estimular os clientes a se identificar com a marca.

*David Haigh, CEO, Brand Finance

As marcas se tornaram a moeda global do sucesso.

Brand Atlas

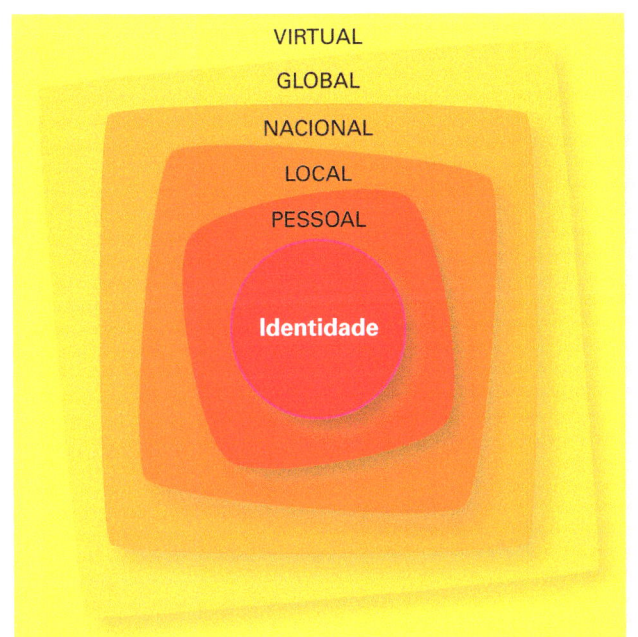

Hoje, os negócios só são fortes se suas marcas forem fortes, e nada mais oferece aos líderes de negócios um potencial de alavancagem tão grande.

Jim Stengel
Grow: How Ideals Power Growth and Profit at the World's Greatest Companies

Pontos de contato da marca
Cada ponto de contato é uma oportunidade para aumentar a consciência de marca e promover a fidelidade do cliente.

O básico das marcas

Identidade de marca

A identidade da marca é tangível e faz um apelo para os sentidos. Você pode vê-la, tocá-la, agarrá-la, ouvi-la, observá-la se mover. A identidade da marca alimenta o reconhecimento, amplia a diferenciação e torna grandes ideias e significados mais acessíveis.

Grandes marcas são como amigos: você encontra um número enorme deles todos os dias, mas só lembra dos que ama.

Luc Speisser
Diretor administrativo
Landor

O design diferencia e incorpora os elementos intangíveis – como emoção, contexto e essência – que mais importam para os consumidores.

Moira Cullen
Vice-presidente de design global de bebidas
PepsiCo

McDonald's

Pitney Bowes

vitaminwater

Dale Carnegie

truvia

Cidade de Melbourne

Mastercard

O básico das marcas

Gestão de marcas

A gestão de marcas, também chamada de branding, é um processo disciplinado para desenvolver a conscientização, atrair novos clientes e ampliar a fidelidade do cliente. Posicionar uma marca para ser insubstituível exige um desejo diário de ser o melhor. Para terem sucesso, os construtores de marcas precisam se ater aos elementos básicos, manterem-se calmos na montanha-russa das mudanças constantes e aproveitar todas as oportunidades de a sua marca ser a primeira opção.

Gestão de marcas é diferenciação consciente.

Debbie Millman
Presidente e cofundadora
Programa de mestrado em gestão de marcas
School of Visual Arts

> Continuamos a investir em nossas forças essenciais. Primeiro, não economizamos na hora de entender o consumidor. Segundo, inovamos. E terceiro, praticamos a gestão de marcas. Estamos transmitindo mais mensagens aos nossos consumidores.
>
> A. G. Lafley
> *CEO, P&G*
> *Business Week, 2009*

Tipos de gestão de marcas

Cobranding
Parceria com outra marca para aumentar o alcance.

Gestão de marcas digital (*digital branding*)
Web, mídias sociais, otimização de sites (SEO), impulsionar o comércio pela Internet.

Marca pessoal
O modo como uma pessoa constrói sua reputação.

Marcas de causas
Alinhar sua marca com uma causa beneficente; ou responsabilidade social corporativa.

Marca de país
Esforços para atrair turistas e empresas.

> A gestão de marcas é uma mistura dinâmica de antropologia, imaginação, experiências sensoriais e uma abordagem visionária à mudança.
>
> Marc Gobé
> *A Emoção das Marcas*

Processo

1. condução da pesquisa
2. esclarecimento da estratégia
3. design de identidade

Quando começar o processo

Nova empresa, novo produto

Estou abrindo uma nova empresa. Preciso de um cartão de visitas e de um site.

Desenvolvemos um produto novo que precisa de um nome e de um logo para ontem.

Precisamos levantar um milhão de dólares. A campanha precisa ter identidade própria.

Vamos abrir o capital no último trimestre do ano.

Precisamos levantar capital de risco, mesmo que ainda não tenhamos nosso primeiro cliente.

Troca de nome

Nosso nome não serve mais para o que somos e para o nosso negócio atual.

Precisamos trocar nosso nome devido a um conflito de marcas.

Nosso nome tem conotações negativas nos nossos novos mercados.

Nosso nome confunde os clientes.

Realizamos uma fusão.

Precisamos de um novo nome para o mercado chinês.

Revitalização de uma marca

Queremos reposicionar e renovar a marca global.

Precisamos comunicar com maior clareza o que realmente somos.

Estamos entrando na globalização, precisamos de ajuda para nos estabelecer em novos mercados.

Ninguém sabe quem somos.

Nossas ações estão desvalorizadas.

Queremos atrair um mercado novo e mais afluente.

Revitalização de uma identidade de marca

Somos inovadores. Nossa aparência é antiquada.

Queremos que nossos clientes tenham uma experiência excelente em *smartphones*.

Nossa identidade não nos coloca em posição de igualdade com a concorrência.

Temos 80 divisões e uma nomenclatura inconsistente.

Fico constrangido quando apresento meu cartão de visitas.

Nosso ícone é reconhecido em todo o mundo, mas ele precisa ser atualizado.

Adoramos nosso símbolo – ele é reconhecido no nosso mercado. O problema é que não se pode ler o logotipo.

Criação de um sistema integrado

A aparência que apresentamos aos nossos consumidores não é coerente.

Precisamos de uma nova arquitetura de marca para combinar com as novas aquisições.

Nossas embalagens não se destacam. As dos nossos concorrentes parecem melhores do que as nossas e suas vendas estão subindo.

Todo o nosso material de marketing parece pertencer a empresas diferentes.

Precisamos parecer poderosos e comunicar que somos uma empresa global.

Cada departamento faz o que bem entende em relação ao marketing. Isso é ineficiente e frustrante, além de ter má relação custo/benefício. Parece que estamos reinventando a pólvora.

Quando as empresas se fundem

Queremos mandar uma mensagem clara aos nossos *stakeholders* de que se trata de uma fusão de empresas em condições de igualdade.

Queremos comunicar que 1 + 1 = 4.

Queremos aproveitar o valor de marca das empresas que estão em fusão.

Precisamos comunicar ao mundo que somos o novo líder da indústria.

Precisamos de um novo nome.

Como podemos avaliar a marca que adquirimos e situá-la em nossa arquitetura de marca?

Dois líderes da indústria estão se fundindo. Como vamos lidar com nossa nova identidade?

4 criação de pontos de contato

5 gestão de ativos

O básico das marcas

Governança de marca

Administrar marcas exige estratégia, planejamento e organização. Começa com uma liderança consciente, um entendimento comum sobre o propósito básico e os fundamentos da marca e a missão de expandir o valor de marca. Significa encontrar novas maneiras de agradar os clientes, envolver os funcionários e demonstrar a sua vantagem competitiva.

Uma marca forte nos liga internamente e nos diferencia externamente.

Brian Resnick
*Diretor de serviços globais de marca e comunicação
Deloitte*

Estamos comprometidos em dar vida à nossa marca todos os dias e garantir que ela continue a crescer.

Melissa Hendricks
*Vice-presidente de estratégia de marketing
Cerner*

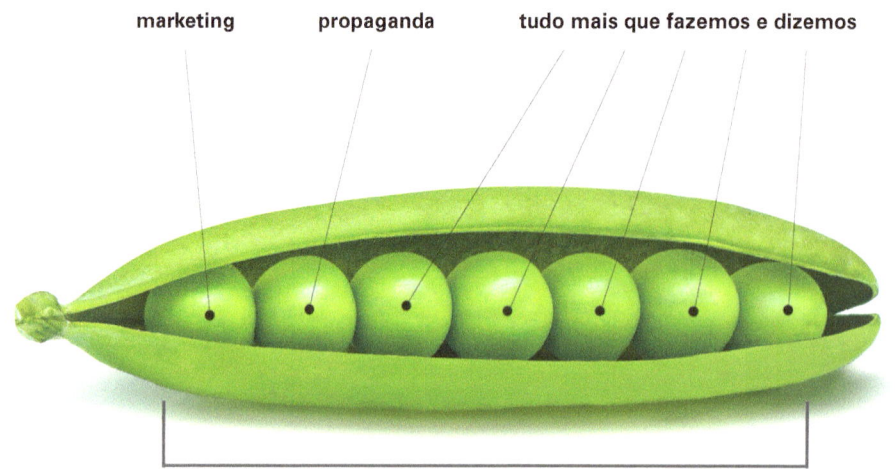

Gestão de marcas

Diagrama da Spectrum Health: Crosby Associates

Todo funcionário, consultor de design, agência e fornecedor da Spectrum Health recebe um exemplar de "One System. One Focus. One Brand." ("Um sistema. Um foco. Uma marca."). É a sua "bíblia de marca", que resume a visão, os atributos e os componentes da gestão de marca da empresa.

Bart Crosby
*Presidente
Crosby Associates*

Princípios de tutela de marcas
Desenvolvido por Gabriel Cohen, diretor de marketing, Monigle

Pessoas

Explique por que a marca é importante em vez de dizer às pessoas o que fazer.

Pense em empoderamento, não em cumprimento.

Facilite para os colaboradores seguirem os princípios da marca.

Eduque seus públicos internos com *workshops*, vídeos, módulos de treinamento, fóruns de marca e conteúdo de autoestudo.

Processo

Mantenha o processo flexível, ágil e sensível a mudanças. A gestão de marcas se tornou digital, social e baseada em experiências.

Envolva-se desde cedo no processo de revisão criativa, não adote uma função de conformidade no fim do trabalho.

Destaque as boas práticas regularmente e monte um banco de inspirações.

Nem todos os elementos de marca têm a mesma importância. Organize-os por sagrados, interpretativos e customizáveis.

Ferramentas

Crie um programa de embaixadores de marca que inclua indivíduos-chave, que têm um senso de propriedade em relação à marca.

Crie um centro de marca online fácil de usar, que consolide os ativos de marca em um só lugar. Facilite as solicitações e capture os dados.

Adapte as diretrizes e o conteúdo a diferentes grupos de usuários, tanto internos quanto externos.

> A governança de marcas é a interação gerenciada de comportamentos, comunicações, design, conformidade jurídica, processo e mensuração, que promovem o desempenho de marca em toda a empresa.
>
> Hampton Bridwell
> *CEO e sócio-gerente*
> *Tenet Partners*

Como a governança de marca evoluiu

De	Para
Comando e controle centralizado	Educação, empoderamento, autonomia
Aprovação de revisão no estágio final	Parceira estratégica durante todo o processo
Rígida	Colaborativa e iterativa
Diretrizes estáticas em PDF	Aplicações dinâmicas que evoluem
Abordagem geral de tamanho único	Conteúdo adaptado a diversos grupos de usuários

A diferença entre branding e marketing
Desenvolvido por Matchstic

Branding	Marketing
Branding é o porquê.	Marketing é como.
Branding é longo prazo.	Marketing é curto prazo.
Branding é macro.	Marketing é micro.
Branding define a trajetória.	Marketing define táticas.
Branding é o motivo para comprar.	Marketing é o motivo para comprar pela primeira vez.
Branding fideliza.	Marketing gera reações.
Branding é o ser.	Marketing é o fazer.

O básico das marcas

Estratégia de marca

A estratégia de marca eficaz proporciona uma ideia central unificadora em torno da qual se alinham todos os comportamentos, ações e comunicações. Ela funciona por meio dos produtos e serviços e é eficiente com o tempo. As melhores estratégias são tão diferenciadas e poderosas que driblam a concorrência. Elas também são fáceis de descrever, seja você o CEO, seja um simples funcionário.

A estratégia de marca é construída a partir de uma visão, está em sintonia com a estratégia comercial, emerge dos valores e da cultura da empresa e reflete uma compreensão profunda das necessidades e percepções do cliente. A estratégia de marca define o posicionamento, a diferenciação, a vantagem competitiva e uma proposta de valor que é única.

A estratégia de marca precisa ser entendida por todos os *stakeholders*: consumidores externos, a mídia e consumidores internos (por exemplo, colaboradores, conselho de administração, principais fornecedores). A estratégia de marca é como um mapa rodoviário que orienta o marketing, facilita o trabalho das equipes de vendas e proporciona clareza, contexto e inspiração para os funcionários.

Os fatores para revitalizar uma marca com sucesso: inspire-se em pessoas – seus consumidores. Corra riscos – dentro da sua estratégia. Seja ousado – para realmente fazer a diferença.

Mario Bastida
*Diretor de marketing e de comunicação
Grupo Imagen*

Como estrategistas de marca, nosso trabalho é encontrar o valor mais alto e duradouro de uma marca.

Shantini Munthree
*Sócia-gerente
The Union Marketing Group*

Alinhamento

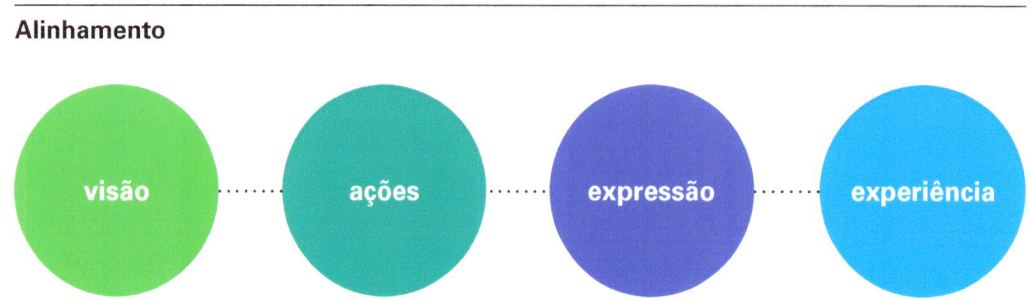

visão ⋯⋯ ações ⋯⋯ expressão ⋯⋯ experiência

Quem desenvolve a estratégia de marca?

No coração da nossa estratégia está o comprometimento em agradar nossos convidados com a combinação certa de inovação, design e valor em nossas mercadorias, em nosso marketing e em nossas lojas. Essa é a essência de nossa promessa de marca, "Espere mais. Pague menos".

Bob Ulrich
Presidente e CEO
Target, 1987-2009

Geralmente é uma equipe; ninguém faz as coisas sozinho. A estratégia de marca é resultado de um longo diálogo entre os membros da equipe de liderança, que deve se manter focada no cliente. As empresas globais frequentemente contam com estrategistas de marcas externos: analistas e autoridades independentes, empresas de estratégia de marketing e consultores de marcas. Muitas vezes, é necessário trazer alguém de fora que seja experiente e criativo para ajudar a articular o que já existe na empresa.

Às vezes, uma estratégia de marca nasce com uma empresa fundada por um visionário, como fizeram Steve Jobs, Elon Musk, Oprah Winfrey ou Jeff Bezos. Às vezes, é preciso uma equipe visionária para redefinir a estratégia de marca. Empresas frequentemente sobrevivem e prosperam porque têm uma estratégia de marca clara; outras vacilam porque não têm.

A promessa de marca da Target é resumida por sua *tagline*, "Expect more. Pay less." ("Espere mais. Pague menos."). A Target sempre se diferenciou de outras grandes redes de varejo de preços baixos, como Walmart e Costco, por sua combinação de inovação, design e valor. Suas famosas parcerias de design e a propaganda heterodoxa que pratica apelam para um público mais jovem e descolado. Em 2016, a Target começou a se expandir para uma rede de lojas urbanas menores, para atrair a população dos centros das cidades, trabalhadores de escritórios e turistas. Também está colaborando com o MIT Media Lab e a IDEO para explorar o futuro da comida, de modo a dar às pessoas mais controle sobre suas opções de alimentação e para ajudá-las a consumir alimentos mais saudáveis.

O básico das marcas

Por que investir?

Os melhores programas de identidade incorporam e impulsionam a marca de uma empresa pelo apoio que oferecem às percepções almejadas. A identidade se expressa em cada ponto de contato da marca e se torna intrínseca para a cultura da empresa, um símbolo constante de seus valores fundamentais e de sua relevância.

> Marcas são ativos poderosos para criar desejos, moldar experiências e deslocar demandas.
>
> Rick Wise
> *CEO*
> *Lippincott*

> Você não deve pensar no design de identidade como uma despesa de marketing. Assim como outros ativos nos quais um negócio investe, ativos visuais bem elaborados produzem valor muito depois de adquiridos, beneficiando a marca por décadas, sem custos adicionais. Pense no logotipo da Amazon que criamos. Bilhões de caixas entregues por duas décadas, cada uma delas com um sorriso estampado. É uma ideia que nunca envelhece. E funciona em tudo, da fatura na embalagem a uma frota de aeronaves.
>
> David Turner
> *Designer e fundador*
> *Turner Duckworth*

> A importância da estratégia de marca e o custo da construção da marca devem ser compreendidos nos níveis mais altos e em todas as áreas funcionais da empresa – não apenas vendas e marketing, mas também nos departamentos jurídico, financeiro, de operações e de recursos humanos.
>
> Sally Hudson
> *Consultora de marketing*

Impacto

Quando você afeta o comportamento, pode gerar impacto no desempenho.

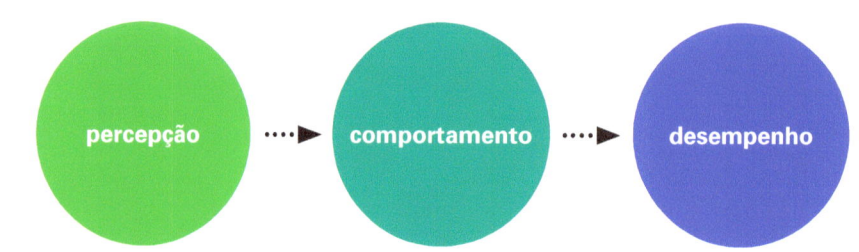

Razões para investir na gestão de marcas e design

> Se você acha que o bom design é caro, deveria descobrir o custo do mau design.
>
> Dr. Ralf Speth
> *CEO*
> *Jaguar Land Rover*

> Em qualquer mercado competitivo, o que determina a margem e o crescimento e separa um negócio do outro, para funcionários, clientes, parceiros e investidores, é a marca.
>
> Jim Stengel
> *Grow: How Ideals Power Growth and Profit at the World's Greatest Companies*

Facilita a compra para o consumidor

A gestão de marcas dá a qualquer empresa, de qualquer tamanho, em qualquer lugar, uma imagem facílima de reconhecer, diferenciada e profissional, que a posiciona no caminho do sucesso. A identidade ajuda a gerenciar a percepção de uma empresa e a diferencia de seus concorrentes. Um sistema inteligente transmite respeito pelo cliente e facilita a compreensão de vantagens e benefícios. O novo design de um produto ou uma ambientação melhor agrada e fideliza o cliente. Uma identidade de sucesso inclui elementos como um nome fácil de lembrar e um design de embalagem diferenciado para o produto.

Facilita a venda para a equipe de vendas

Seja o CEO de um conglomerado global que revela uma nova visão ao conselho, seja um empreendedor novato se apresentando a empresas de capital de risco, ou seja ainda um consultor financeiro criando a necessidade por produtos de investimento – todos estão vendendo. Mesmo as organizações sem fins lucrativos, em sua arrecadação de fundos ou busca por novos voluntários, estão sempre vendendo. A identidade de marca estratégica funciona entre diferentes públicos e culturas para construir a consciência e o entendimento de uma organização e de seus pontos fortes. Ao tornar visível a inteligência, a identidade que funciona procura comunicar a proposta de valor exclusiva de uma empresa. Assim, a coerência das comunicações nas várias mídias envia ao cliente um poderoso sinal sobre o foco preciso da empresa.

Facilita a construção de valor da marca

A meta de todas as empresas é agregar valor para o acionista. Uma marca, ou a reputação de uma empresa, é um dos ativos mais valiosos. Empresas pequenas e organizações sem fins lucrativos também precisam construir o seu valor de marca. O seu sucesso futuro depende da conscientização do público, da preservação de sua reputação e da defesa de seus valores. O valor de marca é construído por meio de um maior reconhecimento, consciência e fidelidade do cliente, os quais, por sua vez, ajudam a tornar a empresa mais bem-sucedida. Os gestores dormem melhor à noite quando aproveitam cada oportunidade de comunicar o valor de suas marcas e o que elas representam. Eles estão construindo um bem precioso.

Imperativos da gestão de marcas

Reconhecer que vivemos em um mundo cheio de marcas.

Abraçar cada oportunidade de posicionar a empresa na mente dos consumidores.

Comunicar, cada vez mais, uma forte ideia de marca.

Não basta declarar uma vantagem competitiva. É preciso demonstrar!

Compreender os consumidores. Trabalhar a partir de suas percepções, preferências, sonhos, valores e estilos de vida.

Identificar os pontos de contato – locais em que os consumidores interagem com o produto ou serviço.

Criar polos de atração sensoriais que captem e fixem consumidores.

O básico das marcas

Stakeholders

A fim de aproveitar todas as oportunidades para construir um campeão de marca, é preciso identificar os públicos que afetam o sucesso. A reputação e a credibilidade vão além dos clientes diretos da marca. Hoje, os funcionários são chamados de "clientes internos", por sua força de longo alcance. Os *insights* sobre as características, comportamentos, necessidades e percepções dos *stakeholders* produzem retornos excelentes.

Os consumidores estão se tornando cocriadores. Os concorrentes estão se tornando colaboradores.

Karl Heiselman
CEO
Wolff Olins

A marca não é aquilo que você diz que é. É aquilo que eles dizem que é.

Marty Neumeier
The Brand Gap

Descubra opiniões e tendências de diversos *stakeholders* para informar o posicionamento e produzir diferenciação significativa.

Ann Willoughby
Presidente e diretora de inovação
Willoughby Design

A Willoughby Design criou um baralho para os seus *workshops* sobre marcas. Um exercício comum seria "encontre uma imagem que representa um dos *stakeholders* principais e diga o que ele considera mais importante". Os participantes devem entender totalmente o papel que estão desempenhando.

Persona Cards:
Willoughby Design

Stakeholders principais

À medida que o processo de gestão de marcas se desdobra, a pesquisa sobre os *stakeholders* alimenta uma ampla série de soluções, do posicionamento à tendência das mensagens de marca, passando pela estratégia e pelo planejamento do lançamento.

(Diagrama circular com "Marca" ao centro, cercada pelos stakeholders: CLIENTES PROSPECTS, FUNCIONÁRIOS / CLIENTES INTERNOS, CONSELHO DE ADMINISTRAÇÃO, ACIONISTAS / INVESTIDORES, ANALISTAS DE INVESTIMENTOS / COMUNIDADE FINANCEIRA, MÍDIA, ORGANIZAÇÕES COMUNITÁRIAS / VOLUNTÁRIOS, ALIANÇAS ESTRATÉGICAS / PARCEIROS, CONCORRENTES, PÚBLICO GERAL, FORNECEDORES, ESPECIALISTAS DO SETOR / INSTITUIÇÕES ACADÊMICAS, ASSOCIAÇÕES PROFISSIONAIS, ÓRGÃOS REGULADORES.)

Geração X ou *Millennial*?

Os pesquisadores de mercado utilizam os mesmos termos para dividir gerações, mas não concordam nas datas.

Geração	Nascimento
Seniores	Antes de 1946
Boomers	1946–1965
Geração X	1966–1980
Millennials	1981–1995
Geração Z	1996–hoje

A Geração Z também é diversa. Meu vizinho, de 15 anos, é um quarto hispânico, um quarto afro-americano, um quarto taiwanês e um quarto branco. Essa é a Geração Z, muitas vezes um misto de etnias.

Alexandra Levit
New York Times

Os 80 milhões de *millennials* representam a primeira geração a ter crescido em uma cultura digital. Eles aspiram mais a um conjunto de valores, de liberdade, conhecimento e autoexpressão criativa, do que ao consumo ostentatório.

Patricia Martin
RenGen

O básico das marcas

Cultura

O sucesso duradouro é influenciado diretamente pela forma como os colaboradores compartilham da cultura da empresa: seus valores, suas histórias, seus símbolos e heróis. Para construir a marca de dentro para fora, é preciso inspirar os funcionários a adotar o propósito da organização. Uma cultura que incentiva as diferenças individuais e a liberdade de expressão tende a produzir mais novas ideias e produtos que envolvem os clientes.

O quanto as pessoas acreditam em uma organização e seus preceitos básicos afeta em muito o sucesso.

Thomas Watson Jr.
Presidente e CEO
IBM, 1952–1971

Enquanto ativo estratégico, a cultura deve ser administrada de forma consciente, da mesma maneira que outros ativos valiosos da empresa são.

SYPartners

A organização visível	A comunidade invisível
Hierarquia e cadeia de comando	Rede de relações confiáveis
Visão e valores oficiais	Valores e visão vivenciados
Regras, políticas e procedimentos no papel	Normas sociais e regras implícitas
Contratos de negócios (internos e externos)	Contratos informais (internos e externos)
Responsabilidades de negócio	Responsabilidades sociais
Sistemas de informação/comunicação	Canais informais e redes de boatos

Desenvolvido por Hanley Brite, Fundador, Authentic Connections

Principais vantagens de uma cultura de marca forte
Extraído de MOO Live your brand from the inside out

As crenças fundamentais da MOO sobre como trabalham

Simplificar mais
Deleitar sempre
Humanizar
Detalhes importam
Imaginar melhor
Enfrentar juntos

Maior consciência de marca

As marcas mais bem-sucedidas têm funcionários apaixonados e altamente envolvidos, os maiores embaixadores das suas marcas quando estão fora da empresa, e que promovem a consciência sobre a marca mais do que qualquer campanha publicitária jamais conseguiria.

Atrair (e manter) as pessoas certas

As marcas que têm uma visão clara e valores bem articulados naturalmente atraem pessoas com as mesmas ideias. Seus funcionários devem ser uma representação autêntica da sua marca.

Clientes mais felizes

Os clientes são atraídos por marcas que compartilham dos seus valores. Quando os funcionários não representam esses ideais, o resultado pode ser clientes insatisfeitos, desafios internos na organização e, em última análise, uma imagem prejudicada.

Relacionamentos melhores

A colaboração e o trabalho em equipes interfuncionais é mais fácil quando as pessoas têm algo em comum e quando sentem que têm os mesmos valores e são parte de uma história maior.

Vantagem competitiva

A cultura de marca é o motor oculto e gigante que move sua marca a cada minuto do dia. As pessoas que você emprega podem criar uma diferenciação mais clara entre você e a concorrência.

Maior produtividade

Muitos estudos determinaram que uma equipe engajada e feliz é uma equipe mais produtiva. Há um valor intrínseco em atingir as metas da empresa.

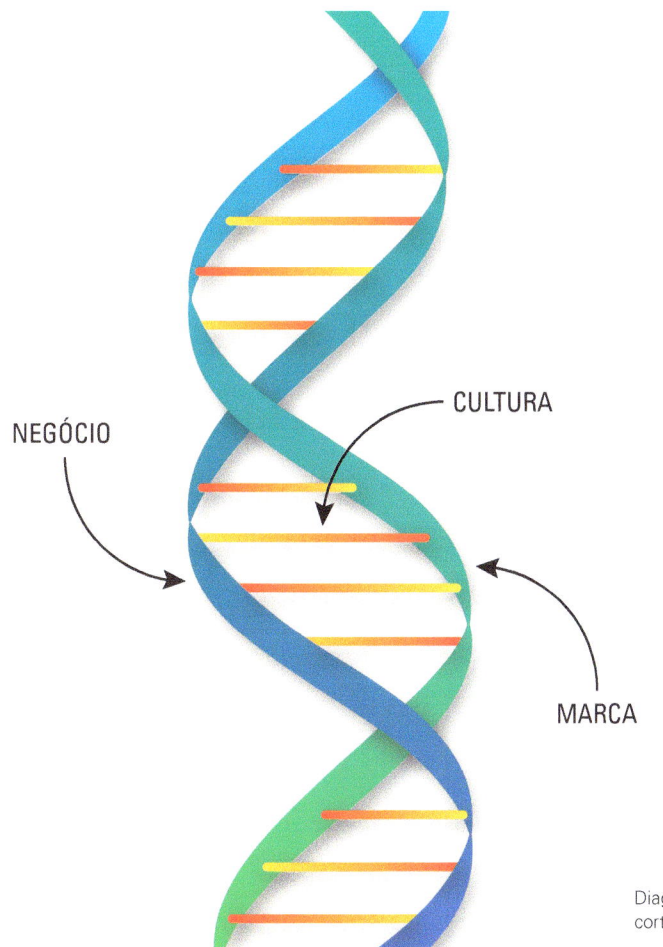

NEGÓCIO
CULTURA
MARCA

Lincoln disse que o caráter é como uma árvore e a reputação, sua sombra. Muitos acreditam que o seu trabalho é manipular a sombra, em vez de cuidar da saúde da árvore. Neste mundo de transparência e democratização da mídia, as organizações e os indivíduos têm cada vez mais dificuldade de terem uma vida dupla. O melhor investimento no caráter da organização é investir na cultura corporativa.

Jon Iwata
Diretor sênior de marketing e de comunicação
IBM

Diagrama adaptado, cortesia de SYPartners

O básico das marcas

Experiência do cliente

A concorrência global é acirrada. Os consumidores estão transbordando de opções. Os criadores de marcas precisam pensar muito além do ponto de venda e utilizar sua imaginação estratégica e tino empresarial para produzir experiências envolventes e exclusivas, que ultrapassem a capacidade dos concorrentes de reproduzi-las. Pense em barreiras à entrada.

Experiências instigantes atraem novos clientes, estendem a fidelidade dos atuais e, se forem realmente diferenciadas, permitem preços mais elevados. Cada interação com o cliente deve ser considerada uma oportunidade. Uma experiência marcante gera *buzz* positivo, e é divertido compartilhá-la, mas uma experiência ruim é uma oportunidade perdida que acaba sabotando a marca.

O cliente vai ao Genius Bar da Apple Store para aprender, ao American Girl Place para tomar o chá da tarde e ao Wegmans para jantar e ouvir uma boa música ao vivo antes de fazer compras. As possibilidades são infinitas.

É a experiência que uma marca cria e administra, por meio dos seus produtos e serviços, que a define na mente dos clientes.

Nathan Williams
Estrategista sênior
Wolff Olins

Pare de fingir que há uma diferença entre "virtual" e "vida real". Todos os aspectos da nossa vida têm um componente virtual.

Annalee Newitz
Ars Technica

A arte de ser um grande lojista envolve manter a essência e, ao mesmo tempo, melhorar a experiência.

Howard Schultz
Presidente e CEO
Starbucks

Foto: Peter Ascoli #immersionroom

Usando a Caneta, os visitantes podem selecionar papéis de parede da coleção permanente do Cooper Hewitt ou desenhar seus próprios em grandes mesas com telas *touchscreen* e então projetá-los nas paredes da Sala de Imersão, do chão ao teto.

Caroline Baumann
Diretora
Cooper Hewitt, Smithsonian Design Museum

Fundamentos da experiência

Extraído de *The Experience Economy*, de B. Joseph Pine II e James H. Gilmore

Trabalho é teatro e todas as empresas são um palco.

A experiência é o marketing.

Mesmo as transações mais corriqueiras podem ser transformadas em experiências marcantes.

As experiências que você cria devem ser tratadas como ofertas econômicas distintas, que envolvem seus clientes e criam memórias neles.

As empresas não precisam se limitar ao mundo físico, elas podem usar experiências virtuais também, cm uma série de experiências relacionadas que fluem uma a partir da outra.

As experiências são uma oportunidade para gerar novas fontes de receita e lucros em um mundo cada vez mais comoditizado.

Todos os elementos da experiência devem ter um princípio organizador.

Princípios da experiência digital

Desenvolvido por Paul Pierson, Carbone Smolan Agency

Digital não significa apenas um site. Considere todos os locais em que o seu público usa tecnologia para interagir com a sua marca.

Seja humano. Muitas pessoas substituem a interação humana por ferramentas digitais, mas a experiência não deve parecer robótica.

Fale com as pessoas. Participe de conversas com o seu público e escute, pois isso gera confiança.

Atinja seu público onde ele está. As experiências não devem estar presas a um destino.

Demonstre autoridade. O .com deve ser a representação mais genuína do seu produto ou serviço.

Resolva um problema para os seus usuários. Considere criar uma ferramenta em vez de distribuir uma mensagem.

Examinando cuidadosamente a jornada do cliente e enxergando a interação entre experiências físicas sensoriais e experiências digitais envolventes, as marcas podem amplificar o engajamento e solidificar as impressões positivas.

Paul Pierson
Sócio-gerente
Carbone Smolan Agency

Diagrama: Carbone Smolan Agency

O básico das marcas

Intercultural

Enquanto a globalização confunde as diferenças entre as culturas, as melhores marcas prestam atenção às diversidades culturais. No ciberespaço, em nossos computadores e nos telefones celulares, a geografia se tornou menos relevante. O *insight* cultural é fundamental para quem está construindo uma marca.

Dar um nome, fazer o design de um logotipo, desenvolver imagem, cor, mensagens principais e espaços de varejo exige que a equipe de criação leve em conta as conotações e as complexidades das diferenças culturais mais sutis. A história do marketing está repleta de situações em que empresas ofenderam o mercado que estavam tentando impressionar. Os pressupostos e os estereótipos atrapalham a construção de marcas que pretendem compreender os consumidores e celebrar a sua singularidade.

Entenda as diferentes camadas de uma cultura. Demonstre respeito e torne-a relevante.

Carlos Martinez Onaindia
Líder do estúdio global de criação
Deloitte

Do local ao nacional, regional e global, as melhores marcas cultivam um cliente de cada vez, criando conversas, entendo as necessidades dos clientes individuais e transcendendo todos os limites geográficos.

Gustavo Koniszczer
Diretor-gerente
FutureBrand Hispanic America

© 2017 Deloitte Touche Tohmatsu Limited

A Deloitte é uma empresa que presta serviços profissionais por meio de uma rede global de firmas-membro, espalhadas em mais de 150 países. O que as une é, acima de tudo, a marca. Esta capa de revista japonesa demonstra o esforço máximo da Deloitte para manter um padrão em sua comunicação e, ao mesmo tempo, respeitar as culturas globais. O estilo das imagens reflete os ideais japoneses de equilíbrio e harmonia. O branco é a cor dominante porque fundos pretos, bastante usados em outras partes do mundo, são considerados de mau agouro no Japão.

Arte emoji fornecida por http://emojione.com

> Nem toda cultura tem uma nacionalidade.
>
> Anúncio do HSBC

Camadas de cultura
Desenvolvido por Carlos Martinez Onaindia, Deloitte

Variáveis objetivas

Nomes
Linguagem
Escrita
Símbolos
Cor
Som

Variáveis subjetivas

Aspirações
Valores
Emoções
Humor
Expectativas
Sentimentos

Variáveis culturais

Sociais
Econômicas
Espirituais
Religiosas
Intelectuais
Éticas

> O mercado latino não é monolítico, monocromático ou unidimensional, e muito menos chato. Faça a devida pesquisa e depois abra os olhos, os ouvidos e a mente. Comece sendo relevante.
>
> Joe Ray
> *Presidente/diretor de criação Estudio Ray*

Princípios fundamentais
Desenvolvido por Ronnie Lipton, *Designing Across Cultures*

Pressuponha complexidade cultural. "Hispânico", "asiático" ou "chinês" não é "um" mercado.

Mergulhe sua equipe na cultura de seus clientes. Investigue as percepções, os valores, os comportamentos e as tendências.

Inclua especialistas nativos de confiança em sua equipe. Diferenças culturais sutis normalmente são invisíveis aos visitantes.

Para evitar estereótipos e outros equívocos, realize pesquisas e testes.

Para garantir a conexão da marca em diversas culturas em cada país ou região, teste de forma ampla.

Para manter a marca relevante, teste com frequência. Prepare-se para manter uma equipe na região, ou em contato próximo com ela.

O básico das marcas

Arquitetura de marca

A arquitetura de marca é a hierarquia das várias marcas existentes dentro de uma mesma empresa. Ela é a inter-relação da empresa principal, das empresas subsidiárias, dos produtos e serviços, e deve refletir a estratégia de marketing. Dar consistência e ordem verbal e visual a elementos muito diferentes ajuda a empresa a crescer e vender de forma mais eficaz.

A fusão entre empresas e a aquisição de uma empresa e de produtos por outra aumentam muito a complexidade das decisões de gestão de marcas, nomenclatura e marketing. Os tomadores de decisões têm que analisar o marketing, os custos, os prazos e as implicações legais.

A arquitetura de marca não é uma necessidade limitada às 100 maiores empresas listadas na revista *Fortune* ou àquelas com fins lucrativos. Qualquer organização ou instituição em crescimento precisa avaliar qual estratégia de arquitetura de marca dará apoio ao crescimento futuro.

> Este é um novo e emocionante capítulo na vida da Google: o nascimento da Alphabet.

Larry Page
CEO
Alphabet

Alphabet

Subsidiárias da Alphabet

iGoogle	Google Calendar
Google Images	Google Translate
Google Maps	Chrome
Google Translate	Android
Google Play	YouTube
Google Earth	Picasa
Google +	Android
Gmail	DoubleClick
Google Docs	AdMob
Google Alerts	Feedburner

Tipos de arquitetura de marca

A maioria das grandes empresas que vendem produtos e serviços utiliza um misto de estratégias.

Arquitetura de marca monolítica

Caracterizada por uma só marca principal forte. Os clientes escolhem com base na fidelidade de marca. As funções e as vantagens são menos importantes para o consumidor do que a persona e a promessa de marca. As extensões de marca utilizam a identidade da marca principal, aliada a descritores genéricos.

Google + Google Maps
FedEx Express + FedEx Office
GE + GE Healthcare
Virgin + Virgin Mobile
Vanguard + Vanguard ETF

Arquitetura de marca endossada

Caracterizada por sinergia de marketing entre o produto ou divisão e o nome principal. O produto ou a divisão tem uma presença de mercado claramente definida e se beneficia com a associação, a aprovação e a visibilidade da marca principal.

iPad + Apple
Polo + Ralph Lauren
Oreo + Nabisco
Navy Seals + Marinha dos EUA

Arquitetura de marca pluralística

Caracterizada por uma série de marcas de consumo bem conhecidas. O nome da marca principal pode ser tanto invisível quanto irrelevante para o consumidor. Muitas empresas principais desenvolvem um sistema terciário de endosso corporativo.

Tang (Mondelez)
Godiva Chocolatier (Yildiz Holding)
The Ritz-Carlton (Marriott)
Hellmann's Mayonnaise (Unilever)
Bevel (Walker & Company)
Kleenex (Kimberly Clark)
Elmer's (Newell Brands)

Perguntas estratégicas

Quais são as vantagens de potencializar o nome da empresa principal?

O posicionamento da nova empresa exige distanciamento da empresa principal?

As marcas em colaboração (cobranding) confundem os consumidores?

Devemos mudar o nome ou devemos nos apoiar no valor de marca existente, mesmo que ela tenha sido propriedade de um concorrente?

Devemos assegurar que a empresa principal continue sempre visível em uma posição secundária?

Que marcas daremos a essa nova aquisição?

O básico das marcas

Símbolos

Uma identidade visual fácil de lembrar e de reconhecer viabiliza a consciência e o reconhecimento de marca. A identidade visual provoca percepções e desencadeia associações a respeito da marca. A visão, mais do que qualquer outro sentido, fornece informações sobre o mundo.

Por meio da exposição repetida, os símbolos se tornam tão fáceis de reconhecer que empresas como Target, Apple o Nike eliminaram o logotipo, mantendo somente os símbolos em suas assinaturas corporativas nas campanhas de circulação nacional. A cor se torna um dispositivo mnemônico: quando você vê pelo canto do olho um caminhão marrom, já sabe que é da UPS.

O trabalho do designer de identidade é administrar a percepção por meio da integração do significado e da diferenciação visual.

Compreender a sequencialidade da percepção e cognição visual fornece um *insight* valioso sobre o que funciona melhor.

Os símbolos são a forma de comunicação mais rápida à disposição da humanidade.
Blake Deutsch

Sequência da cognição

A ciência da percepção investiga como as pessoas reconhecem e interpretam os estímulos sensoriais. O cérebro reconhece e memoriza primeiramente as formas. As imagens visuais podem ser lembradas e reconhecidas de forma direta, enquanto o significado das palavras precisa ser decodificado.

Forma

A leitura não é necessária para identificar as formas, mas a identificação de formas é necessária para a leitura. O cérebro reconhece formas diferentes que geram uma impressão mais rápida na memória.

Cor

A cor vem em segundo lugar. A cor pode incitar uma emoção e evocar uma associação de marca. É preciso escolher cores muito diferentes com cuidado, não só para construir a consciência de marca, mas também para expressar a diferenciação. Empresas como Kodak e Tiffany registraram suas cores institucionais como marcas.

Conteúdo

O cérebro leva mais tempo para processar a linguagem. Logo, o conteúdo vem em terceiro lugar, depois da forma e da cor.

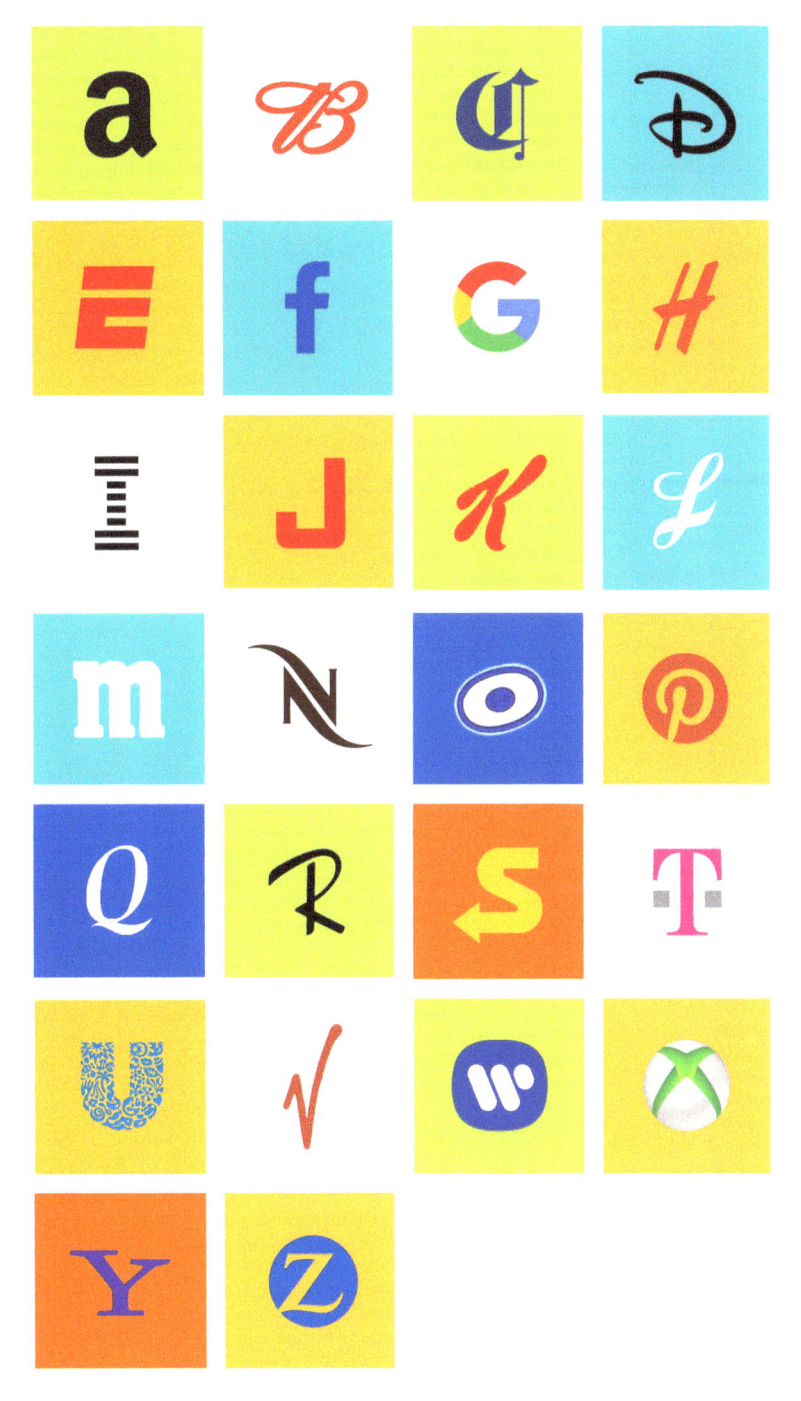

Que marca é essa?

Não é incrível como podemos reconhecer uma marca de consumo somente por uma das letras do seu nome? Por meio da frequência, a marca retém e lembra uma forma diferenciada. O conceito foi desenvolvido originalmente pela artista e antropóloga cultural Heidi Cody, em sua obra *American Alphabet*.

a. Amazon
b. Budweiser
c. Corona
d. Disney
e. ESPN
f. Facebook
g. Google
h. H&M
i. IBM
j. Jell-O
k. Kellogg's
l. Lysol
m. M&M'S
n. Nespresso
o. Oreo
p. Pinterest
q. Q-tips
r. Ray-Ban
s. Subway
t. T-Mobile
u. Unilever
v. Virgin Mobile
w. Warner Music Group
x. X-Box
y. Yahoo
z. Zurich Insurance

O básico das marcas

Nomes

O nome certo é atemporal, não cansa, é fácil de dizer e lembrar; ele representa alguma coisa e facilita as extensões da marca. Seu som tem ritmo. Ele é fantástico no texto de um e-mail e no logotipo. Um nome bem escolhido é um ativo de marca fundamental e está sempre trabalhando.

Um nome é transmitido dia após dia, em conversas, nos e-mails, nas mensagens de voz, nos sites, nos produtos, em cartões de visita e nas apresentações. Um nome mal escolhido para uma empresa, um produto ou um serviço pode atrapalhar os esforços de marketing, seja pela má comunicação, seja porque as pessoas não conseguem pronunciá-lo nem lembrá-lo. Além disso, pode sujeitar a empresa a riscos jurídicos desnecessários ou excluir um segmento de mercado. Encontrar o nome certo que seja legalmente utilizável é uma tarefa árdua. Dar nomes requer uma abordagem criativa, estudada e estratégica.

> Conte a história por trás do seu novo nome e ele se transformará em uma parte memorável de quem você é.
>
> Howard Fish
> *Estrategista de marca*
> *Fish Partners*

> O nome certo prende a imaginação e estabelece uma conexão com as pessoas que você quer alcançar.
>
> Danny Altman
> *Fundador e diretor de criação*
> *A Hundred Monkeys*

Os mitos de dar nomes

Dar nome a uma empresa é fácil, é como dar nome a um bebê

Dar nome é um processo rigoroso e exaustivo. Frequentemente, centenas de nomes são revisados antes que se possa encontrar um que esteja legalmente disponível e que funcione.

Vou saber quando ouvir

Muitas pessoas dizem que podem tomar uma decisão depois que ouvem um nome uma única vez. Na verdade, bons nomes são estratégias e precisam ser analisados, testados, vendidos e provados.

Nós mesmos faremos a pesquisa

Várias técnicas precisam ser utilizadas para analisar a eficácia de um nome e, com isso, assegurar que suas conotações sejam positivas no mercado a ser atendido.

Não temos recursos para testar o nome

Os advogados especialistas em propriedade intelectual precisam fazer muitas buscas para assegurar que não existem nomes conflitantes, a fim de não registrar nomes similares. O risco é grande demais, pois os nomes têm que durar por muito tempo.

> Ao nomear um processo, um tipo de serviço ou uma nova característica de serviços, você cria um ativo valioso, que pode se somar ao valor do seu empreendimento.
>
> Jim Bitetto
> *Sócio*
> *Keusey Tutunjian & Bitetto, PC*

Qualidades de um nome eficaz

O nome certo tem o potencial de se tornar uma campanha publicitária autopropulsora, motivando o boca a boca, a reputação, as recomendações e a cobertura da imprensa.

Lissa Reidel
Consultora

Zoom, o programa da rede norte-americana PBS, tinha um nome com "pernas longas".
Extensões da marca Zoom:
Zoomers
Zoomerang
ZoomNooz
Zoomzones
Zoomphenom
CafeZoom
ZoomNoodle

Diga-me com quem voas:
Twitter
Tweet
Twittersfera
Retweet

Significativo
Comunica algo sobre a essência da marca. Dá apoio à imagem que a empresa quer transmitir.

Diferente
É único, além de fácil de lembrar, pronunciar e soletrar. É diferenciado da concorrência. É fácil de compartilhar nas redes sociais.

Orientado para o futuro
Posiciona a empresa para o crescimento, as mudanças e o sucesso. Tem sustentabilidade e mantém as possibilidades. Pode se estender.

Modular
Permite à empresa construir extensões da marca com facilidade.

Pode ser protegido
Pode ser protegido e registrado como marca. Existe um domínio disponível.

Positivo
Tem conotações positivas nos mercados atendidos. Não tem fortes conotações negativas.

Visual
Presta-se para apresentação gráfica em um logotipo, no texto e na arquitetura de marca.

Tipos de nomes

Fundador
Muitas empresas têm o nome de seus fundadores: Ford, McDonald's, Christian Louboutin, Ben & Jerry's, Tory Burch. Podem ser mais fáceis de proteger. Satisfazem um ego. A desvantagem é que os nomes são inseparáveis de um ser humano real.

Descritivo
Esses nomes transmitem a natureza da empresa. Bons exemplos são Match.com, Toys "R" Us, Petco, E*TRADE, Evernote, Ancestry.com e Citibank. A vantagem de um nome descritivo é que ele comunica claramente as intenções da empresa. Uma possível desvantagem é que, à medida que a empresa cresce e se diversifica, o nome pode se tornar um limitador.

Inventado
Um nome inventado, como Pinterest, Kodak ou Activia, é diferente de tudo e pode ser mais fácil de registrar legalmente. No entanto, a empresa tem que investir muito capital para instruir o mercado sobre a natureza do negócio, serviço ou produto. Häagen-Dazs é um nome estrangeiro inventado que tem tido muito sucesso no mercado consumidor.

Metáfora
Coisas, lugares, pessoas, animais, processos, nomes mitológicos e palavras estrangeiras são usados para aludir a uma qualidade da empresa. Bons exemplos são Nike, Patagonia, Monocle, Quartz, Tesla, Kanga, Amazon.com, Hubble e Hulu.

Acrônimo
Esses nomes são difíceis de lembrar e difíceis de registrar. IBM e GE se tornaram conhecidos somente depois que as empresas se estabeleceram com a pronúncia de seus nomes completos. Acrônimos são mais difíceis de aprender, exigindo um investimento substancial em publicidade. Bons exemplos são USAA, AARP, DKNY, CNN e MoMA.

Palavras mágicas
Alguns nomes alteram a ortografia das palavras para criar um nome diferente e registrável, como Flickr, Tumblr, Netflix e Google.

Combinações dos tipos acima
Alguns dos melhores nomes são uma combinação de tipos. Bons exemplos são Airbnb, Under Armour, Trader Joe's, Shinola Detroit e Santa Classics. Os clientes e os investidores gostam de nomes que conseguem entender.

O básico das marcas

Taglines

Uma *tagline* é uma frase curta que captura a essência, a personalidade e o posicionamento da marca de uma empresa e a diferencia de seus concorrentes. De uma simplicidade enganosa, as *taglines* não são arbitrárias. Elas surgem a partir de um intenso processo criativo e estratégico.

As *taglines* se tornaram um símbolo do que a marca representa e produz. Usadas originalmente na propaganda como peça central de uma campanha de marketing global, historicamente, as *taglines* têm vida útil muito menor do que os logotipos, mas as melhores *taglines* são duradouras e transcendem mudanças nos mercados e em estilos de vida. Elas são significativas e memoráveis, e precisam ser usadas de forma frequente e consistente. *Taglines* como "Just do it", da Nike, tornaram-se parte da cultura popular. A *tagline* da Target, "Expect more. Pay less", é uma promessa de marca para os consumidores.

Mantras de marca são poesia. E são ferramentas poderosas, não só para construir marcas, mas para construir organizações.

Chris Grams
The Ad-Free Brand

Visão Ashoka

A Ashoka imagina um mundo onde "todos são *changemaker*" (criadores de mudanças): um mundo que reage de forma rápida e eficaz a desafios sociais e no qual todos os indivíduos têm liberdade, confiança e apoio da sociedade para enfrentar qualquer problema social e promover mudanças.

Características essenciais

Curta

Diferenciada de seus concorrentes

Única

Captura a essência e o posicionamento da marca

Fácil de dizer e lembrar

Sem conotações negativas

Apresentada em tipografia pequena

Pode ser protegida e registrada como marca

Evoca uma resposta emocional

Difícil de criar

> Uma *tagline* é um *slogan*, um esclarecedor, um mantra, uma afirmação de uma empresa ou um princípio de conduta que descreve, resume ou ajuda a criar interesse.
>
> Debra Koontz Traverso
> *Outsmarting Goliath*

A palavra *"slogan"* teve origem no gaélico *slaughgaiirm*, usada pelos clãs escoceses com o significado de "grito de guerra".

Uma amostra de *taglines*

Imperativa: Ordena uma ação e normalmente começa com um verbo

YouTube	Broadcast yourself (Transmita a si mesmo)
Nike	Just do it (Apenas faça)
MINI Cooper	Let's motor (Vamos motorizar)
Bausch + Lomb	See better. Live better. (Veja melhor. Viva melhor.)
Apple	Think different (Pense diferente)
Toshiba	Don't copy. Lead. (Não copie. Lidere.)
Virgin Mobile	Live without a plan (Viva sem planos)
Unstuck	Live better everyday (Viva melhor todos os dias)
Crocs	Feel the love (Sinta o amor)
Coca-Cola	Open happiness (Abra a felicidade)

Descritiva: Descreve o serviço, produto ou promessa de marca

TOMS Shoes	One for one (Um por um)
TED	Ideas worth spreading (Ideias que valem a pena disseminar)
Ashoka	Everyone a changemaker (Todos são criadores de mudanças)
Philips	Innovation & You (Inovação & Você)
Target	Expect more. Pay less. (Espere mais. Pague menos.)
Concentrics	People. Process. Results. (Pessoas. Processo. Resultados.)
MSNBC	This is who we are (Isso é quem somos)
Ernst & Young	Building a better working world (Construindo um mundo que funciona melhor)
Allstate	You're in good hands (Você está em boas mãos)
GE	Imagination at work (Imaginação no trabalho)
Nature Conservancy	Protecting nature. Preserving life. (Protegendo a natureza. Preservando a vida.)

Superlativa: Posiciona a empresa como a melhor em sua categoria

DeBeers	A diamond is forever (Um diamante é eterno)
BMW	The ultimate driving machine (A máquina de guiar definitiva)
Lufthansa	Nonstop you (Você sem parar)
Guarda Nacional dos EUA	Americans at their best (Americanos em sua melhor forma)
Budweiser	King of beers (Rei das cervejas)
Adidas	Impossible is nothing (Impossível é nada)

Provocativa: Provoca reflexão; frequentemente é uma pergunta

Verizon Wireless	Can you hear me now? (Está me escutando agora?)
Microsoft	Where are you going today? (Onde você vai hoje?)
Mercedes-Benz	What makes a symbol endure? (O que faz um símbolo perdurar?)
Dairy Council	Got milk? (Tomou o leite?)

Específica: Revela a categoria do negócio

The New York Times	All the news that's fit to print (Todas as notícias que merecem ser impressas)
Olay	Love the skin you're in (Ame a sua própria pele)
Volkswagen	Drivers wanted (Precisa-se de motoristas)
eBay	Happy hunting (Boa caçada)
Skittles	Taste the rainbow (Prove o arco-íris)

O básico das marcas

Foco na mensagem

Focar a mensagem é o mantra da marca. As melhores marcas falam com uma voz característica. Na Web, em um tuite, em uma apresentação de vendas, no discurso feito pelo presidente, a empresa precisa projetar sempre a mesma mensagem. Ela deve ser memorável, fácil de identificar e centrada no consumidor.

A voz e o tom devem funcionar em harmonia, com clareza e personalidade, para envolver os consumidores, estejam eles ouvindo, estejam observando ou lendo.

Seja uma chamada à ação, seja a descrição de um produto, a linguagem tem que ser viva, direta, eloquente e sólida.

A linguagem e a comunicação são intrínsecas a todas as expressões da marca. Mensagens de alto nível, unificadas e consistentes, exigem aceitação e apoio em todos os níveis. A interação das comunicações requer que conteúdo e design funcionem juntos para diferenciar a marca.

A escrita vigorosa é concisa. Uma frase não deve conter palavras desnecessárias e um parágrafo não deve ter frases desnecessárias pelo mesmo motivo que um desenho não deve ter traços desnecessários e uma máquina não deve conter peças desnecessárias.

William Strunk, Jr. e E. B. White
The Elements of Style

Vamos dar a eles algo do que falar.
Bonnie Raitt

Menos palavras viajam mais longe.

John Maeda
Diretor global
Design e inclusão
computacional
Automatic

Conversa de elevador
Desenvolvido por Ilise Benun, Marketing-Mentor.com

Pode parecer um paradoxo, mas o foco da conversa de elevador (*elevator pitch*) deve estar no cliente, não em você. Experimente três abordagens diferentes para descobrir o que funciona melhor com o seu cliente ideal.

- enfatizar as necessidades do cliente
- enfatizar os resultados do cliente
- enfatizar a dor do cliente

> Pedimos a um grupo de clientes que pegasse as palavras do extenso nome científico e as colocassem em partes diferentes da fala (verbo, adjetivo, advérbio, substantivo). Foi o ponto de partida para investigar significado, entender as nuances, participar da descoberta e se reunir como grupo para discutir as mensagens principais.
>
> Margaret Anderson
> *Diretora-gerente*
> *Stellarvisions*

> Três mensagens-chave que sejam verdadeiras e ambiciosas e que valham uma *hashtag* farão os outros levantarem a bandeira da sua marca.
>
> Margie Gorman
> *Consultora de comunicação*

Princípios fundamentais
Desenvolvidos por Lissa Reidel, consultora

Use uma linguagem que tenha significado. Os leitores completarão a mensagem com sua própria experiência.

Procure ser claro, breve e preciso. Uma executiva ocupada, com apenas alguns minutos disponíveis, pode captar rapidamente o que precisa saber.

Lapide o que tem a dizer como se fosse um joalheiro. Cada oração revela facetas novas e intrigantes para o consumidor.

Seja objetivo para produzir frases que adquiram uma forma vibrante quando forem ouvidas diversas vezes. A unidade é construída com a repetição.

Elimine as frases modificadoras, os advérbios e os textos desnecessários; o que restar é a essência. Para conferir impacto ao texto, elimine as referências que só servem de distração. Menos é mais.

A força de três

Nas comunicações de marca, o melhor é que a grande ideia seja apoiada por três mensagens principais.

Desenvolvido originalmente pelo Dr. Vincent Covello como uma estratégia para comunicações de risco, o mapeamento de mensagens foi criado porque as pessoas só conseguem compreender três mensagens em uma situação de risco. Esse raciocínio é útil nas comunicações de marca e nas relações com a imprensa.

Toda palavra é uma oportunidade de ser intencional

Nomenclatura	Essência da marca	Comunicação	Informações	Pontos de contato
Nome de empresa formal	Declarações de missão	Voz	Conteúdo	Sites + blogs
Nome de empresa comunicativo	Declarações de visão	Tom	Chamado à ação	*Releases*
Taglines	Propostas de valor	Estilo de manchete	Números de telefone	FAQs (perguntas frequentes)
Descritores	Mensagens principais	Pontuação	Endereços na Internet (URLs)	Kits para imprensa
Nomes de produtos	Princípios orientadores	Uso de maiúsculas	Assinaturas de e-mail	Relatórios anuais
Nomes de processos	Promessas ao consumidor	Ênfase	Mensagens de voz	Folhetos
Nomes de serviços	Vocabulário	Precisão	Abreviaturas	Comunicados aos acionistas
Nomes de divisões	História	Clareza	Títulos	Roteiros de *call center*
	Texto padrão	Consistência	Endereços	Roteiros de venda
	Conversa de elevador		Orientações	Apresentações
	Hashtags			Avisos e pronunciamentos
				E-mails em massa
				Campanhas publicitárias
				Mala-direta
				Manuais de produtos
				Sinalização
				Aplicativos

O básico das marcas

Grande ideia

Uma grande ideia serve de totem organizacional, em torno do qual se alinham estratégias, comportamentos, ações e comunicações. A grande ideia tem que ser simples e fácil de transportar, e deve ser flexível o suficiente para se adaptar a desenvolvimentos futuros imprevisíveis.

Às vezes, a grande ideia se torna a *tagline* ou o grito de guerra. A linguagem parece simples, mas o processo para chegar lá é difícil. É preciso bastante diálogo e paciência, além de coragem de dizer menos.

Para isso, é necessário um facilitador hábil, experiente na construção de consenso, para fazer as perguntas certas e chegar a uma conclusão. O resultado desse trabalho é um componente crucial na realização de uma estratégia de marca que empolgue e em uma identidade de marca diferenciada.

Marketing sem ideias não tem vida. Design sem marketing não tem voz.

Von R. Glitschka
Diretor de criação
Glitschka Studios

Valores essenciais Atributos de marca	Diferenciação Proposta de valor	Ideia central Conceito unificador	
Clareza →	**Posicionamento** →	**Essência da marca**	**Grande ideia !**
Vantagem competitiva Estratégia de marca	Categoria de negócio	Mensagens principais Voz e tom	

IBM Watson

Todas as profissões, em todos os setores, em todas as partes do mundo estão mudando, simultaneamente, por causa dos dados e da inteligência artificial. Construímos o IBM Watson para este momento. Acreditamos que homem e máquina, juntos, podem produzir resultados que jamais foram possíveis, resultados que tornarão o mundo mais saudável, mais seguro, mais produtivo, mais criativo e mais justo.

Jon Iwata
Diretor sênior, Marketing e comunicação
IBM

IBM Smarter Planet

Edificações

Nuvem

Alimentação

Educação

Cidades

Energia

Segurança pública

Gestão de risco

Saúde

Ferrovias

Água

Trânsito

Em 2008, a IBM lançou a campanha Smarter Planet (planeta mais inteligente) para explicar como uma nova geração de sistemas e tecnologias inteligentes poderia ter um impacto profundo no futuro.

Em 2015, a IBM começou a promover o conceito de negócios cognitivos, com a IBM Watson no centro, redefinindo a relação entre homem e máquina.

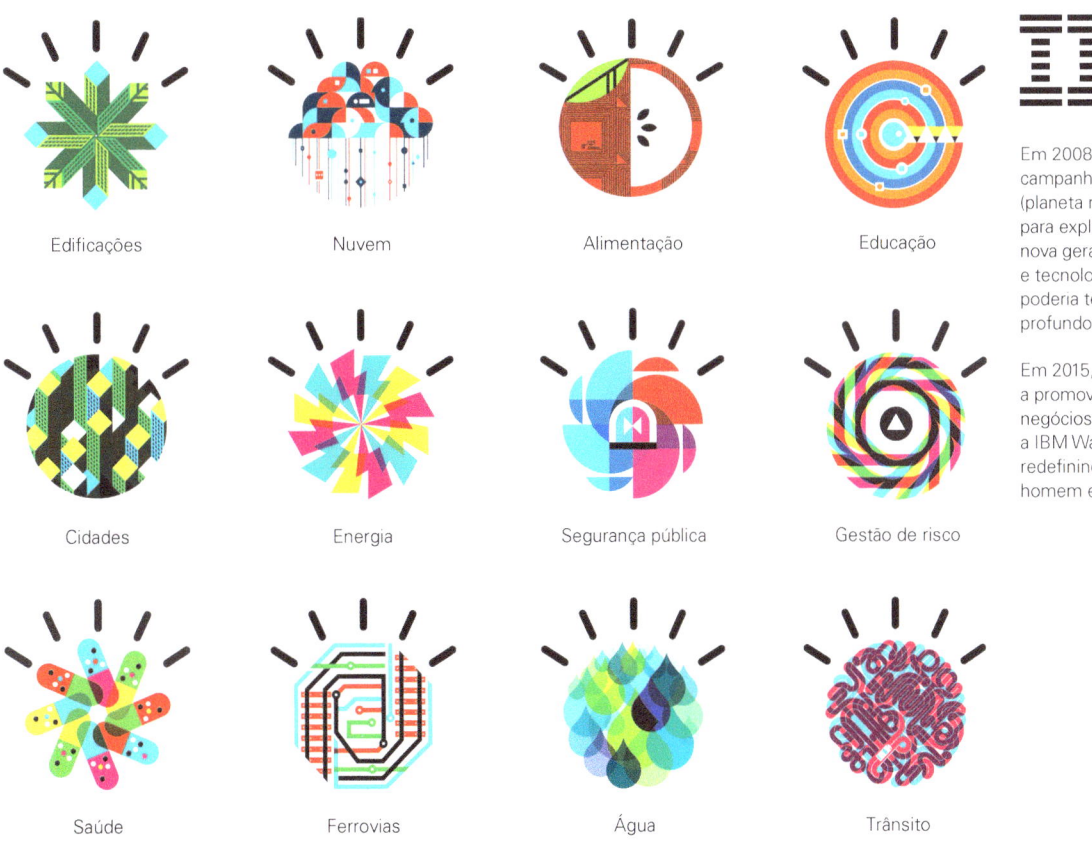

IBM Smarter Planet: Ogilvy & Mather Worldwide   IBM Watson: Equipe de design da IBM

Ideais da marca

Visão geral

Os ideais são essenciais para um processo de gestão de marcas responsável, seja qual for o tamanho da empresa ou a natureza dos negócios. Esses ideais valem sempre, não importa se você está lançando um empreendimento de risco, criando de um novo produto ou serviço, reposicionando uma marca existente, articulando uma fusão de empresas ou estabelecendo uma presença no varejo.

A funcionalidade não é o único critério para chegar ao âmago da identidade da marca. Existem mais de um milhão de marcas comerciais registradas no Escritório de Marcas e Patentes dos Estados Unidos. As questões básicas são: o que torna uma melhor do que a outra? E por que? Quais sao as caracteristicas essenciais das soluções mais sustentáveis? Como definir as melhores identidades? Esses ideais não se referem a uma estética específica. A excelência no design é um pré-requisito.

As melhores marcas combinam inteligência e *insight* com imaginação e técnica.

Connie Birdsall
Diretora de criação
Lippincott

A marca é mais do que um logotipo ou uma *tagline*, é um empreendimento estratégico.

Michelle Bonterre
Diretora de marca
Dale Carnegie

Critérios funcionais

Audaciosa, memorável e adequada	Pode ser protegida judicialmente
Permite reconhecimento imediato	Tem valor duradouro
Proporciona uma imagem consistente da empresa	Tem sucesso em várias mídias e escalas
Comunica a persona da empresa	Atemporal

Os ideais

```
        coerência
significado    longevidade
visão   diferenciação   valor
    autenticidade   comprometimento
            flexibilidade
```

Visão

O fundamento e a inspiração das melhores marcas é a visão estimulante de um líder eficaz, eloquente e apaixonado.

Significado

As melhores marcas representam algo importante: uma grande ideia, um posicionamento estratégico, um conjunto de valores bem definido, uma voz que se destaca.

Autenticidade

A autenticidade só é possível quando uma empresa é clara sobre o seu mercado, seu posicionamento, sua proposta de valor e sua diferença competitiva.

Coerência

Sempre que um consumidor vivencia uma marca, ela deve parecer conhecida e manifestar o efeito desejado. A consistência não precisa ser rígida nem limitante para ser sentida como característica de uma empresa só.

Diferenciação

As marcas sempre competem entre si dentro de sua categoria de mercado e, em certo grau, concorrem com todas as outras que querem a nossa atenção, nossa lealdade e nosso dinheiro.

Flexibilidade

Uma marca de sucesso prepara a empresa para mudanças e para crescimento no futuro. Ela dá apoio para a evolução de uma estratégia de marketing.

Longevidade

A longevidade é a capacidade de se manter no caminho certo em um mundo em fluxo constante, caracterizado por permutações imprevisíveis.

Comprometimento

As organizações precisam gerenciar seu patrimônio ativamente, incluindo o nome da marca, as marcas registradas, os sistemas integrados de vendas e marketing, e seus padrões normativos.

Valor

Resultados mensuráveis são obtidos com consciência de marca, reconhecimento crescente, comunicação de sua qualidade e exclusividade, e a expressão de uma diferença competitiva.

Ideais da marca

Visão

A visão exige coragem. As grandes ideias, empresas, produtos e serviços são sustentados por organizações que têm a capacidade de imaginar o que outros não enxergam e a tenacidade de realizar o que acreditam ser possível. Por trás de toda marca de sucesso, há um líder apaixonado, inspirando os outros a ver o futuro de outro ângulo.

Visão é a arte de enxergar o que é invisível para os outros.
Jonathan Swift

Nossa missão nunca foi tão necessária. Se podemos ajudar as crianças de todo o mundo a crescerem mais espertas, mais fortes e mais bondosas, creio que, literalmente, podemos ajudar a mudar o mundo.

Jeffrey Dunn
Presidente e CEO
Sesame Workshop

Vila Sésamo

Propósito fundamental

A Vila Sésamo (no original, Sesame Street) revolucionou a televisão infantil e a educação pré-escolar com uma ideia simples e audaciosa: educar as crianças com entretenimento. Desde 1969, a Vila Sésamo já chegou a mais de 150 países do mundo todo, com um elenco multicultural e uma combinação poderosa e criativa de mídias e Muppets. Coproduções locais adaptadas aos idiomas, costumes e necessidades educacionais locais foram produzidas para milhões de crianças ao redor do mundo. Parte da cultura popular, ela sempre evoluiu para se manter relevante para o cotidiano das crianças. Sua paisagem diversa e arrojada mostra as imperfeições e desafios da vida.

Princípios unificadores

Nossa visão é criar um mundo melhor para todos nós.

Nossa missão é ajudar as crianças a crescerem mais espertas, mais fortes e mais bondosas.

Nossa promessa é educar crianças em idade pré-escolar usando nossa receita de sucesso comprovada.

Nosso impacto se baseia em pesquisas rigorosas e colaborações fortes.

Nosso sucesso se reflete nos rostos de milhões de crianças ao redor do mundo.

O coração da Vila Sésamo vem dos seus adoráveis Muppets, que se conectam com a criança dentro de todos nós.

باغچهٔ سمسم	সিসিমপুর	VILA SÉSAMO	SABAI SABAI SESAME	SESAME PARK	芝麻街	
Afghanistan	Bangladesh	Brazil	Cambodia	Canada	China	
SESAMGADE	عالم سمسم	5, RUE SÉSAME	SESAMSTRASSE	SZEZÁM UTCA	افتح يا سمسم	
Denmark	Egypt	France	Germany	Hungary	Arab Gulf States	
SZEZÁM UTCA	गली गली सिम सिम	JALAN SESAMA	רחוב סומסום	حكايات سمسم	PLAZA SÉSAMO	
Hungary	India	Indonesia	Israel	Jordan	Latin America	
SESAMSTRAAT	SESAME SQUARE	SESAME TREE	SESAM STASJON	شارع سمسم	SESAME!	
The Netherlands	Nigeria	Northern Ireland	Norway	Palestine	The Philippines	
SEZAMKOWY ZAKĄTEK	УЛИЦА СЕЗАМ	TAKALANI SESAME	BARRIO SÉSAMO	SVENSKA SESAM	SUSAM SOKAGI	
Poland	Russia	South Africa	Spain	Sweden	Turkey	

Começou com uma ideia simples, mas poderosa. Nosso modelo comprovado se espalhou por todo o mundo. O coração da Vila Sésamo vem dos seus adoráveis Muppets, que se conectam com a criança dentro de todos nós.

Achei que estávamos criando o programa americano por excelência. Na verdade, foram os personagens mais internacionais que jamais criamos.

O que queremos fazer é ver se podemos afetar as novas mídias do mesmo modo como afetamos a televisão. Queremos introduzir valor educacional sem tirar a diversão.

Fui muito influenciada a tentar fazer algo de bom na minha vida, tentar fazer a diferença. Acho que, quando ouvi falar em TV educativa, decidi que poderia fazer a diferença ali.

Joan Ganz Cooney
Fundadora
Vila Sésamo

Ideais da marca

Significado

As melhores marcas representam algo importante: uma grande ideia, um posicionamento estratégico, um conjunto de valores bem definido, uma voz que se destaca. Símbolos são veículos de significados. Quanto mais são usados e mais as pessoas entendem o que representam, mais poderosos se tornam. Eles são a forma de comunicação mais rápida à nossa disposição. O significado raramente é imediato e precisa evoluir com o tempo.

Os símbolos acionam a inteligência, a imaginação e a emoção de uma maneira que nenhuma outra forma de aprendizagem consegue.

Manual de Normatização da Identidade da Georgetown University

As pessoas não compram o que você faz, compram o porquê. E o que você faz prova o que você acredita.

Simon Sinek
Start with Why: How Great Leaders Inspire Everyone to Take Action

O logo é o ponto de entrada da marca.

Milton Glaser
Designer

Defenda uma ideia

O significado impulsiona a criatividade

Os designers destilam o significado para criar uma expressão e forma visual exclusiva. Para ser compreendido, comunicado e aprovado, antes o significado precisa ser explicado. Todos os elementos do sistema de identidade de marca devem ter uma estrutura de lógica e significado.

O significado produz consenso

O significado é como um fogo de chão: é um ponto de concentração usado para produzir consenso em um grupo de decisores. O consenso sobre a essência e os atributos da marca constrói a sinergia crítica e precede qualquer apresentação de soluções visuais, convenções de nomes ou mensagens principais.

O significado evolui com o tempo

À medida que a empresa cresce, seu negócio pode passar por mudanças significativas. Da mesma forma, o significado de um símbolo de marca pode evoluir e se distanciar de sua intenção original. O logotipo é o lembrete mais visível e frequente daquilo que a marca representa.

FOR FOOD.
AGAINST HUNGER
AND MALNUTRITION.

FOR CLEAN WATER.
AGAINST KILLER DISEASES.

FOR CHILDREN THAT GROW
UP STRONG.
AGAINST LIVES CUT SHORT.

FOR CROPS THIS YEAR,
AND NEXT.
AGAINST DROUGHT
AND DISASTER.

FOR CHANGING MINDS.
AGAINST IGNORANCE
AND INDIFFERENCE.

FOR FREEDOM FROM HUNGER.
FOR EVERYONE. FOR GOOD.

FOR ACTION.
AGAINST HUNGER.

FOR ALMOST 40 YEARS, ACROSS NEARLY 50 COUNTRIES, WE'VE LED THE GLOBAL FIGHT AGAINST HUNGER.

Ação Contra a Fome: Johnson Banks

Buscávamos um grito de guerra que pudesse funcionar em dezenas de línguas, e percebemos que há "prós" e "contras" em todas elas.

Michael Johnson
Fundador
Johnson Banks

O novo símbolo da Ação Contra a Fome elimina a ambiguidade do antigo ao representar dois elementos fundamentais do seu trabalho (comida e água) enquanto ajusta e adapta as cores principais. Como afirmou um dos funcionários: "Se, ao entrarmos em uma zona de guerra no Mali, as pessoas não conseguem ler o nosso logotipo, elas devem, pelo menos, conseguir reconhecer o nosso símbolo". O símbolo também pode ser incorporado à tipografia em determinadas aplicações.

Ideais da marca

Autenticidade

Na psicologia, a autenticidade se refere ao autoconhecimento. As organizações que sabem quem são e o que representam começam o processo de identidade a partir de uma posição positiva. Elas criam marcas sustentáveis e genuínas. A expressão de marca deve ser coerente com a missão, o mercado-alvo, a cultura, a personalidade e os valores específicos da organização.

À medida que a realidade é qualificada, modificada e comercializada, os consumidores respondem ao que é envolvente, pessoal, memorável e, acima de tudo, ao que veem como autêntico.

B. Joseph Pine II
Authenticity

Conhece-te a ti mesmo.
Platão
Alcibíades I

Autenticidade, para mim, é fazer o que promete, não "ser você mesmo".

Seth Godin

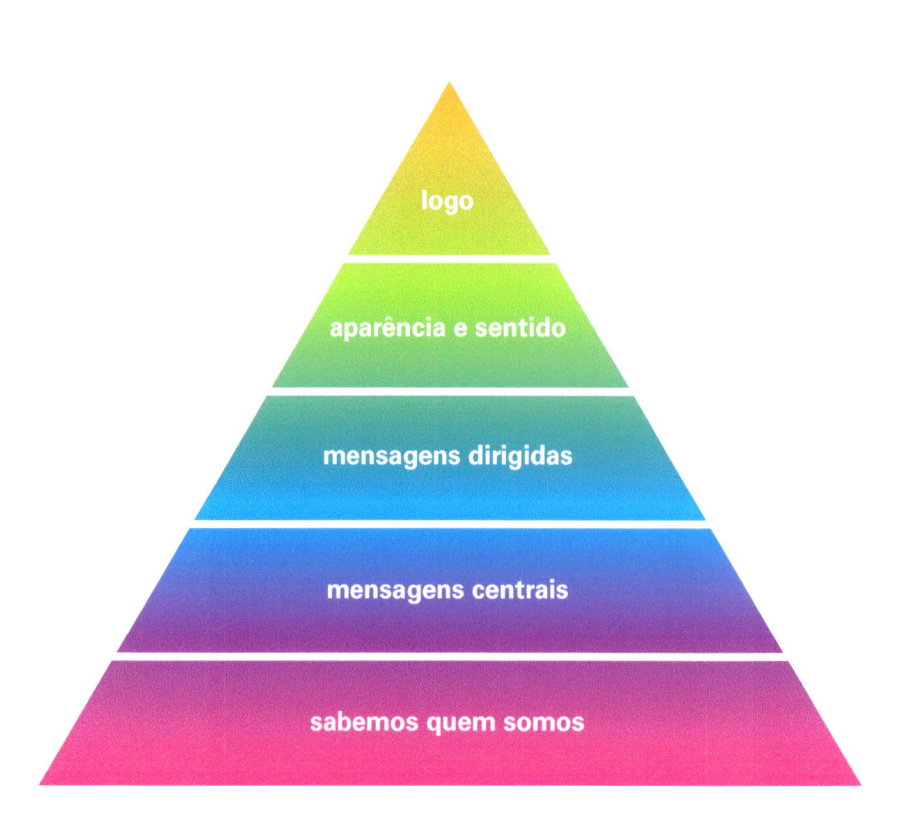

Pirâmide (do topo à base):
- logo
- aparência e sentido
- mensagens dirigidas
- mensagens centrais
- sabemos quem somos

> Somos a única empresa que atende os ignorados. Ao enfocar o problema, não o produto, inovamos de modos que os outros não conseguem.
>
> Tristan Walker
> *Fundador*
> *Walker & Company*

Sistema de Barbear Bevel

A meta ambiciosa da Walker & Company é simplificar a saúde e a beleza para o público negro. A marca Bevel, o carro-chefe da empresa, está transformando o mercado de clubes online de produtos para barbearia: seu público-alvo ainda está traumatizado pela lâmina, pois, historicamente, as ferramentas no mercado não eram projetadas para eles. A empresa foi fundada com base na ideia de questionar o "corredor étnico", onde os produtos destinados a minorias são comercializados.

Ideais da marca

Coerência

Sempre que um cliente está usando um produto, falando com um representante de serviço ou fazendo uma compra pelo iPhone, a marca deve parecer familiar. A coerência é a qualidade capaz de garantir que todas as peças se encaixem perfeitamente para o cliente. Ela não precisa ser rígida nem limitante; é apenas uma linha de base projetada para construir confiança, promover a fidelidade e agradar o cliente.

As marcas mais bem-sucedidas são completamente coerentes. Todos os aspectos do que fazem e do que são reforçam tudo mais.

Wally Olins
Estrategista de marca

Como se produz coerência?

Voz unificada, ideia central dinâmica

Todas as comunicações usam uma voz única e evoluem a partir de uma ideia central dinâmica.

Uma única estratégia empresarial

À medida que as empresas se diversificam e entram em novas áreas de negócios, a consistência acelera a consciência e a aceitação das novas iniciativas.

Todos os pontos de contato

A coerência emerge a partir do entendimento das necessidades e preferências do cliente-alvo. Todos os pontos de contato são considerados experiências de marca.

Aparência e sentido

Um sistema de identidade de marca é unificado visualmente, utilizando uma arquitetura de marca coesa e cores, famílias tipográficas e formatos feitos especialmente para ele.

Qualidade uniforme

Um nível alto e uniforme de qualidade transmite o grau de atenção que é dada a cada produto ou serviço da empresa. Qualquer coisa abaixo da excelência reduz o valor do ativo.

Clareza e simplicidade

O uso unificado de uma linguagem clara para comunicar produtos e serviços ajuda o cliente em suas escolhas.

A experiência do Mall of America nunca é estática; esse destino famoso é sempre novo. O sistema de identidade está sempre mudando, e reflete o dinamismo do shopping center.

Joe Duffy
*Presidente e diretor executivo de criação
Duffy & Partners*

O Mall of America é o maior complexo de compras e entretenimento da América do Norte. O shopping center, uma das maiores atrações turísticas e destinos de férias dos EUA, está localizado em Bloomington, Minnesota, e atrai mais de 30 milhões de visitantes por ano.

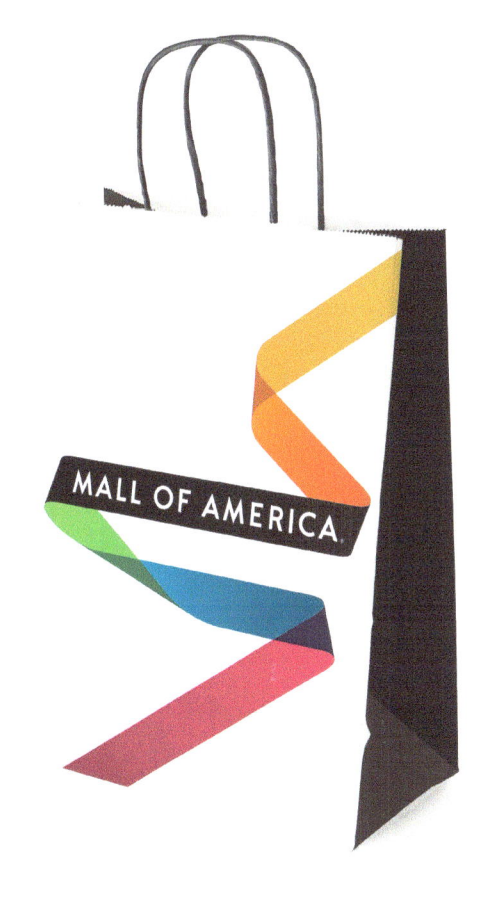

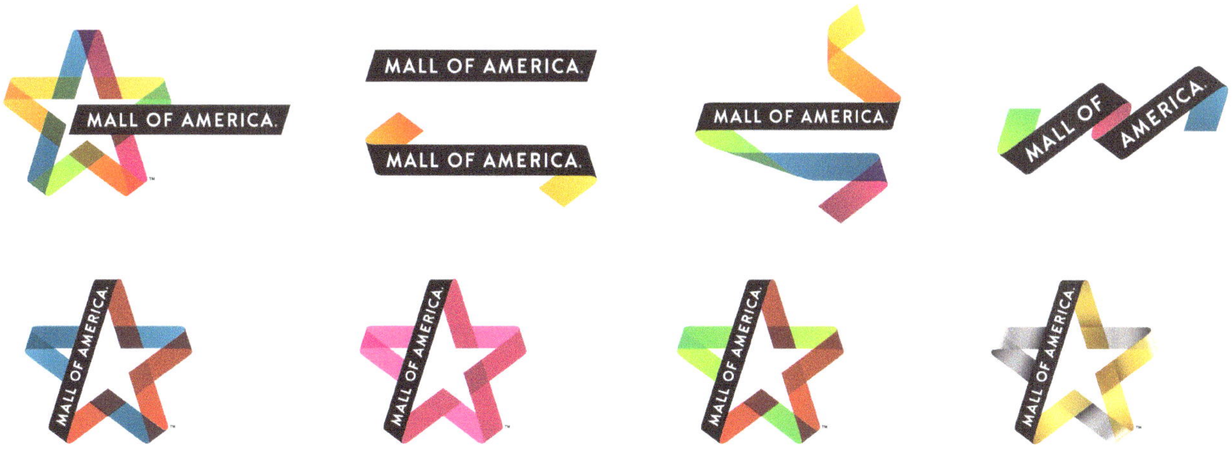

Mall of America: Duffy & Partners

Ideais da marca

Flexibilidade

A inovação obriga as marcas a serem flexíveis. É impossível dizer com certeza quais novos produtos ou serviços a empresa vai oferecer nos próximos cinco anos. Aliás, também é impossível saber que aparelhos estaremos usando ou como compraremos bens de consumo. As marcas precisam ser ágeis para aproveitar rapidamente as novas oportunidades que aparecem no mercado.

Unifique. Simplifique. Amplifique.

Ken Carbone
Cofundador
Carbone Smolan Agency

A Credit Suisse é uma empresa global de serviços financeiros, com mais de 530 escritórios em 50 países. A Carbone Smolan Agency usou uma nova paleta de cores para criar um banco de imagens organizado por assunto, indo de clientes a estilos de vida, conceitos e ideias metafóricas.

A nova marca da Credit Suisse agregou nova energia, qualidade e relevância ao nosso sistema de design corporativo.

Ramona Boston
Diretora global de branding e comunicação
Credit Suisse

Unificamos a marca Credit Suisse com um sistema vibrante para acentuar a vantagem competitiva da Credit Suisse.

Leslie Smolan
Cofundadora
Carbone Smolan Agency

Prepare-se para o futuro

Flexibilidade de marketing

Uma identidade eficaz posiciona a empresa para as mudanças e o crescimento no futuro. Ela precisa trabalhar sem descanso em uma ampla gama de pontos de contato com o cliente, do site à fatura, do veículo ao ambiente de varejo. Um bom sistema acolhe a evolução dos métodos e das estratégias de marketing.

Arquitetura de marca

O marketing de qualquer produto ou serviço novo é facilitado por uma arquitetura de marca duradoura e por uma lógica maior para antecipar o futuro.

Atual, relevante e fácil de reconhecer

Um equilíbrio cuidadoso entre controle e criatividade possibilita a adesão a padrões de identidade, ao mesmo tempo em que realiza objetivos de marketing específicos, mantendo a marca imediatamente reconhecível.

Credit Suisse: Carbone Smolan Agency

Ideais da marca

Comprometimento

A marca é um ativo que precisa ser protegido, preservado e cultivado. Sua gestão ativa exige uma obrigação de cima para baixo e um entendimento de sua importância de baixo para cima. A construção, a proteção e o aperfeiçoamento da marca exigem desejo e uma abordagem disciplinada para assegurar sua integridade e relevância.

Decisões são tomadas com o cérebro. O comprometimento vem do coração.
Nido Qubein

Seguindo nossa Promessa de Beleza Real, a Dove permanece comprometida com a ideia de apresentar mulheres reais, de nunca alterar sua aparência digitalmente e de ajudar a próxima geração a desenvolver uma relação positiva com a beleza. E estamos levando nossa liderança ao próximo nível.

Nick Soukas
Diretor de marketing
Dove

A Dove já atingiu 20 milhões de jovens com educação sobre autoestima e está comprometida com atingir outros 20 milhões até 2020.

#RealBeauty

airbnb

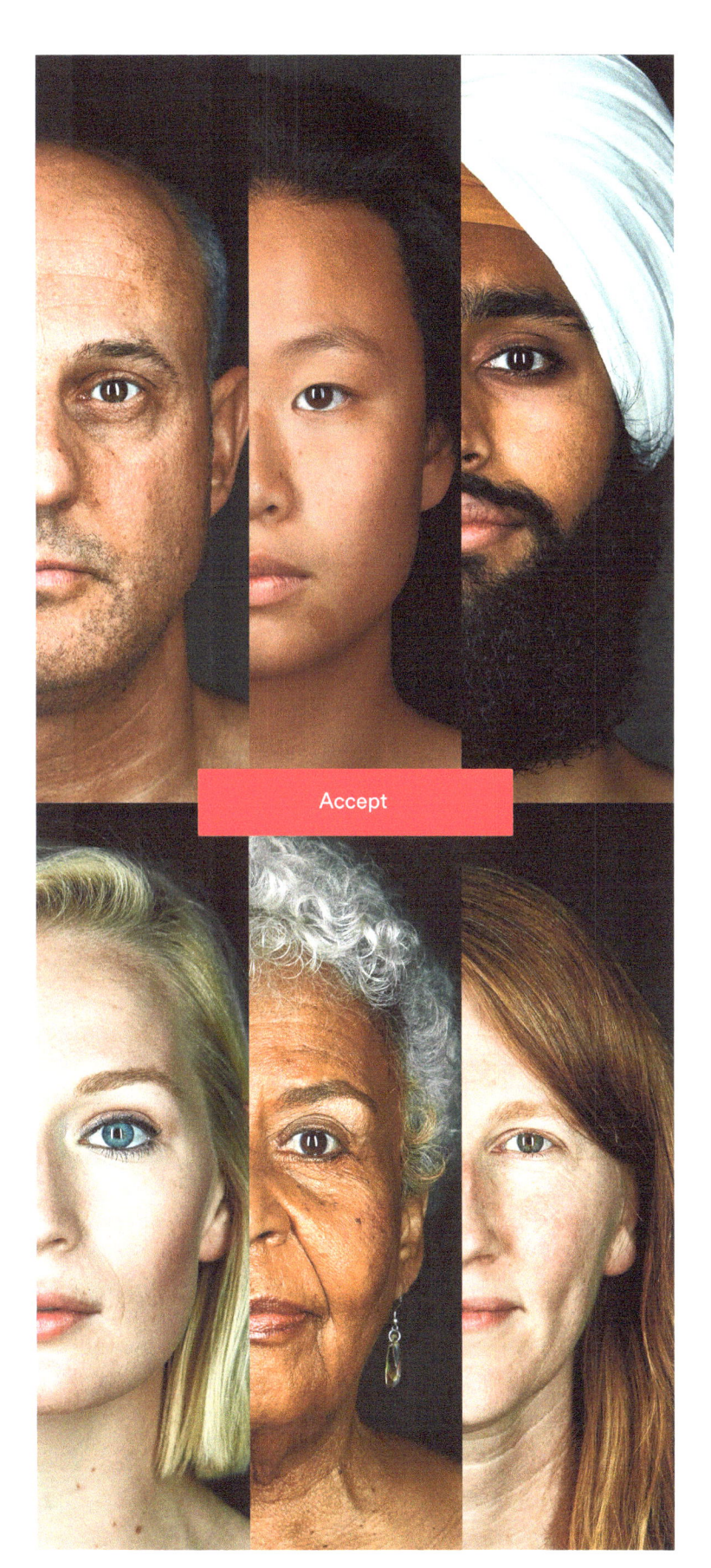

A Airbnb, a maior empresa de hospedagem comunitária do mundo, com ofertas exclusivas em mais de 190 países, realizou uma ampla análise da sua plataforma na tentativa de lutar contra o preconceito e a discriminação. Em resposta aos achados dessa análise, a empresa quis garantir que todos que usassem a Airbnb concordassem com uma política antidiscriminação mais forte e mais detalhada. A Airbnb começou pedindo que todos os hóspedes e anfitriões assinassem o Compromisso da Comunidade Airbnb, que afirma:

Concordo em tratar todas as pessoas da comunidade Airbnb com respeito e sem julgamento ou preconceito, independentemente de raça, religião, nacionalidade, etnia, deficiência, sexo, identidade de gênero, orientação sexual ou idade.

Concordar com o Compromisso da Comunidade também significa concordar em aderir à política antidiscriminação da Airbnb. Quem se recusa não consegue fazer reservas ou hospedar pessoas pelo serviço.

#weaccept

Ideais da marca

Valor

A criação de valor é o objetivo inegável da maioria das organizações. A busca por sustentabilidade expandiu a conversa de valor com os consumidores. O novo modelo de negócios para todas as marcas é ser socialmente responsável, ecologicamente consciente e lucrativo. Uma marca é um ativo intangível; a identidade da marca, que inclui todas as expressões tangíveis, dos sites à embalagem, defende esse valor.

> As empresas não atendem apenas os acionistas, elas têm uma responsabilidade igual perante a comunidade e o planeta.

Rose Marcario
CEO
Patagonia

A identidade da marca é um ativo

A identidade da marca é uma ferramenta estratégica e um ativo que aproveita todas as oportunidades para construir consciência, aumentar o reconhecimento, comunicar qualidade e exclusividade e expressar diferenças competitivas. A adesão a padrões uniformes de identidade de marca e a busca contínua por qualidade são prioridades comerciais.

O valor é preservado pela proteção jurídica

As marcas registradas e o conjunto imagem estão protegidos em todos os mercados atendidos, tanto locais quanto globais. Os funcionários e fornecedores são instruídos sobre questões de cumprimento.

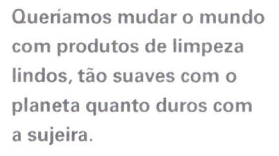

Queríamos mudar o mundo com produtos de limpeza lindos, tão suaves com o planeta quanto duros com a sujeira.

Adam Lowry e Eric Ryan
Fundadores
Method Products, PBC

Fundada em 2000, a Method é pioneira em produtos de higiene pessoal, limpeza doméstica e de tecidos centrados em design e ambientalmente corretos. Os produtos ecológicos são feitos de ingredientes naturais, biodegradáveis e atóxicos.

A Method foi uma das primeiras empresas aprovadas pelo Cradle to Cradle, com 37 produtos com certificação C2C na época do lançamento, o maior número entre todas as empresas do mundo. A Method, parte do grupo inicial de B Corporation (empresas certificadas como "benéficas"), tornou o impacto social e ambiental um dos objetivos da empresa.

O frasco icônico da Method, em forma de gota, foi desenhado por Karim Rashid e revolucionou a categoria de higiene com a sua beleza e estilo. Os produtos da Method estão disponíveis em mais de 40.000 pontos de varejo na América do Norte, Europa, Austrália e Ásia.

Ideais da marca

Diferenciação

Existe um congestionamento de marcas tentando chamar nossa atenção. O mundo é um lugar barulhento e recheado de opções. Por que o consumidor deveria escolher uma marca e não outra? Não basta ser diferente. As marcas precisam demonstrar a diferença e facilitar a vida dos clientes na hora de entenderem essa diferença.

Um excesso de abundância de escolhas e opções em todos os aspectos da vida – dos cotidianos aos solenes – está causando ansiedade e estresse constantes e, na verdade, prejudicando nosso bem-estar. As melhores empresas do momento ajudam com a "curadoria" das suas ofertas.

Paul Laudicina
Presidente emérito
A.T. Kearney

Para ser insubstituível, é preciso ser sempre diferente.

Coco Chanel
House of Chanel

Quando todo mundo faz "zig", faça "zag".

Marty Neumeier
Zag

Nossa abordagem foi mostrar a embalagem e a manga como os heróis e, ao mesmo tempo, contar histórias e acrescentar momentos de humor.

Jessica Walsh
Sócia
Sagmeister & Walsh

A Frooti é uma das marcas de suco de manga mais antigas e adoradas da Índia. Pela primeira vez em 30 anos, a Frooti revelou um novo logotipo, e pediu à Sagmeister & Walsh que desenhasse uma linguagem visual nova, audaciosa e lúdica para a campanha de lançamento de marca em anúncios impressos e televisivos, jogos, Internet e mídias sociais. A Sagmeister & Walsh criou um mundo em miniatura, usando modelos minúsculos de veículos, pessoas e vegetação. Apenas a embalagem da Frooti e as mangas aparecem em tamanho real.

Campanha Frooti:
Sagmeister & Walsh
Convidada especial
Stoopid Buddy Stoodios

Logotipo da Frooti:
Pentagram

Ideais da marca

Longevidade

As marcas transmitem confiança. Estamos todos nos movendo em velocidades frenéticas, com nossas instituições, tecnologias, ciências, estilos de vida e vocabulários em estado de fluxo contínuo. As marcas registradas familiares e fáceis de reconhecer dão segurança aos consumidores. Para conquistar durabilidade, é preciso se comprometer com o patrimônio de uma ideia central durante bastante tempo e com a capacidade de transcender mudanças.

A Morton Salt Girl sobrevive há mais de um século, mas ainda parece ter só nove aninhos.
Morton Salt

| 1914 | 1921 | 1933 | 1941 |

As marcas registradas e suas datas de origem

Löwenbräu	1383	Morton Salt	1914	Eastman Kodak	1971
Guinness	1862	IBM	1924	Nike	1971
Jogos Olímpicos	1865	Greyhound	1926	Quaker Oats	1972
Mitsubishi	1870	London Underground	1933	United Way	1974
Nestlé	1875	Volkswagen	1938	Dunkin' Donuts	1974
Bass Ale	1875	IKEA	1943	I Love NY	1975
John Deere	1876	CBS	1951	PBS	1976
Cruz Vermelha dos EUA	1881	NBC	1956	Apple	1977
Johnson & Johnson	1886	Chase Manhattan	1960	AT&T	1984
Coca-Cola	1887	International Paper	1960	Amazon	1994
General Electric	1892	Motorola	1960	Google	1998
Prudential	1896	UPS	1961	Wikipedia	2001
Michelin	1896	McDonald's	1962	LinkedIn	2002
Shell	1900	General Foods	1962	Facebook	2004
Nabisco	1900	Wool Bureau	1964	Airbnb	2008
Ford	1903	Mobil	1965	Uber	2009
Rolls-Royce	1905	Metropolitan Life	1967	Pinterest	2010
Mercedes-Benz	1911	L'eggs	1971	Instagram	2010

Em 2014, a Morton Salt comemorou seu centésimo aniversário com uma renovação da marca e o lançamento de um novo sistema de embalagem. A Pause for Thought modernizou a menina com o guarda-chuva de maneiras pequenas e sutis, com linhas mais claras e um sorriso discreto.

1956

1968

2014

Morton Salt: Pause for Thought

Elementos da marca

Símbolos de marca

Desenhados em uma variedade quase infinita de formas e personalidades, os símbolos de marca podem ser classificados em várias categorias. De literal a simbólico, de orientado a palavra a orientado a imagem, o mundo das marcas cresce a cada dia.

As fronteiras entre essas categorias são flexíveis, e muitas marcas podem combinar elementos de mais de uma categoria. Embora não existam regras absolutas que determinem o melhor identificador visual para um tipo específico de empresa, o processo do designer é analisar uma série de soluções baseadas em critérios aspiracionais e funcionais. O designer determinará qual abordagem de design melhor atende às necessidades do cliente e criará uma fundamentação racional para cada solução.

Faça cada marca ser importante.
Dennis Kuronen

O designer é o mediador entre o cliente e o público.

Joel Katz
Joel Katz Design Associates

Assinatura

Uma assinatura visual é uma relação estruturada entre um logotipo, um símbolo de marca e uma *tagline*. Alguns programas aceitam assinaturas divididas, que permitem separar marca e logotipo. Outras variações incluem assinaturas verticais ou horizontais que dão mais opções, dependendo da aplicação.

Assinatura

Símbolo da marca — American Red Cross — Logotipo

A marca original da Cruz Vermelha foi criada em 1863, por Henri Dunant.

Sinônimos

Símbolo da marca
Marca registrada
Marca-símbolo
Identidade
Logotipo

Topologia das marcas

Marcas com palavras

Um acrônimo, nome de empresa ou nome de produto isolado, desenhado para transmitir o atributo ou posicionamento de uma marca

exemplos: Google, eBay, Tate, Nokia, MoMA, Pinterest, FedEx, Samsung, Etsy, Coca-Cola

Monogramas

Um design exclusivo, usando uma ou mais letras, que agem como instrumento mnemônico para o nome de uma empresa

exemplos: Unilever, Univision, Tory Burch, Flipboard, B Corporation, HP, Tesla

Marcas pictóricas

Uma imagem literal facílima de reconhecer, simplificada e estilizada

exemplos: Apple, NBC, CBS, Polo, Lacoste, Greyhound, Twitter

Marcas abstratas/simbólicas

Um símbolo que transmite uma grande ideia e, muitas vezes, incorpora ambiguidade estratégica

exemplos: Chase, Sprint, Nike, HSBC, Merck

Emblemas

Uma marca na qual o nome da empresa está intrinsecamente conectado a uma forma ou elemento pictórico

exemplos: KIND, TiVo, OXO, LEED, Elmer's, UNIQLO, IKEA

Elementos da marca

Marcas com palavras

Uma marca com palavras consiste, como diz o nome, em uma ou mais palavras independentes. Pode ser o nome de uma empresa ou um acrônimo. As melhores unem uma ou mais palavras legíveis com as características especiais de uma fonte tipográfica e podem integrar elementos abstratos ou pictóricos. O acrônimo IBM transcendeu a enorme mudança tecnológica em seu setor.

A nova identidade ajudou a reposicionar a Sonos, de uma marca de tecnologia adorada por audiófilos fanáticos a uma empresa com apelo mais amplo, focada em experiência e originalidade.

Bruce Mau Design

Sonos: Bruce Mau Design

IBM: Paul Rand
MoMA: Matthew Carter

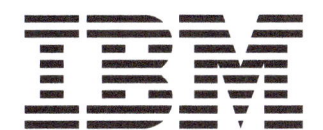

Braun: Wolfgang Schmittel, redesign
Sasaki: Bruce Mau Design

Tate: North Design
Barnes: Pentagram

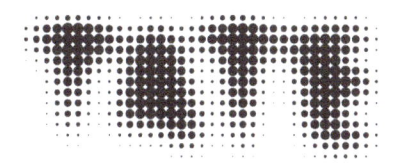

Pinterest: Michael Deal e Juan Carlos Pagan
Sonos: Bruce Mau Design

Shinola Detroit: Bedrock
Netflix: Netflix

Elementos da marca

Marcas com monogramas

A letra isolada é bastante usada pelos designers como um ponto focal gráfico exclusivo para uma marca. A letra sempre tem um design único e proprietário, impregnado de personalidade e significado. O monograma age como um instrumento mnemônico, fácil de aplicar ao ícone de um aplicativo.

Monogramas de A a Z

Página ao lado:

Aether: Carbone Smolan Agency

Brokers Insurance: Rev Group

Comedy Central: Work-Order

DC Comics: Landor

Energy Department Store: Joel Katz Design Associates

Fine Line Features: Woody Pirtle

Goertz Fashion House: Allemann Almquist + Jones

High Line: Pentagram

Irwin Financial Corporation: Chermayeff & Geismar

Tubej: Roger Oddone

Kemper: Lippincott

LifeMark Partners: Alusiv

Herman Miller: George Nelson

NEPTCO: Malcolm Grear Designers

Dallas Opera: Woody Pirtle

Preferred: Jon Bjornson

Quest Diagnostics: Q Cassetti

Radial: Siegel + Gale

Seatrain Lines: Chermayeff & Geismar

Tesla: Prada Studio

Under Armour: Kevin Plank

Vanderbilt University: Malcolm Grear Designers

Westinghouse: Paul Rand

Xenex: Matchstic

Yahoo: desconhecido

Zonik: Lippincott

Para o patrocínio da McDonald's do time de futebol americano Green Bay Packers, a Moroch Partners inventou um brinde inteligente para os torcedores, lembrando as famosas batatas fritas da marca. Sete mil pares de luvas foram distribuídos nos jogos em casa do Packers. Elas apareceram em mais de 3.000 blogs e conquistaram mais de 34 milhões de impressões no Twitter.

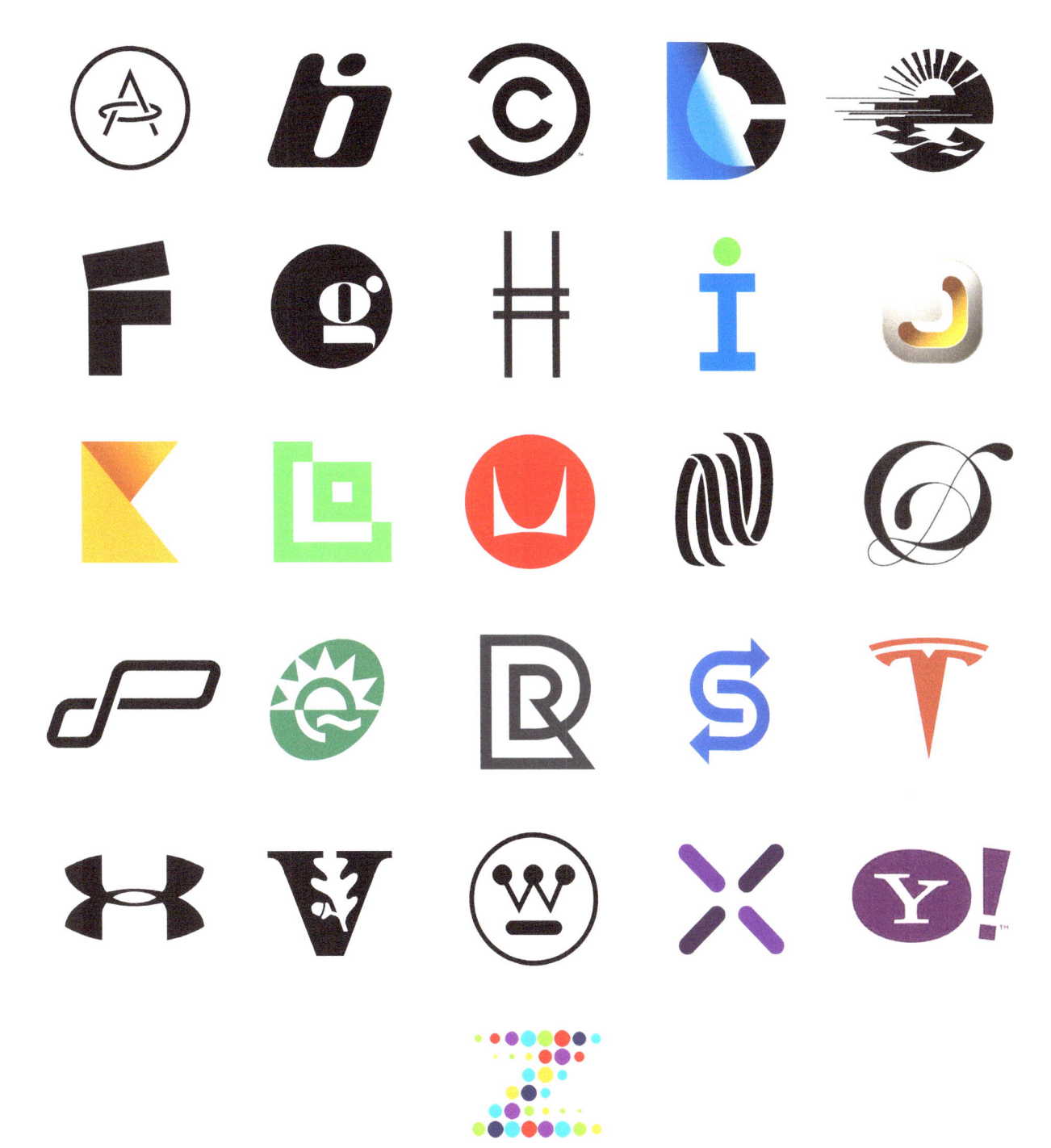

Elementos da marca

Marcas pictóricas

A marca pictórica usa uma imagem literal e fácil de reconhecer. A imagem em si pode aludir ao nome da empresa ou à sua missão, ou pode ser o símbolo de um atributo da marca. Quanto mais simples a forma, mas difícil é desenhá-la. Os melhores designers sabem como traduzir e simplificar, como jogar com luzes e sombras e como equilibrar o espaço positivo e negativo.

O OneVoice Movement é uma iniciativa global que apoia ativistas de base em Israel, na Palestina, e outros países que buscam construir a infraestrutura humana necessária para criar as condições para uma resolução justa e negociada do conflito Israel-Palestina.

Tentamos evitar a iconografia pacifista tradicional. Nosso símbolo representa pessoas de diversos lados, trabalhando juntas para criar algo lindo.

Stefan Sagmeister
*Diretor de criação/Sócio
Sagmeister + Walsh*

OneVoice: Sagmeister & Walsh

Marcas pictóricas

Da esquerda para a direita:

Dropbox: equipe de criação Dropbox

Evernote: equipe de criação Evernote

NBC: Chermayeff & Geismar

Starbucks: Starbucks Global Creative Studio com Lippincott

Shell: Raymond Loewy

Twitter: Pepco Studio

Smithsonian: Chermayeff & Geismar

The WILD Center: Fish Partners

Fork in the Road Foods: Studio Hinrichs

MailChimp: Jon Hicks

Paul Frank: Pauk Frank Sunich, Park La Fun

SurveyMonkey: SurveyMonkey

CBS: William Golden

Apple: Rob Janoff

Crocs: Matthew Ebbing

Abaixo:
The Nature Conservancy: design interno

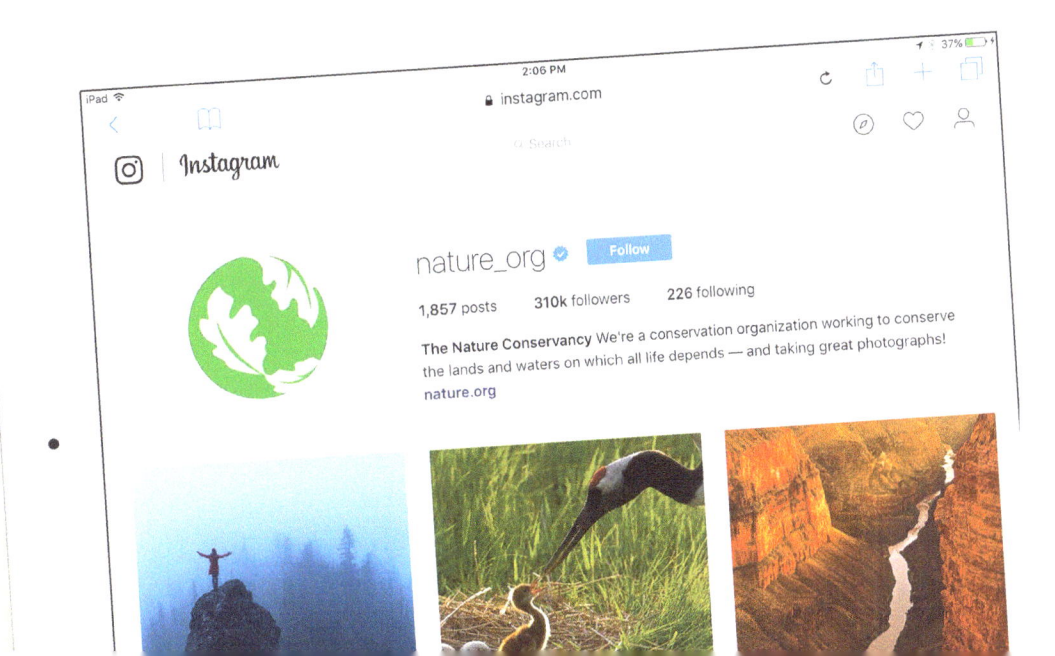

Elementos da marca

Marcas abstratas

A marca abstrata usa a forma visual para transmitir uma grande ideia ou um atributo da marca. Essas marcas, por sua natureza, podem fornecer flexibilidade estratégica e funcionam bem para grandes empresas que tenham muitas divisões com pouca relação entre si. As marcas abstratas são muito eficazes para empresas que se baseiam em serviços e tecnologia. No entanto, o bom design de marcas desse tipo é extremamente difícil.

O Grupo Imagen é um novo conglomerado de mídia mexicano que une diversas grandes marcas de mídias online, impressas, de rádio e televisivas sob uma única bandeira, com programação jornalística, de entretenimento, esportiva e de estilo de vida.

Para destacar o tema central da empresa, de inclusão e diversidade, o novo símbolo reúne duas formas geométricas fundamentalmente diferentes para criar um monograma.

Sagi Haviv
Sócio
Chermayeff & Geismar & Haviv

Grupo Imagen: Chermayeff & Geismar & Haviv

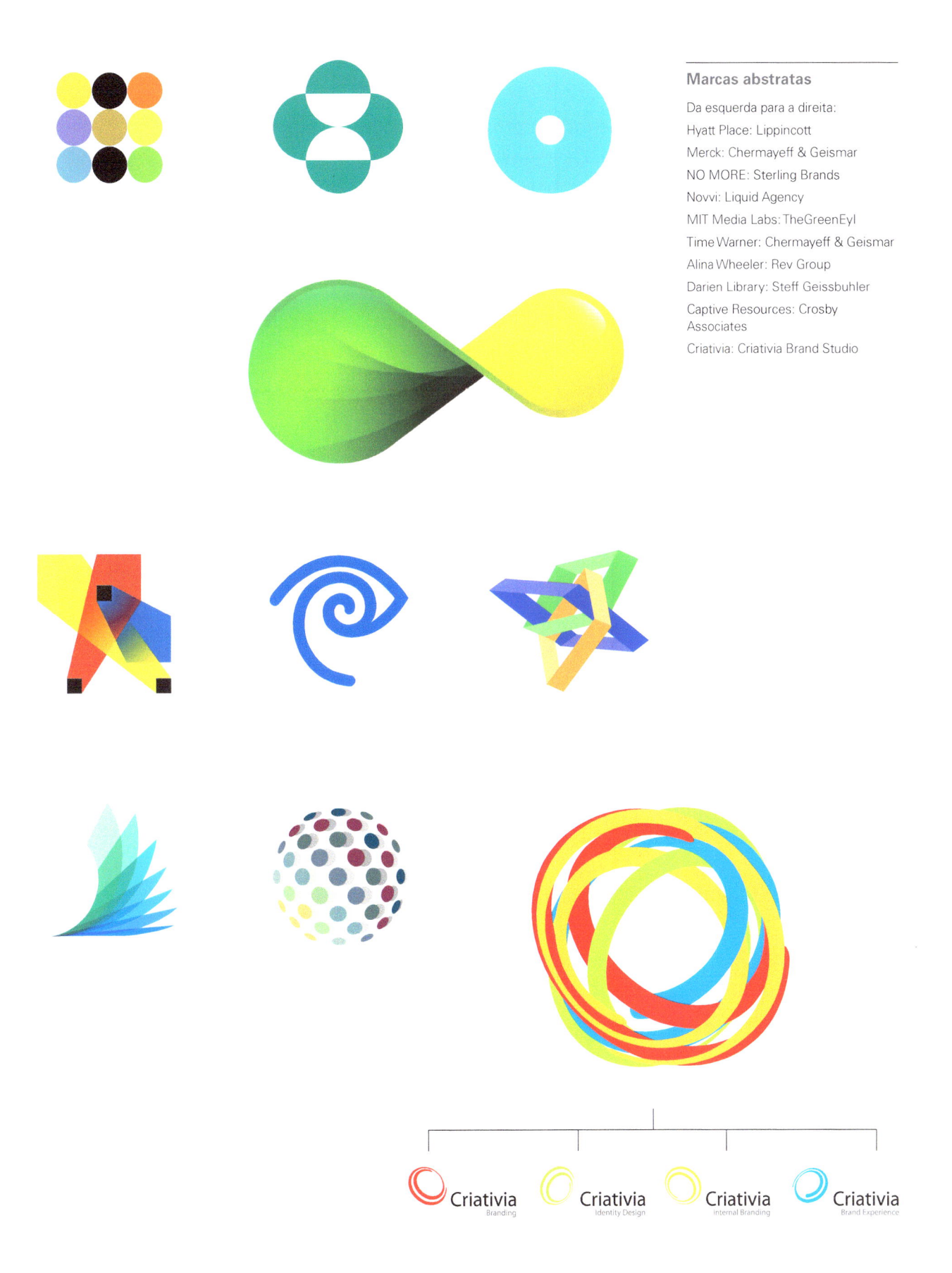

Marcas abstratas

Da esquerda para a direita:
Hyatt Place: Lippincott
Merck: Chermayeff & Geismar
NO MORE: Sterling Brands
Novvi: Liquid Agency
MIT Media Labs: TheGreenEyl
Time Warner: Chermayeff & Geismar
Alina Wheeler: Rev Group
Darien Library: Steff Geissbuhler
Captive Resources: Crosby Associates
Criativia: Criativia Brand Studio

Elementos da marca

Emblemas

Os emblemas são marcas registradas com uma forma intrinsecamente ligada ao nome da organização. Os elementos nunca estão isolados. Os emblemas ficam fantásticos em embalagens, sinalizações ou bordados em um uniforme. Com o tamanho cada vez menor dos dispositivos móveis, o emblema apresenta o maior desafio de legibilidade quando miniaturizado.

Dos lanches saudáveis que fazemos ao modo como trabalhamos, vivemos e retribuímos, nosso foco está em tornar o mundo um pouco melhor, um lanche de cada vez e uma ação de cada vez (sem forçar a barra, prometemos). Há uma crença simples por trás de tudo isso: lucro não é tudo nos negócios.

Kind Healthy Snacks

Rusk Renovations:
Louise Fili Ltd.

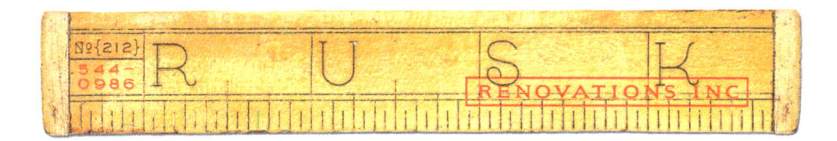

IKEA: desconhecido

Design Within Reach: Pentagram

KIND: desconhecido

I Love NY: Milton Glaser

UNIQLO: Kashiwa Sato

TOMS Shoes: desconhecido

Ohio & Erie Canalway:
Cloud Gehshan

Brooklyn Brewery: Milton Glaser

Elementos da marca

Marcas dinâmicas

A criatividade sempre encontra um jeito de questionar as convenções. Historicamente, o valor de marca é produzido, em parte, pela frequência e alcance global de um único ícone, como a maçã da Apple ou o *swoosh* da Nike. Com a digitalização da vida, os designers encontram novas maneiras de expressar grandes ideias. Os engenheiros começam a formar parcerias com equipes criativas para elaborar e programar o futuro.

A identidade visual precisava ser um reflexo verdadeiro do que vimos e ouvimos: uma instituição inclusiva, cheia de energia e de vida, baseada em criatividade, risco e inovação.

Bruce Mau
Bruce Mau Design

A base da identidade são nichos em preto e branco, com um módulo em que são colocados designs e artes de estudantes.

OCAD University: Bruce Mau

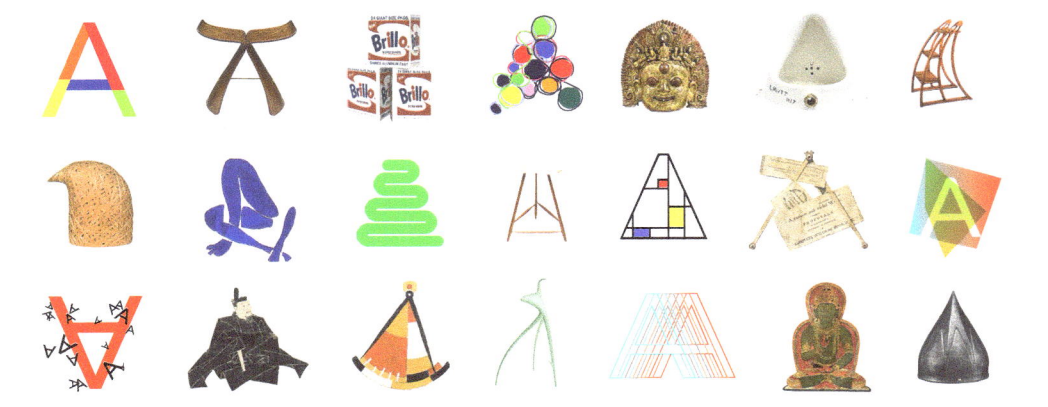

A nova e ousada estratégia de marca do Philadelphia Museum of Art precisava de uma identidade visual ao mesmo tempo icônica e expressiva.

Jennifer Francis
Diretora executiva de marketing e comunicação
Philadelphia Museum of Art

Eu queria colocar o "Art" em primeiro plano, e diferenciar o museu radicalmente de seus colegas globais e locais.

Paula Scher
Sócia
Pentagram

Ao contrário do MoMA e do V&A, o nome extremamente comprido do museu não se prestava a criar um acrônimo. O programa dinâmico se baseia na customização da letra "A" na palavra Art para destacar a extensão da incrível coleção do museu. Os A's especiais agregam um elemento lúdico às comunicações do museu nas plataformas. A nova identidade estabelece um sistema de gestão de marcas flexível, que reúne muitos elementos diferentes.

Temos mais de 200 A's na nossa biblioteca de recursos animados, incluindo alguns criados por grandes artistas, como Frank Gehry.

Luis Bravo
Diretor de criação e envolvimento de marca
Philadelphia Museum of Art

Philadelphia Museum of Art: Pentagram

Elementos da marca

Personagens

Está vivo! Um personagem incorpora os atributos e os valores da marca. Os personagens logo se tornam os astros nas campanhas publicitárias, e os melhores se tornam ícones culturais. Junto à sua aparência e personalidade especiais, muitos personagens têm vozes e *jingles* fáceis de reconhecer, fazendo-os saltar das prateleiras silenciosas para a sua mesa.

Embora as ideias por trás da personificação possam ser atemporais e universais, os personagens raramente permanecem atualizados, precisando ser redesenhados e adaptados à cultura contemporânea. O Homem Michelin, que tem mais de 100 anos, foi modificado diversas vezes. Quando as donas de casa passaram a trabalhar fora, Betty Crocker ficou perdida entre gerações. A deusa da Columbia Pictures foi rejuvenescida, mas nunca pareceu muito feliz segurando aquela tocha. Cada Olimpíada cria uma mascote que será animada e reanimada na forma de milhares de bichinhos de pelúcia. E quem diria que uma lagartixa poderia vender seguros de carro?

Poppin' Fresh, mais conhecido pelo nome Pillsbury Doughboy nos EUA, é um ícone da propaganda e mascote da Pillsbury Company. Em 1965, Rudolph Perz, redator que trabalhava na conta da Pillsbury para a agência de publicidade Leo Burnett, em Chicago, teve a ideia de criar um mascote para a marca, que saltaria de uma lata de massa de pão refrigerada. O nome do personagem, que se traduz por "saltando fresquinho", indicava a qualidade e o frescor do produto.

Imagem cortesia da Pillsbury e General Mills

Personagens históricos

Personagem	Empresa	Ano de criação
Tio Sam	Governo dos EUA	1838
Tia Jemima	PepsiCo.	1893
O Homem Michelin	Michelin	1898
Mr. Peanut	Planters	1916
Betty Crocker	General Mills	1921
Reddy Kilowatt	Companhia elétrica	1926
Jolly Green Giant	B&G Foods	1928
O Leão Leo	MGM Pictures	1928
Mickey Mouse	Walt Disney Co.	1928
Windy	Zippo	1937
A Operária Rosie	Governo dos EUA	1943
O Urso Smokey	Serviço Florestal dos EUA	1944
O Touro Elmer	Elmer's Glue	1947
O Tigre Tony	Kellogg	1951
O Coelho Trix	General Mills	1960
O Atum Charlie	StarKist	1961
A Deusa Columbia	Columbia Pictures Corporation	1961
Ronald McDonald	McDonald's	1963
Pillsbury Doughboy	General Mills	1965
Ernie Keebler & os elfos	Kellogg	1969
O Coelho Nesquik	Nesquik	1970s
O Coelho Energizer	Eveready Energizer	1989
Jeeves	Ask Jeeves	1996
O Pato AFLAC	Seguros AFLAC	2000
Gecko	GEICO	2002

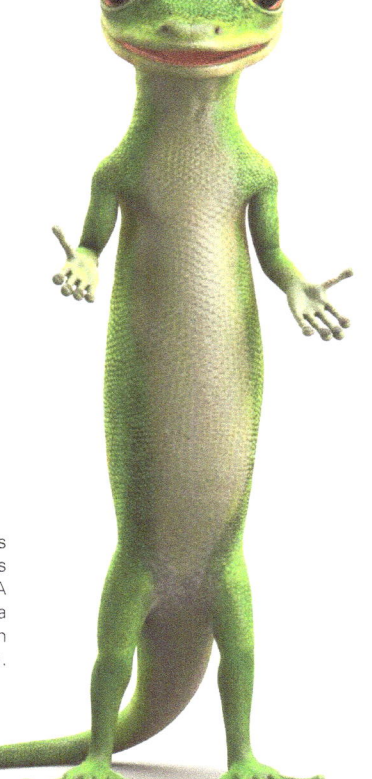

A lagartixa tem um sotaque inglês *cockney* e estrelou campanhas televisivas e publicitárias. A Geico foi a primeira seguradora de automóveis a investir em propaganda.

A lagartixa da GEICO: The Martin Agency

Dinâmicas de marca

Tendências

A próxima grande novidade já está acontecendo. A sociedade evolui a cada instante de formas imprevisíveis. À medida que o mercado se transforma, as melhores marcas inovam continuamente em resposta a mudanças sociais, tecnológicas, na cultura popular, na pesquisa e no cenário político. As grandes marcas reconhecem nossa nostalgia paradoxal por um passado mais simples para nos proteger das mudanças implacáveis.

A mudança quase nunca fracassa por vir cedo demais. Ela quase sempre fracassa por chegar atrasada.

Seth Godin
Tribes

Uma fusão de tecnologias está apagando as linhas entre as esferas físicas, digitais e biológicas.

Sergei Brin
Cofundador da Google e presidente da Alphabet

A tecnologia muda mais rápido do que as pessoas.

Derek Thompson
Hit Makers: The Science of Popularity in an Age of Distraction

O Gear VR da Samsung ajuda os clientes a fazer e descobrir coisas que só existiam nos seus sonhos e a ir onde jamais estiveram.

Foto: © 2017 Jason Nocito; Design: Turner Duckworth

Ideias que se tornaram comuns

Inteligência artificial
AlphaGo
Google
Spotify

Big Data
IBM Watson
Starbucks
T-Mobile

Chatbots
Mitsuku
Meekan for Slack
Chatshopper for Facebook

Serviços de nuvem
Amazon Web Services
Microsoft Azure
IBM Cloud

Crowdsourcing
DonorsChoose
Kickstarter
Indiegogo

Drones/vídeo pessoal
DJI
GoPro

Fluidez de gênero
Cover Girl
David Bowie
Louis Vuitton
Saint Harridan

Tecidos funcionais
Mood sweater
Sensoree GER

Internet das Coisas
Amazon Echo
Google Home
Nest

Mindfulness
Buddhify
Calm
Headspace

Saúde móvel
Asthmapolis
Personal KinetiGraph

Novos amigos
Alexa
Siri

Sob demanda
Enjoy
Shyp
Postmates

Resenhas online
Angie's List
TripAdvisor
Yelp

Autoquantificação
Mint
MoodPanda

Robótica
Robosapien
Roomba
Sphero SPRK

Scrapbooks
Curalate
Pinterest
Tumblr

Economia do compartilhamento
Airbnb
DogVaCay
Lyft

Espaço
SpaceX
Virgin Atlantic

Clubes de assinatura
Birchbox
Blue Apron
Stitch Fix

Realidade virtual
Magic Leap
Microsoft HoloLens
Oculus Rift

Tecnologia vestível
Apple Watch
Snapchat Spectacles

Impressão 3D
Formlabs
LulzBot
MakerBot

> Além de substituí-las, os robôs sociais irão interagir com as pessoas. Humanos e máquinas formarão parcerias para fornecer produtos e serviços de modos jamais vistos, cada um com seus próprios pontos fortes.
>
> Richard Yonck
> *Futurista*
> Intelligent Future Consulting

25 Maiores Unicórnios de 2016

"Unicórnios" são novas empresas avaliadas em mais de um bilhão de dólares.

Dinâmicas de marca

Fazer a diferença

Hoje, fazer a diferença é essencial para a construção da marca. Os consumidores estão comprando de acordo com seus valores e as empresas estão repensando suas propostas de valor. O resultado final triplo (pessoas, planeta, lucro) é um novo modelo de negócios e representa uma diferença fundamental no modo como as empresas medem o sucesso.

Historicamente, o objetivo das empresas sempre foi criar valor para o acionista. A nova ordem integra a prosperidade econômica com a proteção ao meio ambiente e o cuidado com comunidades e funcionários. Muitos acreditam que a sustentabilidade exige inovações radicais: alterar seus produtos, seus processos de produção e sua distribuição. Uma nova geração de empresas vê a sustentabilidade como o objetivo principal de sua promessa de marca. A autenticidade é essencial. As redes sociais logo revelam que as marcas não cumprem suas promessas.

O mínimo que posso fazer é falar por aqueles que não têm voz.

Jane Goodall
Fundadora
The Jane Goodall Institute

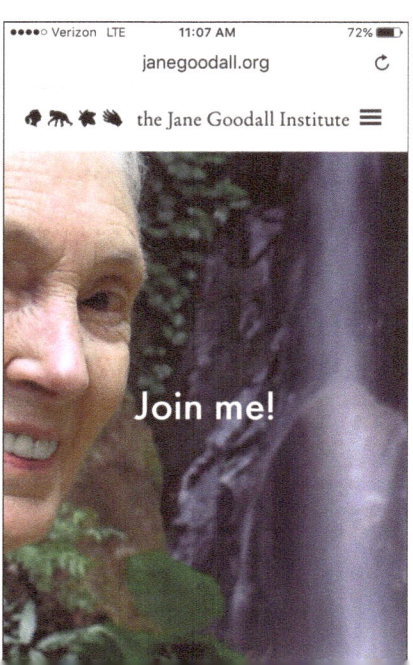

Sustentabilidade

Desenvolva um novo modelo de negócios.
Inove com responsabilidade.
Construa comunidade e voluntariado.
Reduza a pegada de carbono.
Use design mais inteligente.
Repense o ciclo de vida do produto.
Crie valor de longo prazo.
Redesenhe o processo de fabricação.
Elimine desperdícios.
Não cause danos.
Instigue mudanças significativas.
Passe da teoria à prática.
Use energia de maneira eficiente.
Analise alternativas de material.
Utilize recursos renováveis.
Valorize saúde e bem-estar.
Avalie a cadeia de fornecimento.
Repense embalagem e produtos.
Promova consciência ambiental.
Trabalhe com integridade.
Eduque sobre sustentabilidade.
Reutilize, recicle, renove.
Promova a certificação com credibilidade.
Pense nas pessoas, no planeta, nos lucros.
Reexamine sua missão.
Comprometa-se com valores essenciais.
Estabeleça políticas ambientais.
Exija transparência.
Avalie práticas comerciais.
Defina *benchmarks* para o progresso.
Crie locais de trabalho saudáveis.
Redefina prosperidade.
Compre justo e compre local.

O Jane Goodall Institute luta para proteger símios e primatas de doenças e do tráfico de animais.

Em 2004, um grupo de líderes guatemaltecas da Fundación Proyecto de Vida pediu à Bruce Mau Design para auxiliar na produção de uma visão para o futuro da Guatemala, buscando uma maneira de retomar as ações e criar um movimento positivo para o país no futuro, após três décadas de guerra civil. A visão multifacetada precisaria adotar muitas iniciativas nas diferentes regiões da Guatemala, incorporar muitos parceiros e funcionar internacionalmente.

O trabalho começou como uma estratégia de comunicação e identidade visual, mas é um exemplo de como o pensamento criativo e analítico no processo de design pode ser aplicado a problemas culturais, políticos e comportamentais.

É óbvio que não podemos resolver os problemas da Guatemala, só os guatemaltecos podem fazer isso. Ao compartilhar nossas ferramentas de comunicação, entretanto, nós podemos ajudar. O que poderia ser melhor?

Bruce Mau

Guateamala: Bruce Mau Design

Dinâmicas de marca

Big Data Analytics

Enquanto você cria as marcas do futuro, exércitos de algoritmos mal podem esperar para trabalhar no seu lugar. Grandes ideias e estratégias de marca ainda precisam de imaginação estratégica e de um ser humano envolvido. O Big Data cresce a cada segundo (hoje chega a zettabytes). Cada avanço em análise de marca, aprendizado de máquina e inteligência artificial nos aproxima de previsões do futuro e permite tomar decisões melhores para projetar e otimizar a experiência dos clientes.

O Big Data está chegando de múltiplas fontes, com velocidade, volume e variedade alarmantes.

www.ibm.com

Conheça as prioridades e os objetivos da sua organização ao fazer a coleta de dados. Designers não precisam ser cientistas de dados, mas construir uma marca ágil exige saber interpretar os dados e ser capaz de participar do debate.

Gaemer Gutierrez
Diretor de criação
Portfólio de marcas próprias
CVS Health

Os pontos de contato de marca deixam impressões digitais nas redes, transformando as marcas em conjuntos de dados. A análise avançada de dados e a inteligência artificial transformam esses conjuntos em *insights* e previsões, que podem ser transformados em ações.

Anders Braekken
CEO & Fundador
Axumen Intelligence

A visualização de dados é crucial para descobrir padrões e comportamentos e obter *insights* exclusivos e convincentes.

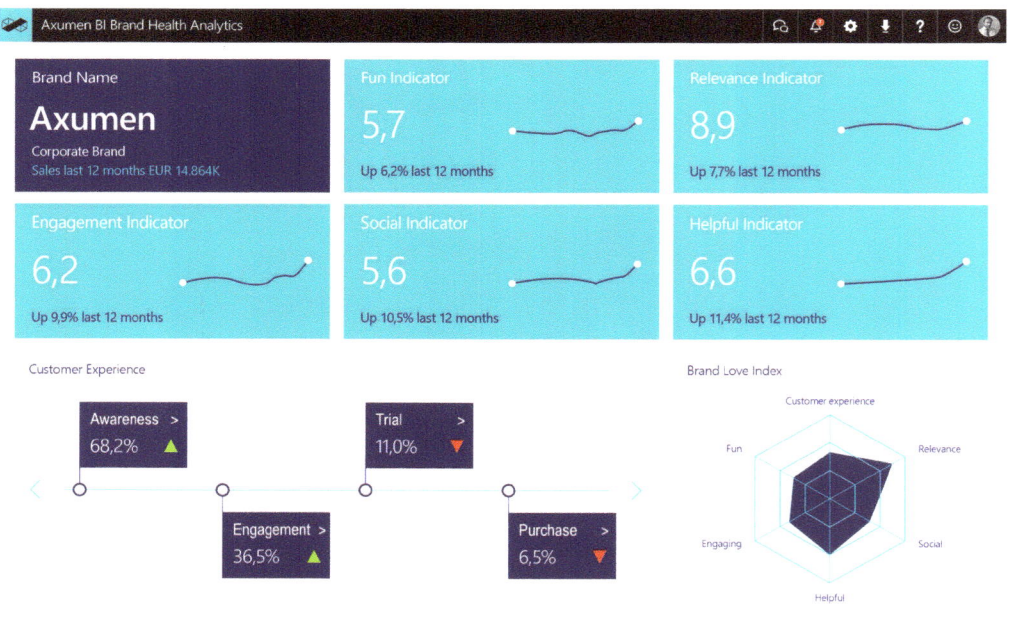

O Big Data Analytics (análise de Big Data) é o exame de grandes conjuntos de dados para revelar padrões ocultos, correlações desconhecidas, tendências de mercado, preferências dos clientes e outras informações úteis.

Ramesh Dontha
Sócio-gerente
Digital Transformation Pro

Impressões digitais

Axumen Intelligence

Poste notas e resenhas de produtos e serviços

Publique seu próprio site

Publique seu próprio blog

Escreva e edite artigos na Wikipédia

Leia resenhas e notas dos clientes

Curta, siga e compartilhe nas mídias sociais

Escreva comentários e posts nas mídias sociais

Recomende e indique sites e posts para amigos e famílias

Participe de fóruns online

Comente nos blogs dos outros

Leia, escreva e retuíte no Twitter

Publique fotos em mídias como o Instagram

Escute podcasts e webinars

Utilize agregadores de notícias, como o Google News

Publique conteúdo de vídeo no YouTube

Poste seus próprios artigos e histórias online

Conceitos básicos sobre dados

Desenvolvidos por Ramesh Dontha, sócio-gerente, Digital Transformation Pro

Análise descritiva

A análise descritiva descreve o passado e oferece *insights* históricos sobre as operações da organização (desempenho de marca, ROI (retorno sobre investimento) de marketing, finanças, vendas, capital humano, estoque e assim por diante).

Análise preditiva

A análise preditiva não tenta prever o futuro com alta precisão, mas sim determinar as probabilidades do que pode vir a acontecer.

Análise prescritiva

A análise prescritiva aconselha sobre planos de ação possíveis, a partir dos resultados prováveis e do que pode acontecer com cada plano.

Algoritmo

Um algoritmo é uma fórmula matemática ou processo estatístico usado para realizar uma análise de dados.

Mineração de dados

A mineração de dados trata de identificar padrões significativos e derivar *insights* a partir de grandes conjuntos de dados, usando técnicas sofisticadas de reconhecimento de padrões.

Computação em nuvem

Basicamente, a computação em nuvem é a hospedagem e execução de software e/ou dados em servidores remotos, acessíveis de qualquer lugar do mundo por meio da Internet.

Aprendizado de máquina

O aprendizado de máquina é um método de projetar sistemas capazes de aprender, ajustar-se e melhorar baseados nos dados com os quais são alimentados.

Dados estruturados e não estruturados

Dados estruturados são todas as informações que podem ser colocadas em bancos de dados relacionais. Os dados não estruturados são tudo que não pode: e-mails, posts de mídias sociais, gravações de áudio de indivíduos, etc.

O contínuo de análise

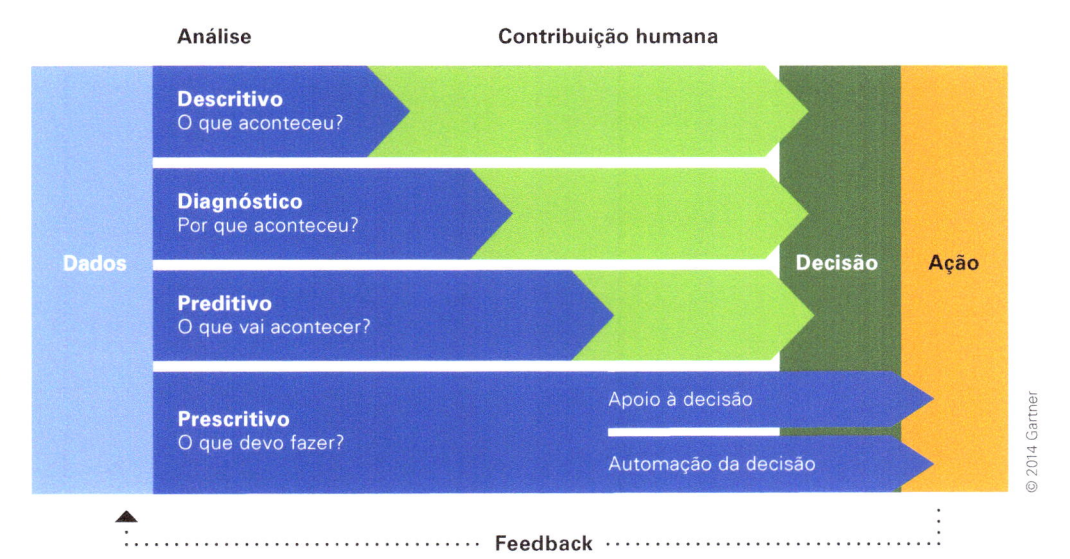

	Análise	Contribuição humana		
Dados	**Descritivo** O que aconteceu?		Decisão	Ação
	Diagnóstico Por que aconteceu?			
	Preditivo O que vai acontecer?			
	Prescritivo O que devo fazer?	Apoio à decisão / Automação da decisão		

Feedback

© 2014 Gartner

Dinâmicas de marca

Mídias sociais

As mídias sociais são a parte do orçamento que mais cresce no arsenal de marketing. Ainda há muito debate sobre como medir o retorno financeiro sobre o investimento nelas, mas um fato está claro: os consumidores se tornaram participantes ativos do processo de construção de marca. Os retuítes funcionam a velocidades muito maiores do que o lançamento de uma campanha de marketing global. Hoje, todos são atores, produtores, diretores e distribuidores.

E, no fim, o amor que você recebe é igual ao amor que você dá.
The Beatles

Conquiste o respeito e a recomendação dos seus clientes. Eles farão o marketing por você, de graça. O serviço excelente começa conversas excelentes.

Andy Sernovitz
Word of Mouth Marketing

Aferição do sucesso

Quantitativa
Fans/seguidores
Compartilhamentos
Curtidas
Comentários
Tráfego/visitantes
Cliques/conversões
Visualizações

Qualitativa
Envolvimento
Qualidade das conversas
Lealdade dos fãs
Insights/pesquisa de valor
Boca a boca
Reputação de marca
Influência

Categorias de mídias sociais

Comunicação
Blogs
Microblogs
Fóruns
Redes sociais
Colaboração
Wikis
Favoritos sociais (Social bookmarking)
Agregadores de notícias sociais
Resenhas
Mensagens instantâneas
Salas de chat

Entretenimento
Compartilhamento de fotos
Compartilhamento de vídeos
Livecasting
Compartilhamento de áudio e música
Mundos virtuais
Jogos

> Penso, logo posto (no Instagram).
>
> Jason Silva
> *Apresentador Brain Games*

> O YouTube é considerado a segunda ferramenta de busca mais utilizada.

Regras para marcas em mídias sociais
Desenvolvidas por Caroline Tiger, estrategista de conteúdo

Saiba escolher
Dependendo dos recursos e objetivos, limite seu número de plataformas. Onde mora o seu público-alvo? Quantos canais sua equipe consegue trabalhar bem?

Calendário, calendário, calendário
Planeje suas mensagens e seus cronogramas editoriais e sociais lado a lado, com um ano de antecedência. (Essa agenda é um documento vivo.)

Tenha subestratégias
Abaixo da sua estratégia mestra, elabore outras, também claras, para cada canal. Talvez o Facebook sirva para o envolvimento dos funcionários, o LinkedIn para compartilhar notícias sobre o setor e o Twitter para atendimento ao cliente.

Repita comigo: reaproveite!
Uma entrevista de vídeo pode produzir uma série de posts no blog, um episódio do podcast, vários vídeos curtos, um download, citações para a #mondaymotivation no Instagram e assim por diante.

Contrate ex-jornalistas
Eles sabem minerar as pepitas de ouro.

Siga a regra 80/20
80% curadoria de conteúdo e construção de comunidade; 20% autopromoção.

Fique atento aos posts automáticos
Esteja preparado para desligar os posts automáticos durante momentos de crise ou de oportunidade.

Estabeleça e mantenha uma voz de marca
Seu tom pode variar, mas a voz da sua empresa precisa permanecer consistente em todos os canais.

Enfeite
O ideal é que cada post publicado tenha um visual. (Um designer gráfico ou alguém com habilidades de design básicas é essencial para a equipe de mídias sociais.)

Sempre aprenda
O campo está sempre mudando; cultive a sede por descoberta e esteja disposto a evoluir.

> A "Geração Instagram" vivencia o presente como uma memória antecipada.
>
> Daniel Kahneman
> *Psicólogo*

> Ser bom nas mídias sociais é a diferença entre ser professor em uma aula e ser o anfitrião de uma grande festa.
>
> George Eberstadt
> *CEO TurnTo Networks*

Tessa Wheeler no Snapchat

Dinâmicas de marca

Smartphones

Os dispositivos móveis se tornaram parte de nós. Aonde vamos, eles vão. Mandamos mensagens feito loucos, lemos e-mails à meia-noite, comparamos preços, assistimos à Netflix, lemos as notícias e fazemos negócios. Tudo que precisamos cabe no nosso bolso. Os dispositivos móveis são shoppings, miniuniversidades e spas para o cérebro. A Siri está sempre a postos para nos atender, enquanto exércitos de algoritmos registram cada passo que damos.

O que as pessoas faziam com o tempo morto na fila do supermercado e no trem antes dos apps?

Kevin Lee
Tecnólogo

A Web transcendeu os *desktops*, e isso não tem volta.

Ethan Marcotte
Responsive Web Design

Uma interação bem-sucedida deve ser fácil e intuitiva, mas o sucesso varia com o método de interação e o dispositivo para o qual o design é criado: voz, vestível, toque, móvel, *desktop* ou uma tecnologia futura ainda não inventada.

Vijay Mathews
Diretor de criação e sócio W&CO

Fundamentos do design responsivo
Desenvolvido por Vijay Mathews, diretor de criação e sócio, W&CO

Adote uma abordagem flexível ao web design para atender aos diversos formatos de dispositivos atuais e para se adaptar aos formatos futuros.

Mantenha uma relação clara entre as famílias de resolução para reforçar o reconhecimento visual do site.

Projete para o dispositivo e o formato com o maior número de restrições para definir os parâmetros que serão adotados nas outras resoluções.

Aproveite as propriedades físicas e digitais de cada dispositivo para desenvolver mais experiências nativas (hoje, nem tudo se baseia em apontar e clicar).

Estruture o acesso ao conteúdo para responder a ambientes e comportamentos. O ambiente do usuário pode determinar as necessidades de conteúdo dele, na rua ou em casa.

Estabeleça uma hierarquia informacional clara, que se preste a uma experiência do usuário intuitiva e a uma relação fluida entre formatos.

O design de interação não permite uma abordagem genérica. É importante ser inteligente e consciente em relação a cada plataforma e aproveitar seus pontos fortes individuais.

Vijay Mathews
Diretor de criação e sócio
W&CO

Enquanto a Mother NY criava a identidade para a AIGA 2016 Design Conference, a W&CO começou a desenvolver um construtor de sites de eventos flexível e customizável e uma plataforma de aplicativos nativa (iOS/Android). O sistema incluía vídeos, integração social e informações detalhadas sobre eventos e palestrantes, com funcionalidades de filtros e busca. A experiência do aplicativo utiliza recursos móveis como adicionar eventos ao próprio calendário, votação e *feedback* em tempo real e uso do GPS para se localizar no mapa da conferência.

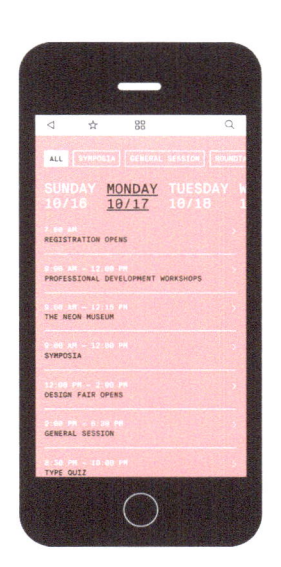

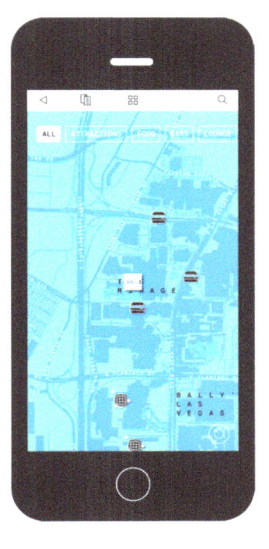

AIGA Conference:
W&CO e Mother NY

Dinâmicas de marca

Aplicativos

Os aplicativos se transformaram em uma necessidade. Assim como as melhores marcas, você não imagina sua vida sem eles. Armazenados como uma coleção digital, nossas opções revelam quem somos, o que valorizamos e como gerenciamos nossas prioridades. Mais de 2 milhões de aplicativos de software baratinhos oferecem uma ampla gama de funcionalidade e interatividade.

Os melhores aplicativos são aqueles que se tornam parte da sua vida e da sua rotina diária.

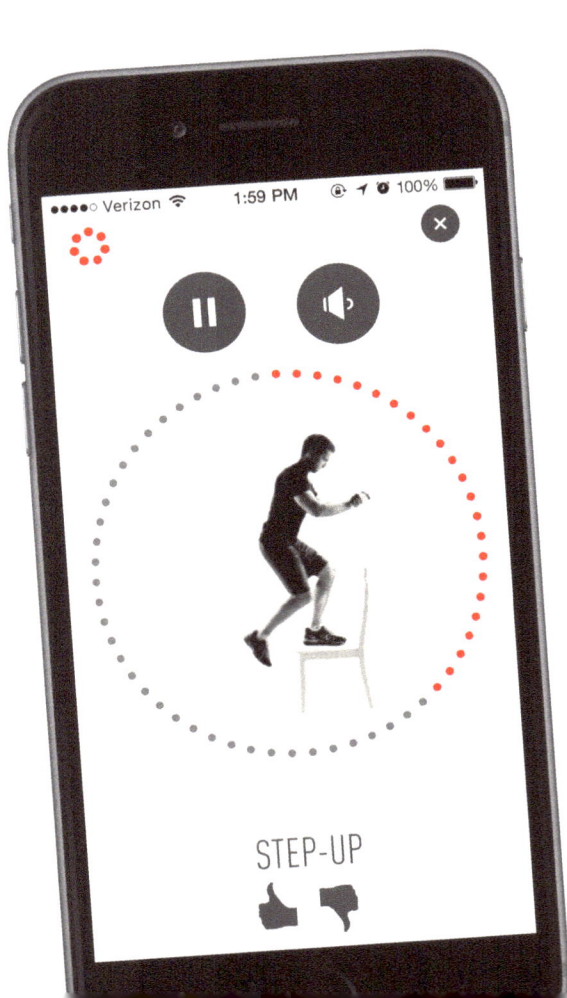

Kevin Lee
Tecnólogo

O aplicativo oficial da Johnson & Johnson, Treino de 7 Minutos, integra áudio e vídeo para dar aos usuários uma experiência de exercício físico personalizado. Com mais de 2 milhões de downloads, o aplicativo rápido, simples e científico também está disponível para o Apple Watch.

Qualidades dos melhores aplicativos

Desenvolvidas por Andrew Gazdecki
CEO, Bizness Apps

Desempenho confiável e consistente; testado e experimentado com cuidado

Compatível com todos os dispositivos e plataformas móveis que você escolher

Carregamento rápido

Desempenho contínuo e ininterrupto

Útil e/ou divertido

Categorias de aplicativos

Livros
Negócios
Catálogos
Educação
Entretenimento
Finanças
Jogos
Saúde e *fitness*
Estilo de vida
Médico
Música
Navegação
Notícias
Banca
Fotos e vídeos
Produtividade
Referência
Redes sociais
Esportes
Viagem
Utilitários
Meteorologia

Os melhores aplicativos se concentram em uma tarefa, que cumprem muito, muito bem. O jeito mais fácil de estragar um aplicativo é querer que ele faça de tudo.

Taxonomia de ícones de aplicativos

Icônico	Ilustrativo	Realista	Marca com palavras	Monograma	Abstrato
Twitter	Evernote	Evernote Food	Five Guys	Airbnb	Flickr
Target	Chipotle	FatBooth	MoMA	Shazam	Pic Stitch
Starbucks	Lynda	Deluxe Moon	TED	Flipboard	Fitbit
Google Chrome	The New Yorker	Geo Walk	i.TV	NYT Now	7M Workout
Expedia	Instagram	Eebee's Baby	UNIQLO	Pinterest	Spotify

Icônico

Nesta abordagem, as marcas dependem do patrimônio de suas marcas registradas. As melhores funcionam nesta escala.

Ilustrativo

Diversos estilos de ilustração são usados para comunicar a personalidade e natureza da marca.

Realista

Imagens realistas são usadas como diferenciais, que podem estar relacionados com uma característica ou recurso do app.

Marca com palavras

Todo o logotipo do nome da marca está visível no ícone do aplicativo. O MoMA usa cores para diferenciar uma família de aplicativos.

Monograma

Uma única letra, que pode ser a marca registrada, ou uma letra do nome. O Pinterest usa um ícone circular, com o monograma da sua marca com palavras.

Abstrato

Um design de ícones característico expressa um atributo ou uma ideia de marca.

Dinâmicas de marca

Marca própria

Para muitos varejistas, as marcas próprias são uma excelente estratégia de marketing na construção do valor de marca e dão aos clientes mais um motivo para comprar em suas lojas. Os varejistas estão investindo no design de suas embalagens para atrair clientes de maior poder aquisitivo e aumentar as margens de lucro.

Foi-se o tempo em que uma marca própria era sinônimo de aparência genérica, barata e de baixa qualidade. Originalmente, as marcas próprias eram uma estratégia de negócios que buscava margens de lucro maiores por produto e maiores receitas. Uma linha de produtos de marca própria é criada e promovida pela loja, em geral grandes redes de varejo.

A fabricação dos produtos em si é terceirizada para uma empresa que normalmente produz outros produtos para marcas nacionais estabelecidas. Empresas como a IKEA utilizam a marca principal em todos os seus produtos, enquanto companhias como a Target criam diversas marcas. A CVS faz os dois.

Aumentamos a qualidade, aumentamos o preço e estamos vendendo mais unidades, porque é o melhor atum do mercado.

Richard Galanti
Diretor financeiro
Costco

Como existe em ambientes de marcas, as marcas próprias podem dedicar menos energia ao reconhecimento de marca e mais a boas histórias de produto.

Bruce Duckworth
Diretor
Turner Duckworth

Homebase: Turner Duckworth

No Reino Unido, a Tesco vende gasolina; a President's Choice, da loja canadense Loblaws, comercializa de biscoitos a serviços financeiros; e a marca própria da Costco, a Kirkland Signature, oferece pneus e comida fresquinha e bebidas alcoólicas.

Robin Rusch
Private Labels: Does Branding Matter?
Brandchannel

Arquitetura de marcas próprias

Marca principal única
Arquitetura de marca monolítica

Best Buy

Carrefour

CVS

IKEA

Tesco

Trader Joe's

Múltiplas submarcas
Arquitetura de marca pluralística

Costco
Kirkland Signature
Loblaws
Joe Fresh
President's Choice

Nordstrom
Classiques Entier
Halogen
Treasure and Bond

Safeway
Eating Right
O Organics
Waterfront Bistro

Target
Archer Farms
Market Pantry
Merona
Mossimo Supply Co.
Room Essentials
Threshold
Up&Up

Urban Outfitters
BDG
Kimchi Blue
Silence & Noise
Sparkle & Fade

Waitrose
Essential Waitrose
Love Life
Good to Go
Waitrose 1

Whole Foods
365 Organic
Engine 2 Plant-Strong
Whole Trade

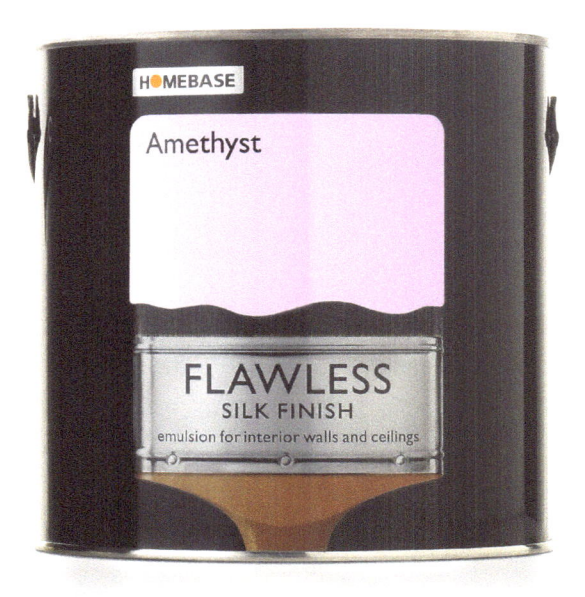

Dinâmicas de marca

Licenciamento de marca

O licenciamento é uma estratégia para os proprietários de marcas estabelecidas gerarem receita com os *royalties* de vendas de produto com o logotipo, nome, *slogan* ou outro ativo judicialmente protegido da marca. É uma oportunidade de atrair novos clientes e agradar os atuais campeões de marca.

O mundo dos proprietários de marcas que buscam novos canais de distribuição para suas propriedades intelectuais está se expandindo além das marcas de consumo e entretenimento, passando a incluir organizações sem fins lucrativos, destinos com marca (como Nova York e Amsterdã) e serviços culturais.

Seja a propriedade uma marca de consumo, seja uma personalidade, um personagem de quadrinhos, um artista ou designer (vivo ou morto), a ordem é a mesma: proteger e preservar o ativo de marca, ter clareza quanto ao que a marca representa e garantir que cada oportunidade de licenciamento seja estratégica.

O licenciamento reforça os atributos de marca fundamentais, promove a exposição da marca e atinge novos consumidores.
IMG Licensing

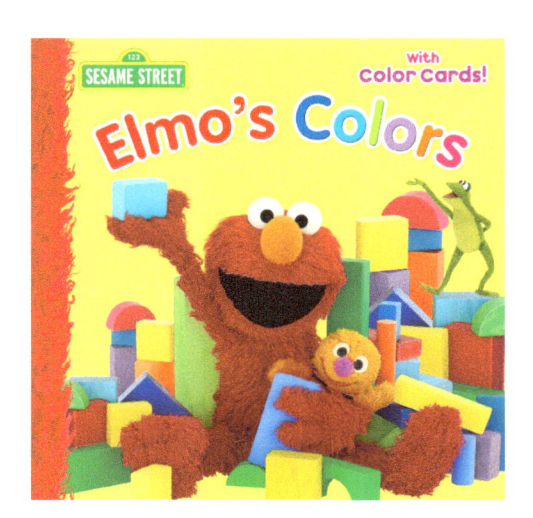

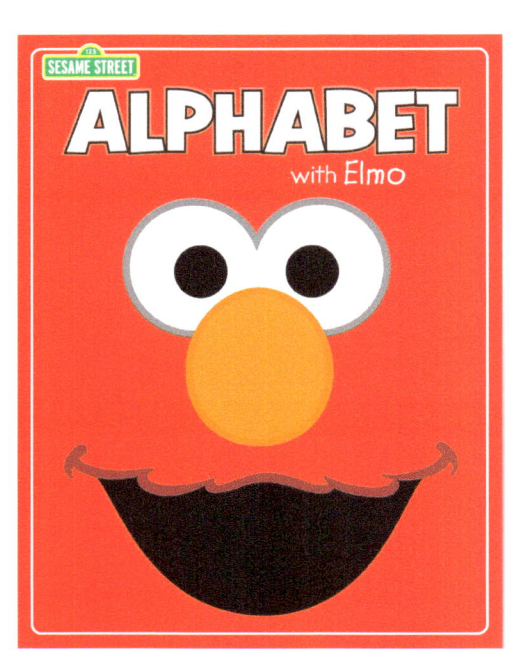

A Sesame Workshop, a organização sem fins lucrativos por trás da Vila Sésamo, concede licenças a uma ampla variedade de licenciados e fabricantes de confiança, que criam brinquedos, vestuário e outros produtos com os seus personagens.

Livros, vídeos e brinquedos educativos da Vila Sésamo estendem a aprendizagem além da experiência televisiva. Os *royalties* recebidos pela Sesame Workshop com a venda desses itens são usados para apoiar seus programas e iniciativas em todo o mundo.

Vantagens do licenciamento de marca
Desenvolvido por Perpetual Licensing

Licenciadores ou proprietários de marca

Melhora a imagem da marca

Aumenta o valor da marca

Aumenta a consciência de marca

Reforça o posicionamento e a mensagem da marca

Atrai novos consumidores para a marca

Constrói a vantagem competitiva

Cria relações mais fortes com os clientes

Abre caminho em novos canais de distribuição

Permite que os consumidores demonstrem seu amor pela marca

Protege a marca por meio de registros e pelo policiamento do mercado

Dá aos consumidores alternativas genuínas para produtos ilegais e não autorizados

Gera receitas incrementais com o aumento das vendas do produto principal e os *royalties* das vendas de produtos licenciados.

Licenciados ou fabricantes

Aumenta a participação de mercado

Abre novos canais de varejo

Ganha espaço nas prateleiras do varejo

Amplia a consciência dos produtos

Atrai novos clientes para os produtos

Constrói vantagem competitiva

Eleva as vendas ao aumentar a diversidade de produtos

Dá credibilidade aos produtos

Gera receitas adicionais com a venda de produtos licenciados

Papéis de marca
Desenvolvido por Perpetual Licensing

Licenciador

Definir metas de licenciamento e estabelecer objetivos

Sancionar um plano de licenciamento estratégico anual

Autorizar candidatos a licenciados

Aprovar produtos, embalagens, marketing e materiais colaterais licenciados

Dar acesso a ativos licenciáveis e/ou desenvolver um guia de estilo

Registrar marcas nas categorias adequadas

Ir atrás de infratores

Realizar acordos de licenciamento

Licenciado

Definir metas de licenciamento e estabelecer objetivos

Sancionar um plano de licenciamento estratégico anual (aquisição de marcas)

Aprovar candidatos a licenciadores

Desenvolver, fabricar e vender produtos aprovados

Monitorar mercado em busca de infratores

Gerar relatório trimestral de *royalties* e fazer pagamentos

Agente

Desenvolver um programa de licenciamento estratégico para apresentação e aprovação

Criar materiais de venda para gerar interesse de licenciados ou licenciadores

Prospectar licenciados ou licenciadores qualificados

Negociar termos da licença

Orientar processo de gestão de contrato

Liderar a aquisição e/ou o desenvolvimento de ativos licenciáveis ou a criação de um guia de estilo

Gerenciar processos de aprovação de produtos, embalagens e materiais colaterais

Administrar *royalties*

Policiar o mercado em busca de infratores

Cuidar das necessidades diárias do programa

Temos uma abordagem muito cuidadosa com o licenciamento, pois estão em jogo a história e a tradição da marca.

Ruth Crowley
Ex-diretora, mercadorias gerais Harley-Davidson

Os consumidores sentem-se confortáveis com as marcas que conhecem e têm maior disposição a comprar produtos novos das mesmas marcas.

David Milch
Presidente Perpetual Licensing

Dinâmicas de marca

Certificação

À medida que as opções se proliferam exponencialmente, os consumidores passam a buscar meios de facilitar suas decisões e alinhar seus valores com as compras. Em que produtos e empresas devem confiar? Que marcas são ambiental e socialmente responsáveis? Que produtos são seguros? Sua privacidade está protegida?

Para receber a certificação, os produtos passam por uma bateria de testes rigorosos, promovida por agências do governo ou associações profissionais. À medida que o mundo encolhe e o número de selos de certificação cresce, o desenvolvimento de símbolos claros e confiáveis, capazes de comunicar informações em diversas culturas, passará a ser essencial.

As B Corporations conquistam a certificação quando cumprem padrões mais estritos de desempenho social e ambiental, responsabilidade e transparência. Elas recebem um escore mínimo no B Impact Ratings System, que mede seu impacto sobre funcionários, fornecedores, comunidade, consumidores e meio ambiente, expandindo judicialmente suas responsabilidades corporativas para incluir o exame dos interesses de *stakeholders*.

Jay Coen Gilbert
Cofundador
B Corporation

A certificação é importante porque todo mundo quer diferenciar as "boas empresas" do que não passa de bom marketing.

Jay Coen Gilbert
Cofundador
B Corporation

Construção ambientalmente correta — U.S. Green Building Council LEED USGBC

Produtos ambientalmente corretos — Cradle to Cradle Certified

Negocios sustentáveis — Certified B Corporation

Eficiência — Energy Star | (eco logo) | SmartWay Transport Partner – Getting There With Cleaner Air | WaterSense Meets EPA Criteria

Justiça social

Sem testes em animais

Certificação Rainforest Alliance

Dados e privacidade

Segurança dos produtos

Alimentos

Saúde cardíaca

Silvicultura responsável

Reciclagem

Responsabilidade ambiental

Dinâmicas de marca

Comunicação de crise

Demora-se anos para construir uma marca, mas basta um nanossegundo de uma crise mal administrada para destruí-la. Uma crise é um evento, interno ou externo, com o potencial de afetar negativamente a marca. Uma gestão de reputação eficaz começa bem antes de a crise ocorrer: ela se baseia no que você faz *antes de precisar reagir.*

A gestão da reputação é a arte de promover e proteger uma marca entre seus diversos públicos. Um plano de comunicação de crise bem elaborado é a sua melhor defesa contra os desafios de comunicação de alto risco da era digital. Isso inclui planejamento proativo, desenvolvimento de mensagens, assessoria de comunicação estratégica e treinamento de mídia, todos os quais ajudam a organização a administrar um problema antes de ele se transformar em uma crise. Contudo, esse plano é apenas o primeiro passo. É preciso treinar o uso do plano e atualizá-lo regularmente.

Nenhuma organização pode se dar ao luxo de subestimar o impacto inicial de decisões aparentemente de curto prazo sobre a sua reputação de longo prazo e o destino do seu negócio. A mídia e o público não esquecem fácil, e vão lembrar como uma crise foi trabalhada, ou não foi.

> Seja consciente, ponderado e estratégico ao planejar e reagir a problemas de reputação potencialmente negativos.
>
> Virginia Miller
> *Sócia*
> *Beuerman Miller Fitzgerald*

> Se não importa muito para a alta gerência, não importará nada para a gerência média e a gerência de linha.
>
> Denny Lynch
> *Diretor sênior de comunicação*
> *Wendy's*

> Se perder o dinheiro da empresa, serei compreensivo. Se perder a reputação da empresa, serei implacável.
>
> Warren Buffett

Princípios da comunicação de crise

Desenvolvidos por Tavani Strategic Communications

> **Amat Victoria Curam!**
> **(A vitória ama a cautela.)**
> Virginia Miller

> Quando você escuta o trovão, é tarde para construir a arca.
> Desconhecido

Perguntas de planejamento cruciais

Você tem uma equipe e um líder de equipe de crise?

Você tem um plano de comunicação de crise revisado regularmente?

Todos os seus líderes seniores estão familiarizados com o plano e treinados em seu uso?

Você incluiu a assessoria jurídica interna e externa no desenvolvimento do plano e no treinamento?

Você tem um protocolo organizacional para determinar uma crise?

Você avaliou onde há oportunidades de crise em potencial na sua organização?

Você está preparado com mensagens-chave e FAQs sobre a sua organização?

A sua organização identificou e treinou um porta-voz?

Você tem uma política de mídias sociais, incluindo um protocolo estabelecido para fóruns online como blogs, Facebook e Twitter?

Você considerou quais públicos podem ser afetados pela sua crise e identificou quais veículos utilizará para se comunicar com cada um deles?

Passos de planejamento proativos para a liderança

Identifique e contrate uma assessoria de comunicação externa.

Organize uma equipe de crise interna para desenvolver um plano com as assessorias de comunicação e jurídica externas.

Realize uma auditoria das diversas ameaças à reputação da sua organização.

Familiarize-se com o plano e realize sessões de treinamento regulares para a equipe de crise com o plano.

Participe de uma crise simulada.

Estabeleça sistemas de monitoramento organizacional e de mídia.

Acompanhe problemas emergentes continuamente.

Alinhe suas mensagens-chave em toda a empresa.

Tenha certeza de que todos os membros da sua organização entendem as mensagens principais.

Participe, avalie e refine o plano anualmente.

Imperativos

Esteja preparado: tenha um plano no qual você e a equipe de liderança estejam treinados. Garanta que ele seja atualizado regularmente.

Seja rápido: não espere a história acontecer, dê a sua declaração primeiro. Não seja forçado a reagir a informações falsas ou negativas se espalhando pelo ciberespaço.

Defina a questão: comunique a sua mensagem antes da história ser publicada ou assim que possível depois, permitindo que você defina a questão, e não a mídia, seus adversários e outros formadores de opinião.

Seja direto: reconheça as ações usando retórica forte.

Seja útil: não especule. Se sabe, diga. Se não sabe, diga que não sabe. Dê à mídia e ao público informações para a tomada de decisões informadas.

Seja transparente: monitore, engaje e atualize informações sem atrasos e consistentemente, nas mídias tradicionais e sociais.

Mídias sociais

Tenha uma política de mídias sociais: crie uma política de mídias sociais antes de a crise ocorrer, momento em que você e as assessorias de comunicação e jurídica podem considerá-la com objetividade.

Dê notícias contínuas: estabeleça um microsite para fornecer notícias atualizadas 24h por dia.

Esteja disponível 24 horas por dia: estabeleça um cronograma de monitoramento de mídias sociais ininterrupto.

Respeite todas as opiniões: não delete os comentários negativos nos blogs da sua organização e na sua página do Facebook.

Prepare sua equipe: treine a equipe de crise da sua organização no uso de mídias sociais.

Dinâmicas de marca

Marca pessoal

A ideia de uma marca pessoal nos incentiva a permanecer ligados a quem realmente somos. Nosso senso de humor, estilo e ideais pessoais influenciam todos os comentários em mídias sociais, mensagens de SMS e e-mails. O Facebook, o Twitter, o LinkedIn e o Instagram permitem que nos expressemos com as nossas próprias palavras e imagens, refletindo o que vemos e, mais do que isso, como vemos.

A marca pessoal costumava ser algo para monarcas indulgentes (pense em Rei Sol, Napoleão Bonaparte e Cleópatra). Hoje, é algo obrigatório, seja você um executivo, seja um guru do design, um empreendedor iniciante ou um representante de vendas. Todos viramos astros do rock. E a concorrência é ferrenha. Ser autêntico é crucial, pois a rede nunca esquece.

Por que as marcas pessoais são tão importantes? Vivemos em uma economia global em que mudar de emprego é a regra. Nos EUA, 40% dos trabalhadores não têm empregos tradicionais em tempo integral. As mídias sociais e os dispositivos digitais ajudaram a romper a fronteira entre nossas vidas profissionais e pessoais, trabalho e lazer, público e privado. E todos estamos conectados 24 horas por dia, sete dias por semana.

Seja você mesmo; todos os outros já têm dono.
Oscar Wilde

Você tem que achar a sua própria voz.

Frank Gehry
Arquiteto

Seis segredos de carreira

1. Não existe plano.
2. Pense em pontos fortes, não em fracos.
3. Você não é o mais importante.
4. Persistência é mais importante do que talento.
4. Cometa erros excelentes.
6. Deixe uma marca.

Daniel H. Pink
The Adventures of Johnny Bunko

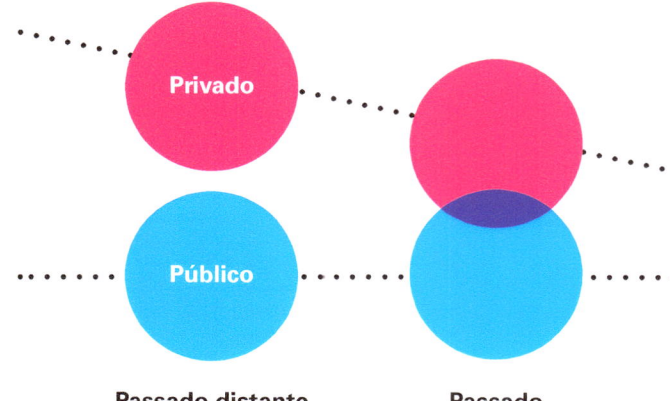

Passado distante — Privado / Público

Passado

Identidade

Quem é você?

Quem precisa saber?

Como eles vão descobrir?

Por que eles devem se importar?

- VOCÊ
- FAMÍLIA
- AMIGOS
- CONHECIDOS
- VIZINHANÇA
- PRESTADORES DE SERVIÇOS
- ASSOCIAÇÕES SOCIAIS/RECREACIONAIS
- GOVERNO
- PÚBLICO GERAL
- CONCORRENTES PROFISSIONAIS
- ASSOCIAÇÕES PROFISSIONAIS
- COMUNIDADE RELIGIOSA
- COMUNIDADE ONLINE
- EMPREGADOR
- COLEGAS

Presente → **Futuro**

A gestão de marcas é a construção da sua reputação, não é fazer uma tatuagem. Vá em frente ainda assim.

Blake Deutsch

© Andrew Shaylor Photography

Dinâmicas de marca

China

Entre os mercados emergentes, a China é o que os criadores de marcas mais cobiçam. O país representa o maior mercado consumidor do mundo. De uma perspectiva de gestão de marcas, no entanto, a China é o mais complexo. Sua enorme diversidade de nuances regionais, linguísticas e culturais, e sua relativa novidade na área da gestão de marcas, exige pesquisas detalhadas, assessoria nativa e parceiros locais.

As empresas multinacionais mais bem-sucedidas na China são aquelas que não se apressam. Elas começam com a busca de parceiros e assessores nativos no país, demorando o tempo necessário para formar relacionamentos baseados em confiança, respeito e compreensão. Nenhuma atividade de gestão de marcas reflete a complexidade dessas culturas mais do que a escolha do nome, seja ele uma fusão e equilíbrio entre Ocidente e Oriente, seja uma ênfase em um dos dois (e qual, aliás?). O som do nome e o seu significado em cada dialeto também contribui para o desafio da gestão de marcas poliglota.

Decodificar os códigos culturais da China é essencial para criar marcas bem-sucedidas e memoráveis.

Denise Sabet
Diretora-gerente
Labbrand

Ter sucesso na China é adaptar-se à China. Quando inova na China, a marca abre caminho para a inovação global.

Vladimir Djurovic
Presidente
Labbrand

Marca Kleenex: Kimberly-Clark

O nome chinês da Kleenex significa limpeza e conforto.

Princípios fundamentais de gestão de marcas na China
Desenvolvido por Labbrand

Geral

A necessidade de entendimento cultural tem impacto na criação do nome, no design do produto e da identidade, nas *taglines* e na seleção de cores.

Devido ao desenvolvimento acelerado da China, é essencial monitorar mudanças econômicas e culturais.

A China é onde influências diversas convergem, onde marcas locais e estrangeiras coexistem e onde as mudanças são locais e internacionais.

A tradição cultural é importante para os consumidores chineses. É uma cultura muito antiga.

Mandarim e cantonês são os principais dialetos chineses, mas não os únicos.

O registro de marcas na China é competitivo. As marcas precisam estar cientes das regulamentações de propriedade intelectual na China e incorporá-las ao seu processo de desenvolvimento de marcas.

Nomes

O chinês é um idioma baseado em caracteres, com pequenos ícones pictográficos comunicando ao mesmo tempo sentido e pronúncia.

O nome chinês deve refletir os atributos de marca e não precisa ser uma tradução direta do nome original.

A pronúncia e as conotações da língua chinesa variam muito por região. É essencial testar o nome nos principais dialetos chineses para evitar associações negativas.

Criar um nome chinês que soe local ou estrangeiro depende do público-alvo da marca, dos seus concorrentes, cidades e setor, além de outras dinâmicas de mercado.

Às vezes, nomes chineses são escolhidos por sua semelhança com o som do nome original da marca, mas, em geral, são escolhidos por significados relevantes e associativos.

A ênfase em auspiciosidade, boa sorte, felicidade, poder e *status* é importante na cultura chinesa.

Nongfu Spring: Mouse Graphics

Antes e depois

Redesign de símbolos de marca

À medida que as empresas crescem, seus propósitos se tornam mais lúcidos. A equipe de criação tem que enfrentar três perguntas cruciais: qual é o imperativo da empresa nessa mudança? Que elementos precisam ser mantidos para preservar o valor de marca? A mudança deve ser evolucionária ou revolucionária? A maior parte das iniciativas de gestão de marcas envolve reposicionamento e redesign.

Mudanças trazem oportunidades.
Nido Qubein

Antes

Depois

Instagram   Layout   Boomerang   Hyperlapse

Precisamos encontrar um equilíbrio entre reconhecimento e versatilidade. Criamos um novo ícone de aplicativo para o Instagram e um conjunto de ícones unificados para o Hyperlapse, o Layout e o Boomerang. Também renovamos a interface do usuário com um design mais simples e consistente, que ajuda a destacar as fotos e vídeos das pessoas.

Esperamos ter capturado um pouco da vida, criatividade e otimismo que as pessoas trazem para o Instagram todos os dias, respeitando a tradição e o espírito do Instagram.

Ian Spalter
Chefe de design
Instagram

Antes	Depois	
AMERICAN ASSOCIATION OF MUSEUMS	American Alliance of Museums	O logotipo da American Alliance of Museums une conceitos de força em grupo e diversidade por meio do design de tecitura colorida. AAM Press Release American Alliance of Museums: Satori Engine
airbnb	airbnb	Temos orgulho de apresentar o Bélo: um símbolo para pessoas que querem receber em seus lares novas experiências, novas culturas e novas conversas. Brian Chesky *Cofundador* *Airbnb* Airbnb: DesignStudio
Google	Google	Estamos entusiasmados por compartilhar uma nova identidade de marca, que torna o Google mais acessível e útil para os nossos usuários à medida que adotam um mundo multitelas, multidispositivos e sempre em expansão. Jonathan Jarvis *Diretor de criação* *Google*
australian open	AO australian open	A Tennis Australia queria uma nova identidade para refletir a transformação do Aberto da Austrália em uma marca de entretenimento focada no futuro. Nick Davis *Socio-gerente* *Landor*
MasterCard	mastercard.	O novo símbolo da Mastercard leva a marca de volta às suas raízes fundamentais. Luke Hayman *Pentagram*

Antes e depois

Redesign de símbolos de marca

Antes	Depois	
MALL OF AMERICA	MALL OF AMERICA	O desafio foi criar um sistema de identidade para comunicar além das compras. Joe Duffy *CEO* *Duffy & Partners*
Alaska Airlines	Alaska Airlines	Nosso objetivo era reposicionar a Alaska Airlines, de uma companhia aérea regional de confiança para uma companhia aérea nacional de confiança. David Bates *Diretor de criação* *Hornall Anderson*
Columbus Salame	Columbus Sausage Company	O salame Columbus foi reposicionado para interessar aos consumidores mais sofisticados e requintados. Kit Hinrichs *Sócio* *Pentagram*
ACLU	ACLU American Civil Liberties Union	Queríamos ajudar a ACLU a parecer a guardiã da liberdade. Sylvia Harris *Estrategista de design*
OpenTable	OpenTable	Nosso novo logotipo simboliza o foco que temos nos nossos clientes. Tiffany Fox *Diretora sênior de comunicações corporativas* *OpenTable*

OpenTable: Tomorrow Partners

Antes	Depois	
		A Paperless Post precisava de um logotipo mais claro, que pudesse existir principalmente online. Nas transformações, sempre tento manter um ou dois elementos-chave do original. Neste caso foram a cor, o selo postal e o pássaro. Louise Fili
		Nossa nova marca evolui a partir de uma única visão: a transformação de verdade começa de dentro. Michelle Bonterre *Diretora de marca* *Dale Carnegie* Dale Carnegie: Carbone Smolan Agency
		Queríamos que o design evocasse o espírito e a ciência da descoberta real. Michael Connors *Diretor de criação* *Hornall Anderson*
		Modernizamos o logotipo para sinalizar um otimismo renovado na marca. Blake Howard *Cofundador* *Matchstic*
		Um novo nome e logotipo representam melhor o maior fabricante de edifícios resistentes a explosões, ao mesmo tempo que respeitam o valor da marca anterior. Bill Gardner *Presidente* *Gardner Design*

Antes e depois

Redesign de símbolos de marca

Antes	Depois	
Starbucks (logo antigo)	Starbucks (logo novo)	Ao libertarmos a Sereia da faixa ao seu redor, permitimos que os clientes formassem uma conexão mais pessoal. Jeffrey Fields *Diretor* *Global Creative Studio* *Starbucks*
Aetna (logo antigo)	aetna (logo novo)	A promessa de marca renovada da Aetna reflete nosso objetivo de criar um sistema de saúde mais conectado, mais conveniente e com melhor relação custo-benefício. Belir da Lang *Diretora de marketing digital e do consumidor* *Aetna* Aetna: Siegel + Gale
Bala (logo antigo)	BALA (logo novo)	O novo logotipo da Bala é simples e arrojado, assim como as melhores soluções de engenharia. Jon Bjornson *Fundador* *Jon Bjornson Design*
Kleenex (logo antigo)	Kleenex (logo novo)	O novo logotipo aumenta a percepção de que a marca é atual, alegre e inovadora. Christine Mau *Diretora de design de marca* *Kimberly-Clark*
Santos Brasil (logo antigo)	Santos Brasil (logo novo)	Criamos uma arquitetura de marca monolítica para este líder de mercado, organizado sob a marca principal Santos Brasil. Marco A. Rezende *Diretor* *Cauduro Associates*

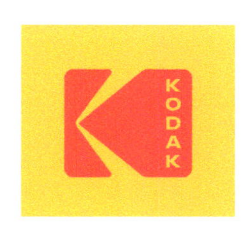

Antes	Depois	
Kodak	KODAK	**Levamos a Kodak de volta às suas raízes de marca, o adorado e onipresente símbolo K, e reinventamos a tipografia para torná-la ao mesmo tempo moderna e metafórica.** Keira Alexandra *Socia* *Work-Order*
social media business council	Social Media .ORG	**Um nome mais conciso e memorável foi um triunfo estratégico para a marca.** Craig Johnson *Presidente* *Matchstic*
Pitney Bowes	pitney bowes	**Queríamos que nossa nova estratégia e identidade de marca refletisse quem somos hoje e, mais do que isso, aonde vamos no futuro.** Marc Lautenbach *Presidente e CEO* *Pitney Bowes* Pitney Bowes: FutureBrand
U	U	**A nova identidade de marca da Unilever expressava uma ideia fundamental de marca alinhada à missão "Dar vitalidade à vida".** Wolff Olins
(tree/plant illustration)	CONSERVATION INTERNATIONAL	**Um simples círculo azul sublinhado com verde simboliza nosso planeta azul – enfatizado, apoiado e sustentado –, além de uma forma humana única.** Sagi Haviv *Sócio* *Chermayeff & Geismar & Haviv*

Antes e depois

Redesign de embalagens

Antes	Depois	
		O novo logotipo e tipografia da Topo Chico reinterpretam a identidade original de 1895 e revigoram sua essência para ter apelo igual para jovens adultos e consumidores fanáticos. Interbrand
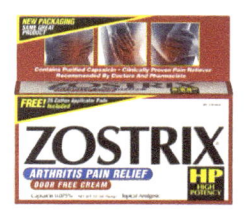		O redesign da Zostrix utiliza o ingrediente analgésico natural, poderoso e eficaz da marca, além de tornar o portfólio mais fácil de entender na prateleira do mercado. Little Big Brands
		A nova identidade e a nova embalagem da Better Together criam um kit de ferramentas de marca versátil para apoiar seus produtos atuais e planos de inovação futuros. Chase Design Group
		Para comunicar que o novo doce gelado não tem adição de açúcar, mas ainda é muito gostoso, a embalagem foi desenhada para parecer saborosa, em vez de leve ou sem graça. Snask

Antes	Depois	
		O icônico logotipo de dominó da marca, vermelho e azul, foi crucial para o redesign, além de aproveitar a promoção de combos de pizza da marca para um design criativo. Jones Knowles Ritchie
		A Budweiser precisava se reconectar com o que a marca representava; o redesign global comunica o nível excepcional de qualidade e cuidado com o produto em cada embalagem. Jones Knowles Ritchie
		A Klondike corria o risco de ter suas ações retiradas da bolsa de valores; o novo design se concentra bastante no apelo do sabor e aproveita os ativos da marca de forma mais indulgente. Little Big Brands
		Inspirando-se no símbolo de marca original, o novo logotipo da Swiffer retém elementos do valor de marca enquanto moderniza os monogramas; a embalagem atualizada também simplifica a expressão de marca geral. Chase Design Group Swiffer: Chase Design Group + P&G Design

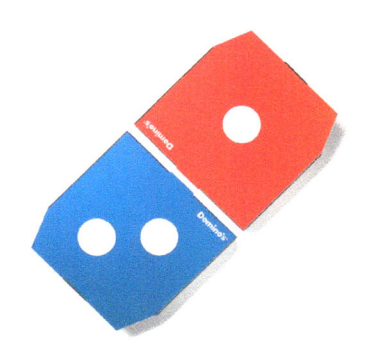

2 Processo

A **Parte 2** descreve um processo universal por trás de todas as iniciativas de gestão de marcas bem-sucedidas, independentemente de sua complexidade. Por que isso demora tanto? Como vamos decidir?

> Para criar algo que tenha grande apelo ao consumidor, trabalhe com pessoas de talento.

Susan Avarde
Diretora de marca global, nível corporativo
Citigroup

O básico do processo

- **104** Um processo para o sucesso
- **106** Gerenciamento do processo
- **108** Iniciativas de marca
- **110** Aferição do sucesso
- **112** Colaboração
- **114** Tomada de decisão
- **116** Propriedade intelectual
- **118** Gestão do design

Fase 1
Condução da pesquisa

- **120** Visão geral
- **122** *Insight*
- **124** Pesquisa de mercado
- **126** Teste de usabilidade
- **128** Auditoria de marketing
- **130** Auditoria da concorrência
- **132** Auditoria de linguagem
- **134** Relatório de auditoria

Fase 2
Esclarecimento da estratégia

- **136** Visão geral
- **138** Concentração do foco
- **140** Posicionamento
- **142** *Briefing* da marca
- **144** Nomes
- **146** Renomeação

Fase 3
Design de identidade

- **148** Visão geral
- **150** Design do sistema de identidade
- **152** *Look and feel*
- **154** Cor
- **156** Mais cor
- **158** Tipografia
- **160** Som
- **162** Aplicações de teste
- **164** Apresentação

Fase 4
Criação de pontos de contato

- **166** Visão geral
- **168** Estratégia de conteúdo
- **170** Site
- **172** Material colateral
- **174** Artigos de papelaria
- **176** Sinalização
- **178** Design de produto
- **180** Embalagem
- **182** Propaganda
- **184** Ambientes
- **186** Veículos
- **188** Uniformes
- **190** Material efêmero

Fase 5
Gestão de ativos

- **192** Visão geral
- **194** Mudança de ativos de marca
- **196** Lançamento
- **198** Construção de campeões de marca
- **200** Livros de marcas
- **202** Diretrizes
- **204** Sumário das diretrizes
- **206** Centros de marca online

O básico do processo

Um processo para o sucesso

O processo de gestão de marcas exige uma combinação de investigação, pensamento estratégico, excelência em design e habilidade no gerenciamento de projetos. Ele requer uma quantidade extraordinária de paciência, uma obsessão por fazer as coisas do jeito certo e a capacidade de sintetizar grandes quantidades de informação.

Seja qual for a natureza do cliente e a complexidade do compromisso, o processo é sempre o mesmo. O que muda é a profundidade com que cada fase é conduzida, o tempo e os recursos alocados e o tamanho da equipe em ambos os lados, na empresa especializada em identidade e no cliente.

O processo é definido por fases distintas, com pontos de partida e de chegada lógicos, o que facilita a tomada de decisão nos intervalos apropriados. A eliminação de etapas ou a reorganização do projeto podem parecer uma forma atraente de cortar custos e tempo, mas também podem acarretar riscos substanciais e impedir benefícios de longo prazo. O processo, quando realizado corretamente, pode produzir resultados extraordinários.

O processo é o processo, mas você precisa de um toque de genialidade.

Brian P. Tierney, Esq.
Fundador
Tierney Communications

O processo de gestão de marcas

1 condução da pesquisa

2 esclarecimento da estratégia

1:
- Esclarecer visão, estratégias, metas e valores.
- Entrevistar a gerência principal.
- Pesquisar as necessidades e percepções dos *stakeholders*.
- Conduzir auditorias de marketing, da concorrência, tecnológica, jurídica e de mensagem.
- Analisar as marcas e arquiteturas de marca existentes.
- Apresentar relatórios das auditorias.

2:
- Sintetizar o que foi aprendido.
- Esclarecer a estratégia de marca.
- Descobrir uma plataforma de posicionamento.
- Criar atributos de marca.
- Desenvolver as mensagens principais.
- Escrever um resumo de marca (*briefing*).
- Obter aprovação.
- Criar uma estratégia de nomes.
- Escrever um *briefing* de criação.

O processo é uma vantagem competitiva

Assegura que está sendo usado um método comprovado para obter resultados de negócios

Acelera o entendimento e a aprovação do investimento necessário em tempo e recursos

Gera segurança e confiança na equipe

Posiciona a gestão do projeto como inteligente, eficiente e com boa relação custo/benefício

Constrói credibilidade e fortalece as soluções de identidade

Define expectativas em relação à complexidade do processo

Navegar pelo processo político, construir confiança, desenvolver relacionamentos: isso é tudo.

Paula Scher
Sócia
Pentagram

A maioria dos processos deixa de fora coisas sobre as quais ninguém quer falar: mágica, intuição e fé.

Michael Bierut
Sócio
Pentagram

3 design de identidade

Visualizar o futuro.
Realizar *brainstorming* de uma grande ideia.
Projetar um sistema de identidade da marca.
Explorar as aplicações mais importantes.
Finalizar a arquitetura de marca.
Apresentar a estratégia visual.
Obter a aprovação.

4 criação de pontos de contato

Finalizar o design da identidade.
Desenvolver o *look and feel*.
Começar a proteção da marca registrada.
Priorizar e fazer o design das aplicações.
Desenvolver um sistema.
Aplicar a arquitetura de marca.

5 gestão de ativos

Construir sinergia ao redor da nova estratégia.
Desenvolver o plano de lançamento.
Lançar primeiro internamente.
Lançar externamente.
Desenvolver padrões e diretrizes.
Cultivar campeões de marcas.

O básico do processo

Gerenciamento do processo

Um projeto de gestão de marcas precisa ser gerenciado com eficácia para produzir os resultados desejados durante cada uma de suas fases. O gerenciamento de projetos inteligente cria confiança e respeito mútuo entre os *stakeholders*, promovendo o trabalho em equipe e o comprometimento necessários para o sucesso. Sincronizar uma ampla gama de habilidades e recursos com as metas exige paciência e entusiasmo. Isso permite que a liderança da empresa e seus consultores de marca trabalhem lado a lado, com planejamento, coordenação, análise, entendimento e gestão de tempos, recursos e orçamento.

Fatores de tempo

A duração de um projeto de gestão de marcas depende dos seguintes fatores:

Tamanho da organização

Complexidade da empresa

Número de mercados atendidos

Tipo de mercado: global, nacional, regional, local

Natureza do problema

Pesquisa necessária

Requisitos judiciais (fusões ou licitação pública)

Processo de tomada de decisão

Número de tomadores de decisão

Número de aplicações

Quanto tempo vai levar?

Todos os clientes têm pressa, não importa o tamanho ou a natureza da empresa. Não existem atalhos no processo; eliminar etapas pode ser prejudicial para atingir as metas no longo prazo. Desenvolver uma identidade eficaz e sustentável é demorado. Não existem respostas instantâneas e é essencial que haja comprometimento com um projeto responsável.

Preste tanta atenção ao processo quanto ao conteúdo.

Michael Hirschhorn
Especialista em dinâmica organizacional

Seu objetivo é identificar o talento mais adequado para o seu negócio, suas marcas, sua organização e sua cultura. É preciso ter as habilidades certas para os desafios certos, na hora certa e pelo valor certo.

John Gleason
*Presidente
A Better View Strategic Consulting*

Processo: Gestão de projeto

> Protocolo da equipe

Identifique o gerente de projeto e a equipe do cliente.

Identifique o contato e a equipe da empresa.

Defina claramente as metas da equipe.

Estabeleça funções e responsabilidades.

Compreenda políticas e procedimentos.

Faça circular dados e informações de contato pertinentes.

> Comprometimento da equipe

A equipe deve se comprometer com:

Debate vigoroso

Comunicações abertas

Confidencialidade

Dedicação à marca

Respeito mútuo

> *Benchmarks* + prazos

Identifique o que deve ser entregue.

Identifique as datas principais.

Desenvolva o cronograma do projeto.

Atualize os cronogramas quando necessário.

Desenvolva a matriz de tarefas.

> Protocolo de tomada de decisão

Estabeleça o processo.

Determine quem são os decisores.

Esclareça vantagens e desvantagens.

Coloque todas as decisões por escrito.

> Protocolo de comunicação

Estabeleça o fluxo de documentos.

Decida quem recebe cópias dos documentos e como.

Coloque tudo por escrito.

Crie pautas.

Faça circular notas das reuniões.

Desenvolva o site do projeto online.

> Os melhores gestores na verdade são líderes, não gerentes.
>
> Dra. Ginny Vanderslice
> *Diretora*
> *Praxis Consulting Group*

Quem gerencia o projeto?

Lado do cliente

Em uma pequena empresa, o fundador ou proprietário é sempre o líder do projeto, o grande tomador de decisão e o visionário. Em uma empresa maior, o gerente do projeto é alguém designado pelo CEO: o diretor de marketing e comunicação, o gerente de marca ou talvez o diretor financeiro.

O gerente de projeto deve ser alguém com autoridade e liderança, que consiga lidar com a enorme quantidade de coordenação, programação e coleta de informações envolvida. Ele também deve ter acesso direto ao CEO e a outros decisores. Em uma grande empresa, o CEO normalmente forma uma equipe de marca, que pode incluir representantes de diferentes divisões ou linhas de negócios. Mesmo que essa equipe possa não ser o grupo que toma as decisões finais, ela deve ter acesso aos decisores principais.

Lado da empresa de identidade

Em uma grande consultoria de marca, o principal contato com o cliente é o gerente exclusivo do projeto. Várias incumbências são tratadas por especialistas, desde pesquisadores de mercado até analistas de negócios, passando por especialistas em nomes e designers. Em empresas de pequeno ou médio porte, o responsável pode ser o contato principal com o cliente, o diretor de criação sênior ou o designer sênior. A empresa pode recorrer a consultores quando necessário, de consultorias de pesquisa de mercado a especialistas em nomes, para criar uma equipe virtual que atenda às necessidades especiais do projeto.

Boas práticas de liderança de projetos
Desenvolvido por Dra. Ginny Vanderslice, Praxis Consulting Group

Comprometimento: crie uma cultura na qual as pessoas se sintam inspiradas e capazes de realizar seu melhor trabalho, e cada membro se sinta responsável pelos outros membros de equipe e pelo resultado do projeto. Gere confiança.

Foco: tenha e mantenha uma visão do todo e, ao mesmo tempo, segmente-o em peças menores e organizadas. Mantenha o fluxo de tarefas, apesar das dificuldades e limitações.

Disciplina: planeje e acompanhe várias tarefas e equilibre fatores de tempo e de custos.

Habilidades de comunicação fortes: comunique com clareza e respeito, inclua a visão do todo e dos detalhes, e mantenha os membros da equipe informados em tempo.

Empatia: compreenda e responda às necessidades, valores, pontos de vista e perspectivas de todos os que atuam no projeto.

Habilidades de gestão eficaz: defina necessidades, prioridades e tarefas. Tome decisões. Assinale problemas. Faça as pessoas se responsabilizarem por seus atos.

Flexibilidade (adaptabilidade): permaneça focado e no controle quando as coisas não andam bem. Mude no meio do processo, quando a situação exigir.

Capacidade criativa de resolução de problemas: veja os problemas como desafios a serem enfrentados, e não como obstáculos.

Insight: compreenda as políticas, os procedimentos, a cultura corporativa, as pessoas importantes e a política interna.

> Documentação

Coloque data em todos os documentos.

Coloque data em cada esboço do projeto.

Numere as diversas versões dos documentos principais.

> Coleta de informações

Determine as responsabilidades.

Fixe as datas.

Identifique as informações "proprietárias".

Desenvolva a matriz de tarefas.

Institua auditorias.

Estabeleça como os materiais de auditoria serão coletados.

> Protocolo jurídico

Identifique recursos de propriedade intelectual.

Compreenda questões de conformidade.

Reúna declarações de confidencialidade.

> Protocolo de apresentação

Faça circular as metas com antecedência.

Distribua as pautas durante as reuniões.

Determine a forma de apresentação.

Desenvolva um sistema uniforme de apresentação.

Obtenha aprovações e autorizações.

Identifique os próximos passos.

O básico do processo

Iniciativas de marca

Sua organização está preparada para investir tempo, capital e recursos humanos para revitalizar sua marca? Reserve o tempo necessário para planejar, ganhar confiança e definir expectativas. Tenha certeza de que sua equipe entende os fundamentos da marca. Desenvolva um conjunto de princípios para manter-se na direção certa durante todo o processo.

> As marcas sustentáveis se mantêm leais ao seu propósito, são ágeis e permanecem relevantes.
>
> Shantini Munthree
> *Sócia-gerente*
> *The Union Marketing Group*

Nossa marca e nossa reputação são determinadas pelos funcionários que trabalham lado a lado com os clientes diariamente. Nossa função é capacitar esses funcionários a serem embaixadores da marca todos os dias.

Grant McLaughlin
Diretor de marketing & comunicação
Booz Allen Hamilton

Princípios orientadores
Desenvolvido por Shantini Munthree, sócia-gerente, The Union Marketing Group

Uma marca é um ativo que possui valor comercial e de reputação.

Cultivar e proteger uma marca é um investimento de longo prazo na construção do valor de marca. Assim como outros ativos, uma marca precisa de cuidado e proteção para preservar seu valor e para se valorizar com o tempo.

O trabalho de uma marca é expressar coerentemente o propósito fundamental da empresa.

O design das mensagens e da identidade da marca é uma arte, mas baseada na ciência. A arte envolve conectar a marca aos clientes onde eles estiverem, reagindo aos dados e testes para orientar as opções de marca sobre o que é dito e como.

Uma marca é construída de dentro para fora.

Quando os funcionários são colocados no centro da sua experiência de marca, eles podem ajudar a dar vida à marca. Ajudar um cliente na sua jornada de marca envolve todo mundo, dos líderes à equipe da linha de frente.

Seus clientes amplificam sua marca de modos que você não consegue.

Quando um cliente adora a sua marca, ele tende a contar aos outros sobre ela. No seu círculo de confiança, sua marca recebe atenção exclusiva durante momentos que o seu orçamento de marketing jamais seria capaz de atingir.

Todos os pontos de contato importam, mas alguns poucos são os mais importantes.

Uma experiência de marca é o resultado coletivo das experiências de cada cliente, o que torna todas as interações na jornada do cliente importantes. Pesquisas mostram que tornar prazerosos alguns momentos de verdade específicos é o que mais promove a afinidade com o cliente.

As marcas, assim como os seres humanos, são orgânicas.

Uma boa estratégia de marca constrói o DNA de uma marca. À medida que os clientes precisam mudar, ou que as marcas se firmam no mundo real e no virtual, a marca destaca seletivamente seus atributos.

Dez imperativos para o sucesso

Tenha certeza de que sua equipe de liderança aprova o processo e a iniciativa de marca

Determine metas, responsabilidades e um objetivo final claro

Comunique-se durante todo o processo

Use um processo disciplinado, com pontos de comparação realistas

Mantenha-se centrado no consumidor

Comprometa-se com um grupo pequeno de tomada de decisão

Determine a sua disposição para firmar um compromisso

Determine como você medirá o sucesso

Explique por que a marca é importante

Siga em frente

A transformação exige trabalhar na intersecção entre estratégia, marca e cultura. Nosso objetivo é ajudar os líderes a se alinharem com uma visão e a reunir funcionários, clientes e outros *stakeholders* na busca dessa visão.

Keith Yamashita
*Fundador e presidente
SYPartners*

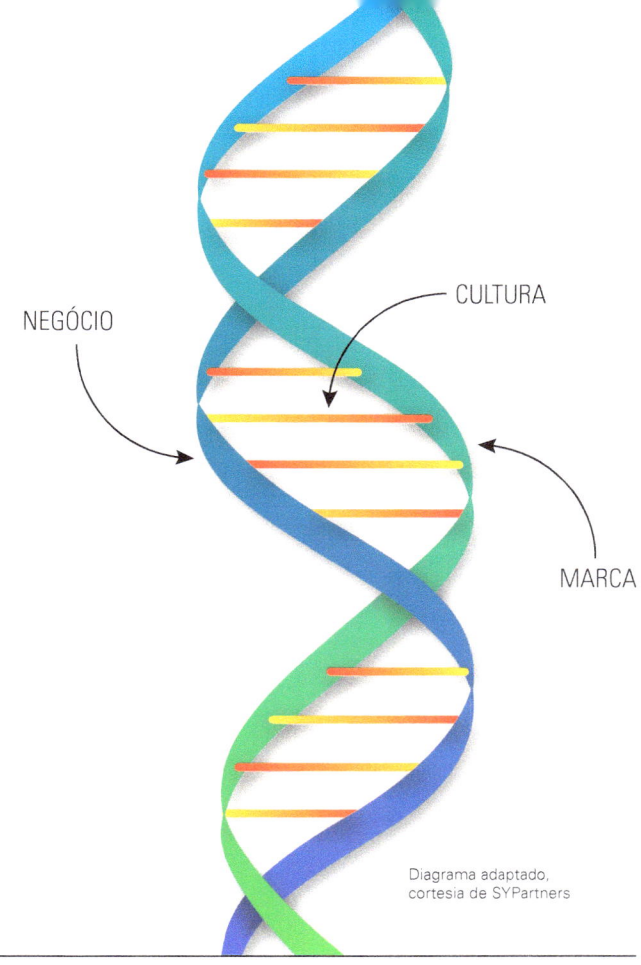

NEGÓCIO — CULTURA — MARCA

Diagrama adaptado, cortesia de SYPartners

Elementos de marca fundamentais
Desenvolvido por Shantini Munthree, sócia-gerente, The Union Marketing Group

Propósito fundamental	O motivo de a empresa existir, além de gerar lucro.
Visão	A história que um líder conta para explicar "como" a empresa cumprirá a sua missão.
Valores	Filosofias e crenças culturais essenciais.
Personalidade	Tom e voz da marca para receptividade e associação.
Capacidades e recursos	Medida da capacidade da marca de cumprir a sua missão.
Competências essenciais	Conjunto de habilidades, comprometimentos, aptidões e conhecimentos relacionados que permitem que a marca tenha bom desempenho.
Concorrência	Pontos de paridade e diferença.
Público-alvo	A população com a qual pode se comunicar, com foco nos tomadores de decisão.
Necessidades e objeções	Necessidades: necessidades não atendidas que esperamos conseguir atender. Objeções: principais motivos para o público nos rejeitar ou não agir.
Grande ideia/essência de marca	Expressão atemporal e diferenciada que gera foco e inspiração.
Propostas de valor	Conjunto de benefícios funcionais, emocionais e sociais (como atendemos as necessidades do público).
Pontos de prova	Por que eles devem acreditar que somos os melhores nisso? Por que eles devem agir?
Resultado desejado	Na linguagem do consumidor, um único enunciado que mais se deseja dos *stakeholders*.

O básico do processo

Aferição do sucesso

Os sistemas da gestão de marca são um investimento de longo prazo em termos de tempo, recursos humanos e capital. Cada experiência positiva com uma marca ajuda a construir o valor de marca e aumenta a probabilidade de compras futuras e de relacionamentos duradouros com o cliente. Em parte, o retorno do investimento é alcançado quando comprar se torna mais fácil e mais atrativo para o cliente, quando as vendas se tornam mais fáceis para o departamento de vendas e quando se é vigilante sobre a experiência do consumidor. A clareza sobre a marca e sobre o processo, além de ferramentas inteligentes para os funcionários, é o combustível do sucesso.

Os decisores frequentemente perguntam: "Por que fazer este investimento? É possível provar que haverá um retorno?". É difícil isolar o impacto causado por um novo logotipo, uma arquitetura de marca melhor ou um sistema integrado de marketing, por isso é essencial que as empresas desenvolvam suas próprias medidas de sucesso. Aqueles que não esperam resultados instantâneos e pensam no longo prazo compreendem o valor da mudança incremental e do foco.

> Hoje, os negócios só são fortes se suas marcas forem fortes, e nada mais oferece aos líderes de negócios um potencial de alavancagem tão grande.
>
> Jim Stengel
> *Grow: How Ideals Power Growth and Profit at the World's Greatest Companies*

Orgulho
Fator uau!
Entendi
Confiança
Seu chefe está feliz
O CEO compreende

Capital humano

Quando compreenderam nossa visão, nossos colaboradores aceitaram a responsabilidade com entusiasmo, o que provocou uma série de desenvolvimentos simultâneos e vigorosos na empresa.

Jan Carlzon
*Ex-CEO
Scandinavian Airlines Group
A Hora da Verdade*

Demanda

Marcas são ativos poderosos para criar desejos, moldar experiências e deslocar demandas.

Rick Wise
*CEO
Lippincott*

Crescimento

Em qualquer mercado competitivo, o que determina a margem e o crescimento e separa um negócio do outro, para funcionários, clientes, parceiros e investidores, é a marca.

Jim Stengel
Grow: How Ideals Power Growth and Profit at the World's Greatest Companies

Liderança

Um rebranding corporativo na hora certa e executado criativamente pode ser a ferramenta mais poderosa à disposição do líder, altamente eficaz em atrair novos olhares, mudar a direção e renovar o comprometimento dos funcionários.

Tony Spaeth
Consultor de identidade

Métricas para a gestão de marca
Fonte: Prophet

Métrica de percepção

Consciência

Os clientes têm consciência da sua marca?
Saliência
Reconhecimento de marca

Familiaridade + consideração

O cue os clientes pensam e sertem sobre a marca?

Diferenciação
Relevância
Credibilidade
Agradabilidade
Qualidade percebida
Intenção de compra

Métrica de desempenho

Decisão de compra

Como os clientes agem?

Clientes potenciais
Aquisição de clientes
Experimentação
Repetição
Preferência
Preço especial

Lealdade

Como os clientes se comportam com o tempo?

Satisfação do cliente
Retenção
Receita por cliente
Participação na carteira
Valor do tempo de vida do cliente
Recomendações
ROI (retorno sobre o investimento)
Economia de custos

Métrica financeira

Criação de valor

Como o comportamento do consumidor cria um valor econômico tangível?

Participação de mercado
Receita
Fluxo de caixa operacional
Capitalização de mercado
Classificação dos analistas
Avaliação da marca

Métricas para pontos de contato isolados

Sites

Visitas totais + porcentual de novas visitas
Visitantes únicos
Tempo no site + taxa de rejeição
Página de destino de sites de busca
Indicadores-chave de desempenho
Tráfego de indicação por *backlink**
Taxa de conversão média
Valor dos pedidos + valor por visita
Demografia + frequência dos visitantes
Fluxo de visitantes
Visualizações de página por página
Controle de buscas
Palavras-chave + taxa de rejeição por página de destino
Visitas + engajamento dos visitantes por palavra-chave
Impressões, buscas e cliques de mecanismos de busca

Mídias sociais

Quantitativa
Fans/seguidores
Compartilhamentos
Curtidas
Comentários
Tráfego/visitantes
Cliques/conversões

Qualitativa
Envolvimento
Qualidade das conversas
Lealdade dos fãs
Insights/pesquisa de valor
Boca a boca
Reputação de marca
Influência

Propriedade intelectual
Proteção de ativos
Prevenção de litígios
Respeito às normas

Mala-direta

Taxa de retorno

Exposições e feiras
Número de potenciais gerados
Número de vendas
Número de pedidos de informação

Licenciamento
Receitas
Proteção de ativos

Merchandising
Alcance
Impressões
Consciência

Relações públicas
Buzz
Consciência

Propaganda
Consciência
Conversão
Receitas

Embalagem

Participação de mercado frente à concorrência
Mudança nas vendas após a nova embalagem
Comparação de mudanças nas vendas com o custo geral do projeto
Dinheiro economizado devido a engenharia e materiais
Testes de *eye tracking*** para avaliar o que é visto antes (impacto de prateleira)
Maior espaço de prateleira
Uso doméstico/observação do consumidor/teste de campo
Estreia em uma nova loja
Cobertura de imprensa, *buzz*
Número de linhas de extensão de produtos
Merchandising
Tempo do ciclo de vendas
Feedback do consumidor
Influência na decisão de compra
Web *analytics*

Centro de marca online

Número de usuários
Número de visitas por usuário
Tempo por sessão de visita
Número de downloads de ativos
ROI real sobre uso do site
Tomada de decisão mais rápida
Realização de pedidos mais eficiente
Melhor conformidade com regras

Padrões + diretrizes
Implementação mais consistente
Gestão de conteúdo mais eficaz
Uso mais eficiente do tempo
Tomada de decisão mais rápida
Certo na primeira vez
Redução do envolvimento jurídico
Proteção mais eficiente dos ativos de marca

Reconsideração das métricas

Design

Estudo do The Design Council sobre o preço de ações de empresas britânicas ao longo da última década concluiu que um grupo de empresas reconhecidas por serem usuárias efetivas de design teve uma performance no índice FTSE de mais de 200%.

O investimento constante e o compromisso com o design são recompensados pela competitividade contínua, não por sucessos isolados.

The Design Council

Design baseado em evidências

O design baseado em evidências quantifica o efeito do design sobre resultados (ex.: saúde, satisfação, segurança, eficiência) ao basear as decisões de design em pesquisas com credibilidade, gerando novas evidências sobre o ambiente.

Ellen Taylor, AIA, MBA, EDAC
*Diretora do Pebble Project
The Center for Health Design*

Fusões

No Reino Unido, mais de 70% do que foi pago na aquisição de empresas foi pelo *goodwill* de bens intangíveis, incluindo o valor da marca corporativa.

Turnbridge Consulting Group

Sustentabilidade

Embalagens ecologicamente corretas
Redução de desperdício e lixo eletrônicos
Redução de materiais nocivos no design de produto
Economia de energia
Redução da pegada de carbono
Comprometimento com uma política ambiental

---

*N. de E.: *Backlinks* são *links* posicionados de forma estratégica em um textro para levar o leitor até uma página que tenha conteúdo relevante para o que ele está lendo.
**N. de E.: *Eye tracking* é o nome do processo que mede a movimentação do nosso olhar. A ferramenta *eye tracker* mede a posição e o movimento do olho, e é utilizada em psicologia, linguística cognitiva e design de produto.

O básico do processo

Colaboração

Grandes resultados exigem visão, comprometimento e colaboração. Colaboração não significa consenso nem meios-termos. Ela evolui a partir de um foco aprofundado e genuíno na resolução de problemas, gerando uma percepção interdependente e interligada. Também reconhece as tensões que resultam de diferentes pontos de vista e disciplinas.

A maioria dos projetos de gestão de marcas envolve indivíduos de vários departamentos que têm prioridades diferentes. Mesmo as pequenas empresas têm nichos que atrapalham o sucesso. A colaboração exige a capacidade de não julgar o interlocutor, ouvir com atenção e transcender a política da organização.

O código aberto é um novo modelo de colaboração, criatividade e resolução de problemas, hoje usado no desenvolvimento de produtos e inovação de marcas. Ele é caracterizado pelo compartilhamento aberto de informações para o benefício mútuo de clientes e vendedores, criadores e usuários finais, funcionários e voluntários, e concorrentes. A Wikipédia e o Linux são os exemplos mais conhecidos da metodologia de código aberto.

Esqueça os estereótipos. Os advogados de propriedade intelectual têm pensamento criativo, os banqueiros podem sentir compaixão e os designers podem fazer cálculos matemáticos.

Blake Deutsch

Você pode ter os maiores craques do mundo, mas, se eles não jogarem como um time, o clube não valerá um tostão furado.

Babe Ruth

slack

Organizar nossas conversas de equipe, aplicativos, ferramentas e compartilhamento de informações usando um software como o Slack simplifica a colaboração.

O design de marca excelente evolui a partir de um reconhecimento coletivo de tudo que é bom, e também incompleto, em uma marca. É um comprometimento de equipe com a ideia de abandonar todos os medos e abrir novas trilhas.

Shantini Munthree
Sócia-gerente
The Union Marketing Group

Assim como a Távola Redonda do Rei Artur, as equipes eficazes reconhecem e respeitam as diversas competências, compartilham o poder, debatem ativamente, unem-se ao redor de uma causa comum e usam a sua inteligência coletiva para atingir metas ambiciosas.

Moira Cullen
Diretora de design global de bebidas
PepsiCo

Quando trabalho com um redator, deixamos de lado nossos pontos de vista passionais e pessoais, ouvimos um ao outro e deixamos que uma terceira pessoa apareça com uma nova visão.

Ed Williamson
Diretor de arte

Princípios da colaboração
Desenvolvidos por Linda Wingate, Wingate Consulting

A liderança precisa acreditar na colaboração e em seus benefícios organizacionais.

Ouça todas as perspectivas; compartilhe seu ponto de vista com honestidade; ponha todas as questões na mesa.

Promova a participação.

A contribuição de todos é importante.

Desenvolva relacionamentos profissionais fortes, construindo altos níveis de confiança e harmonia; deixe de lado os títulos e as funções organizacionais.

Engaje-se no diálogo; encontre um propósito e uma linguagem que sejam comuns para aprender e se comunicar; construa princípios de orientação para a tomada de decisões.

Ofereça acesso igualitário à informação; crie um processo de trabalho comum; analise os pressupostos e os dados de informação de forma objetiva.

Crie protocolos para a equipe.

Garanta a cooperação, o envolvimento e a propriedade; reconheça que as recompensas são conquistadas pelo grupo, não pelos indivíduos; deixe de lado qualquer mentalidade de "ganha-perde".

Marca

vendas + marketing
atendimento ao consumidor
TI
ESTRATÉGIA DE DESIGN
VOZ UNIFICADA
recursos humanos
ESTRATÉGIA DE MARCA
gerência
jurídico
operações
financeiro

Para otimizar a experiência de marca do cliente, os CEOs têm desempenhado um papel crítico na descentralização das decisões de marca enquanto rompem os silos, seja por reestruturação corporativa (P&G), maiores eficiências operacionais (Amazon), melhoria do ambiente de trabalho (Google) ou unificação da marca em torno de um objetivo global, como no caso da Apple.

Dr. Salah S. Hassan
*Professor de gestão estratégica de marcas
School of Business
The George Washington University*

O básico do processo

Tomada de decisão

O processo de tomada de decisão precisa gerar confiança e ajudar as organizações a fazerem as escolhas certas para construir suas marcas. A maioria de nós lembra de quando decisões erradas foram tomadas devido a jogos políticos, ideias rígidas ou excesso de decisores. Os sociólogos acreditam que as decisões tomadas por grandes grupos tendem a ser menos inspiradas do que aquelas tomadas por grupos menores. Por outro lado, os especialistas em desenvolvimento organizacional dizem que a decisão tomada em consenso tem o potencial de resultar em uma maior qualidade, pois a organização utiliza os recursos de seus membros.

O processo precisa de um líder que saiba extrair ideias e opiniões de um grupo maior sem se conformar ao pensamento de grupo. Os decisores finais, independentemente do tamanho da organização, devem incluir o CEO. A participação deve ser obrigatória nos pontos-chave de decisão em todo o processo, como nos acordos sobre as metas, estratégias de marca, nomes, *taglines* e marcas de produtos.

O processo de gestão de marcas frequentemente reorienta o foco dos *stakeholders* principais na visão e na missão da organização. Quando isso é bem-feito, todos se sentem valorizados e começam a se sentir "donos" da nova marca.

> A tomada de decisão exige confiança em si mesmo, no seu processo e na sua equipe.
>
> Dra. Barbara Riley
> *Sócia-gerente*
> *Chambers Group LLC*

Uma consultoria de marca que investe e se esforça para ter empatia de verdade com a organização e com os seus clientes constrói a confiança necessária para transcender sua posição, passando de agente externo para interno.

Andrew Ceccon
Diretor executivo
FS Investments

Fatores cruciais de sucesso

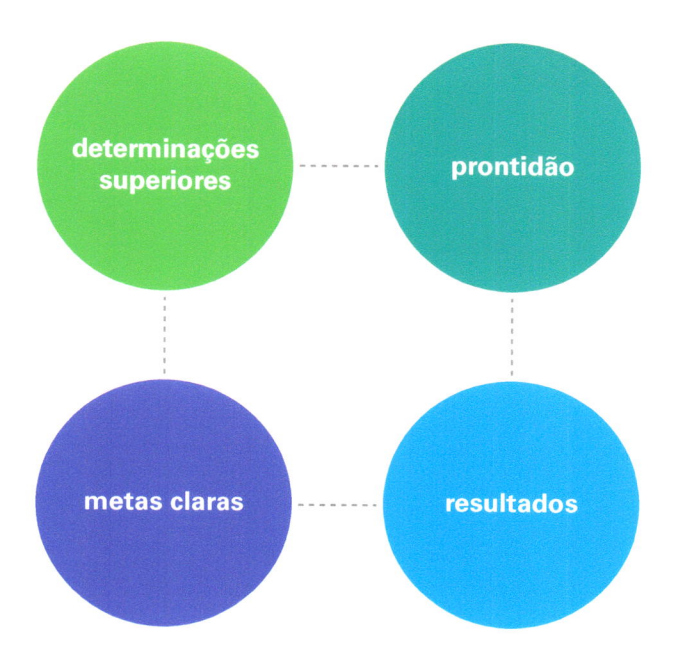

- determinações superiores
- prontidão
- metas claras
- resultados

Maus sinais

O CEO (ou o gerente global da marca) não tem tempo para se reunir com você.

Vou saber quando ver.

Vamos mostrar a todos os sócios para ver se eles gostam.

Vamos usar grupos focais para nos ajudar a tomar a decisão certa.

Sabemos que é o melhor design, mas o marido da CEO não gosta.

Queremos mostrar toda a lista de 573 nomes para o CEO e deixar que ele decida de qual gosta mais.

Vamos votar nos nossos favoritos.

Características essenciais

O CEC lidera um pequeno grupo que inclui campeões de marca do marketing.

Todo o processo é comunicado com clareza aos principais *stakeholders*.

As decisões estão em sintonia com a visão e com as metas.

Todos os membros recebem confiança e respeito.

Concordar com as metas e a estratégia de posicionamento é pré-requisito da estratégia criativa.

Todas as informações e os interesses relevantes são comunicados e seguidos.

Prós e contras são sempre discutidos plenamente.

Existe um compromisso de comunicar a marca para todos os níveis da organização.

Os grupos focais são usados como instrumento, não como liderança de ideias.

As decisões são comunicadas primeiro internamente.

A confidencialidade é respeitada.

Cenários desafiadores

Decida como você vai decidir e não mude.

O CEO não está envolvido.

Novos decisores entram no meio do processo.

As opiniões dos membros da equipe não são respeitadas.

As etapas críticas são eliminadas do processo para economizar tempo e dinheiro.

As opiniões estéticas pessoais são confundidas com critérios funcionais.

Fusões e aquisições

Altos valores estão em jogo.

É difícil coletar opiniões quando a confidencialidade é crítica.

O tempo é curto e a atmosfera fica tensa.

Nomes e marcas são usados em um jogo de xadrez simbólico.

Todos precisam de atenção da liderança.

É fundamental manter o foco nos benefícios do consumidor.

Fatores cruciais de sucesso

A iniciativa tem o apoio do CEO.

A empresa está pronta para investir tempo, recursos e cérebros.

Há um objetivo final que todos compreendem e concordam.

O resultado tem valor.

Se você já passou por um processo com pessoas que respeita, não é preciso confiar na fé para tomar a decisão. Basta o planejamento.

Dra. Barbara Riley
Sócia-gerente
Chambers Group LLC

Muitas decisões são tomadas em salas de conferência reservadas e silenciosas, nas quais os trabalhos inovadores podem parecer radicais e intimidadores. Porém, o trabalho, a experiência de marca, têm que funcionar LÁ FORA. O mundo é barulhento e agitado. É possível gastar um monte de dinheiro e depois descobrir que o cliente não percebe a diferença. Quando as coisas são construídas por consenso, podem perder a sua diferenciação.

Susan Avarde
Diretora de marca global, nível corporativo
Citigroup

O básico do processo

Propriedade intelectual

As marcas superam seus concorrentes quando estabelecem uma diferença que conseguem expressar, sustentar e proteger judicialmente. Produtos e designs de embalagem diferenciados, funcionalidade melhorada e identificadores de marca, como logotipos, nomes, *slogans*, cores e até sons podem ser protegidos como marcas registradas. O valor de longo prazo aumenta quando os identificadores de marca são imediatamente reconhecíveis e memoráveis.

As patentes incentivam o desenvolvimento e a divulgação de novas invenções, os *copyrights* promovem e protegem a criatividade e as marcas registradas ajudam a garantir que o cliente não será confundido ou enganado por um identificador de origem semelhante. Nos Estados Unidos, a agência responsável pelo registro de marcas e patentes é o Escritório de Marcas e Patentes dos Estados Unidos da América (USPTO – U. S. Patent and Trademark Office). No Brasil, o registro é feito pelo Instituto Nacional de Propriedade Industrial, INPI, e é regulamentado pelo Código de Propriedade Industrial, Lei nº 5.772, de 21 de dezembro de 1971. As marcas são sempre registradas dentro de classes de indústrias, que são 45 nos Estados Unidos, e podem ser registradas em mais de uma classe.

A propriedade intelectual (PI) é a disciplina jurídica que oferece proteção a ativos de marca por meio de obtenção, monitoramento, defesa e monetização de diversas formas de direitos de propriedade intelectual. Uma busca e análise de marca registrada no início do processo de gestão de marcas é uma maneira valiosíssima de identificar e conter riscos. Os proprietários das marcas registradas são responsáveis por monitorar o mercado e identificar o uso impróprio e a violação dos seus direitos por terceiros. Muitas organizações utilizam serviços de monitoramento de marcas registradas para proteger proativamente seus ativos.

Marcas registradas e marcas de serviço
Protegem identificadores de marca, como nomes, logotipos, *slogans* e *jingles*

Conjunto imagem
Protege a aparência visual de um produto, embalagem de produto ou design de interiores de um negócio, reconhecidos pelos consumidores como identificadores de marca

Copyrights
Protegem a expressão criativa original, como artes visuais, literatura, música, coreografia e software

Patentes de invenção
Protegem os aspectos funcionais de invenções novas e úteis, incluindo máquinas, e processos

Patentes de design
Protegem os aspectos ornamentais exclusivos de um produto, como a forma ou a aparência

Segredos comerciais
Protegem informações secretas valiosas, como listas de clientes, métodos, processos e fórmulas

Um único item pode ser protegido por múltiplas formas de PI

> Não se apaixone pela ideia de um novo símbolo ou *tagline* antes de ter certeza de que ela está disponível legalmente.
>
> Cassidy Merriam
> *Advogada especialista em marcas registradas e copyrights*

Processo: Pesquisa e registro de marca comercial

> **Estabeleça a diferenciação de marca**
> Determine como uma nova marca se destacará mais no mercado.
> Desenvolva diferenciais que definem elementos de marca únicos e inovadores.
> Realize pesquisas de mercado para avaliar o cenário competitivo.
> Determine alternativas e não se apaixone por uma marca registrada até saber que ela está disponível.

> **Desenvolva uma estratégia jurídica**
> Determine o que deve ser protegido: nome, símbolo, logotipo, design de produto, etc.
> Determine os tipos de registro necessários: *copyright*, marca registrada, federal, estadual, países estrangeiros.
> Identifique os bens ou serviços nos quais as marcas registradas serão utilizadas.
> Identifique restrições regulatórias.

> **Empregue recursos jurídicos**
> Identifique serviços de assessoria jurídica de propriedade intelectual e pesquisa de marcas registradas.
> Aloque uma assessoria jurídica de propriedade intelectual à equipe de gestão de marcas.
> Integre ações de propriedade intelectual ao processo de gestão de marcas.
> Certifique-se de que os contratos afirmam que a empresa, não a agência de gestão de marcas, detém o direito autoral do design do logotipo.

> **Realize pesquisas**
> Faça uma pesquisa abrangente de possíveis marcas registradas.
> Consulte registros de marca pendentes e concedidos, além da utilização na prática.
> Obtenha uma opinião sobre se as possíveis marcas provavelmente serão ou não registráveis ou se violarão os direitos de terceiros.
> Determine se precisa realizar buscas em países estrangeiros.

O básico das marcas registradas

Marcas registradas não tradicionais

A costura diferenciada dos bolsos das calças jeans da Levi Strauss

A embalagem azul-ovo-de-tordo da Tiffany

O icônico design de garrafa da Coca-Cola

O *bing* sonoro da Intel

O amarelo-canário da Post-it

O efeito sonoro "bang bang" do seriado *Lei & Ordem*

A respiração de Darth Vader

A palavra "superhero"

A bolsa Birkin da Hermès

O Frappuccino da Starbucks

O magenta da T-Mobile

O marrom da UPS

Quanto mais diferente uma marca for dos seus concorrentes, mais fácil é protegê-la do ponto de vista jurídico.

Determinados nomes de marca, embalagens, rótulos e materiais de marketing de setores altamente regulamentados, como a saúde, a indústria farmacêutica e os serviços financeiros, exigem a aprovação de agências governamentais antes de serem lançados.

O proprietário da marca, seja ele um indivíduo, seja uma empresa, uma sociedade ou outro tipo de pessoa jurídica, controla o uso da marca e a natureza e qualidade dos bens ou serviços com os quais ela é usada, tanto pelo uso pelo próprio dono quanto pela garantia de que foram firmados contratos de licenciamento com terceiros.

Os direitos sobre marcas registradas dependem da jurisdição. Estabelecer os direitos em um país não significa obter proteção em outros países. Os direitos devem ser avaliados em cada país no qual os negócios são ou serão conduzidos.

É possível estabelecer direitos sobre uma marca nos EUA com base no seu uso no comércio, sem registro, pois, naquele país, os direitos em uma região geográfica limitada decorrem do uso real de uma marca e permitem que o usuário questione o registro ou a solicitação de registro de terceiros. Na maioria dos outros países, entretanto, o registro é obrigatório.

Nos EUA, o registro de marcas em nível federal oferece vantagens, incluindo o direito exclusivo do proprietário de usar a marca em nível nacional em relação a bens e serviços identificados, a capacidade de entrar com uma ação judicial relativa à marca nos tribunais federais e a capacidade de registrar a marca com a alfândega para impedir a importação de bens estrangeiros que violem seus direitos.

Como muitos proprietários de marcas realizam pesquisas de verificação antes de adotarem ou depositarem um pedido de registro de marca, o registro federal muitas vezes impede terceiros de adotarem acidentalmente uma marca semelhante ou idêntica àquela descoberta nas pesquisas.

O banco de dados do USPTO pode ser usado para pesquisar registros e solicitações de marcas registradas federais existentes (no Brasil, essa pesquisa pode ser feita no site do INPI, www.inpi.gov.br), mas é preciso contratar advogados especializados em propriedade intelectual para avaliar os riscos e as oportunidades na área jurídica.

As solicitações de registro de marca nos EUA podem ser apresentadas com base na "intenção de uso", dando ao proprietário prioridade retrospectivamente à data de apresentação do pedido, não à data do primeiro uso da marca.

Os direitos de marca registrada podem existir em perpetuidade, desde que a marca esteja em uso, mas eles precisam ser renovados. Nos EUA, o registro deve ser renovado a cada 10 anos.

®

Marca registrada (*registered trademark*): O símbolo de marca registrada só pode ser usado depois que a marca estiver registrada em âmbito federal, não enquanto a solicitação estiver pendente.

TM

Marca de comércio (*trademark*): Usada para alertar o público de que você reivindica propriedade de uma marca. Pode ser utilizada enquanto a solicitação está pendente.

SM

Marca de serviço (*service mark*): Usada para alertar o público de que você reivindica propriedade de um serviço exclusivo. Pode ser utilizada independentemente de você ter ou não feito um pedido de registro.

> **Busque proteção da marca registrada**

Finalize a lista de marcas registradas que precisam de registro.

Solicite registro de marca em nível estadual, federal ou nacional, dependendo do necessário.

Desenvolva normas para a utilização apropriada da marca registrada.

Monitore as atividades da concorrência para identificar possíveis violações da marca registrada.

Garanta que contratos com terceiros abrangem o modo como a propriedade intelectual será utilizada.

> **Considere**

Questões relacionadas à PI:

Nomes de domínio

Contas de mídias sociais

Direitos de imagem

Questões de privacidade do consumidor

Políticas para funcionários

Contratos

Agências regulatórias

> **Educar + auditar**

Instrua funcionários e fornecedores.

Publique padrões ou modelos que esclareçam o uso apropriado.

Conduza auditorias anuais de propriedade intelectual.

Facilite a adesão aos usos legais da marca registrada.

Considere serviços de monitoramento de marcas registradas.

O básico do processo

Gestão do design

É cada vez mais comum ver diretores de design experientes participando de equipes da alta gerência para supervisionar e construir a marca, gerenciar o grupo de design e identificar os especialistas necessários. As empresas que valorizam o design como uma competência essencial da empresa tendem a ter mais sucesso em seu marketing e comunicação.

Normalmente, os programas de identidade da marca são desenvolvidos por empresas externas, que têm a combinação certa de qualificação, experiência, tempo e equipe. O maior erro das consultorias externas é não incluir o grupo interno de design na primeira fase de pesquisa. O grupo interno entende melhor o desafio de fazer as coisas acontecerem. Além disso, o sucesso da implementação do programa depende de o grupo interno abraçar e implementar o sistema. A equipe interna precisa ter acesso contínuo à consultoria externa para dúvidas, esclarecimentos e imprevistos. A empresa externa deve realizar reuniões periódicas para revisar os novos trabalhos, além de participar de auditorias de marca anuais para garantir que a expressão de marca continue moderna e relevante.

Se você acha que o bom design é caro, deveria descobrir o custo do mau design.

Dr. Ralf Speth
CEO
Jaguar Land Rover

As equipes internas vivem e respiram as marcas para as quais trabalham, e costumam ter uma ideia mais clara do que as marcas representam.

Alex Center
Diretor de design
The Coca-Cola Company

As equipes internas de criação precisam aproveitar a "vantagem de estar por dentro" usando o seu profundo conhecimento da marca para alavancar seu valor estratégico para a corporação.

Moira Cullen
Diretora de design global de bebidas
PepsiCo

A WGBH reconheceu que o design precisava ser uma função que respondesse diretamente ao CEO.

Chris Pullman
Diretor de design
WGBH

Características e desafios das equipes internas de design

Características essenciais	Maiores desafios
Gerenciadas por um diretor de criação ou de design	Não entendimento sobre o que os pontos fortes da marca produzem
Valorizadas pela alta gerência	Superação de obstáculos políticos
Contam com uma equipe de designers experientes (habilidades criativas e técnicas)	Ter acesso à alta gerência
Multifuncionais (experiências em todas as mídias)	Conquistar o respeito da gerência
Experiência em múltiplos níveis (níveis sênior e júnior)	Superar o design por comitê
Atribuições e responsabilidades claramente definidas	Desmentir o mito de que alta qualidade significa maior custo
Processos e procedimentos claramente definidos	
Compromisso com os padrões da identidade de marca	Não estar presente quando as decisões críticas de gestão de marca são tomadas
Capacidade de serem criativas dentro do sistema	Trabalho demais para equipe de menos
Capacidade de explicarem as fundamentações racionais por trás das soluções	
Canais de comunicação abertos com a alta gerência e dentro do grupo	
Sistemas para acompanhar progressos e projetos	

> Um estúdio interno se torna indispensável para a marca quando conhecimento, investimento e orgulho se mesclam com visão, criatividade e domínio da expressão.
>
> Jeffrey Fields
> *Diretor, Global Creative Studio Starbucks*

Modelo de gestão do design
Desenvolvido por Jen Miller, consultora

Construtores de marcas
O departamento interno de design está por trás das prioridades da empresa e da visão de marca e lidera o desenvolvimento de padrões de marca. Os padrões de marca são atualizados regularmente e passam por auditorias de usabilidade. A adesão à marca é mensurada.

Inovadores
A equipe interna de design colabora com a agência externa no desenvolvimento de marca, além de atuar como assessoria principal da equipe executiva e dos clientes no desenvolvimento de iniciativas de gestão de marcas. A equipe inclui a função de embaixador de marca.

Estrategistas
A agência externa desenvolve os padrões de marca. O departamento interno de design ajuda a estabelecer as prioridades da empresa e lidera esforços baseados em conhecimento de marca. Os diretores de criação monitoram a adesão à marca.

Conselheiros
O departamento interno de design cria e executa de acordo com os padrões de marca, mede a eficácia e utiliza as melhores práticas para agregar valor.

Prestadores de serviços
O departamento interno de design executa a visão de marca a pedido da gerência e de acordo com os padrões de marca disponíveis.

> Dentro das organizações, os grupos de design operam e crescem em níveis de maturidade diferentes, dependendo das necessidades dos clientes internos e das suas próprias capacidades internas.
>
> O nível de crescimento da equipe de design se baseia na sua capacidade de compartilhar conhecimentos por padrões bem definidos, treinamento e comunicação.
>
> Jen Miller
> *Consultora
> Jen Miller Solutions*

Fase 1 – Condução da pesquisa

Visão geral

Construir uma marca exige acuidade empresarial e pensamento de design. Sua prioridade maior é compreender a organização: sua missão, visão, valores, mercados-alvo, cultura corporativa, vantagem competitiva, pontos fortes e fracos, estratégias de marketing e desafios para o futuro.

1 condução da pesquisa

Responder a perguntas é relativamente fácil. Fazer a pergunta certa é mais difícil.

Karin Cronan
Sócia
CRONAN

Conversas presenciais são o novo luxo.

Susan Bird
Fundadora + CEO, Wf360
Residente da TED

A aprendizagem deve ser focada e dinâmica. Quando contratam empresas de consultoria, os clientes querem que elas demonstrem capacidade intelectual para compreender sua atividade, para ter certeza de que as soluções vão estar ligadas às estratégias e metas de negócios da organização.

A compreensão da empresa vem de várias fontes: da leitura de documentos estratégicos e planos de negócios a entrevistas com os *stakeholders* principais. O primeiro passo é a solicitação da informação pertinente a um cliente, uma ação que deve preceder as entrevistas com qualquer gerente ou *stakeholder*. O núcleo do processo criativo para uma nova identidade está em ouvir a visão e as estratégias para o futuro da organização.

As entrevistas com os principais *stakeholders* proporcionam um valioso *insight* sobre a voz, o ritmo e a personalidade de uma organização. Frequentemente, ideias e estratégias inéditas aparecem durante uma entrevista.

Também se obtém entendimento quando se vivencia a organização do ponto de vista do cliente, vendo a facilidade de entender as ofertas de produtos, ouvir a conversa de um vendedor ou usar os produtos. A meta é descobrir a essência da empresa e como ela se situa no ambiente competitivo maior.

Informações básicas a solicitar

Antes de fazer qualquer entrevista, solicite esse material sobre a empresa para saber mais a respeito dela. No caso de uma empresa que tem ações negociadas na bolsa de valores, procure saber o que os analistas financeiros dizem sobre o seu desempenho e seu futuro.

Missão
Visão
Declaração de valores
Propostas de valor
Organograma
Documentos de planejamento estratégico
Planos de negócios
Planos de marketing
Relatórios anuais

Pesquisas de mercado existentes
Avaliações culturais
Levantamento de funcionários
Discursos do CEO
Releases
Clipping de notícias
História
Domínios e marcas registradas
Contas de mídias sociais

Entrevistas com os *stakeholders* principais

A melhor forma de realizar entrevistas com os gerentes mais importantes é individualmente. Gravá-la facilita o contato e melhora a qualidade da entrevista. Se necessário, ela pode ser feita por telefone. É importante estabelecer confiança. A qualidade das perguntas e a simpatia estabelecida durante a entrevista dão o tom para um relacionamento importante. Estimule as pessoas a serem breves e sucintas. Se possível, não forneça as perguntas com antecedência, uma vez que as respostas espontâneas podem ser mais interessantes e reveladoras.

É absolutamente essencial que você leia as informações básicas sobre a empresa antes de realizar qualquer entrevista. É importante deixar claro que você já examinou os documentos solicitados. A lista de quem deve ser entrevistado deve ser elaborada com o cliente. As entrevistas não devem durar mais de 45 minutos. As perguntas a seguir devem ser adaptadas antes da entrevista.

> **Temos dois olhos, dois ouvidos e uma boca. Deveríamos usá-los nessa proporção.**
>
> Ilse Crawford
> *Designer + diretora de criação*
> *StudioIlse*

Perguntas essenciais em uma entrevista

Qual é o seu ramo?

Qual é a sua missão? Quais são as suas três metas mais importantes?

Por que a empresa foi criada?

Descreva seus produtos ou serviços.

Quem é o seu mercado-alvo?

Priorize os seus *stakeholders* em ordem de importância. Como você quer ser visto por cada público?

Qual é a sua vantagem competitiva? Por que seus consumidores escolhem o seu produto ou serviço? O que você faz melhor do que todo mundo?

Existe um concorrente que você admira mais? Se sim, por quê?

Como você faz o marketing de seus produtos e serviços?

Quais são as tendências e mudanças que afetam o seu setor?

Onde você vai estar daqui a cinco anos? E daqui a dez anos?

Como você mede o sucesso?

Que valores e crenças unem os seus funcionários e influenciam o seu desempenho?

Quais são as possíveis barreiras para o sucesso de seus produtos ou serviços?

O que não o deixa dormir?

Coloque-se no futuro. Se sua empresa puder ser ou fazer qualquer coisa, o que seria?

Se você pudesse comunicar uma única mensagem sobre sua empresa, qual seria?

Fase 1 – Condução da pesquisa

Insight

Observar o mundo e ouvir as ideias dos outros sem preconceitos abre as portas para as possibilidades. O herói dessa história é o próprio trabalho.

Embora a pesquisa seja o instrumento usado para coletar e interpretar dados no mundo dos negócios, o *insight* tem uma origem mais pessoal e intuitiva.

O design é como uma dança do intuitivo com o intencional. O maior desafio do processo de identidade de marca é perceber que nada pode ser controlado a não ser o seu foco e a sua atenção. Confiar no processo e manter a bola em jogo sempre leva a resultados extraordinários.

Respire fundo e vá em frente.

Trabalhe para imaginar, acreditar e lutar pela grandeza. Um líder, uma pessoa, um desafio por vez.

Keith Yamashita
Fundador
SYPartners

Seu superpoder é o que você faz de melhor do que qualquer um na sua equipe. Uma maneira das equipes utilizarem todas as suas forças é conhecer e ativar o superpoder de cada membro.

Superpower Card Deck
SYPartners

Estamos abandonando uma economia e uma sociedade construídas sobre as capacidades lógicas, lineares e computadorizadas da Idade da Informação e entrando em uma economia e em uma sociedade construídas sobre as capacidades inventivas, solidárias e que pensam grande, que estão surgindo na Idade Conceitual.

Daniel H. Pink
A Whole New Mind

Ouvir
Entrevistas individuais
Clientes
SWOTs
Imaginação

Foco
Metas
Categoria
Diferenciação
Quadro geral
Segmentação
Mapa mental
Posicionamento

Observação
Experiência do cliente
Etnografia
Etnografia digital
Estudos de usabilidade
Comprador disfarçado
Teste de *eye tracking*
Ser o cliente

Sonho
Futuro ideal
Brincadeira
Narrativa
Imaginação
Painéis de inspiração
Improviso

Cálculo
Tamanhos de mercado
Consciência
Atitudes
Reconhecimento
Reputação
Estatística
Demografia

Tecedura
Análise da concorrência
Análise das tendências
Padrões
Benchmarking
Mapeamento da percepção
Relatório de auditoria

Design
Imaginar
Perceber
Celebrar
Simplificar

Perguntas para reflexão

Peter Drucker, consultor de gestão

Qual é o seu negócio?
Quem é o seu cliente?
Qual é o valor para o cliente?
Qual será o nosso negócio?
Qual deveria ser o nosso negócio?

Keith Yamashita, presidente, SYPartners

Por que exisitimos?
O que nos tornaremos?
O que nossos funcionários amam no seu trabalho?
O que empolga nossos clientes?
Que ideias movem nossa empresa?
O que fazemos de diferente que ninguém mais faz no nosso setor?
Do que precisamos para sermos bem-sucedidos?
O que nos impede de avançar?

Jim Collins, *Good to Great: Empresas feitas para vencer*

Pelo que você tem paixão?
No que você é o melhor do mundo?
O que move o seu motor econômico?

Marcel Proust, escritor

Se pudesse mudar uma coisa em si, o que seria?
Qual você considera a sua maior conquista?
Qual é a sua característica mais marcante?
Qual é a sua ideia de felicidade absoluta?

Basekamp

Por que estamos fazendo isso?
Que problema estamos resolvendo?
Isso é mesmo útil?
Estamos agregando valor?
Isso vai mudar comportamentos?
Há um jeito mais fácil?
Qual é o custo de oportunidade?
Vale mesmo a pena?

Chris Hacker, professor, Art Center College of Design

Precisamos mesmo?
Foi projetado para minimizar o desperdício?
Pode ser menor, mais leve ou feito com menos materiais?
Foi projetado para ser durável ou multifuncional?
Utiliza recursos renováveis?
O produto e a embalagem podem ser reutilizados, reciclados ou consertados?
Vem de uma empresa social e ambientalmente responsável?
É fabricado na região?

Danny Whatmough, blogueiro

Qual é o objetivo?
Como você construirá uma comunidade?
O que vai dizer?
Quem vai administrar?
Como você medirá o sucesso?

Stanisław Radziejowski, capitão de navio

O que você quer ser quando crescer?

Os insights aparecem quando paramos de pensar e deixamos as coisas acontecerem. A resposta para um problema complexo pode surgir em um passeio, em um sonho ou no chuveiro. Quando menos esperamos, o pensamento fragmentado se esfacela e aparece o todo.

Lissa Reidel
Consultora

O insight leva o consumidor a experiências novas e instigantes.

Michael Dunn
CEO
Prophet

Fase 1 – Condução da pesquisa

Pesquisa de mercado

A pesquisa inteligente pode ser um catalisador de mudanças; a pesquisa mal orientada pode obstruir as inovações. A pesquisa de mercado é a coleta, a avaliação e a interpretação de dados que afetam as preferências do consumidor por produtos, serviços e marcas. É comum que novos *insights* sobre as atitudes, consciências e comportamentos dos consumidores atuais e em potencial indiquem oportunidades de crescimento futuro. Finalmente, a pesquisa sobre usabilidade se tornou um procedimento comum.

Qualquer um tem acesso a pesquisas secundárias na Internet, mas os dados em si não dão qualquer resposta. Existem muitas ferramentas de pesquisa proprietárias e centros de competência de inteligência do cliente que ajudam as grandes empresas globais a desenvolver suas estratégias de marca. As empresas de gestão de marca menores podem formar parcerias com as empresas de pesquisa de mercado e, em muitos casos, recebem relatórios de pesquisas já realizadas sobre as preferências do cliente ou segmentos de marketing. Todo membro da equipe de gestão de marcas deve ser um comprador disfarçado.

> Os melhores pesquisadores de mercado enxergam o quadro geral, não deixam passar nenhum detalhe e sabem produzir resultados que levam a ações.
>
> Laurie C. Ashcraft
> *Presidente*
> *Ashcraft Research*

A pesquisa serve para ver o que todo mundo já viu e pensar o que ninguém mais pensou.

Albert Szent-Györgyi

Pesquisa qualitativa

A pesquisa qualitativa revela as percepções, crenças, sentimentos e motivações dos clientes. Os achados podem oferecer novos *insights* sobre a marca e, muitas vezes, são um prelúdio para a pesquisa quantitativa.

Painéis de avisos

Os participantes atuam em painéis online, nos quais podem postar o que bem entenderem. Durante fusões, os funcionários podem oferecer respostas anônimas.

Etnografia

O comportamento do cliente é observado em sua rotina profissional ou doméstica, ou em ambientes de varejo.

Grupos focais

Discussões rápidas sobre tópicos predeterminados, lideradas por um moderador e formado por participantes selecionados com características comuns.

Comprador disfarçado

Compradores disfarçados treinados fingem ser clientes anônimos e avaliam a experiência de compra, o atendimento do vendedor, o profissionalismo, as habilidades de fechar a compra, o seguimento após a compra e a satisfação como um todo.

Entrevistas individuais

Entrevistas individuais em profundidade realizadas com líderes, funcionários e clientes da empresa, idealmente presenciais. O método produz informações e histórias de muita riqueza, particularmente valiosas para o processo de gestão de marcas.

Monitoramento de redes sociais

É o monitoramento de conversas sobre a marca nas redes sociais.

Pesquisa primária

A coleta de novas informações qualitativas ou quantitativas, concebida para atender a necessidades específicas.

Pesquisa quantitativa

A pesquisa quantitativa produz informações estatisticamente válidas sobre o mercado. O objetivo é fornecer dados suficientes sobre diferentes pessoas que permitam às empresas prever (com um grau de confiança aceitável) o que poderá acontecer.

> As imagens de marcas dominantes, como o iPod, estimulam o mesmo lado do cérebro ativado pelos símbolos religiosos.
> Martin Lindstrom
> *Buyology*

Levantamentos online

As informações são coletadas pela Internet, de respondentes reunidos em torno de pontos em comum. Geralmente, os potenciais pesquisados recebem um e-mail convidando-os para participar do levantamento, com um link que leva ao levantamento em si.

Teste de usabilidade

Os designers e engenheiros especializados em fatores humanos observam e monitoram os participantes usando software ou compartilhamento de tela. Os usuários são selecionados com cuidado e os resultados, analisados em profundidade.

Teste de produtos

Os produtos são testados para replicarem a vida real ou observarem a experiência do usuário em um ponto no tempo. Seja preparando e comendo um alimento, seja dirigindo um veículo novo, o teste de produtos é fundamental para o sucesso de uma marca a longo prazo.

> Quando se trata de avaliar conceitos, é mais importante entender como os consumidores se sentem, não o que pensam.
> Emelia Rallapalli
> *Fundadora*
> *Pebble Strategy*

Neuromarketing

O neuromarketing aplica os princípios da neurociência e usa biometria para estudar como o cérebro dos consumidores reage a estímulos de marketing.

Segmentação

Os consumidores e as empresas são divididos em grupos, cada um com seus próprios interesses especiais, estilos de vida e afinidades por determinados produtos e serviços. Em geral, os segmentos de consumidores são definidos por informações demográficas e psicográficas.

Equity tracking

A força da marca é monitorada continuamente. A maioria das grandes marcas realiza pesquisas de *equity tracking* contínuas no mercado, incluindo avaliações de suas marcas principais, consciência de marca e propaganda, e tendências de uso da marca com o tempo.

Análise digital

Informações são coletadas automaticamente da Internet.

Pesquisa secundária

A interpretação e a aplicação de dados estatísticos, demográficos ou qualitativos já existentes.

> Os pesquisadores usam as informações para quantificar, qualificar, definir, referenciar e lançar um olhar crítico sobre uma empresa e sua marca, os mercados a que atendem e as oportunidades que estão buscando.
> Dennis Dunn, PhD
> *Diretor*
> *B2BPulse*

Inteligência competitiva

Muitos serviços de bancos de dados de negócios oferecem pela Internet dados e informações sobre setores econômicos, empresas públicas e privadas, bem como sobre sua administração e desempenho no mercado acionário.

Estrutura de mercado

Esta pesquisa define como uma categoria está estruturada. Ela oferece uma hierarquia para atributos como tamanho, forma ou sabor. Identifica o "espaço vazio", ou oportunidades de mercado, que nenhuma marca está tentando ocupar.

Dados por assinatura

Dados padronizados deste tipo são registrados e vendidos regularmente por agências como a Nielsen e a IRI. São usados para determinar a participação de mercado e os ciclos de compras.

Fase 1 – Condução da pesquisa

Teste de usabilidade

O teste de usabilidade é uma ferramenta de pesquisa utilizada por designers, engenheiros e equipes de marketing para desenvolver e refinar produtos, novos ou existentes. O método pode ser estendido a qualquer parte da experiência do cliente, compras, entrega e atendimento. Ao contrário de outros métodos, o teste de usabilidade trabalha com as experiências "reais" do cliente com um produto. Por meio da observação cuidadosa de um pequeno grupo de usuários típicos, as equipes de desenvolvimento obtêm retorno imediato sobre os pontos fortes e fracos do produto. Ao documentar as experiências reais das pessoas usando o produto, a equipe de desenvolvimento pode isolar e solucionar falhas de design antes de lançá-lo no mercado.

A vantagem dessa abordagem é que coloca as necessidades do usuário final no centro do processo de desenvolvimento, em vez de serem uma mera consideração secundária.

> ### A verdadeira usabilidade é invisível. Se algo vai bem, você nem nota. Se algo não funciona, você nota tudo.
>
> Dana Chisnell
> *Foundadora da UsabilityWorks*
> *Codiretora do Center for Civic Design*

> O teste de usabilidade é uma ótima ferramenta para todo o processo. Teste bastante, desde o começo, com pequenos grupos de usuários representativos. Se estiver revisando ou atualizando alguma coisa, teste a versão atual primeiro.
>
> Dra. Ginny Redish
> *Redish & Associates, Inc.*

Processo: Teste de usabilidade
De *Handbook of Usability Testing*, de Jeffrey Rubin e Dana Chisnell

> Desenvolva um plano de testes
- Revise as metas dos testes.
- Comunique as perguntas de pesquisa.
- Resuma as características dos participantes.
- Descreva o método.
- Liste as tarefas.
- Descreva o ambiente, o equipamento e a logística do teste.
- Explique a função do moderador.
- Liste os dados a serem coletados.
- Descreva como os resultados serão informados.

> Configure o ambiente
- Decida o local e o espaço.
- Reúna e verifique equipamentos, artefatos e ferramentas.
- Identifique copesquisadores, assistentes e observadores.
- Determine as técnicas de documentação.

> Encontre + selecione participantes
- Defina os critérios de seleção de comportamento e motivação para cada grupo de usuários.
- Caracterize os usuários.
- Defina os critérios para cada grupo de usuários.
- Determine o número de participantes a serem testados.
- Realize triagem e selecione participantes.
- Marque com participantes e confirme participação.

> Prepare os materiais de teste
- Estabeleça um roteiro para o moderador.
- Aprimore os cenários das tarefas a serem realizadas pelos participantes.
- Crie um questionário de histórico para coletar dados demográficos.
- Elabore entrevistas e questionários pré-teste.
- Desenvolva um questionário pós-teste sobre a experiência.

O que é necessário para o teste de usabilidade
Desenvolvido por Dra. Ginny Redish
Letting Go of the Words: Writing Web Content that Works

Vantagens do teste de usabilidade
Desenvolvido por Dana Chisnell

> Nada substitui observar e escutar os usuários enquanto eles interagem com o seu design, seja ele um produto, seja um software ou serviço.
>
> Dana Chisnell
> *Foundadora da UsabilityWorks*

Problemas reais: você refletiu sobre o que quer aprender e planejou o teste que dará respostas às suas perguntas.

Pessoas reais: os participantes representam (pelo menos em parte) os visitantes do site ou usários do aplicat vo que você deseja.

Tarefas reais: as histórias (cenários, conversas) que serão testadas com o site ou aplicativo são aquelas que eles realmente querem realizar ou que parecem realistas para eles.

Dados reais: você observa, escuta, faz perguntas neutras e faz anotações enquanto eles trabalham. (Em testes remotos não moderados, você pode obter o que eles fizeram, os dados do *clickstream*, sem ouvir o porquê ou conseguir fazer perguntas.)

Insights **reais:** você esquece seus pressupostos e preferências enquanto analisa os dados. Você observa o que está funcionando bem e o que não está.

Mudanças reais: você usa o que aprendeu, mantém o que está funcionando e melhora o que poderia ser diferente.

Informa soluções de design

Cria produtos satisfatórios (e até incríveis).

Elimina frustrações e problemas de design.

Produz um registro histórico das referências de usabilidade para versões futuras.

As equipes de desenvolvimento que utilizam métodos de usabilidade levam seus produtos mais rapidamente ao mercado.

Coloca o cliente no centro do processo

Aumenta a satisfação do cliente.

Cria produtos mais úteis e mais fáceis de usar.

Eleva a probabilidade de as funções serem populares entre os usuários.

Melhora a lucratividade

Reduz os custos de desenvolvimento durante a vida do produto.

Aumenta as vendas e a probabilidade de fidelização.

Diminui os riscos e as reclamações.

> Os resultados dos grupos focais são o que os visitantes acham que fariam. Os testes de usabilidade mostram o que eles fazem de verdade.
>
> Kelly Goto & Emily Cotler
> *Web ReDesign 2.0: Workflow that Works*

> Conduza sessões de teste

Modere a sessão com imparcialidade.

Sonde e interaja com os participantes, quando apropriado.

Não "salve" os participantes quando tiverem dificuldades.

Peça para os participantes preencherem os questionários pré-teste.

Peça para os participantes preencherem os questionários pós-teste.

Realize *debriefing** com os participantes.

Realize *debriefing** dos observadores.

> Analise dados + observações

Resuma os dados de desempenho.

Resuma os dados de preferência.

Organize os escores por grupo ou versão.

Identifique o que causa erros e frustrações.

Conduza uma análise de fonte de erros.

Priorize os problemas.

> Relate constatações + recomendações

Concentre-se nas soluções que terão o impacto mais amplo.

Ofereça recomendações de curto e longo prazo.

Leve em consideração as limitações de negócios e tecnológicas.

Indique as áreas em que são necessárias mais pesquisas.

Crie um vídeo com os momentos mais importantes.

Apresente as constatações.

*N. de E.: Conversa com os participantes/observadores para que relatem a experiência do teste.

Fase 1 – Condução da pesquisa

Auditoria de marketing

As auditorias de marketing são usadas para estudar e analisar metodicamente todos os sistemas de marketing, comunicação e identidade, tanto os existentes quanto os que estão fora de circulação. O processo examina em detalhes a marca e suas múltiplas expressões ao longo do tempo. Para desenvolver uma visão do futuro da marca de uma organização, é necessário ter ideia da sua história.

Inevitavelmente, devido ao que parecia ser uma boa razão na época, algo de valor é deixado de lado ao longo do tempo: uma *tagline*, um símbolo, uma frase, um ponto de vista. Pode haver alguma coisa do passado que mereça ser ressuscitada ou reaproveitada. Talvez uma cor ou um *slogan* em uso desde a fundação da empresa. Avalie se esse patrimônio não deveria ser levado em conta.

Para o reposicionamento de uma organização, a revitalização e o redesign de um sistema de identidade ou o desenvolvimento de uma nova identidade para empresas em processo de fusão, é necessário estudar as comunicações e os instrumentos de marketing utilizados no passado. A identificação do que funcionou bem e teve sucesso, ou mesmo do que não funcionou, proporciona lições valiosas na criação de uma nova identidade. As fusões de empresas apresentam as situações de auditorias mais desafiadoras possíveis, pois duas empresas que antes eram concorrentes estão agora em sintonia.

> Examine primeiro a experiência do cliente e depois avance para a combinação de estratégia, conteúdo e design.
>
> Carla Hall
> *Diretora de criação*
> *Carla Hall Design Group*

Processo: Auditoria de marketing

> Tenha uma visão geral
- Mercados atendidos
- Vendas e distribuição
- Gestão de marketing
- Funções de comunicação
- Tecnologia interna
- Desafios

> Solicite material
- Existente e arquivado
- Padrões de identidade
- Formulários comerciais
- Vendas e marketing
- Comunicações eletrônicas
- Comunicações internas
- Sinalização
- Embalagem

> Crie um sistema
- Organização
- Arquivamento
- Documentação
- Revisão

> Solicite informações
- Contexto/história
- Gestão de marketing
- Funções de comunicação
- Atitudes perante a marca
- Atitudes perante a identidade

> Examine materiais
- Formulários comerciais
- Comunicações eletrônicas
- Vendas e marketing
- Comunicações internas
- Ambientes
- Embalagem

Solicite material

Abaixo, há uma ampla lista de materiais a serem solicitados. É importante estabelecer uma organização eficaz e um sistema de arquivamento desse material, uma vez que, provavelmente, você reunirá uma coleção enorme. Também é importante ter alguém que possa dizer o que funcionou e o que não funcionou.

Organizando auditorias: crie uma sala de guerra

Crie uma "sala de guerra" e faça curadoria nas paredes.
Desenvolva um sistema padrão para guardar as descobertas.
Fotografe o "antes".

Identidade de marca

Todas as versões de todas as identidades que foram usadas
Todas as assinaturas, marcas, logotipos
Nomes de empresas
Nomes de divisões
Nomes de produtos
Todas as *taglines*
Todas as marcas registradas
Padrões e diretrizes

Formulários comerciais

Papel timbrado, envelopes, rótulos, cartões de visita
Faturas, declarações
Capas para propostas
Folhetos
Formulários

Vendas e marketing

Material de vendas e de produtos
Boletins informativos
Campanhas publicitárias
Materiais de relacionamento com investidores
Relatórios anuais
Literatura usada em seminários
Apresentações

Comunicações digitais

Site
Intranet
Extranet
Vídeo
Banners
Blogs
Redes sociais
Aplicativos
Assinaturas de e-mails

Comunicações internas

Comunicações com funcionários
Material efêmero (camisetas, bonés, canetas, etc.)

Aplicações ambientais

Sinalização externa
Sinalização interna
Interiores de lojas
Banners
Estandes de feiras e exposições

Varejo

Embalagem
Promoções
Sacolas de compras
Cardápios
Mercadoria
Displays e vitrines

> **Examine identidade**
Marcas
Logotipos
Cor
Imagens
Tipografia
Look and feel

> **Examine como as coisas acontecem**
Processo
Tomada de decisão
Responsabilidades das comunicações
In-house e *webmaster*
Produção
Agência de publicidade

> **Documente as aprendizagens**
Patrimônio
Arquitetura de marca
Posicionamento
Mensagens principais
Linguagem visual
Epifanias

Fase 1 – Condução da pesquisa

Auditoria da concorrência

A auditoria da concorrência é um processo dinâmico de coleta de dados. Essa auditoria examina as marcas, mensagens principais e identidades da concorrência no mercado, de símbolos e *taglines* a anúncios e sites. Hoje é fácil coletar informações pela Internet; no entanto, uma empresa não pode parar por aí. Muitas vezes, ter experiências com a concorrência como cliente proporciona *insights* valiosos.

Quanto maior for o *insight* sobre a concorrência, maior será a vantagem competitiva. O posicionamento da empresa em relação à concorrência é um imperativo tanto do marketing quanto do design. O grande desafio do marketing é "por que o consumidor escolhe nossos produtos ou serviços e não os dos outros?". O do design é "nossa aparência e nosso sentido precisam ser diferentes".

A amplitude e a profundidade dessa auditoria podem variar muito, dependendo da natureza da empresa e do escopo do projeto. Frequentemente, uma empresa tem sua própria inteligência competitiva. É preciso revisar a pesquisa qualitativa ou quantitativa que pode ser fonte de dados cruciais.

> A auditoria é uma oportunidade para construir um entendimento completo da empresa e estabelecer um contexto para a solução da gestão de marcas.
>
> David Kendall
> *Diretor de design da experiência do usuário, design digital e UX*
> AT&T

Processo: Auditoria da concorrência

> **Identifique os concorrentes**
> Quem são os principais concorrentes?
> Qual é a sua categoria?
> Qual é o que mais se parece com o cliente? De que maneira?
> Quais são as empresas que concorrem indiretamente?

> **Colete informações + pesquise**
> Liste as informações necessárias.
> Examine as pesquisas e os materiais existentes.
> Determine se é necessário realizar pesquisas adicionais.
> Considere entrevistas, grupos focais, levantamentos online.

> **Determine o posicionamento**
> Examine o posicionamento da concorrência.
> Identifique as características/benefícios.
> Identifique os pontos fortes/fracos.
> Examine a personalidade da marca.
> Examine a categoria.

> **Identifique as mensagens principais**
> Missão
> *Tagline*
> Descritores
> Temas de propaganda e colaterais

> **Examine a identidade visual**
> Símbolos
> Significado
> Forma
> Cor
> Tipografia
> *Look and feel*

Usando a auditoria da concorrência

Apresente a auditoria no final da fase de pesquisa.

Use as aprendizagens para desenvolver a nova marca e a estratégia de posicionamento.

Utilize a auditoria para informar o processo de design.

Avalie significados, contornos, cores, formas e conteúdos que a concorrência não usa.

Explore a auditoria ao apresentar a nova estratégia de identidade de marca para demonstrar a diferenciação.

Compreendendo a concorrência

Quem são?

O que suas marcas representam?

A que mercados/públicos atendem?

Quais são as vantagens (pontos fortes) deles?

Quais são as suas desvantagens (pontos fracos)?

Quais os meios que usam para vender e como mantêm seus clientes?

Como se posicionam?

Como caracterizam seus clientes?

Quais são suas mensagens principais?

Qual é a sua condição financeira?

Qual é a sua participação de mercado?

Como usam a identidade de marca para alavancar o sucesso?

Como se parecem e se sentem?

> Os serviços de assinatura de kits de refeição transformaram a tarefa de preparar o jantar em uma experiência culinária fácil.
>
> Robin Goffman
> *Empreendedora*

Auditoria da concorrência de serviços de assinatura de kits de refeição

> Documente a identidade

Assinaturas visuais da identidade

Materiais colaterais de marketing e site

Ferramentas de vendas e promocionais

Arquitetura de marca

Sinalização

> Examine a estratégia de nome

Nome da marca principal

Sistema de nomes para produtos e serviços

Descritores e domínios

> Examine a hierarquia de marcas

Que tipo de arquitetura de marca?

Qual o grau de integração ou de independência que a marca principal tem em relação às marcas subsidiárias ou submarcas?

Como estão organizados os produtos e serviços?

> Vivencie a concorrência

Navegue pelos sites.

Visite lojas e escritórios.

Compre e use os produtos.

Utilize os serviços.

Ouça a conversa de um vendedor.

Telefone para o serviço ao consumidor.

> Sintetize o que foi aprendido

Tire conclusões.

Comece a ver oportunidades.

Organize a apresentação.

Fase 1 – Condução da pesquisa

Auditoria de linguagem

Uma auditoria de linguagem também pode ser chamada de auditoria de voz, de mensagem e de conteúdo. Seja qual for o apelido, é o Monte Everest das auditorias. Toda empresa aspira fazer sua escalada, mas pouquíssimas atingem ou vão além do primeiro acampamento-base. Embora a linguagem seja uma parte intrínseca da auditoria de marketing, muitas empresas não trabalham a "voz" até já terem criado um novo programa de identidade de marca.

Uma observação corajosa e simultânea do conteúdo e design revela como a linguagem é usada em todo o seu espectro. A análise do cruzamento entre a experiência do cliente, o design e o conteúdo é um esforço intenso e rigoroso, que faz o lado esquerdo e o lado direito do cérebro trabalhem em conjunto.

A escrita vigorosa é concisa.
William Strunk, Jr. e E. B. White
The Elements of Style

"Dear World…Yours, Cambridge" (Caro Mundo… Atenciosamente, Cambridge) oferece um formato verbal e visual com o qual a Universidade de Cambridge pode falar sobre suas conquistas globais passadas e presentes e introduzir o que está por vir. A carta aparece em banners e cartazes pelo campus; a estrutura é usada no portal de contribuições para a universidade; e o tema verbal se estende a discursos, animações e filmes.

Dear World… Yours, Cambridge

Processo: Exame da linguagem

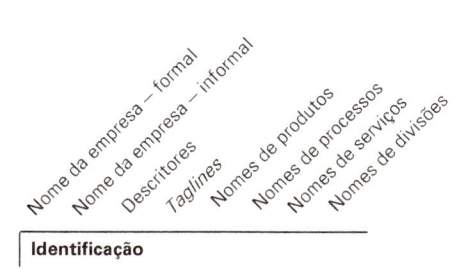

Identificação:
- Nome da empresa – formal
- Nome da empresa – informal
- Descritores
- *Taglines*
- Nomes de produtos
- Nomes de processos
- Nomes de serviços
- Nomes de divisões

Aspiração:
- Missão
- Visão e valores
- Mensagens principais
- Princípios orientadores
- Promessas ao consumidor
- História
- Conversa de elevador
- Texto padrão

Fundamentos:
- Significado
- Voz
- Tom
- Ênfase
- Precisão
- Clareza
- Consistência
- Posicionamento
- Estrutura
- Hierarquia
- Pontuação
- Uso de maiúsculas
- Estilo

Critérios para avaliar comunicações
Desenvolvidos por Siegel + Gale

Adesão a valores de marca
O tom e a aparência da informação são consistentes em seus atributos de marca?

Personalização
O conteúdo está baseado no que você já sabe sobre o cliente?

Estrutura e facilidade de navegação
O propósito da comunicação está evidente? A comunicação é fácil de usar?

Valor educacional
Você teve o cuidado de considerar conceitos ou terminologia que não sejam familiares?

Apelo visual
A comunicação parece convidativa e de acordo com o posicionamento da empresa?

Potencial de marketing
A comunicação aproveita a oportunidade de fazer venda cruzada de produtos de um modo significativo e bem informado?

Apoio de lealdade
A comunicação agradece aos clientes pela preferência e os recompensa de alguma forma por estreitar suas relações com você?

Utilidade
A comunicação está adequada para sua função?

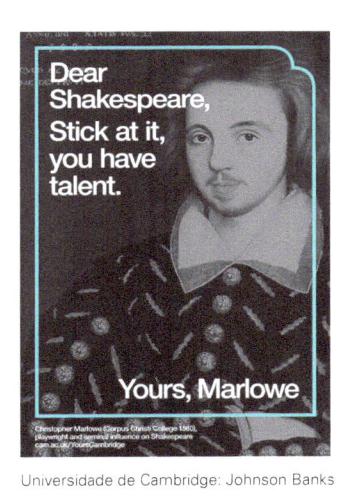

Universidade de Cambridge: Johnson Banks

A campanha comemora oito séculos de conquistas para atrair os melhores acadêmicos e financiar iniciativas que mudarão o mundo.

Michael Johnson
Fundador
Johnson Banks

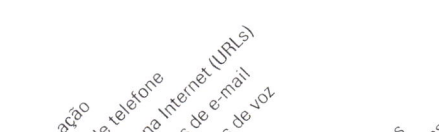

Navegação
Chamado à ação · Números de telefone · Endereços na Internet (URLs) · Assinaturas de e-mail · Mensagens de voz · Títulos · Endereços · Diagramas · Formulários · Orientações

Informações
Releases · FAQs (perguntas frequentes) · Kits para imprensa · Relatórios anuais · Folhetos · Comunicados aos acionistas · Roteiros de *call center* · Textos para serviço ao consumidor · Roteiros de venda · Apresentações · Avisos e pronunciamentos · Conteúdo de sites · Conteúdo de blogs · E-mails em massa · Campanhas publicitárias · Mala-direta

Fase 1 – Condução da pesquisa

Relatório de auditoria

O relatório da auditoria indica o final da fase de pesquisa e análise. Trata-se de uma apresentação formal feita aos tomadores de decisão principais, sintetizando o que foi obtido pelas entrevistas, pesquisas e auditorias. O desafio maior é organizar essa enorme quantidade de informações dentro de uma apresentação sucinta e estratégica. O relatório de auditoria é um valioso instrumento de avaliação para a alta gerência e um instrumento crucial para que a equipe de criação produza um trabalho responsável e diferenciado. É uma ferramenta usada como referência ao longo de todo o processo.

É raro que o relatório de auditoria não leve a grandes ideias e entendimentos súbitos. Embora marketing e comunicação não sejam o *top of mind* para algumas equipes, muitos olhos se abrem quando veem a falta de consistência nos sistemas de marketing ou o maior grau de confiança que apresenta a concorrência nesse aspecto. O objetivo da auditoria é abrir possibilidades.

> Nós vemos a oportunidade. Outros veem o quanto a voz da marca se perdeu pelo caminho.
>
> Joe Duffy
> *Presidente*
> *Duffy & Partners*

> Não consigo acreditar que estamos usando as mesmas imagens de arquivo que os nossos maiores concorrentes.
>
> Anônimo

> A análise exige a capacidade de ouvir, ler as entrelinhas, observar o que os outros não veem, estabelecer conexões, enxergar padrões e identificar oportunidades.
>
> Blake Deutsch

Processo: Síntese da aprendizagem

> **Entrevistas**	> **Essência da marca**	> **Pesquisa de marketing**	> **Auditoria de marketing**	> **Auditoria de linguagem**
Categorias de *stakeholders*	Estratégia	Reconhecimento de marca	Logotipos e assinaturas	Voz e tom
Aprendizagens principais	Posicionamento	Resultados dos levantamentos	Arquitetura de marca	Clareza
Insights dos consumidores		Conclusões dos grupos focais	Em todos os canais de marketing, mídias, linhas de produtos	Nomes
Excertos		Mapeamento da percepção		*Taglines*
		SWOTs	*Look and feel*	Mensagens principais
		Análise de lacunas	Imagens	Navegação
		Benchmarking	Cor	Hierarquia
			Tipografia	Descritores

Características essenciais

Foca os líderes nas possibilidades	Agrega valor e sentido de urgência ao processo
Impulsiona a conversação franca	Informa a equipe de criação
Identifica as lacunas entre posicionamento e expressão	Traz à luz ideias, imagens e palavras relevantes que estavam esquecidas
Denuncia inconsistências	
Revela a necessidade de maior diferenciação	Institui o compromisso de fazer as coisas certas no futuro

> A Ação Contra a Fome atende mais de 45 países. Uma auditoria visual mostra um misto complexo de nomes e acrônimos locais em cada país.
>
> Michael Johnson
> *Fundador*
> *Johnson Banks*

Relatório de auditoria da Ação Contra a Fome: Johnson Banks

> **Auditoria da concorrência**
Posicionamento
Logotipos
Arquitetura de marca
Taglines
Mensagens principais
Look and feel
Imagens
Cor
Tipografia

> **Auditoria de propriedade intelectual**
Marcas registradas
Questões de conformidade

> **Auditoria do processo**
Diretrizes existentes
Tecnologia
Colaboração

Fase 2 – Esclarecimento da estratégia

Visão geral

A Fase 2 envolve tanto uma investigação metódica quanto uma imaginação estratégica, tratando de análise, descoberta, síntese e clareza. Essa combinação de pensamento racional e inteligência criativa caracteriza as melhores estratégias, as que vão onde as outras não conseguem chegar.

2 esclarecimento da estratégia

Olhe pelo microscópio com um olho e pelo telescópio com o outro.

Blake Deutsch

Na Fase 2, tudo o que foi aprendido com a pesquisa e com as auditorias é destilado como uma ideia unificadora e uma estratégia de posicionamento. Forma-se um consenso sobre mercados-alvo, vantagem competitiva, valores essenciais da marca, atributos da marca e metas de projeto. Na maioria das vezes, houve uma evolução nas definições do problema e seus desafios. Ainda que muitas empresas tenham seus valores e atributos já definidos, elas podem não ter tido tempo de articulá-los, refiná-los ou compartilhá-los além de alguma reunião externa da alta gerência. O papel da consultoria aqui é identificar, articular, iluminar, tecer e reconsiderar as possibilidades.

A Fase 2 pode levar a muitos resultados. No caso de uma fusão, torna-se necessária uma nova estratégia de marca para a nova empresa. Outras situações exigem uma ideia unificadora, que funcione em todas as linhas de negócios. É realizado então um *briefing* de marca, seguido de uma discussão sobre constatações e epifanias. Quando existem abertura e franqueza entre o cliente e a consultoria, a colaboração sincera pode produzir resultados excepcionais. Os fatores mais importantes para o sucesso durante esta fase são a confiança e o respeito mútuos.

Cenários estratégicos
Na segunda fase, cenários diferentes determinam o escopo dos serviços.

Uma estratégia de negócios bem definida

Quando a Turner Duckworth se reuniu com Jeff Bezos pela primeira vez, em 1999, o cliente precisava de um logotipo que refletisse a estratégia de negócios visionária de vender mais do que só livros. A estratégia era clara, e as metas da agência de design eram posicionar a Amazon.com como focada no cliente e simpática.

A necessidade de uma estratégia de marca

Em 2003, o Victória and Albert Museum – V&A – não tinha uma marca forte e diferenciada. O museu trabalhou com a Jane Wentworth Associates (JWA) para desenvolver uma estratégia de marca. Sua visão era ser o maior museu de arte e design do mundo. A JWA desenvolveu um programa de envolvimento de longo prazo para ajudar toda a equipe do museu a entender o que a estratégia representava e lhes dar confiança para colocar isso em prática.

A necessidade de ativar a estratégia de marca

A Landor trabalhou com a equipe da Mint para desenvolver um sistema de identidade que representasse o espírito da marca e garantisse que o trabalho de marca ativaria a estratégia de negócios. Em 2014, a Landor ajudou a Intuit a transformar a estratégia de negócios da Mint na representação de uma ideia emocional maior.

Começando de uma página em branco

O NIZUC Resort & Spa começou apenas como um destino e um empreiteiro com o desejo extremo de concorrer com as marcas de luxo tradicionais. Em 2014, a Carbone Smolan Agency criou a história que serviria de base para a marca NIZUC e transformaria sua propriedade em um resort luxuoso em alta demanda.

Uma *joint venture* precisa de um nome e uma estratégia

Em 2000, a VSA Partners criou uma estratégia de marca e um novo nome, Cingular, para a fusão das empresas Bell South Mobility e SBC Wireless. O novo nome representaria 11 marcas e mais de 21 milhões de consumidores. A estratégia da marca posicionou a Cingular como a representação da expressão humana, uma vez que a VSA via o espaço dos dispositivos sem fio evoluindo de uma decisão de compra baseada em características e funções para uma escolha de estilo de vida.

Para começar uma conversa com os fundadores de uma *start-up* sobre sua estratégia, compus seus atributos de marca na imagem da categoria dos seus produtos.

Jon Bjornson
Jon Bjornson Art & Design

Fase 2 – Esclarecimento da estratégia

Concentração do foco

Não basta examinar a estratégia dos negócios, os valores essenciais, os mercados-alvo, os concorrentes, os canais de distribuição, a tecnologia e a vantagem competitiva de uma empresa. É essencial dar um passo para trás e observar o todo: que tendências econômicas, sociopolíticas, globais ou sociais afetarão a marca no futuro? Quais foram os grandes motores do sucesso da empresa no passado?

As entrevistas com a alta gerência, funcionários, clientes e especialistas do ramo proporcionam um olhar muito especial sobre o que torna uma empresa diferente de todas as outras. Em geral, o CEO tem uma boa ideia do futuro ideal e de todas as suas possibilidades. Um bom consultor precisa pegar um espelho e dizer: "Isso é o que você me disse e ouvi o mesmo de seus clientes e vendedores. Eis por que ela é tão poderosa". É importante ir em busca do ouro.

Uma marca se fortalece quando você concentra o foco.

Al Ries e Laura Ries
As 22 Consagradas Leis de Marcas

> Para construir uma marca, você precisa concentrar seus esforços na introdução de uma palavra na mente dos clientes que pretende conquistar. Uma palavra que ninguém mais possua. O que prestígio é para a Mercedes, segurança é para a Volvo.
>
> Al Ries e Laura Ries
> *As 22 Consagradas Leis de Marcas*

> À medida que a informação cresce em massa e volume, as pessoas buscam um sinal que seja claro, um sinal que dê padrão, forma e direção à voz.
>
> Bruce Mau
> *Designer*

Visão
Valores
Missão
Propostas de valor
Cultura
Mercado-alvo
Segmentos
Percepções dos *stakeholders*
Serviços
Produtos
Infraestrutura

Compreensão

Estratégia de marketing
Concorrência
Tendências
Preço
Distribuição
Pesquisa
Ambiente
Economia
Sociopolítica
Pontos fortes/fracos
Oportunidades
Ameaças

Siga em frente

Envolva-se em diálogos significativos

Com frequência, as empresas não têm tempo de repensar o que são e por que existem. Uma das vantagens desse processo é que ele dá à alta administração um bom motivo para, às vezes, se reunir fora do local de trabalho e ter a experiência de um sonho. É um exercício que vale a pena. Os melhores consultores sabem como facilitar o diálogo entre os principais líderes, explorando os vários cenários e revelando atributos da marca.

Revele a essência da marca (ou a simples verdade)

No que uma empresa é a melhor do mundo? Por que os clientes preferem essa empresa e não a concorrência? Qual é o ramo da empresa? Como eles são diferentes dos concorrentes mais bem-sucedidos? Quais são os três adjetivos que sintetizam a forma como a empresa quer ser percebida? Quais são seus pontos fortes e fracos? A clareza dessas respostas é um fator importante nessa fase.

Descubra uma plataforma de posicionamento

Seguindo-se à coleta e à análise de informações estão o desenvolvimento e o refinamento de uma estratégia de posicionamento. O mapeamento de percepção é uma técnica muito usada no *brainstorming* em busca de uma estratégia de posicionamento. Em que dimensão a empresa pode competir? O que ela pode ter?

Crie a grande ideia

Uma grande ideia é sempre expressa em uma frase curta, embora a sua explicação fundamentada quase sempre poderia encher um livro. Às vezes, a grande ideia se transforma na *tagline* ou no grito de guerra. A grande ideia tem que ser simples e fácil de transportar. Deve ser flexível o suficiente para se adaptar a desenvolvimentos futuros imprevisíveis. Deve estabelecer uma conexão emocional e deve ser fácil falar sobre ela, seja você o CEO, seja um funcionário da empresa. Grandes ideias são difíceis de desenvolver.

Valores essenciais
Atributos de marca

Clareza

Vantagem competitiva
Estratégia de marca

Diferenciação
Propostas de valor

Posicionamento

Categoria de negócio

Ideia central
Conceito unificador

Essência da marca

Mensagens principais
Voz e tom

Grande ideia

Em que dimensão podemos competir?

Fase 2 – Esclarecimento da estratégia

Posicionamento

O posicionamento de uma marca é influenciado por todos os encontros, e não apenas com clientes: funcionários, *stakeholders*, concorrentes, reguladores, fornecedores, legisladores, jornalistas e o público também contam. É fundamental entender as necessidades do cliente, a concorrência, a vantagem da marca, as mudanças demográficas, a tecnologia e as tendências.

As grandes marcas estão no comando e fora de controle. As marcas do século XXI não serão construídas dizendo, serão construídas sendo.

Chris Grams
The Ad-Free Brand

Hoje, o posicionamento da marca evolui continuamente, influenciado por posts no Facebook e tendências no Twitter, mudanças políticas e sociais e as microvariações constantes no clima de negócios internacional. A capacidade de diversificar, mudar e se reposicionar é essencial. Quando disrupções tornam obsoletos os produtos e serviços de ontem, novas oportunidades emergem.

Marcas como Trader Joe's, Southwest Airlines e Amazon convenceram seus clientes de que realmente entendem seus estilos de vida. Airbnb, Lyft e Craigslist transformaram os hábitos dos consumidores e mexeram com a economia. O *crowdfunding* alterou o modo como nos relacionamos com amigos, estranhos e as possibilidades que buscamos.

O posicionamento tem o potencial de criar novas aberturas em um mercado supersaturado e em mudança contínua.

Lissa Reidel
Consultora

OUR [offering] **IS THE ONLY** [category] **THAT** [benefit].

@MartyNeumeier

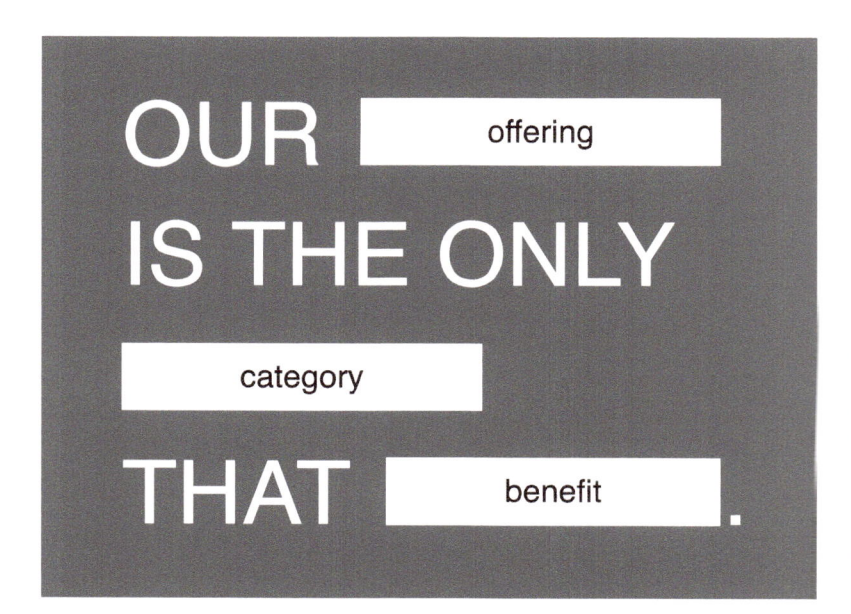

O exercício de unicidade

Marty Neumeier, *ZAG*

Este exercício ajuda os construtores de marca a descobrir a sua diferenciação radical. "Se não consegue dizer por que a sua marca é diferente e atraente em poucas palavras, não conserte a sua frase, conserte a sua empresa", afirma Neumeier. Cirque de Soleil, o único circo que não tem animais, é um ótimo exemplo.

Posicionamento competitivo superior
Extraído de *Brand Planning*, de Kevin Lane Keller

Determine o referencial competitivo

O referencial competitivo define com quais outras marcas uma marca concorre e, logo, em quais marcas deve focar sua análise e estudo.

Desenvolva diferenciais de marca únicos

Atributos ou benefícios que os consumidores associam fortemente com uma marca, avaliam positivamente e acreditam que não encontrariam no mesmo nível em uma marca concorrente.

Estabeleça pontos de paridade de marca compartilhados

Associações projetadas para cancelar os diferenciais dos concorrentes e credenciar a marca na categoria.

Crie um mantra de marca

Frases curtas, de três a cinco palavras, que capturam os diferenciais principais e o espírito ou essência irrefutável da marca.

Imperativos do processo de posicionamento
Desenvolvidos por Chris Grams, *The Ad-Free Brand*

Entenda que importa o que todos pensam sobre a marca, não apenas os clientes.

Capacite tantas pessoas quanto puder para ouvirem e falarem em nome da marca.

Traga a comunidade para dentro e deixe a marca sair.

Incentive as pessoas a viverem a marca, não só falarem sobre ela.

Produza resultados com um processo colaborativo e envolvente.

Sinalize que a gestão de marcas é uma conversa constante e um trabalho inacabado.

Reconheça que construir uma marca em um mundo digital e conectado envolve guiar, influenciar e ser, não contar e mandar.

Teste ideias com comunidades de clientes em potencial, parceiros e colaboradores.

Pilares da marca
Desenvolvido por Matchstic

Propósito
Qual é o seu propósito, além de ganhar dinheiro? O que o faz sair da cama de manhã? O que motiva seus funcionários?

Diferença
O que você faz ou entrega que a concorrência não consegue? Qual é a sua personalidade exclusiva? Por que os clientes deveriam escolher você e não os outros?

Valor
Do que os seus clientes precisam de verdade? Por quê? Quais os fatores funcionais e emocionais que os motivam? Como você se conecta em um nível mais profundo?

Execução
Como você demonstra seus benefícios? Como você reforça, consistentemente, a sua posição no mercado? Como você garante uma experiência positiva para o cliente?

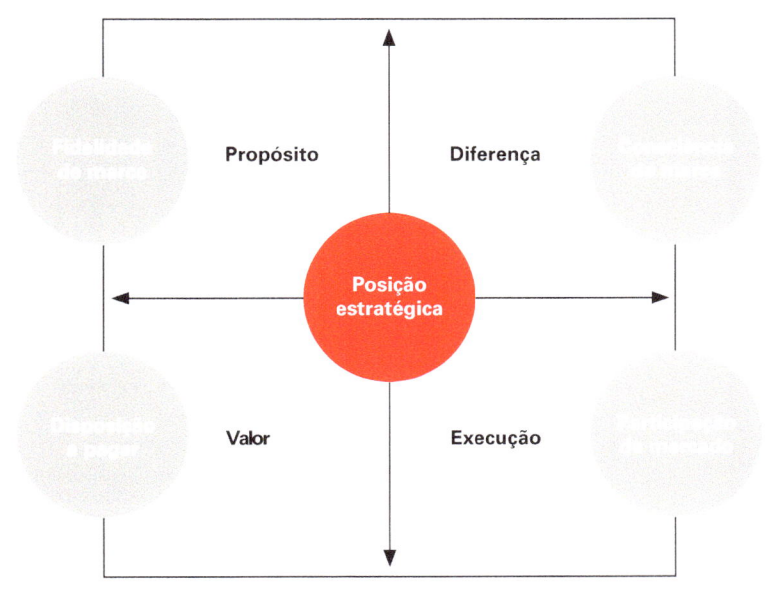

© Matchstic 2017

Fase 2 – Esclarecimento da estratégia

Briefing de marca

Convencer os decisores a adotar um entendimento compartilhado da marca é um passo crítico, e pode ser muito difícil. Reduzir a marca a um documento simples, de uma página, em vez de um tratado de 20 páginas que ninguém quer ler, quanto mais lembrar, facilita a promoção de debates e a tomada de decisões. Os melhores *briefings* são sucintos, estratégicos e aprovados pela alta liderança da organização logo no início do processo.

Depois que o *briefing* é aprovado, o projeto tende a entrar nos trilhos e ser mais bem-sucedido. O *briefing* é o resultado de um processo colaborativo: consenso e raciocínio coletivo sobre os atributos e posicionamento da marca, o objetivo desejado e os critérios do processo. Após se chegar a um acordo sobre o *briefing* de marca, o próximo passo é escrever o *briefing* de criação, que serve de mapa para a equipe de criação. Nunca escreva o *briefing* de criação até que o *briefing* de marca esteja aprovado.

O *briefing* de marca é um documento fundamental, que articula claramente quem somos e por que existimos.

Matt Hanes
Fundador
Acru

Usamos o *briefing* de marca para focar as conversas em alinhar a liderança em torno dos componentes essenciais da marca.

Blake Howard
Cofundador
Matchstic

A Matchstic foi contratada pela Arthritis Foundation para reavivar o seu propósito e aumentar o envolvimento entre a equipe e os voluntários.

Arthritis Foundation Brand Brief

Attributes: We Are...

All-in
Driven by passion and commitment to work beyond the call of duty

Expert
Daily applying and strengthening our long-standing track record of leadership

Bold
Tenacious and aggressive persistence in attacking arthritis and its effects

Ever Present
When, where and how you need us—in a relevant way and for the long haul

Brave
Optimistic outlook and winning spirit together in the face of darkness

Big Idea

Champion of Yes

Primary Target Audience

Resilient Mother
Arthritis has shattered her ability to live and thrive in the day to day. Limits abound. Frustration mounts. She needs a partner, a community and a reason to believe that this will not destroy the small moments of joy that life has in store.

Value Proposition
The Arthritis Foundation anchors my family's fight against arthritis by helping me build a plan to live fully today and find hope for tomorrow.

Secondary Target Audience

Arthritis Care Provider
As a specialist, he is this population's number one trusted resource. He needs a partner to help him develop and deliver patient-focused resources. *This is the first domino in reaching the broader arthritis care community.*

Value Proposition
The Arthritis Foundation enhances my patient care with the how-to's of living a thriving life with arthritis.

Core Purpose: We exist to...

Conquer arthritis.

Positioning: What makes us different?
We are the Arthritis Nonprofit Health Organization that fights for people with arthritis by cocreating a personalized plan to live their best life, one Yes at a time.

Arthritis Foundation: Matchstic

Os componentes de um *briefing* de marca
Desenvolvido por Shantini Munthree, sócia-gerente, The Union Marketing Group

	Propósito	O que incluir
Propósito fundamental/ declaração de missão	Explique por que a empresa existe, além de gerar lucro.	Uma ou duas frases curtas, legíveis e memoráveis.
Público	Defina o público-alvo e os clientes ideais.	Direcione o público, suas principais necessidades e *insights* mais importantes para aspirações e desafios.
Propostas de valor	Descreva os benefícios funcionais, emocionais e sociais (como atendemos as necessidades do público).	Os principais benefícios de maior nível que se ligam às principais necessidades de maior nível.
Valores	Documente os valores e crenças fundamentais que definem nossa cultura.	Palavras seletivas para descrever os valores da marca.
Atributos de personalidade	Oriente a personalidade e as estratégias de expressão de marca.	Palavras seletivas para descrever a personalidade, voz e natureza diferenciada da marca.
Principais concorrentes	Compare os pontos de paridade e de diferença.	Principais concorrentes que atendem o mesmo público-alvo.
Negócio/produto/serviços	Descreva os produtos oferecidos.	Três ou quatro ofertas principais.
Pontos de prova	Declare os motivos pelos quais teremos sucesso.	Provas inegáveis para apoiar a proposta de valor.
Grande ideia	Expresse um conceito unificador central e convincente.	Frase sucinta e memorável.

A diferença entre um *briefing* de marca e um *briefing* de criação
Desenvolvido por Shantini Munthree, sócia-gerente, The Union Marketing Group

	Briefing da marca	*Briefing* de criação
Propósito primário	Valor da marca/gestão da reputação/clareza	Realizar as metas do projeto
Linha do tempo	Atemporal	Produto/serviço, específico do objetivo de negócio
Dono da decisão	CEO/equipe de liderança	Marketing/diretor de criação/equipe de design
Métricas	Saúde da marca, ligada a objetivos de negócios	Meta ligada à meta do projeto
Público principal	Equipe de liderança e todos os funcionários	Equipe de criação
Usado para	Acordo organizacional, estratégia de marca, manter-se alinhado com a marca	Mensagens de marca, design de identidade, redesign ou escolha de nomes

Crie um diagrama sucinto e estratégico

Criar um *briefing* de marca com o qual todos concordam pode ser uma tarefa árdua, mas vale o tempo investido, pois cria um instrumento sustentável. Torne-o visual. Distribua-o impresso em papel A3 para provocar conversas. O número de versões pode surpreendê-lo. Está tudo bem.

Variações do *briefing*

As grandes empresas criam *briefings* para os segmentos de mercado ou para linhas de negócios.

Controle de versões

Escrever um *briefings* é um processo iterativo. Salve cada versão com uma data e um número de versão.

Fase 2 – Esclarecimento da estratégia

Nomes

Criar nomes não é para quem tem coração fraco. É um processo complexo, criativo e iterativo, que requer experiência em linguística, marketing, pesquisa e leis de marcas e patentes. Hoje, encontrar um nome para uma empresa, produto ou serviço que possa ser legalmente protegido é um desafio formidável, mesmo para os especialistas.

Várias técnicas de *brainstorming* são utilizadas para gerar centenas, se não milhares, de opções. A eliminação de nomes nessa lista enorme exige perícia e paciência.

Os nomes precisam ser julgados levando-se em conta as metas de posicionamento, os critérios de desempenho e a disponibilidade dentro de um setor. É natural se apaixonar por um nome, mas o que importa é que significado e associações são construídos ao longo do tempo. Não é fácil chegar a um acordo, especialmente quando as escolhas parecem limitadas. Uma providência inteligente é fazer testes conceituais, o que ajuda na decisão.

Os nomes são 20% criativos e 80% políticos.

Danny Altman
Fundador e diretor de criação
A Hundred Monkeys

Dar nomes a ativos digitais é como jogar Scrabble em três dimensões. É preciso jogar com as palavras a partir de mais pontos de vista e decidir quanto pode gastar antes de começar a pegar letras do saco, pois as melhores palavras, do maior número de pontos de vista, não saem baratas.

Howard Fish
Fundador
Fish Partners

Processo: Escolha do nome

> Reveja o posicionamento
Examine as metas da marca e as necessidades do mercado-alvo.
Avalie os nomes existentes.
Examine os nomes dos concorrentes.

> Organize-se
Desenvolva uma linha do tempo.
Determine a equipe.
Identifique técnicas de *brainstorming*.
Estabeleça os mecanismos de busca.
Desenvolva o processo de decisão.
Organize as fontes de referência.

> Crie um critério para dar nomes
Critério de desempenho
Critério de posicionamento
Critério jurídico
Critério regulamentar, se houver

> Faça *brainstorming* das soluções
Crie muitos nomes.
Organize-os em categorias e temas.
Veja os híbridos e os imitativos.
Seja prolífico.
Explore as variações/iterações de um tema

Lembre-se

Os nomes podem ser registrados em diferentes classes de bens e serviços.

Não escolha um nome que o toma igual a todo mundo, para depois gastar o resto do orçamento de marketing tentando se destacar.

Danny Altman
Fundador e diretor de criação
A Hundred Monkeys

Em se tratando de nome, a grande questão é se ele comunica ou não a história.

Karin Hibma
Sócia
CRONAN

Inspiração

Linguagem
Significado
Personalidade
Dicionário
Busca no Google
Dicionários de sinônimos
Latim
Grego
Línguas estrangeiras
Cultura de massa
Poesia
Televisão
Música
História
Arte
Comércio
Cores
Símbolos
Metáforas
Analogias
Sons
Ciência
Tecnologia
Astronomia
Mitologia
Histórias
Valores
Sonhos

O básico do processo de dar nomes

Os nomes de marca são ativos valiosos.

Quando se participa de um *brainstorming*, não existem ideias bobas.

Sempre examine o nome dentro do contexto.

Considere som, cadência e facilidade de pronúncia.

Seja metódico no acompanhamento das seleções de nomes.

Determine as técnicas de pesquisa mais inteligentes.

Revise todos os critérios antes de rejeitar um nome.

O significado e a associação evoluem com o tempo.

Exercício da voz dos *stakeholders*

Crie uma página para cada nome possível.

Desenvolva de 5 a 10 frases usando o nome dentro do contexto.
Exemplo: Eu confio no Novo Nome.

Atribua cada declaração a um *stakeholder* principal.
Exemplo: Eu confio no Novo Nome. Tessa Wheeler, cliente.

Cada decisor lê uma declaração em voz alta.

Converse antes sobre o que gostou nesse nome.

Converse sobre os desafios apresentados pelo nome.

> Conduza a triagem inicial

Posicionamento
Linguística
Jurídico
Legislação
Mecanismos de busca online
Listas de telefones online
Registro de domínios
Criação de uma lista final

> Conduza o teste conceitual

Diga o nome.
Envie uma mensagem de voz.
Envie o nome por e-mail.
Coloque-o em um cartão de visitas.
Coloque-o no título de um anúncio.
Ponha-o na voz de *stakeholders*.

> Testes

Determine os métodos de confiança.
Verifique maus sinais.
Descubra os conflitos de marcas registradas.
Verifique as conotações de linguagem.
Verifique as conotações culturais.
Realize uma análise linguística.

> Triagem legal final

Nacional
Internacional
Domínio
Regulatório
Registro

Fase 2 – Esclarecimento da estratégia

Renomeação

Dez princípios para novos nomes
Desenvolvidos por Marshall Strategy

Tenha clareza sobre por que a mudança é necessária. Você deve ter um motivo convincente, e vantagens de negócios claras, para executar o processo de mudança de nome. Uma defesa forte da mudança, seja ela baseada em motivos jurídicos, de mercado ou de outra natureza, ajudará todos os envolvidos a superarem as questões emocionais e permitirá um esforço mais significativo e bem-sucedido.

Avalie o impacto da mudança. Mudar um nome é mais complexo do que criar um novo nome, pois afeta o valor de marca estabelecido e todas as comunicações de marca existentes. Deve ser conduzida uma auditoria completa do valor de marca e dos ativos de comunicação para que se entenda completamente como uma mudança de nome afetará os seus investimentos e operações.

Saiba quais são suas opções. Dependendo do motivo para a mudança, pode ser muito difícil considerá-la de forma abstrata. É muito mais fácil se comprometer com uma mudança quando é possível considerar nomes alternativos que resolvem os seus problemas de comunicação.

Saiba o que está tentando dizer antes de escolher um nome. A escolha do nome é uma questão altamente emocional, difícil de avaliar objetivamente. Se concordar primeiro sobre o que o novo nome deve comunicar, você consegue concentrar seus esforços no melhor nome para isso.

Evite nomes da moda. Por definição, esses são os nomes que se tornarão menos atraentes com o tempo. Escolher um novo nome só por soar *cool* geralmente produz nomes que se desgastam rapidamente.

"Nomes vazios" precisam de preenchimento. Nomes inventados ou sem sentido precisam de mais investimento para gerar entendimento, impacto e ortografia correta do que nomes com um sentido inerente. Compare a relevância e o significado imediatos de nomes como Google e Amazon com os de nomes vazios como Kijiji e Zoosk.

Evite nomes específicos demais. Este pode ser o motivo original para a mudança ser necessária. Nomes que identificam uma geografia, tecnologia ou tendência específica podem ser relevantes por um tempo, mas, no longo prazo, limitam sua capacidade de crescimento.

Entenda que um novo nome não pode fazer tudo. Os nomes são ferramentas poderosas, mas não contam toda a história. A simples mudança de nome, sem repensar todas as comunicações de marca, corre o risco de ser considerada superficial. Considere como novas *taglines*, design, comunicações e outras ferramentas de contextualização devem funcionar com o novo nome para contar uma história nova e rica, que pode ser sua.

Tenha certeza de que é seu. Verifique patentes e marcas registradas, usos legais, URLs, usuários do Twitter e sensibilidades regionais e culturais antes de tomar sua decisão, depois invista na proteção do novo nome. A melhor maneira de fazer isso é contratar um advogado experiente, especializado em propriedade intelectual.

Seja confiante na transição. Lembre-se de apresentar o novo nome como parte de uma história orientada para o valor, comunicando vantagens claras para os seus funcionários, clientes e acionistas. A mensagem "mudamos de nome", por si só, não significa nada. Seja confiante no seu comprometimento com a mudança e implemente-a com o máximo de rapidez e eficiência. Ter dois nomes no mercado ao mesmo tempo é confuso para os públicos internos e externos.

Se deseja mandar uma mensagem forte, mudar o nome não basta. O nome deve representar uma história única, benéfica e sustentável, bem aceita entre clientes, investidores e funcionários.

Philip Dubrow
Presidente e CEO
Marshall Strategy

As empresas mudam de nome por muitos motivos, mas, em todos os casos, é fundamental ter um motivo claro para a mudança, com benefícios de marca e de negócios fortes.

Ken Pasternak
Diretor-gerente
Marshall Strategy

Encurtamentos que dão certo

Muitas organizações tentam encurtar seus nomes para que seja mais fácil falar sobre elas.
YMCA: the Y
Flextronics: Flex
California Institute of Technology: Caltech

Novos nomes famosos

Nome antigo	Novo nome
Andersen Consulting	Accenture
Apple Computer	Apple
BackRub	Google
The Banker's Life Company	Principal Financial Group
Brac's Drink	Pepsi-Cola
Ciba Geigy + Sandoz (fusão)	Novartis
Clear Channel	iHeartRadio
Comcast (Consumer Services)	Xfinity
Computing Tabulating Recording Corporation	International Business Machines (rebatizada de IBM)
Datsun	Nissan
David and Jerry's Guide to the World Wide Web	Yahoo!
Diet Deluxe	Healthy Choice
Federal Express	FedEx
GMAC Financial Services	Ally Financial
Graphics Group	Pixar
Justin.tv	twitch
Kentucky Fried Chicken	KFC
Kraft, divisão de lanches	Mondelez
Lucky Goldstar	LG
Malt-O-Meal	MOM Brands
Marufuku Company	Nintendo
MasterCharge: The Interbank Card	Mastercard
Mountain Shades	Optic Nerve
MyFamily.com	Ancestry
Philip Morris	Altria
Service Games	SEGA
ShoeSite.com	Zappos
TMF Worldwide	Monster Worldwide
Tribune Publishing	tronc
Tokyo Telecommunications Engineering Corporation	Sony
United Telephone Company	Sprint

Fase 3 – Design de identidade

Visão geral

A investigação e a análise foram concluídas; houve um acordo com relação ao *briefing* de marca; começa então o processo criativo de design na Fase 3. O design é um processo iterativo, que busca integrar o significado com a forma. Os melhores designers trabalham com a intersecção de imaginação estratégica, intuição, excelência de design e experiência.

**3
design de
identidade**

Nunca sabemos o que o processo vai revelar.

Hans-U. Allemann
Cofundador
Allemann, Almquist & Jones

Forma e contraforma. Luz e tensão. O significado que se expande e não se exaure no primeiro olhar. Você precisa conhecer o empreendimento por dentro e por fora.

Malcolm Grear

O design é feito para ter durabilidade, função, utilidade, correção, beleza.

Paul Rand

Os melhores designers de identidade sabem se comunicar de forma eficaz com o uso de sinais e símbolos, têm um senso aguçado da forma e das formas das letras e entendem da história do design.

Hans-U. Allemann

A marca comercial, mesmo sendo um elemento da maior importância, nunca pode contar toda a história. Quando muito, ela transmite um ou dois aspectos da empresa. A identidade tem que estar apoiada em uma linguagem visual e em um vocabulário.

Steff Geissbuhler

Fase 3: visão geral

Uma coisa de cada vez

Entenda o que a marca representa, o que ela oferece, quem são seus clientes, qual a diferença entre ela e seus concorrentes e qual é a sua vantagem competitiva. Conheça bem as metas do design, as limitações, os cronogramas, os produtos do processo e os protocolos de comunicação. O *briefing* de criação não substitui o *briefing* de marca.

Revise todas as pesquisas

É essencial que a equipe de design revise todas as auditorias internas e da concorrência. Se a equipe de design não realizou as entrevistas ou não liderou nenhum *workshop*, é fundamental revisitar os achados principais. Mergulhe na marca, nas suas possibilidades e nos seus desafios.

Identifique as aplicações principais

Tenha uma lista das aplicações mais importantes para que possa testar a viabilidade das suas soluções em cenários reais. Isso é útil no processo de design e essencial na apresentação para os decisores finais. Mostre a solução como se já existisse.

Analise a identificação de alto nível

Será uma marca com palavras ou um símbolo? O símbolo será abstrato? Pictórico ou baseado em um monograma? Se é um símbolo, de que tipo de logotipo ele vai precisar? Quando a *tagline* é utilizada? Se é um redesign, pense sobre os modos de estender o valor de marca existente.

Arquitetura de marca

Dependendo da complexidade da organização, este é o momento certo para criar uma arquitetura de marca lógica e coerente para extensões de marca e submarcas. Pense como essa arquitetura anteciparia crescimentos futuros.

Cor

Analise o modo como a cor funcionará, primeiro examinando os elementos em alto nível e então procedendo para um análise do sistema integrado como um todo. Uma família de cores precisa funcionar em diversas aplicações reais e digitais; para empresas globais, as cores precisam ter associações positivas em diversas culturas.

Tipografia

A maioria das marcas utiliza uma ou duas famílias tipográficas, empregadas em todas as plataformas de forma padronizada. Mantenha em mente que, para determinadas opções, há uma taxa de licenciamento no futuro. A família tipográfica não é necessariamente a fonte usada no logotipo. Algumas empresas escolhem criar uma fonte proprietária, para o seu uso exclusivo.

Aparência e sentido

Conteúdo, cor, tipografia, iconografia e imagética são todos parte da linguagem visual coerente da marca. Quem melhor expressou isso foi Michael Bierut, sócio da Pentagram: "Você tem que chegar ao ponto de tapar o logo e mesmo assim identificar a empresa porque a aparência e o sentido são bem característicos".

Ativos visuais

Os ativos visuais que a marca precisa devem antecipar considerações sobre estratégia de conteúdo. Determine os tipos de elementos visuais que ajudarão a empresa a contar suas histórias. Serão fotografias, ilustrações, vídeos, padrões abstratos? Você está elaborando uma linguagem visual exclusiva.

Apresentação

O planejamento cuidadoso é essencial para garantir resultados bem-sucedidos. Apresente cada abordagem de design como uma estratégia única. Fale de significados, não de estética. Nunca mostre mais de três (Paul Rand mostraria só um). Mostre suas soluções em aplicações reais, ao lado da concorrência.

Minha melhor ideia é sempre a primeira ideia. Precisei de alguns segundos para desenhar, mas de 34 anos para aprender a desenhar em alguns segundos.

Paula Scher

Um logotipo é um retrato tipográfico, o rosto do negócio. Converso bastante com clientes, aprendendo sobre quem são e o que importa para eles, e então traduzo o que descobri. Um logotipo excelente parece não dar trabalho algum, mas, obviamente, não é nada disso.

Louise Fili

Um logotipo ou símbolo deve expressar a essência fundamental de uma organização, produto ou serviço, a manifestação visual da sua natureza, suas aspirações, sua cultura, seu motivo para existir.

Bart Crosby

Fase 3 – Design de identidade

Design do sistema de identidade

Design de símbolos

Reduzir uma ideia complexa à sua essência visual requer perícia, foco, paciência e uma disciplina infindável. O designer pode examinar centenas de ideias antes de se concentrar em uma escolha final. Mesmo depois que essa ideia final emerge, o teste da sua validade dá início a mais uma rodada de exploração.

Em alguns escritórios, vários designers trabalham na mesma ideia; em outros, cada designer pode desenvolver uma ideia ou uma estratégia de posicionamento diferente. Cada abordagem preliminar pode ser a catalisadora de uma nova abordagem. Como a identidade precisa fazer o trabalho pesado, é importante fazer testes de aplicação logo no início do processo. Em projetos de redesign de símbolos, os designers examinam o valor da marca registrada existente e tentam entender o que ela simbolizou para a cultura da empresa.

Examine

Significado
Atributos
Acrônimos
Inspiração
História
Forma
Contraforma
Abstrato
Pictórico
Monograma
Marca com palavras
Combinação
Tempo
Espaço
Luz
Imagem estática
Movimento
Transição
Perspectiva
Realidade
Fantasia
Reta
Curva
Ângulo
Intersecção
Padrões

> Convencer um grupo grande e diverso de pessoas a concordar com uma nova identidade global única exige um estrategista, um psiquiatra, um diplomata, um *showman* e até um grande manipulador.
>
> Paula Scher
> *Sócia*
> *Pentagram*

Design de logotipos

O logotipo é uma palavra (ou palavras) em uma determinada fonte tipográfica, que pode ser normal, modificada ou inteiramente redesenhada. Se independente, é chamado de marca com palavras (*wordmark*). Quando um logotipo é justaposto com um símbolo em uma relação formal, é denominado assinatura visual. As melhores assinaturas têm zonas de isolamento especificadas para proteger sua presença. Uma empresa pode ter várias assinaturas visuais: horizontais, verticais, com e sem *tagline*.

Os melhores logotipos são resultado de uma exploração tipográfica cuidadosa. A legibilidade é obrigatória em várias proporções e em diversas mídias. Todas as decisões tipográficas são motivadas por considerações visuais e de desempenho, como também o que a tipografia comunica por si própria.

O nome deveria estar só com maiúsculas ou com maiúsculas e caixa-baixa? Tipo romano, itálico ou negrito? Clássico ou moderno?

A Hornall Anderson sabia que o novo logotipo precisaria comunicar que o Fred Hutch realiza pesquisa e desenvolvimento científicos para a cura do câncer. Uma das abordagens de design exploradas lembrava a observação de uma cultura celular por um microscópio. Os pontos e linhas também podem ser interpretados como dados e uma abordagem moderna à pesquisa. Alguns também viram um globo, sugerindo o impacto global da organização.

Quando a Hornall Anderson começou a refinar esse conceito, a equipe de design encontrou uma citação da sua pesquisa inicial. Um dos cientistas mencionara que procurar o câncer significa procurar um ponto de mudança, quando as células começam a se comportar de um jeito diferente do que deveriam. Este *insight* foi a peça final do quebra-cabeças. A barra entre as duas hastes do H se tornaram o momento catalisador que levou a marca ao seu estado final.

Fred Hutchinson Cancer Research Center:
Hornall Anderson

Símbolo da marca

FRED HUTCH
CURES START HERE™

Logotipo   Assinatura

Fase 3 – Design de identidade

Look and feel

O *look and feel*, ou aparência e sentido, é a linguagem visual que torna um sistema proprietário e imediatamente reconhecível, além de expressar um ponto de vista. O sistema de apoio compreende cores, imagens, tipografia e composição. É ele que dá coesão e diferenciação a todo um programa de identidade visual.

Nos melhores programas de identidade visual, os designers criam uma aparência geral que é compreendida pelos clientes e se destaca do amontoado de informações que tumultua um ambiente visual. Todos os elementos de uma linguagem visual devem ser intencionalmente desenhados para que possam impulsionar a estratégia de marca, cada um fazendo a sua parte em um esforço comum para integrar e diferenciar o programa como um todo.

> Você tem que chegar ao ponto de tapar o logo e mesmo assim identificar a empresa, porque a aparência e o sentido são bem característicos.

Michael Bierut
Sócio
Pentagram

A aparência é definida por cor, escala, proporção, tipografia e movimento. O sentido é emocional e orientado por experiências.

Abbott Miller
Sócio
Pentagram

O básico do *look and feel*

Design

O design é inteligência tornada visível. A união entre design e conteúdo é o único casamento que dura.

Paletas de cores

Os sistemas podem ter duas paletas de cores: primária e secundária. As linhas de serviços ou produtos podem ter suas cores próprias. Uma paleta pode ter uma série de cores pastel e uma série de cores primárias.

Imagens

Na categoria de conteúdo, estilo, foco e cor precisam ser considerados, sejam as imagens fotografias, sejam ilustrações ou iconografia.

Tipografia

Os sistemas incorporam famílias tipográficas (uma, às vezes duas). Não é raro uma face de tipo especial ser criada para uma marca de alta visibilidade.

Sensorial

Existem também qualidades materiais (a sensação de algo em suas mãos, a textura e o peso), qualidades interativas (como algo que se abre ou se move) e qualidades auditivas ou olfativas (o barulho que faz e o cheiro que tem, respectivamente).

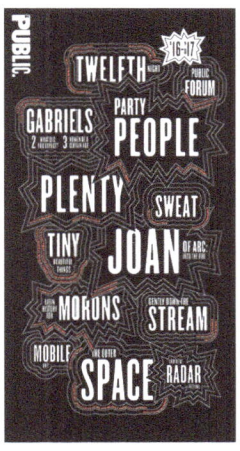

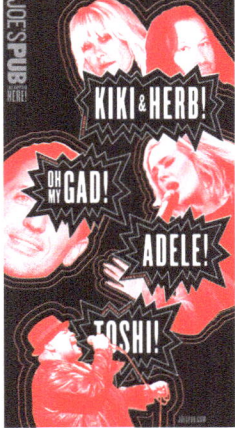

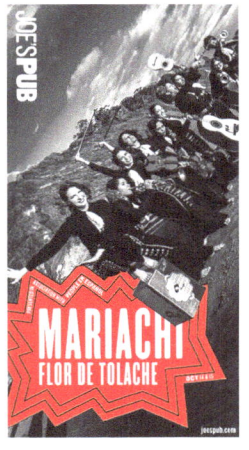

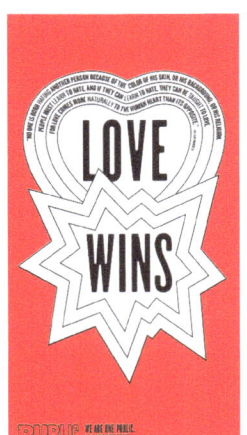

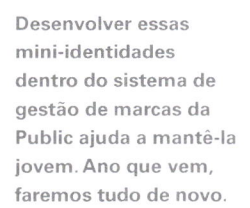

Desenvolver essas mini-identidades dentro do sistema de gestão de marcas da Public ajuda a mantê-la jovem. Ano que vem, faremos tudo de novo.

Paula Scher
Sócia
Pentagram

Paula Scher, sócia da Pentagram, elabora o material gráfico da Public Theater desde 1994, incluindo uma renovação da identidade em 2008. Todos os anos, com a evolução das campanhas, o trabalho sempre comemora a instituição como um todo e reafirma a tradição da Public de fundir arte e gosto popular.

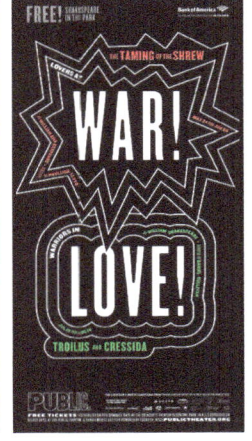

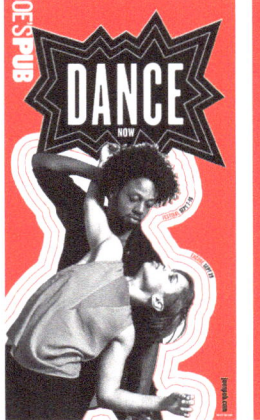

Public Theater: Pentagram

Fase 3 – Design de identidade

Cor

A cor é utilizada para evocar emoções e expressar personalidades. Ela estimula a associação de marca e acelera a diferenciação. Como consumidores, dependemos de nossa familiaridade com o vermelho da Coca-Cola. Não precisamos ler a tipografia da caixa de presentes da Tiffany para saber onde o presente foi comprado. Vemos a cor e sentimos imediatamente uma série de impressões.

Na sequência da percepção visual, o cérebro lê a cor depois que registra a forma e antes de ler o conteúdo. A escolha da cor requer um entendimento básico da teoria das cores, uma visão clara de como a marca precisa ser percebida e diferenciada e a capacidade de dominar a consistência e o significado nas mais diversas mídias.

Enquanto algumas cores são usadas para unificar uma identidade, outras podem ser empregadas para tornar clara a arquitetura de marca, diferenciando produtos ou linhas de negócios. As famílias de cores são desenvolvidas para dar apoio às necessidades de comunicação.

A cor cria emoção, traz memórias à tona e provoca sensações.

Gael Towey
Diretora de criação
Gael Towey & Co.

A cor é subjetiva e emocional. Em geral, é o elemento mais volátil de um projeto.

Sean Adams
The Designer's Dictionary of Color

O básico da cor na identidade da marca

Use a cor para facilitar o reconhecimento e construir valor de marca.	Sessenta por cento da decisão de comprar um produto se baseia na cor.
As cores têm conotações diferentes em culturas diferentes. Pesquise.	Nunca se sabe o bastante sobre as cores. Explore seu conhecimento básico sobre a teoria das cores: quente, fria; valores, matizes, saturação; cores complementares, cores contrastantes.
A cor é afetada por diversos métodos de reprodução. Teste.	A qualidade garante que o ativo da identidade de marca seja protegido.
O árbitro supremo da consistência cromática nas diversas plataformas é o designer. É difícil.	
Assegurar a unidade em diversas aplicações costuma ser um grande desafio.	

A Teabox queria desmistificar o chá e apresentá-lo de forma mais acessível, para que os consumidores pudessem explorar diversas variedades, regiões e sabores. Assim como o vinho, o chá é incrivelmente complexo. A empresa buscou elevar a experiência de consumo de chá, tratando o chá como um vinho fino, mas integrando um elemento de conhecimento acessível, que ajudaria a educar os consumidores, atrairia novas gerações de apreciadores de chá e apelaria para o mercado de alimentos artesanais, em franca expansão.

A Teabox é uma empresa de comércio de chás que busca revolucionar a experiência de uma das bebidas mais antigas da história, levando-a diretamente para o consumidor.

Kaushal Dugar
Fundador
Teabox

Queríamos criar uma experiência luxuosa, tátil e pessoal da marca. O sistema de cores indica o tipo específico de chá, enquanto a fonte customizada emula a estética tradicional das caixas de chá.

Natasha Jen
Pentagram

Chá preto · Chá verde · Chá branco · Oolong · Masala chai · Misturas

Teabox: Pentagram

Fase 3 – Design de identidade

Mais cor

Testando a eficácia de uma estratégia de cor

A cor é distintiva?

A cor se diferencia das cores dos concorrentes?

A cor é adequada para o tipo de atividade da organização?

A cor está alinhada com a estratégia da marca?

O que você deseja que a cor comunique?

A cor terá sustentabilidade?

Que significado você atribui para a cor?

A cor tem conotações positivas nos mercados-alvo?

A cor tem conotações positivas ou negativas em mercados estrangeiros?

A cor lembra um produto ou serviço?

A cor vai facilitar o reconhecimento e a lembrança?

Você pensou em solicitar uma cor formulada especialmente para o projeto?

A cor pode ser protegida juridicamente?

A cor funciona sobre fundo branco?

Você pode inverter a marca a partir de fundo preto e ainda assim manter a intenção original?

Que cores de fundo são possíveis?

Como as reduções ou ampliações afetam as cores?

É possível manter a consistência nas diferentes mídias?

Você testou a cor em vários monitores, PC e Mac, e diversos dispositivos?

Você está ciente de que a cor é reproduzida de forma diferente nos diversos métodos de produção?

Você analisou a cor do Pantone Matching System em papel fosco e couchê?

A cor vai funcionar na sinalização?

Quais são os equivalentes da cor na Web?

Você testou a cor no ambiente em que ela vai ser usada?

Você criou os arquivos eletrônicos apropriados para a cor?

> **Nossa gama de cores não é apenas visualmente empolgante,** ela representa a diversidade, energia e paixão da nossa comunidade. Nenhuma cor se destaca em relação às outras, o espectro inteiro funciona em uníssono para dar coesão à marca e energia às nossas mensagens.
>
> Glaad Brand Guidelines

Glaad: Lippincott

Sistema de cores

Trivialidades sobre a cor

A Kodak foi a primeira empresa a registrar uma cor como assinatura empresarial. A Bianchi criou uma cor verde especial para as suas bicicletas.

O sistema de cores é flexível o bastante para proporcionar uma ampla gama de aplicações dinâmicas?

O sistema de cores dá apoio a uma experiência consistente da marca?

O sistema de cores dá apoio à arquitetura de marca?

O sistema de cores se diferencia do da concorrência?

Você estudou as vantagens e desvantagens de:
usar a cor para diferenciar produtos?
usar a cor para identificar linhas de negócios?
usar a cor para ajudar os usuários a tomar decisões?
usar a cor para categorizar informações?

Essas cores podem ser reproduzidas?

Você desenvolveu uma paleta para a Web e uma paleta para impressão gráfica?

Você deu nomes às suas cores?

Foram criadas padronizações da identidade que facilitem o uso do sistema de cores?

Fusões, aquisições, redesign

Você estudou a história do uso da cor?

Existe algum valor patrimonial a ser preservado?

A cor está em sintonia com a estratégia da marca?

Existe alguma cor que comunique simbolicamente o que resulta das entidades que entram em fusão?

O desenvolvimento de uma nova cor emite um sinal novo e imediato sobre o futuro?

A aposentadoria de uma cor existente poderá confundir os clientes atuais?

O Five Guys é um restaurante do tipo *fast-casual* que promete hambúrgueres melhores e batatas fritas excelentes. A cor vermelha é dominante; os restaurantes usam um padrão xadrez vermelho e branco nas paredes de azulejo e luminárias vermelhas, e os funcionários usam camisetas e bonés vermelhos. O Five Guys se expandiu para quase 1.500 restaurantes nos Estados Unidos, Canadá, Reino Unido, Europa e Oriente Médio. O nome vem dos cinco filhos do fundador.

Fase 3 – Design de identidade

Tipografia

A tipografia é essencial para um programa de identidade eficaz. Muitas marcas são imediatamente reconhecíveis, em grande parte, devido ao seu estilo tipográfico consistente e diferenciado. A tipografia deve dar apoio à estratégia de posicionamento e à hierarquia da informação.

Com o passar dos séculos, centenas de milhares de fontes tipográficas foram criadas por tipógrafos, designers e fundidores de tipos renomados, e novos caracteres tipográficos são criados todos os dias. Algumas consultorias de identidade costumam criar fontes proprietárias para seus clientes. A escolha da fonte tipográfica certa requer um conhecimento básico da amplitude de opções e um entendimento essencial de como funciona a boa tipografia. As questões de funcionalidade diferem em um formulário, uma embalagem farmacêutica, um anúncio de revista e um site. Os caracteres tipográficos precisam ser flexíveis e fáceis de usar e devem proporcionar uma grande amplitude de expressão. Os fatores principais são clareza e legibilidade.

O tipo é mágico. Não apenas comunica a informação de uma palavra, como também transmite uma mensagem subliminar.

Erik Spiekermann
Stop Stealing Sheep

Uma ótima tipografia eleva e enriquece nosso conhecimento sobre as coisas e redefine o modo como lemos.

Eddie Opara
Sócio
Pentagram

O tipo Cooper Hewitt é uma fonte sem serifa contemporânea. Encomendada originalmente pela Pentagram como uma versão evoluída do tipo Polaris Condensed, Chester Jenkins criou uma nova fonte digital para o museu recém-reformado. A fonte, usada em todas as comunicações e sinalizações do museu, está disponível para uso público irrestrito e para download gratuitamente.

Fonte Cooper Hewitt: Pentagram + Chester Jenkins

Fundamentos da tipografia

As fontes tipográficas são escolhidas por sua legibilidade, suas características exclusivas e uma variedade de pesos e larguras.

A tipografia inteligente dá apoio à hierarquia da informação.

As famílias tipográficas devem ser escolhidas para complementar a assinatura, não necessariamente para replicá-la.

As melhores diretrizes de uso identificam uma série de fontes tipográficas, mas também oferecem aos usuários flexibilidade para que escolham a fonte, o peso e o corpo do tipo apropriados para a mensagem a ser transmitida.

Limitar o número de fontes tipográficas que a empresa usa é uma decisão com boa relação custo/benefício, pois a lei exige o licenciamento das fontes.

O número de famílias tipográficas em um sistema é uma questão de escolha. Muitas empresas escolhem fontes com serifas e sem serifas, outras usam uma única fonte para tudo.

A padronização básica às vezes permite uma face de tipo diferente para situações especiais.

O site de uma empresa pode precisar do seu próprio conjunto de fontes e padrões tipográficos.

Os melhores tipógrafos estudam um nível de detalhamento que inclui números e marcadores de listas.

Muitas empresas têm fontes tipográficas diferentes para apresentações eletrônicas e documentos de texto produzidos internamente.

Certos setores estabelecem normatizações no que diz respeito a tamanhos de faces de tipo para certos produtos de consumo e comunicações.

Considerações sobre tipografia

Serifa
Sem serifa
Tamanho
Peso
Curvas
Ritmo
Descendentes
Ascendentes
Uso de maiúsculas
Títulos
Subtítulos
Texto
Títulos
Chamadas
Legendas
Listas com marcadores
Entrelinhamento
Comprimento de linha
Espaço entre letras
Números
Símbolos
Aspas

Avalie caracteres tipográficos que:

Transmitam sentido e reflitam o posicionamento

Tratem de toda a gama de necessidades de aplicação

Funcionem em uma série de tamanhos

Funcionem em preto e branco e em cores

Sejam diferentes dos usados pela concorrência

Sejam compatíveis com a assinatura

Sejam legíveis online e offline

Tenham personalidade

Sejam sustentáveis

Reflitam a cultura

Trivialidade sobre tipos

A campanha política de Obama usou a fonte Gotham, criada por Tobias Frere-Jones. É a mesma fonte do Memorial do 11 de Setembro.

A fonte Frutiger foi desenhada para um aeroporto.

Mathew Carter desenhou a fonte Bell Gothic para melhorar a legibilidade nas listas telefônicas.

A Meta foi desenhada pela Meta Design para os serviços de correio da Alemanha, mas nunca foi usada por eles.

Wolff Olins desenhou a fonte Tate para o Tate Modern de Londres.

Há um documentário de longa-metragem sobre a fonte Helvetica.

Licenciamento de fontes

É essencial entender os termos do licenciamento de qualquer fonte usada em um site, aplicativo, embalagem ou outra parte do sistema de identidade de marca.

Fase 3 – Design de identidade

Som

À medida que a largura de banda aumenta, o som está rapidamente se tornando a próxima fronteira das marcas. Muitos eletrodomésticos e aparelhos eletrônicos já falam conosco, sistemas ativados por voz permitem que programemos entregas pela FedEx sem a intermediação humana. O som do silêncio já era.

Esteja você no Buddha Bar em Paris ou na seção de calçados de uma loja Nordstrom, o som o coloca no embalo. O som também emite um sinal: a marchinha patriótica "Hail to the Chief" anuncia a chegada do presidente da República, e os desenhos animados Looney Tunes sempre acabam com um "Isso é tudo, pessoal!". Um sotaque estrangeiro conta pontos para praticamente qualquer marca. Ser colocado na espera pode indicar uma cantata de Bach, uma mensagem de vendas bem-humorada ou uma estação de rádio (quem é que gosta disso?).

A Amazon poderia eliminar a existência das marcas com a tecnologia de voz. Analisando os termos de buscas no Google e comandos de voz para a Alexa, da Amazon, o percentual de tempo em que prefixos de marca são utilizados em pesquisas está diminuindo.

Scott Galloway
Professor de marketing
NYU Stern School of Business

Os logotipos devem ser ouvidos, não só vistos.

Geoff Lentin
Gerente de novos negócios
TH_NK

O logotipo interativo e tocável da Google comemorou o aniversário do músico e inventor Les Paul. Em 48 horas, 40 milhões de canções foram gravadas, que, por sua vez, foram tocadas 870.000 vezes.

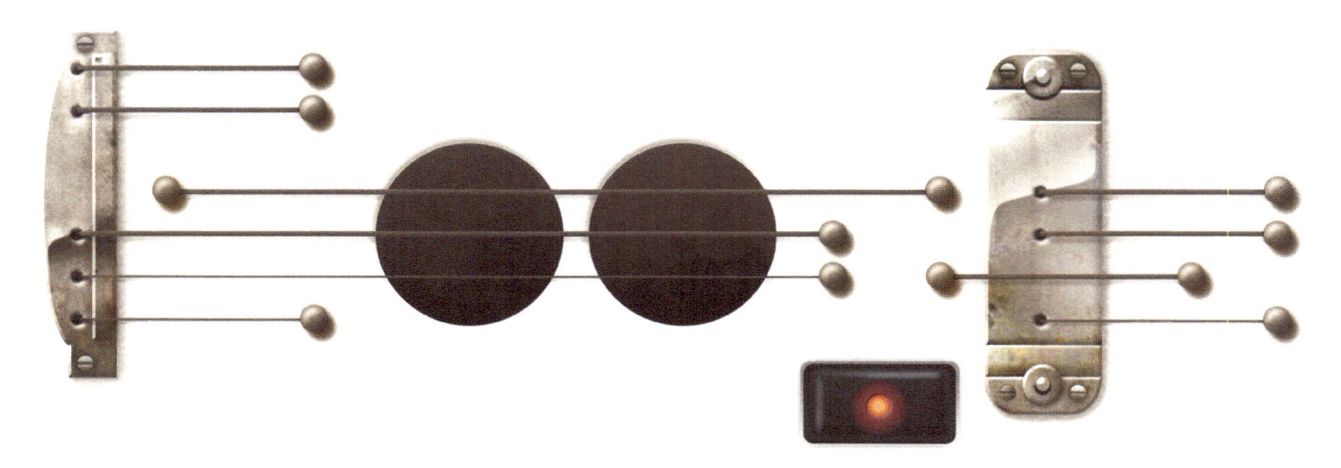

Google Doodle Design: Ryan Germick e Alexander Chen; engenheiros: Kristopher Hom e Joey Hurst

O som e a gestão de marcas

Chatbot
Um programa de computador que simula como um ser humano se comportaria com um parceiro em um diálogo.
Também chamados de:
Talkbots
Chatterbots
Bots
Chatterbox
IM bot
Agente interativo

Motores

As motos Harley-Davidson tentaram patentear o ruído característico de suas máquinas. Quando Miata fez o design do primeiro *hot car* na categoria de preço popular, o som do motor lembrava o de um carro esportivo clássico de luxo.

Ambientes de varejo

Em cafés, supermercados e butiques de moda, a música é usada para atrair certo tipo de cliente e colocá-lo no embalo para comprar ou aproveitar a experiência.

Jingles

Mensagens cheias de apelo e com música que grudam na mente do consumidor.

Sinalização

O *chip* da Intel tem bipes musicais próprios, enquanto a cantiga de "You've got mail" ("Você recebeu uma mensagem") da AOL se tornou tão parte de nossa cultura que até virou título de uma comédia romântica com Meg Ryan e Tom Hanks em 1998 (no Brasil, *Mensagem para Você*).

Sites e jogos eletrônicos

O som está sendo cada vez mais usado para ajudar a navegação e também para agradar os usuários. Os efeitos sonoros nos jogos eletrônicos incrementam a aventura, enquanto os avatares podem ser personalizados pelo usuário.

Produtos falantes

A tecnologia está abrindo caminho para caixas de remédios que avisam gentilmente que está na hora de tomar uma pílula e para carros que lembram de abastecer, alertam sobre a manutenção ou mandam dobrar à esquerda. Um Mercedes definitivamente não vai falar igual a um Volkswagen.

Apresentações de multimídia

A interatividade e as novas mídias requerem a integração do som. Os testemunhos são dados por consumidores reais. Os videoclipes dos visionários das empresas são mostrados aos funcionários.

Porta-vozes

Na história da propaganda, sempre foram usadas pessoas famosas para dar seu testemunho sobre um produto ou ser garotos-propaganda. Da mesma forma, uma recepcionista que tenha uma grande voz e uma personalidade simpática pode se tornar porta-voz de uma empresa pequena.

Mensagens gravadas

Os grandes museus estão dando atenção às vozes escolhidas para as visitas guiadas. As empresas investem em mensagens dirigidas enquanto você espera ao telefone.

Personagens

Enquanto o pato Aflac tem um quaquaquá memorável, muitas personagens, como Elmer da cola Elmer's, continuam mudas.

O que é arquitetura de áudio?

A arquitetura de áudio é a integração de música, voz e som para criar experiências entre as empresas e os consumidores.

Muzak

Ninguém que tenha assistido a *2001: Uma Odisseia no Espaço* vai esquecer a voz que dizia: "Abra a porta, HAL".

Princípios da marca sonora
Extraído de "Sonic Branding Finds Its Voice", de Kim Barnet, no Brand Channel da Interbrand

O som precisa complementar a marca atual.	A música pode transcender as culturas e os idiomas.
O som pode intensificar a experiência de uma marca.	A marca sonora e a marca visual estão se tornando cada vez mais complementos uma da outra.
A música pode provocar uma resposta emocional.	Muitas empresas usam músicas compostas exclusivamente para elas.
O som, especialmente a música, acentua a velocidade do reconhecimento pelo cérebro.	Muitos dos efeitos de áudio são subliminares.

Fase 3 – Design de identidade

Aplicações de teste

É importante escolher um grupo de aplicações reais para testar a viabilidade dos conceitos que funcionarão dentro do sistema. Nenhuma marca pode ser apresentada em uma folha de papel em branco. Os tomadores de decisão precisam ver a identidade do mesmo modo que o cliente a veria. Eles precisam ver como ela os levará ao futuro. Os designers devem realizar testes rigorosos antes de apresentar qualquer conceito, para demonstrar a flexibilidade e durabilidade do seu produto.

A lista típica para um projeto pequeno inclui um cartão de visitas, uma página inicial de um site, um anúncio, a capa de um folheto, o cabeçalho do papel timbrado e algo trivial e divertido, como um boné. Em projetos maiores, o designer precisa demonstrar a eficácia das extensões de marca e a capacidade da identidade de funcionar nas diversas linhas de negócios e mercados atendidos.

As possibilidades são infinitas.
David Bowie

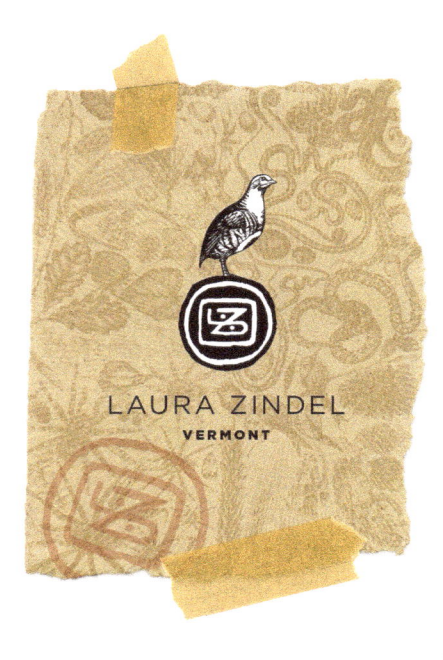

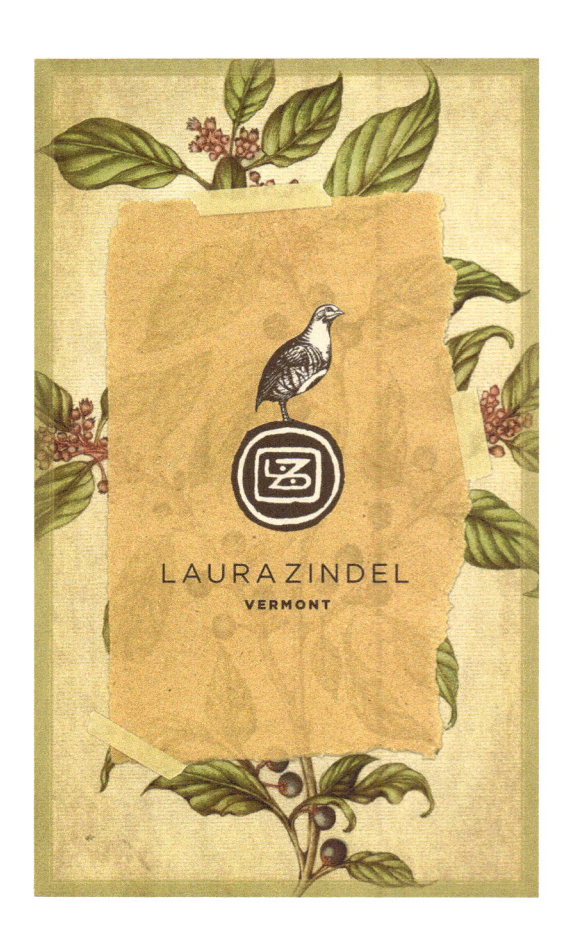

Testando o conceito

Escolha as aplicações mais visíveis.

Escolha as aplicações mais desafiadoras.

Examine a flexibilidade da identidade.

Verifique como expressar coerência.

A assinatura funciona?

Ela é diferenciada o suficiente da concorrência?

As reduções e ampliações são possíveis?

A assinatura é legível em impressão reduzida?

Vai funcionar em diferentes mídias?

Como vai funcionar digitalmente?

Ela conduz a extensões da marca?

Funciona com a empresa principal. Vai funcionar com as divisões?

A assinatura visual pode acomodar uma *tagline*?

Vai funcionar em outras culturas?

O básico do teste de design de identidade

Use situações reais e texto real nos testes de aplicação.

Continue fazendo as perguntas importantes a respeito de significado, sustentabilidade e flexibilidade.

Comece a pensar nas consequências para todo o sistema de cores e famílias tipográficas.

Examine sempre as melhores e piores possibilidades.

Lembre-se de que este é um processo iterativo.

Se algo não funciona, resolva agora. Volte ao início, se necessário, para examinar o conceito. Pode ser necessário retrabalhar a assinatura visual.

Ponha data e determine um número de versão para todos os esboços feitos para o projeto; seja obsessivo com a organização dessa fase.

Pense com antecedência na produção: como isso vai ficar em um *smartphone*?

Solicite a opinião de colegas em quem você confia, designers e não designers, para revelar qualquer conotação que possa não estar aparente.

Antecipe o que vai precisar para a apresentação da estratégia de design; comece a imaginar a apresentação.

Continue pensando ativamente no futuro: cinco ou dez anos passam mais rápido do que você imagina.

Partindo da ilustração naturalista de Laura Zindel, desenvolvi uma linguagem visual simples e que pode ser ampliada.

Jon Bjornson
Fundador
Jon Bjornson Art + Design

Laura Zindel: Jon Bjornson Art + Design

Fase 3 – Design de identidade

Apresentação

A primeira grande apresentação do design é um momento decisivo, o ápice de meses de trabalho. As expectativas e os riscos são altos. Normalmente, os clientes ficam impacientes durante as fases de planejamento e análise, por estarem totalmente concentrados na meta final. Sempre há um clima de urgência em torno dessa reunião de apresentação. Todo mundo está pronto para começar a todo vapor, mesmo que haja muito trabalho pela frente e a fase de implementação demore um pouco.

É essencial ter um planejamento rigoroso. As soluções mais inteligentes e criativas podem ser aniquiladas por uma apresentação malfeita. Quanto maior for o grupo de envolvidos, mais difíceis serão a condução da reunião e a tomada de decisão. Mesmo a apresentação para um único tomador de decisões deve ser planejada com antecedência.

As melhores apresentações mantêm o foco na pauta e o tempo dentro do previsto, articulam expectativas claras e razoáveis e são baseadas em um processo de decisão determinado previamente. As melhores apresentações mantêm o foco na pauta e o tempo dentro do previsto, articulam expectativas claras e razoáveis e são baseadas em um processo de decisão determinado previamente. Eles estão preparados para lidar com qualquer objeção e podem discutir estrategicamente as soluções de design, alinhando-as com as metas de marca gerais da empresa. Os projetos maiores frequentemente envolvem diversos níveis de formação de consenso.

Trabalhe com a emoção e defenda com a razão.

Blake Howard
Cofundador
Matchstic

Conceitos de apresentação
Desenvolvido por Matchstic

Lançar um novo aplicativo para se distanciar do resto – um novo serviço urbano de entrega *peer-to-peer* que permite a expedição no mesmo dia, com motoristas locais. Mas do que chamá-lo?

Inspirado pelos intrépidos marsupiais, o nome é pululante. Precisávamos de um grande personagem, à altura do nome.

Foi daí que nasceu "Hank", nosso guerreiro. Ele gosta de mandar ver, carregar coisas e finalizar tudo com um abraço.

A identidade visual é um misto de cores vívidas, caligrafia retrô customizada e Hank, o nosso galã.

O básico das apresentações

Elabore com antecedência a pauta da reunião e o processo de tomada de decisão.

Esclareça quem vai participar da reunião e que papéis vão desempenhar. As pessoas que não participaram da parte inicial podem descarrilar o processo.

Faça circular a pauta com antecedência. Inclua as metas gerais da reunião.

Crie uma estrutura detalhada de sua apresentação e ensaie com antecedência.

Veja com antecedência o *layout* da sala e decida o lugar em que vai fazer a apresentação e onde quer que os demais participantes sentem.

Chegue ao local com bastante antecedência para preparar a sala. Esteja lá para cumprimentar todos os participantes.

Se a empresa vai fornecer equipamentos para a reunião, teste-os com antecedência. Familiarize-se com os controles de iluminação e temperatura da sala.

Estratégias de apresentação

Comece a reunião com uma recapitulação das decisões tomadas até então, incluindo as metas gerais, a definição do público-alvo e as declarações de posicionamento.

Apresente cada item como uma estratégia cujo conceito de posicionamento é especial e único. Fale sobre significado, não sobre estética. Cada estratégia deve ser apresentada dentro de conceitos reais (*home page*, cartão de visita, etc.) e comparada à da concorrência.

Tenha sempre um ponto de vista. Quando apresentar várias soluções (nunca mais do que três), esteja pronto para explicar qual você escolheria e por quê.

Esteja preparado para lidar com objeções: não deixe que a conversa caia na crítica estética e conduza-a na direção dos critérios de funcionalidade e marketing.

Jamais apresente algo em que você não acredite.

Nunca permita a votação.

Esteja preparado para apresentar os próximos passos, incluindo o desenvolvimento de design, o registro de marcas e o design das aplicações.

Dê seguimento à reunião com um memorando no qual delineia todas as decisões que foram tomadas.

> **Não espere que o trabalho fale por si próprio. Mesmo as soluções mais engenhosas precisam ser vendidas.**
>
> Suzanne Young
> *Estrategista de comunicação*

Kanga: Matchstic

Fase 4 – Criação de pontos de contato

Visão geral

A Fase 4 trata do desenvolvimento e do refinamento do design. O conceito de design da identidade da marca foi aprovado, e uma atmosfera de urgência gera um bombardeio de perguntas: "Quando teremos os cartões de visita?", seguida de "em quanto tempo nossos padrões estarão funcionando?".

4 criação de pontos de contato

O design é inteligência tornada visível.

Lou Danziger
Designer e educador

Nunca é tarde para ser aquilo que você poderia ter sido.

George Elliot

Depois que as decisões maiores são tomadas, grande parte das empresas quer começar a todo vapor. A tarefa da consultoria de identidade de marca é manter o ímpeto enquanto cuida da finalização dos detalhes cruciais.

Na Fase 3, foram desenvolvidas aplicações hipotéticas para testar as ideias e ajudar a vender os principais conceitos. Agora, a prioridade maior é refinar e finalizar os elementos da identidade e criar as assinaturas visuais. Esse trabalho exige uma atenção obsessiva ao detalhe, pois os arquivos criados são permanentes. É fundamental testar as assinaturas visuais nos mais diversos tamanhos e mídias. As decisões sobre famílias tipográficas, paletas de cores e elementos visuais secundários são tomadas nesta fase.

Enquanto a equipe de design está fazendo a sintonia fina, a empresa está organizando a lista final de aplicações cujo design e produção precisam ser providenciados. As aplicações essenciais são priorizadas, e o conteúdo é fornecido e desenvolvido. As empresas especializadas em propriedade intelectual começam o processo de registro de marcas, confirmando o que tem de ser registrado e em que classes de indústria. Os advogados confirmam que não existam marcas conflitantes.

Um programa de identidade de marca abrange uma linguagem visual excepcional e única que se expressa em todas as aplicações. Seja qual for a mídia, as aplicações precisam funcionar em harmonia. O desafio é o design encontrar o equilíbrio correto entre flexibilidade de expressão e consistência na comunicação.

Briefing de criação

Design de identidade não é uma questão do que você gosta ou desgosta. É uma questão do que funciona.
Sagi Haviv
Sócio
Chermayeff & Geismar & Haviv

O *briefing* de criação não pode ser escrito até que o *briefing* de marca esteja aprovado. Todos os membros da equipe de criação precisam aprovar o *briefing* de marca, a auditoria da concorrência e a auditoria de marketing.

O *briefing* de criação sintetiza o que a equipe de criação precisa saber para realizar um trabalho responsável e alinhado com os objetivos gerais do projeto. Esse *briefing* depende da aprovação dos principais tomadores de decisões antes que qualquer trabalho conceitual ou criativo possa ser realizado. Os melhores *briefings* resultam da colaboração entre o cliente e a equipe de consultoria. O trabalho criativo inclui tudo que envolve a identidade de marca, desde os nomes, o redesign do logotipo, o desenvolvimento das mensagens principais, a arquitetura de marca e o design de embalagens até o sistema integrado de design.

Conteúdo do *briefing* de criação

Metas da equipe

Metas de comunicação de todos os elementos da identidade de marca

Lista das aplicações críticas

Critérios funcionais e de desempenho

Mapa mental ou análise SWOT

Posicionamento

Protocolos

Declaração de confidencialidade

Sistema de documentação

Benchmarks e datas de apresentação

Aplicação do design

Essenciais

Transmita a personalidade da marca.

Alinhe-se com a estratégia de posicionamento.

Crie um ponto de vista, aparência e sentido.

Faça o sistema de design funcionar em todas as mídias.

Demonstre entendimento do cliente-alvo.

Preste atenção aos detalhes.

Diferencie. Diferencie. Diferencie.

Básico

O design é um processo iterativo entre o quadro geral e os detalhes.

Desenhe aplicações reais e do sistema de identidade simultaneamente.

Certifique-se de que todos os pressupostos sejam realizáveis.

Esteja aberto para novas descobertas à medida que a experiência se torna mais real.

Imperativos

Aproveite todas as oportunidades para comunicar a grande ideia.

Crie uma linguagem visual unificada.

Comece a pensar na estratégia de lançamento.

Estabeleça o equilíbrio entre consistência e flexibilidade.

Produza aplicações reais antes de finalizar os padrões.

Trabalhe primeiro com as aplicações de maior visibilidade.

Saiba quando buscar ajuda de especialistas externos.

Acompanhe as diversas aplicações.

Nunca apresente uma aplicação sem demonstrar seu alinhamento com a estratégia da marca.

Seja obcecado pela qualidade.

Reúna as anotações feitas durante essa fase para criar padrões e diretrizes de aplicação.

Fase 4 – Criação de pontos de contato

Estratégia de conteúdo

Com uma infinidade de modalidades de comunicação e canais de marketing, a criação e distribuição de conteúdo se tornou essencial para marcas de todos os tamanhos. Seja o conteúdo original ou gerado pelo usuário, seja uma fonte de entretenimento, esclarecimento ou educação, ele fortalece os seus laços com os clientes. Priorize-o: os clientes esperam conteúdos novos e envolventes. O marketing de conteúdo bem-sucedido é autêntico em relação à sua voz de marca.

Ao contrário dos sistemas de gerenciamento de conteúdo (CMS, de *content management systems*), que permitem que os usuários editem facilmente conteúdos digitais, a estratégia de conteúdo é uma arte, exigindo um entendimento profundo dos seus clientes e o desejo de diferenciar sua marca dos concorrentes. As pesquisas mostram que conteúdos que incorporam vídeos e imagens são compartilhados mais vezes e são mais lembrados do que conteúdo apenas em texto.

Metas

Promover consciência de marca

Compartilhar combustível

Convidar a participação dos clientes

Provocar curiosidade

Agregar valor: ser útil

Produzir afinidade e confiança

Começar conversas

Transformar o cliente em herói e construtor de marca

Aumentar as taxas de conversão

Envolver os funcionários e torná-los embaixadores da marca

> Hoje, os usuários esperam conteúdo personalizado e hiper-relevante, transmitido instantaneamente onde quer que produzam engajamento.

Amanda Todorovich
Diretora de marketing de conteúdo
Cleveland Clinic

Canais

Facebook
Instagram
Snapchat
Twitter
YouTube
Vimeo
LinkedIn

- fotos
- vídeos
- animações
- entrevistas
- infográficos
- gráficos
- posts em blogs
- ilustrações
- microsites
- narrativa
- livestreams
- anúncios
- podcasts
- livro branco
- e-books
- memes

> As marcas estão investindo pesado em conscientização, treinamento e governança para capacitar seus funcionários e transformá-los em embaixadores da marca por meio de produção e compartilhamento de conteúdos e envolvimento com mídias sociais.
>
> Bernie Borges
> *CEO, Find and Convert*
> *Produtor, Social Business Engine*

> O apetite por vídeo entre os clientes é insaciável... e é a forma mais eficaz de atomizar o marketing de conteúdo: se tem vídeo, você tem áudio, texto (transcrição) e fotos.
>
> Jay Baer
> *Presidente, Convince & Convert*
> *Hug Your Haters*

> Usar um capacete enquanto pedala pela cidade até o trabalho, sem perder o estilo, se tornou a nossa oportunidade de criar um novo produto que transformaria esse elemento de segurança dobrável em acessório de moda.
>
> Carlos Ferrando
> *Fundador & Enhancer*
> *Closca Design*

Tipos de conteúdo

Original

Liderança intelectual, retratos da cultura corporativa, talvez até sua própria revista de marca: estes são os alicerces do seu marketing de conteúdo. Este é o conteúdo que você gera e que comunica o DNA da sua marca, e o ideal é que ele seja, ao mesmo tempo, fonte de informação e entretenimento.

Com curadoria

Oferecer uma fonte de materiais relevantes, com curadoria cuidadosa, é uma maneira de fidelizar os clientes. Agregar os melhores conteúdos de múltiplas fontes, sem esquecer de lhes dar crédito, eleva a credibilidade da sua marca e demonstra o comprometimento com transparência.

Atemporal

Testemunhos dos clientes, históricos da empresa, estudos de caso, guias de uso e FAQs (perguntas frequentes) são atemporais. Eles não vencem e não precisam ser atualizados com frequência. O conteúdo atemporal é útil para os clientes, e particularmente útil para SEO (*search engine optimization*), pois tende a gerar alto tráfego na Internet.

Patrocinado

O conteúdo patrocinado inclui posts, entrevistas e vídeos que você cria para o canal de outra marca, e que é republicado (com os créditos apropriados) por outra marca, geralmente no seu site, blog ou mídias sociais.

Gerado pelos usuários

A onipresença das mídias sociais e a facilidade da criação de conteúdo transferiu poder das marcas para os clientes. O conteúdo gerado pelos usuários colabora para a história de marca da empresa, seja ele composto de fotografias enviadas para um concurso ou tuítes apoiando um novo produto.

Fatores cruciais para o sucesso

Desenvolva personas dos clientes para que o seu conteúdo seja bem aceito: mergulhe nos interesses, medos, atividades e preferências do seu cliente.

Determine o equilíbrio entre conteúdo original, gerado pelos usuários e com curadoria.

Torne-o visual.

Maximize a experiência móvel do seu usuário.

Invista em qualidade: os clientes vão compartilhar conteúdo excelente.

Observe o que os concorrentes estão fazendo e então seja você mesmo.

Fase 4 – Criação de pontos de contato

Site

Os sites são o item número um na lista de itens necessários para uma marca. Agora que não estão mais acorrentados ao computador de mesa, eles migram junto com o consumidor, para o seu iPad ou *smartphone*, no shopping, em uma caminhada ou embaixo do travesseiro.

Conteúdos envolventes e interfaces convidativas têm o potencial de dar vida à marca. Um site é quase tão bom quanto o mundo real; em alguns casos, é mais eficiente, mais amigável e mais rápido para o usuário. Pense no varejo.

Os melhores sites sabem quem são seus usuários e lhes dão motivos para voltar sempre. Os vídeos começaram a invadir a maioria dos sites, com narrativas e testemunhos.

Diversos especialistas trabalham colaborativamente na construção de sites, incluindo designers gráficos e de experiência do usuário, arquitetos da informação, desenvolvedores, autores de conteúdo, gerentes de projeto, engenheiros de usabilidade e especialistas em mecanismos de busca, e se tornaram essenciais para a sua equipe.

Todos precisam de comida, um teto, amor e um site.

Lissa Reidel
Consultora

> Transformação não é só uma questão de marca, é como a tornamos real para as pessoas. Isso é crucial para como o mundo nos enxerga hoje.

Michelle Bonterre
Diretora de marca
Dale Carnegie

Processo: Design de sites
Desenvolvido por Gavin Cooper

> Comece o plano
- Reafirme os objetivos de negócios.
- Estabeleça equipes, funções e responsabilidades.
- Revise o posicionamento ou *briefing* de marca.
- Identifique fatores cruciais de sucesso.
- Desenvolva fluxos de trabalho, cronogramas e orçamentos.
- Estabeleça um protocolo de comunicação.
- Conduza a análise da concorrência e de SEO.
- Estabeleça boas práticas.

> Compreenda os usuários
- Identifique os usuários e crie personas de usuários.
- Avalie as metas dos usuários.
- Obtenha *insights* dos usuários principais.
- Crie cenários de uso para o site.
- Considere a experiência em dispositivos móveis.
- Considere a experiência social.

> Crie uma estratégia de conteúdo
- Faça buscas por palavras-chave.
- Esclareça as responsabilidades pela gestão de conteúdo.
- Preveja o conteúdo a ser lançado em 12 meses.
- Desenvolva uma estratégia de conteúdo de SEO.
- Avalie possíveis canais de mídias sociais.
- Desenvolva a arquitetura da informação.
- Mapeie o conteúdo com a navegação aprovada.

> Crie protótipos
- Defina a arquitetura da informação.
- Examine as possibilidades da interface.
- Desenvolva o *wireframe* do site.
- Faça testes de usabilidade.
- Ajuste o protótipo com base nos resultados de usabilidade.
- Teste novamente para medir as melhorias.
- Mapeie o conteúdo em relação ao *wireframe*.
- Comece a definir o plano de desenvolvimento.

O básico dos sites

Mantenha as metas do site, as necessidades do público, as principais mensagens e a personalidade da marca como foco para todas as decisões.

Antecipe o crescimento futuro. Considere todas as plataformas e dispositivos.

Comece a estrutura do site com o conteúdo, não como um design de tela. Redija o conteúdo especificamente para a Web.

Não force o conteúdo em agrupamentos contraintuitivos.

Faça testes de usabilidade.

Não espere ficar perfeito. Lance-o e então melhore-o constantemente. Dê aos usuários um motivo para voltarem.

Observe a etiqueta. Alerte os visitantes sobre a necessidade de tecnologias especiais, os momentos em que a tela vai ser carregada de forma mais lenta ou links que levam para fora do seu site.

Lembre-se dos que precisam de ajuda: faça arranjos para que os deficientes visuais possam usar software para ler o site em voz alta ou para que possam ampliar a exibição do texto.

Pergunte a cada passo: a mensagem está clara? O conteúdo é acessível? A experiência é positiva?

Confronte as determinações da política interna que possam sabotar as metas do site.

> É uma marca americana icônica, mas agora a sua pegada e a sua personalidade são globais.
>
> Justin Peters
> *Diretor executivo de criação*
> *Carbone Smolan Agency*

Dale Carnegie: Carbone Smolan Agency (design de marca) + Digital Surgeons (design e desenvolvimento do site)

> Visualize

Revise o *briefing* de marca e as diretrizes de design.

Elabore páginas-mestre.

Desenhe páginas de mídias sociais.

Considere todos os dispositivos relevantes.

Utilize princípios de design de usabilidade.

Produza todos os textos, fotografias e vídeos.

Refine e finalize o design para garantir a consistência.

Otimize o conteúdo para mecanismos de busca.

> Produção

Confirme o plano de desenvolvimento.

Escreva o código-fonte do *front end*.

Implemente CMS.

Implemente SEO On-page.

Preencha o site com conteúdo.

Implemente a estrutura de relatórios do site.

Lance o beta para os principais tomadores de decisões.

Teste o design + funcionalidade em diversos navegadores e dispositivos.

Faça os ajustes necessários.

> Lançar + monitorar

Promova o lançamento do site internamente.

Promova o lançamento do site externamente.

Dissemine diretrizes fáceis de usar.

Lance o site.

Implemente a avaliação da análise de dados.

Comunique os sucessos e o impacto.

Fase 4 – Criação de pontos de contato

Material colateral

Os melhores materiais colaterais comunicam as informações certas na hora certa para o cliente atual ou potencial. Um sistema unificado aumenta o reconhecimento de marca. Ao tornar as informações acessíveis, a empresa demonstra que compreende as necessidades e preferências dos seus clientes.

A marca é mais do que um logotipo ou uma tagline, é um empreendimento estratégico.

Michelle Bonterre
Diretora de marca
Dale Carnegie

O básico do sistema de material colateral

As informações devem ser fáceis para os clientes entenderem e devem ajudá-los a tomar decisões de compras.

As diretrizes do sistema devem ser de fácil entendimento para os gerentes, os profissionais de design e as agências de publicidade.

Os sistemas devem incluir elementos flexíveis, sem abrir mão dos padrões claros e absolutos.

O design excelente só é eficaz quando reproduzido na mais alta qualidade.

Os melhores materiais colaterais são bem redigidos e apresentam a quantidade apropriada de informações.

Os sistemas devem incluir uma chamada consistente à ação, uma URL e informações de contato.

Processo: Design de material colateral

> **Reveja o todo**
Esclareça os objetivos.
Examine as metas do posicionamento.
Verifique a auditoria da concorrência e a interna.
Identifique as necessidades funcionais e métodos de utilização, distribuição e produção.
Identifique os desafios.

> **Desenhe um sistema de capas**
Defina o grid para assinatura, conteúdo e elementos visuais.
Examine:
Assinaturas visuais em lugar primordial.
Assinatura visual decomposta.
Assinatura não usada na capa.
Assinatura usada somente na última página.
Nome do produto em posição primária.

> **Determine o sistema tipográfico**
Uma ou duas famílias tipográficas.
Fonte tipográfica do título
Fonte tipográfica do descritor da capa
Face para títulos
Face para subtítulos
Face para o texto
Face para as legendas

> **Determine os elementos visuais**
Defina as qualidades de estilo.
Fotografia
Ilustração
Elementos de design
Colagem
Tipografia
Abstrato
Derivados da identidade

> **Crie a família de cores**
Defina o conjunto de cores aprovadas.
Avalie os métodos de produção para alinhar as cores em todas as mídias.

> Nossa equipe de marca era composta de franqueados, representando diferentes regiões de todo o mundo. Esforçamo-nos muito para suspender nossas preferências pessoais e enfocar os princípios de marca fundamentais, compartilhados por várias perspectivas.

Michelle Bonterre
Diretora de marca
Dale Carnegie

> Após realizar uma prova de conceito da abordagem visual adotada para o sistema de materiais colaterais, decidimos adotar um estilo fotográfico que refletisse a ideia de transformação. As imagens são fortes, emocionalmente abertas, cheias de energia... e centradas em pessoas.

Justin Peters
Diretor executivo de criação
Carbone Smolan Agency

Dale Carnegie: Carbone Smolan Agency

> Escolha formatos padrão
Tamanhos americanos
Tamanhos internacionais
Pense na postagem.
Pense na distribuição eletrônica.

> Especifique o papel
Examine funcionalidade, opacidade e sensação.
Examine o preço.
Decida os tipos de papéis.
Faça bonecos.
Sinta o papel.
Considere a gramatura.
Pense no papel reciclado.

> Desenvolva protótipos
Use texto real.
Edite a linguagem, se necessário.
Demonstre a flexibilidade e a consistência do sistema.
Decida as configurações da assinatura.

> Desenvolva as diretrizes
Articule as metas e o valor da consistência.
Crie grids e modelos.
Explique o sistema com exemplos reais.
Monitore a execução.

Fase 4 – Criação de pontos de contato

Artigos de papelaria

Trabalhar em um mundo digital ainda exige papel. Podemos mandar mensagens de texto para os fundos de capital de risco em um nanossegundo, mas os cartões de visita ainda são um rito de passagem, usados no mundo todo para formar novas conexões. Apesar de mandarmos faturas pelo PayPal e escrevermos e-mails até não podermos mais, o papel timbrado ainda comunica mais profissionalismo e dignidade.

Mesmo para a geração do "dar um toque", uma carta pessoal, mandada pelo correio, costuma ser recebida com prazer. Em um mundo repleto de comunicações eletrônicas, a sensação passada por um cartão de visitas manda um sinal de qualidade e sucesso. No futuro, nossos cartões de visita podem vir a incluir uma impressão digital ou outros dados biométricos.

Um bom cartão de visita é como uma grande gravata: você não se torna uma pessoa melhor, mas é mais respeitado.

Sean Adams
Fundador
Burning Settlers Cabin

Cartões de visita são um ritual que ainda vai durar muito.

Andrew Hill
Leadership in the Headlines

A JAGR começou como uma colaboração entre especialistas em móveis da virada do século, arte e design de interiores.

Processo: Design de artigos de papelaria

> **Esclareça o uso + usuários**
  Cartões de visita
  Papel timbrado
  Memorandos
  Faturas
  Formulários
  Envelopes
  Rótulos

> **Determine as necessidades**
  Impresso +/ou digital
  Corporativo
  Divisão
  Pessoal
  Quantidades
  Frequência

> **Reveja o posicionamento**
  Auditoria interna
  Auditoria da concorrência
  Arquitetura de marca
  Logotipo, cor + tipo

> **Finalize o conteúdo**
  Informações essenciais
  Endereço
  Fone + e-mail
  Web
  Tagline
  Informações regulamentares
  Afiliação profissional
  Abreviaturas unificadas

> **Desenvolva o design**
  Use conteúdo real.
  Examine o sistema como um todo.
  Conheça os tamanhos nacionais.
  Considere o verso do cartão.
  Examine as iterações:
  Situação de melhor caso
  Situação de pior caso

Sandra K	Colleen K	Bethany S	John L	Dana L

Criei símbolos individuais para cada pessoa baseados nas iniciais de seus nomes. Inspirados pelos japoneses, cada cartão de tamanho grande foi colocado em um envelope.

Jon Bjornson
Fundador
Jon Bjornson Art + Design

JAGR: Jon Bjornson Art & Design

A maior parte do mundo usa papéis timbrados e envelopes baseados no sistema métrico. Apenas Estados Unidos, Canadá e México usam um sistema diferente.

O básico do design de artigos de papelaria

Pense no cartão de visita como uma ferramenta de marketing.

Faça as informações serem de fácil leitura.

Limite a quantidade de informações.

Use o verso para uma mensagem de marketing.

Comunique qualidade pela aparência, sentido e peso do cartão.

Assegure-se de que todas as abreviaturas estejam padronizadas.

Certifique-se de que os títulos estejam padronizados.

Garanta que o uso tipográfico de caixa-alta e caixa--baixa esteja padronizado.

Desenvolva um sistema de formatos.

> Especifique o papel
Superfície
Gramatura
Cor
Qualidade
Reciclado
Barato

> Escolha a produção
Impressão offset
Impressão digital
Gravura em metal
Estampagem (*hot stamping*)
Gofragem
Impressão tipográfica
Marca d'água

> Controle a produção
Revise o texto para garantir a precisão e a padronização.
Desenvolva modelos digitais.
Revise as provas.
Imprima uma tiragem de teste pequena, caso a quantidade final seja muito grande.

Fase 4 – Criação de pontos de contato

Sinalização

Nas ruas e nos arranha-céus da cidade, em museus e aeroportos, a sinalização funciona como forma de identificação, informação e publicidade. A sinalização eficaz nas lojas aumenta a receita, enquanto os sistemas inteligentes de *wayfinding** apoiam e acentuam a experiência de um destino.

No século XVIII, as leis determinavam que os donos de estalagens tivessem suas placas erguidas o bastante para dar passagem a um cavaleiro armado montado em seu cavalo. No século XXI, metrópoles e cidades ao redor do mundo revisam seus códigos de sinalização de forma a criar ambientes que deem suporte à imagem que a comunidade quer retratar e também para regulamentar padrões que protejam a segurança pública.

> A sinalização ajuda as pessoas a identificar, navegar e compreender os ambientes.
>
> Alan Jacobson
> *Diretor*
> Ex;it

Por trás destes muros, estamos criando sua nova experiência de museu.
Philadelphia Museum of Art

Constructionism é uma instalação que transforma os tapumes ao redor de um canteiro de obras em uma galeria improvisada para reproduções de obras de arte, destacando a coleção permanente do Philadelphia Museum of Arts, lembrando o público de que o museu ainda está aberto, apesar da enorme expansão comandada pelo arquiteto Frank Gehry.

Philadelphia Museum of Art: Pentagram

Processo: Design de sinalização

> Estabeleça metas
Determine o escopo do projeto.
Compreenda as necessidades e hábitos do público.
Esclareça o posicionamento.
Esclareça a função.
Desenvolva os prazos e orçamento.

> Construa a equipe do projeto
Gerente dos recursos do cliente
Empresa de design da informação
Fabricante
Arquiteto ou designer de ambiente
Consultor de iluminação

> Conduza a pesquisa
Auditoria do local: ambiente
Auditoria do local: tipos de edificações
Hábitos e padrões dos usuários
Leis e zoneamento do local
Instalações para deficientes
Condições meteorológicas e de tráfego
Materiais e acabamentos
Processos de fabricação

> Estabeleça os critérios do projeto
Legibilidade
Colocação
Visibilidade
Sustentabilidade
Segurança
Manutenção
Proteção
Modularidade

*N. de E.: Processo de utilizar informações espaciais e ambientais para navegar até um destino.

O básico da sinalização

Constructionism é uma celebração do que o museu faz, que é tornar a arte acessível para a cidade.

Paula Scher
Sócia
Pentagram

A sinalização expressa a marca e trabalha a partir da compreensão das necessidades e dos hábitos dos usuários no ambiente.

A legibilidade, a visibilidade, a durabilidade e o posicionamento devem conduzir o processo de design. Distância, velocidade, luz, cor e contraste afetam a legibilidade.

A sinalização é um meio de comunicação que funciona 24 horas por dia, sete dias por semana, e pode atrair novos clientes, influenciar decisões de compra e aumentar as vendas.

A sinalização externa deve considerar o tráfego tanto de veículos quanto de pedestres.

Cada comunidade, parque industrial e shopping center desenvolve o seu próprio código de sinalização; não existem códigos universais.

Os códigos de sinalização envolvem escolhas de material, iluminação (elétrica) e estruturas; questões de zoneamento e uso do solo afetam a colocação e o tamanho dos sinais.

As restrições de zoneamento precisam ser consideradas antes do desenvolvimento do design.

O licenciamento e os pedidos de variância devem incluir os benefícios para o planejamento de uso do solo.

A sinalização exige um compromisso de longo prazo; os planos e contratos de manutenção são fundamentais para proteger o investimento.

O desenvolvimento de protótipos minimiza os riscos, pois testa o design antes da fabricação.

A sinalização deve ser sempre um complemento da arquitetura geral local e do uso do solo.

Os manuais de padrões de sinalização incluem várias configurações, materiais, seleções de fornecedores e detalhes de produção, instalação e manutenção.

> Comece os planos de design
Sistema de identidade de marca
Cor, escala, formato
Tipografia
Iluminação
Materiais e acabamentos
Técnicas de fabricação
Montagem e estruturas
Colocação

> Desenvolva o design
Comece o processo de variações.
Prepare protótipos ou modelos.
Finalize o conteúdo.
Faça desenhos ou interpretações.
Escolha amostras de materiais e cores.

> Complete a documentação
Desenhos de trabalho completos
Detalhes de construção, montagens e elevação
Especificações finais
Planos de colocação
Documentos de licitação
Formulários de licenciamento

> Gerencie a fabricação + manutenção
Verifique os desenhos de fabricação.
Inspecione o trabalho.
Gerencie a fabricação.
Gerencie a instalação.
Desenvolva um plano de manutenção.

Fase 4 – Criação de pontos de contato

Design de produto

Os melhores produtos tornam a vida mais fácil, combinando função, forma e marca superiores. Pense OXO, iPod, Google, Prius. Hoje, os produtos também são avaliados por sua sustentabilidade. Preciso mesmo disso? Esse produto vai acabar em um aterro sanitário? A empresa é ambiental e socialmente responsável? Com o surgimento de blogs, Instagram e SMS, os clientes satisfeitos se tornaram o novo departamento de marketing, mas os clientes insatisfeitos também contam a todos suas decepções.

Por trás de toda inovação em um produto há uma equipe interdisciplinar de especialistas, utilizando o entendimento das necessidades, dos comportamentos e dos desejos do cliente. Especialistas em pesquisa, design, fatores humanos e engenharia colaboram com as equipes de gestão de marca para atender às necessidades insatisfeitas, criar relações duradouras com clientes fiéis e perpetuar a promessa de marca.

O Bresslergroup desenvolveu uma interface simples e intuitiva para quem toma café de manhã cedo, quase sem ter acordado ainda, e precisa da xícara de café perfeita.

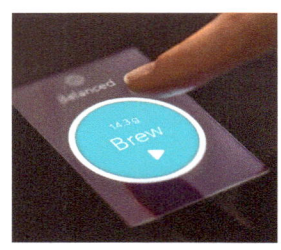

A utilidade que surpreende e agrada será recompensada com amor e lealdade.

Bill Horan
Diretor de criação, design de interação
Bresslergroup

Bruvelo: Bresslergroup

Os melhores produtos de consumo

Antecipam as necessidades e o comportamento do cliente.

Expressam a promessa de marca.

Oferecem função, forma e valor superiores.

São fáceis de usar e de entender.

Têm serviço e suporte confiáveis e simpáticos.

Definem expectativas e desejos para produtos futuros.

Dispõem de diferenciação significativa.

Fazem considerações sustentáveis na cadeia de fornecimento.

Produzem indicações de usuários.

São criados por uma equipe interfuncional.

São consistentes com pontos de contato do pré- e pós-venda.

Processo de design de produto
Desenvolvido por Bresslergroup

> **Pesquisa generativa**
Esclareça a estratégia de marca do produto.
Conduza a análise da concorrência.
Absorva pesquisas secundárias e do cliente.
Identifique lacunas nas informações.
Pesquise novos *insights*.
Analise questões ergonômicas e de usabilidade.
Faça um levantamento das tendências de mercado.
Busque possíveis armadilhas de propriedade intelectual.
Realize um estudo de viabilidade.

> **Planejamento/ definição do produto**
Reúna uma equipe de desenvolvimento interfuncional.
Desenvolva os perfis dos usuários.
Defina as principais funções e diferenciadores.
Esclareça a posição da marca.
Refine as especificações formais do produto.
Chegue a um consenso com a equipe.

> **Ideação**
Realize um *brainstorming* em múltiplos níveis.
Explore opções de configuração.
Explore conceitos bi e tridimensionais.
Construa modelos para provar os conceitos.
Refine os conceitos para a revisão em equipe.
Elimine e refine conceitos.
Crie uma apresentação do teste.

> **Pesquisa de avaliação**
Desenvolva a metodologia de pesquisa.
Recrute participantes.
Conduza o teste conceitual entre clientes.
Analise os dados.
Desenvolva recomendações para refinamento.

> **Refinamento de conceito**
Sintetize o *feedback* do cliente.
Refine as especificações.
Desenvolva os detalhes estéticos e de funções.
Crie uma lógica de interação do usuário.
Desenvolva a engenharia da resolução do componente.
Detalhe a forma e os pontos de contato.
Refine o sistema gráfico e informações sobre o produto.
Revise pontos de contato bi e tridimensionais.

Closca Helmet: Closca & Culdesac

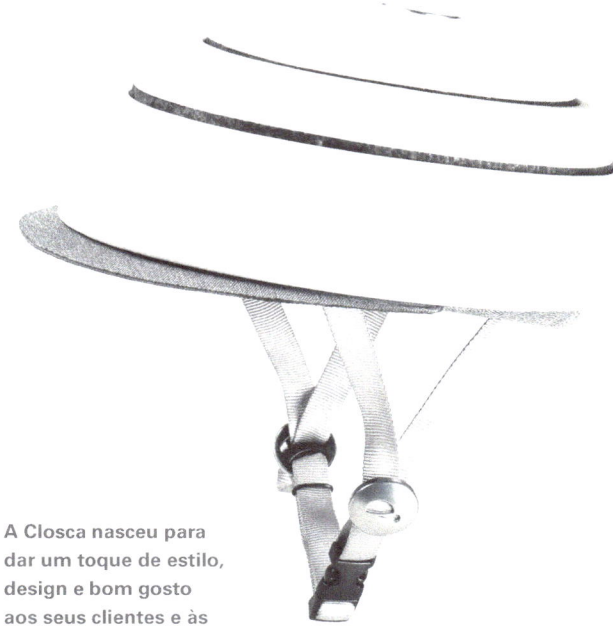

A Closca nasceu para dar um toque de estilo, design e bom gosto aos seus clientes e às cidades onde moram.

Estamos com pessoas que valorizam a beleza, não se sentem intimidadas pelas mudanças e sentem a necessidade inevitável de causar transformações.

Carlos Ferrando
Fundador & Enhancer
Closca

O Closca Fuga é um capacete de ciclismo dobrável, chique, conveniente e detentor de certificações de segurança. Ele está posicionado como o capacete de ciclismo para o cidadão inteligente.

> Desenvolvimento de engenharia

Desenvolva matrizes de contato.
Crie uma estratégia de fabricação.
Construa uma lista detalhada de peças.
Desenvolva tarefas de design de montagem.
Analise funções e interfaces de alto risco.
Desenvolva engenharia centrada em sustentabilidade e otimização dos custos.
Represente o design mecânico, elétrico e da interface do usuário no CAD.
Construa protótipos.
Conduza testes de desempenho e validação do cliente.

> Pesquisa de avaliação

Valide o design do produto.
Examine a experiência do cliente.
Avalie estética, usabilidade, funcionalidade.
Realize análise de engenharia.
Garanta o cumprimento dos padrões.
Revise a estratégia de produção com os fabricantes.
Analise os resultados dos testes.
Crie uma lista de mudanças finais.

> Implementação da produção

Finalize as estimativas de produção.
Complete os detalhes da produção em massa.
Construa os protótipos finais.
Codifique as melhorias de design.
Realize um estudo de tolerância de engenharia.
Finalize a documentação de engenharia para produção e ferramentas.
Finalize o plano de produção e ferramentaria.

> Apoio à produção

Coordene a fabricação da ferramentaria.
Realize uma revisão formal das primeiras peças de produção.
Obtenha a aprovação final.
Forneça mudanças finais no design da produção.
Auxilie os testes de cumprimento final.

Fase 4 – Criação de pontos de contato

Embalagem

As embalagens são marcas nas quais você confia o suficiente para levar para dentro de casa. Somos continuamente seduzidos e engambelados pelas formas, grafismos, cores, mensagens e recipientes das embalagens. A prateleira provavelmente é o ambiente mais competitivo do mundo do marketing, e levamos segundos para tomar nossas decisões sobre o que comprar. De novas marcas à extensão e revitalização de linhas de produtos, as considerações sobre valor de marca, custo, tempo e concorrência são muitas vezes complexas.

O design de embalagens é uma disciplina especial, que frequentemente envolve a colaboração com designers industriais, engenheiros de embalagens e fabricantes. Na indústria farmacêutica e no setor de alimentos, ele é regulamentado pelo governo. Além de embalagens fortes, o lançamento de novos produtos exige diversas outras facetas, incluindo gestão da cadeia de suprimentos, fabricação, distribuição ou expedição, reuniões com a equipe de vendas, marketing, propaganda e promoção.

A embalagem, a única mídia de marca vivenciada 100% pelos consumidores, oferece um retorno sobre investimento maior do que qualquer outra estratégia de gestão de marcas.

Rob Wallace
Defensor de marca
Best of Breed Brand Consortium

A embalagem é o misto mais potente de história de marca e comportamento do consumidor.

Brian Collins
Diretor executivo de criação
Collins

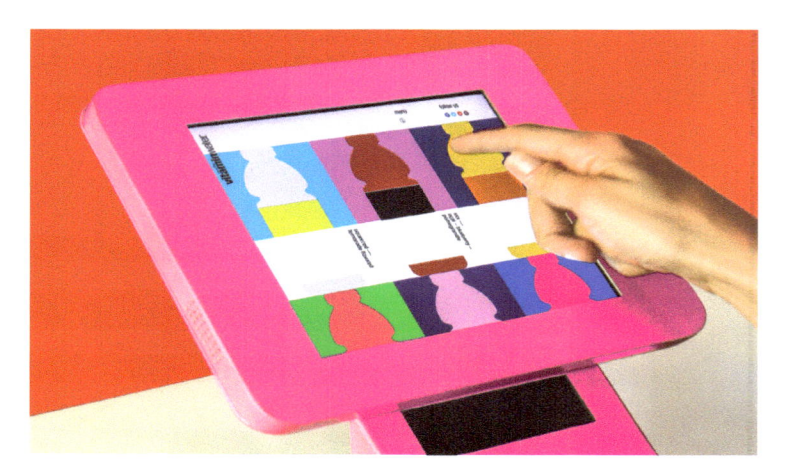

Primeiro comprei porque parecia legal. Depois comprei porque o gosto era bom.

Michael Grillo
14 anos

Como marca, sempre seguimos nossos princípios de design de vividez, minimalismo, personalidade e funcionalidade. Nosso sistema de identidade para a vitaminwater reinventou essas texturas e as reuniu de uma forma autêntica, audaciosa e relevante.

Alex Center
Diretor de design
The Coca-Cola Company

vitaminwater: Collins

Processo: Design de embalagens

> Esclareça metas + posicionamento
Estabeleça metas e defina o problema.
Valor de marca
Concorrência
Marcas existentes na linha de produtos
Preço
Consumidor-alvo
Benefícios do produto

> Promova auditorias + identifique a equipe de especialistas
Concorrência (categoria)
Varejo (ponto de venda)
Online
Marcas (internas, linha de produtos existente)
Design de embalagens
Engenheiro de embalagens
Fabricantes de embalagens
Designers industriais
Departamento jurídico

> Faça a pesquisa quando necessário
Compreenda o valor de marca.
Determine os padrões de marca.
Examine a arquitetura de marca.
Esclareça quem é o consumidor-alvo.
Confirme a necessidade pelo produto – os benefícios do produto agradam?
Confirme a linguagem – como o benefício deve ser expresso?

> Pesquise as exigências legais
Marca e padrões corporativos
Específicos do produto
Peso líquido
Informações sobre medicamentos
Informações sobre nutrição
Ingredientes
Avisos
Afirmações

> Pesquise critérios funcionais
Estabilidade do produto
Resistência a adulteração e roubos
Espaço da prateleira
Durabilidade
Uso
Acondicionamento
Capacidade de conteúdos

O básico da embalagem

Champanhe de lata, atum de sacola, vinho de caixa. Para mim, o ovo ainda é a embalagem perfeita.

Blake Deutsch

A prateleira é o ambiente de marketing mais competitivo que existe.

O bom design vende. É uma vantagem competitiva.

O posicionamento relativo à concorrência e a outros componentes da linha de produtos é fundamental para o desenvolvimento de uma estratégia de embalagem forte.

Uma abordagem disciplinada e coerente no planejamento leva a uma presença de marca unificada e poderosa no mercado.

A estrutura e os gráficos podem se desenvolver ao mesmo tempo. É um debate sobre quem nasceu primeiro, o ovo ou a galinha. Aborde ambas agnóstica e mutuamente.

As extensões de marca dentro de uma linha de produtos são sempre um cabo de guerra entre diferenciação e coerência.

Considere o ciclo de vida completo da embalagem e sua relação com o produto: fonte, impressão, montagem, acondicionamento, preservação, expedição, exibição, compra, uso e reciclagem/descarte.

Desenvolva cronogramas considerando a aprovação e a produção das embalagens, reuniões com o departamento de vendas, venda interna dos produtos para as lojas, fabricação e distribuição.

O desenvolvimento de uma nova estrutura demora bastante e é muito dispendioso, mas oferece uma vantagem competitiva especial e única.

Hoje, marcas como a vitaminwater usam uma única voz consistente em todos os pontos de contato com os consumidores. Todos os aspectos das comunicações de marca – ao vivo online, offline, em lojas ou ar livre, pertençam elas à propaganda, promoção ou embalagem – devem aderir à integridade de um único sistema visual claro e telegráfico. O número de anomalias apresentadas ao público deve ser minimizado.

> Determine especificações de impressão

Método: flexografia, litografia, rotogravura

Aplicação: impressão direta, rótulo, *shrink-wrap*

Outras: número de cores, tipo de plástico, código de barras, mínimos para *knockouts*

> Estabeleça o design estrutural

Design de nova estrutura ou aproveitamento de existentes?

Escolha as formas (p. ex.: papelão, garrafa, lata, tubo, jarra, metal, blíster).

Escolha materiais, substratos ou acabamentos possíveis.

Orce materiais e obtenha amostras.

> Finalize o texto + conteúdo

Nome do produto

Texto sobre suas qualidades

Ingredientes

Informações sobre nutrição/medicamentos

Peso líquido do conteúdo

Afirmações

Avisos

Distribuído por

Fabricado em

Código de barras

> Design + protótipo

Comece com as laterais (interpretação em 2D).

Providencie a construção de protótipos.

Restrinja as opções.

Faça o design do restante da embalagem.

Simule a realidade: use a estrutura/substrato real com o conteúdo.

> Avalie a solução + controle a produção

Em um ambiente de varejo/competitivo + online

Como componente da linha de produtos

Teste com consumidores.

Finalize os arquivos.

Supervisione a produção.

Fase 4 – Criação de pontos de contato

Propaganda

Desde que os mercadores da Rota da Seda louvaram os benefícios do jade e da seda nas canções líricas, os comerciantes criam a sensação de desejo e merecimento para seus produtos. Hoje, chamamos isso de propaganda. E, apesar das mídias sociais e do declínio das publicações impressas, ainda é uma das maneiras pelas quais os consumidores ficam sabendo sobre novos produtos, serviços e ideias.

Nossa sociedade tem uma relação de amor e ódio com a propaganda. Os comentaristas advertem sobre sua onipresença e sobre o cinismo de um público cada vez mais cético. Porém, quem pode resistir ao último catálogo ou ignorar os suntuosos anúncios das revistas? A propaganda é influência, informação, persuasão, comunicação e dramatização. É também uma arte e uma ciência, determinando novas maneiras de criar um relacionamento entre o consumidor e o produto.

As marcas devem parar de interromper o que interessa às pessoas e se tornar aquilo em que elas se interessam.

David Beebe
*Diretor de marketing de conteúdo e criação global
Marriott International*

Skip Ad ▶|

Alavanque o poder da sedução.

Pum Lefebure
*Diretora executiva de criação
Design Army*

A menos que sua campanha contenha uma grande ideia, ela passará como navios na noite.

David Ogilvy
Ogilvy on Advertising

The Eye Ball é um filme que conta a história da família Voorthuis, os proprietários da Georgetown Opticians opticamente obsessivos. O filme de mistério altamente estilizado é estrelado por uma herdeira do ramo de instrumentos ópticos, um mordomo maléfico, heranças roubadas e um elenco de cinquenta cães. A Design Army e Dean Alexander supervisionaram cada aspecto do filme, desde o estilo de vídeo e a escolha dos atores até a gradação de cor durante a pós-produção.

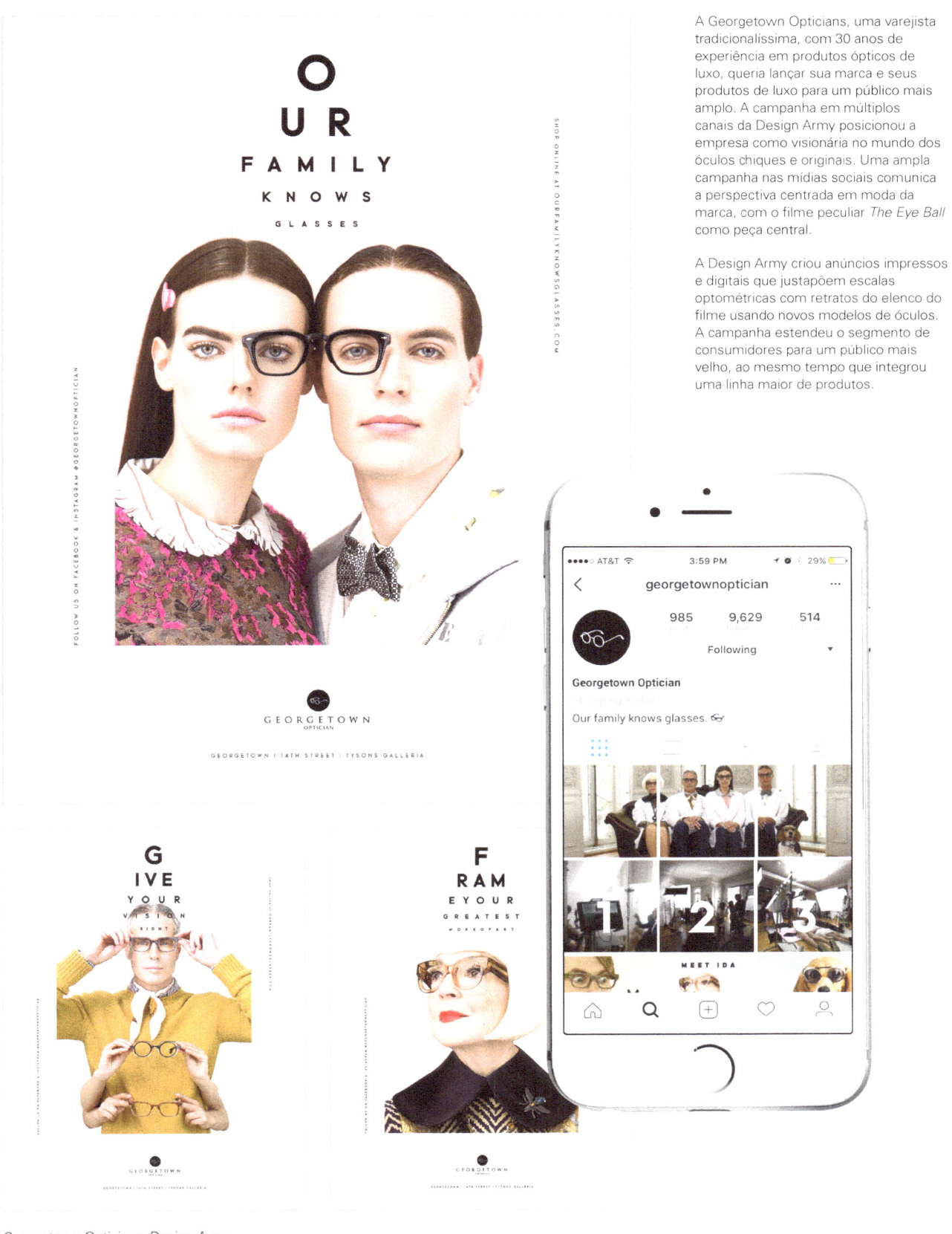

A Georgetown Opticians, uma varejista tradicionalíssima, com 30 anos de experiência em produtos ópticos de luxo, queria lançar sua marca e seus produtos de luxo para um público mais amplo. A campanha em múltiplos canais da Design Army posicionou a empresa como visionária no mundo dos óculos chiques e originais. Uma ampla campanha nas mídias sociais comunica a perspectiva centrada em moda da marca, com o filme peculiar *The Eye Ball* como peça central.

A Design Army criou anúncios impressos e digitais que justapõem escalas optométricas com retratos do elenco do filme usando novos modelos de óculos. A campanha estendeu o segmento de consumidores para um público mais velho, ao mesmo tempo que integrou uma linha maior de produtos.

Georgetown Opticians: Design Army
Fotografia: Dean Alexander; Texto: Mark Welsh

Fase 4 – Criação de pontos de contato

Ambientes

Não raro, o design e o clima de um restaurante são atrações maiores do que sua arte culinária, ou então uma empresa de serviços financeiros abre um café da moda para servir cafezinho e conselhos financeiros de alta qualidade. Fabergé, o ourives conhecido pelas esplêndidas joias em formato de ovo que criava para o czar, foi um dos primeiros empreendedores globais a compreender que um *showroom* bem concebido agrada os consumidores e aumenta as vendas.

A arquitetura externa é outra oportunidade para estimular o reconhecimento imediato e atrair clientes. Na década de 1950, um telhado cor de laranja visto a distância era um sinal claro e simpático de que havia um restaurante Howard Johnson's logo adiante. No lado oposto do espectro cultural, a arquitetura do Museu Guggenheim, em Bilbao, é a própria marca, além do grande ímã que atrai milhões de visitantes.

Arquitetos, designers de ambientes, designers gráficos, designers industriais, especialistas em iluminação, engenheiros de estruturas, engenheiros mecânicos, empreiteiros e subempreiteiros colaboram com equipes de desenvolvimento para criar ambientes e experiências especiais e envolventes. Cor, textura, proporções, luz, som, movimento, conforto, aromas e informação acessível trabalham em conjunto para expressar a marca.

Estávamos famintos pelo efeito Uau! Por experiências que afagam, consolam, lisonjeiam e garantem bons momentos. É isso que queremos pelo nosso dinheiro. Gosto de uma boa mesa, veja bem, mas comida a gente encontra em qualquer lugar.

Hilary Jay
Fundadora
DesignPhiladelphia

> Entender como as pessoas vivenciam os locais onde trabalham, aprendem, curam-se e descobrem é o que promove a missão da organização.

Alan Jacobson
Presidente
Ex;it

Fotos: Steve Weinik

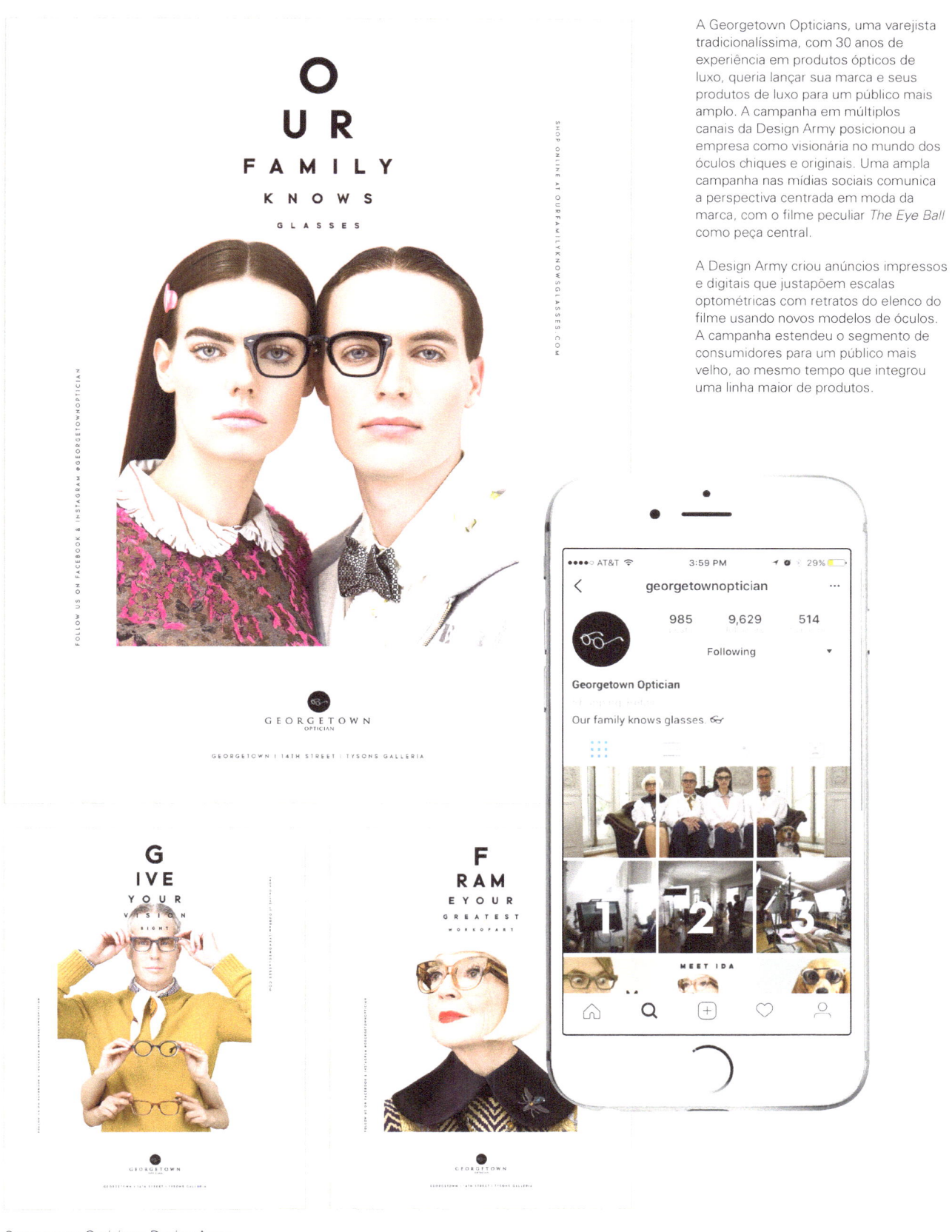

A Georgetown Opticians, uma varejista tradicionalíssima, com 30 anos de experiência em produtos ópticos de luxo, queria lançar sua marca e seus produtos de luxo para um público mais amplo. A campanha em múltiplos canais da Design Army posicionou a empresa como visionária no mundo dos óculos chiques e originais. Uma ampla campanha nas mídias sociais comunica a perspectiva centrada em moda da marca, com o filme peculiar *The Eye Ball* como peça central.

A Design Army criou anúncios impressos e digitais que justapõem escalas optométricas com retratos do elenco do filme usando novos modelos de óculos. A campanha estendeu o segmento de consumidores para um público mais velho, ao mesmo tempo que integrou uma linha maior de produtos.

Georgetown Opticians: Design Army
Fotografia: Dean Alexander; Texto: Mark Welsh

Fase 4 – Criação de pontos de contato

Ambientes

Não raro, o design e o clima de um restaurante são atrações maiores do que sua arte culinária, ou então uma empresa de serviços financeiros abre um café da moda para servir cafezinho e conselhos financeiros de alta qualidade. Fabergé, o ourives conhecido pelas esplêndidas joias em formato de ovo que criava para o czar, foi um dos primeiros empreendedores globais a compreender que um *showroom* bem concebido agrada os consumidores e aumenta as vendas.

A arquitetura externa é outra oportunidade para estimular o reconhecimento imediato e atrair clientes. Na década de 1950, um telhado cor de laranja visto a distância era um sinal claro e simpático de que havia um restaurante Howard Johnson's logo adiante. No lado oposto do espectro cultural, a arquitetura do Museu Guggenheim, em Bilbao, é a própria marca, além do grande ímã que atrai milhões de visitantes.

Arquitetos, designers de ambientes, designers gráficos, designers industriais, especialistas em iluminação, engenheiros de estruturas, engenheiros mecânicos, empreiteiros e subempreiteiros colaboram com equipes de desenvolvimento para criar ambientes e experiências especiais e envolventes. Cor, textura, proporções, luz, som, movimento, conforto, aromas e informação acessível trabalham em conjunto para expressar a marca.

Estávamos famintos pelo efeito Uau! Por experiências que afagam, consolam, lisonjeiam e garantem bons momentos. É isso que queremos pelo nosso dinheiro. Gosto de uma boa mesa, veja bem, mas comida a gente encontra em qualquer lugar.

Hilary Jay
Fundadora
DesignPhiladelphia

Entender como as pessoas vivenciam os locais onde trabalham, aprendem, curam-se e descobrem é o que promove a missão da organização.

Alan Jacobson
Presidente
Ex;it

Fotos: Steve Weinik

Imperativos dos ambientes de marca

O Open Source, da Mural Arts Philadelphia, foi uma comemoração em nível municipal da inovação e das obras de arte públicas globais, com um mês de duração. Uma exposição *pop-up* e um espaço de reunião foram criados em uma loja de fachada vazia no Edifício Graham, um arranha-céu de Center City.

Compreenda as necessidades, preferências, hábitos e aspirações do público-alvo.

Crie uma experiência especial, única e alinhada com o posicionamento da marca.

Vivencie e estude a concorrência e aprenda com os seus sucessos e fracassos.

Crie uma experiência e um ambiente que facilitem a compra para os consumidores e os inspire a voltar sempre.

Alinhe a qualidade e a rapidez do serviço com a experiência do ambiente.

Projete um ambiente que ajude a equipe de venda a vender e que seja fácil completar a transação.

Considere as dimensões do espaço: visual, acústica, olfativa, tátil e térmica.

Compreenda o efeito psicológico da luz e das fontes de iluminação e considere a eficiência energética sempre que possível.

Considere todas as necessidades operacionais para que o cliente possa cumprir a promessa de marca.

Entenda o fluxo do tráfego, o volume de negócios e as considerações econômicas.

Alinhe as estratégias de merchandising com expositores, propaganda e estratégias de vendas.

Faça o design de um espaço que seja sustentável, durável, limpo e fácil de manter.

Considere as necessidades de clientes deficientes.

Open Source: J2 Design, Ex;it, and Mural Arts

Fase 4 – Criação de pontos de contato

Veículos

Construir a consciência de marca na estrada está mais fácil do que nunca. Os veículos são telas novas, grandes e móveis, nas quais podemos pintar qualquer tipo de comunicação. Seja em uma avenida na hora do pique, seja em uma remota estradinha rural ao pôr do sol, o objetivo continua o mesmo: tornar a marca incrivelmente fácil de reconhecer.

Trens, aviões, vans, caminhonetes de entrega: os veículos estão em toda parte. Os grafismos em veículos são vistos no nível do chão, a partir de outros veículos, como carros e ônibus, ou até de janelas de edifícios.

Os designers devem considerar escala, legibilidade, cor da superfície e os efeitos do movimento, da velocidade e da luz. Além disso, devem avaliar também a vida útil do veículo, a durabilidade da mídia de sinalização e os requisitos e regulamentos de segurança, que podem variar de estado para estado.

Muitos veículos levam outras mensagens, desde *taglines* e números de telefone até elementos gráficos e números de identificação. A simplicidade deve dominar a estrada.

Tipos de veículos

Ônibus
Aviões
Trens
Balsas
Metrôs
Caminhões-baú
Caminhões de entregas
Helicópteros
Motos
Caminhonetes
Balões de ar quente
Dirigíveis
Drones

Ligue os motores.
Steppenwolf

Just Eat: Venturethree

Processo: Sinalização em veículos

> **Planejar**
Faça uma auditoria dos tipos de veículos.
Reveja o posicionamento.
Pesquise métodos de fabricação.
Pesquise instaladores.
Receba especificações técnicas.
Obtenha desenhos dos veículos.

> **Design**
Escolha a cor de base para o veículo.
Desenhe a posição da assinatura visual.
Determine outras mensagens:
Número de telefone ou domínio
Número de identificação do veículo
Tagline
Explore outros elementos gráficos

> **Determinar**
Métodos de fabricação:
Decalque e *wrap*
Vinil
Magnético
Pintura à mão

A Just Eat é um serviço de encomenda e entrega de comida online. Como intermediária entre restaurantes de entrega independentes e clientes, a empresa recrutou mais de 64.000 restaurantes em 13 mercados.

Temos um novo foco e mais energia para levar o negócio adiante. A nova marca é parte de uma estratégia de exigir liderança de mercado clara para promover a rentabilidade sustentável.

David Buttress
Diretor executivo
Just Eat PLC

> **Examinar**
>> Impacto nos custos de seguro
>> Vida do veículo
>> Vida do tipo de sinalização
>> Custo e tempo de aplicação
>> Segurança e outros regulamentos

> **Implementar**
>> Crie arquivos a partir dos desenhos.
>> Prepare documentação para o instalador.
>> Examine o que for produzido.
>> Teste as cores.
>> Gerencie a instalação.

Fase 4 – Criação de pontos de contato

Uniformes

As roupas comunicam. Desde o simpático avental laranja do Home Depot até o entregador vestido de marrom da UPS, um uniforme visível e diferenciado simplifica as transações com o cliente. O uniforme também pode sinalizar autoridade e identificação. Do comandante de uma companhia aérea ao guarda de segurança, os uniformes deixam os clientes mais à vontade. Achar um garçom em um restaurante pode ser apenas uma questão de alguém vestido de camiseta preta e calças brancas. No campo esportivo, os clubes profissionais têm que usar uniformes que, além de os diferenciar dos adversários, também apareçam bem na televisão. O jaleco é obrigatório nos laboratórios, assim como a bata cirúrgica é obrigatória em uma sala de cirurgia, e ambos estão sujeitos a regulamentos e padrões diretivos.

Os melhores uniformes causam orgulho e são adequados ao local de trabalho e ao ambiente. O designer deve considerar com cuidado os critérios de desempenho, como duração e mobilidade. A maneira como um funcionário se veste afeta o modo como o indivíduo e sua organização são percebidos.

Era essencial que nossos uniformes, assim como as novas cores das nossas aeronaves, destacassem-se nos aeroportos mais movimentados do mundo.

Raelene Gibson
Gerente de tripulação e prestação de serviços
Fiji Airways

Desenhados por Alexandra Poenaru-Philp, os uniformes da Fiji Airways destacam três motivos masi, celebrando o artista masi fijiano Makereta Matemosi. O Qalitoka simboliza a unidade das pessoas para completar uma tarefa, o Tama simboliza o atendimento simpático e o Droe representa os céus azuis e o vento fresco nas praias.

Fiji Airways: FutureBrand

Critérios de desempenho para uniformes

Funcional: o uniforme leva em consideração a natureza do trabalho?

Durabilidade: o uniforme é bem confeccionado?

Facilidade: o uniforme é lavável à máquina e fácil de limpar?

Mobilidade: os funcionários podem realizar suas tarefas com facilidade?

Conforto: o uniforme é confortável?

Visibilidade: o uniforme é facilmente reconhecido?

Facilidade de vestir: o uniforme é fácil de vestir?

Peso: ele foi considerado?

Temperatura: o uniforme leva em conta os fatores climáticos?

Orgulho: o uniforme faz a pessoa ter crgulho?

Respeito: o uniforme respeita diferentes tamanhos de corpo?

Segurança: o uniforme está de acordo com as regulamentações?

Marca: o uniforme é um reflexo da imagem desejada?

Quem precisa de uniformes?

Oficiais de segurança pública
Guardas de segurança
Pessoal de transporte
Mensageiros
Caixas de bancos
Voluntários
Trabalhadores da área de saúde
Profissionais de hospitalidade
Pessoal de lojas
Pessoal de restaurante
Equipes esportivas
Pessoal de ambientes esportivos
Técnicos de laboratório
Pessoal de eventos especiais

Métodos

Prontos para vestir
Design personalizado
Confecção personalizada
Bordados
Serigrafia
Brasões ou *patches*
Faixas

Possibilidades de uniformes

Aventais
Cintos
Calças
Shorts
Saias
Gola alta
Camisetas polo
Camisetas
Coletes
Gravatas
Roupas externas
Roupas de chuva
Blazers
Blusas
Topes
Luvas

Botas
Capacetes
Sapatos
Meias
Colantes
Crachás
Acessórios
Lenços de pescoço
Japonas
Jaquetas
Visores
Pregadores
Bonés
Batas de pacientes
Jalecos de laboratoristas
Roupas cirúrgicas

Fase 4 – Criação de pontos de contato

Material efêmero

Os materiais efêmeros são objetos que têm vida curta ou, mais simplesmente, coisas. Muitas organizações sem fins lucrativos distribuem presentes com suas marcas para os doadores, tentando inspirar mais doações, enquanto muitas empresas usam itens de marketing e promocionais com seus logotipos. Uma feira comercial não é a mesma coisa sem brindes. Os melhores estandes distribuem sacolas de pano para guardar as coisas que se ganha pelo caminho, como bolas antiestresse, canecas, bonés e *mouse pads*.

A reprodução raramente é simples. Técnicas especiais, como um bordado em uma camiseta polo ou um estampado em couro para um portfólio, normalmente exigem uma assinatura visual preparada especialmente e que atenda às necessidades da técnica de produção. A melhor maneira de controlar a qualidade é examinar uma prova, mesmo que haja um custo adicional.

Categorias

Peças de agradecimento
Apreciação
Reconhecimento
Evento especial
Feira comercial
Inauguração
Afiliação
Orgulho
Motivação

Métodos de produção

Serigrafia
Sobreimpressão
Gofragem
Estampagem (*hot stamping*)
Preenchimento de cor
Gravura em metal
Gravação
Bordado
Estampagem em couro

A Adanu constrói escolas no interior de Gana, usando a educação para transformar a vida de crianças. Todo o lucro de todas as compras no site vai diretamente para projetos de desenvolvimento em Gana.

Adanu: Matchstic

As possibilidades
Lista fornecida por: Advertising Specialty Institute

Abajures
Abridores
Abridores de cartas
Adesivos
Agendas
Agendas com calendários
Água
Álbuns
Alimentos/bebidas
Almofadas
Almofadas de carimbos
Amenidades de hotel
Anéis para guardanapos
Apagadores
Apitos
Apontadores
Armações para placas de automóveis
Artigos de costura
Artigos de couro
Artigos de espuma
Artigos de metal
Artigos de papel
Artigos de papelaria/formulários
Artigos de viagem
Artigos de vidro
Artigos em madeira
Artigos em vinil/plástico
Artigos musicais
Artigos para animais de estimação
Artigos para festas
Artigos para vinhos
Artigos religiosos
Artigos sonoros
Assentos portáteis
Auxílios físicos/terapêuticos
Aventais
Azulejos
Babadores
Bagagem/etiquetas
Balas de hortelã
Baldes
Baldes de gelo
Balões
Bancos
Bandeiras
Bandejas
Banners/bandeirolas
Baralhos
Barômetros/higrômetros
Bastões para misturar bebidas
Batom
Batutas/cetros
Bichos de pelúcia

Binóculos
Blocos
Blocos de notas
Bolas
Bolas antiestresse
Bolsas
Bonecos
Bonés
Bordados
Brinquedos
Bules
Bules de chá
Bússolas
Cabides
Cadeados
Cadeiras
Caixas
Caixas de joias
Calculadoras
Caleidoscópios
Calendários
Calendários esportivos
Câmeras
Camisas
Camisetas
Camisinhas
Canecos
Capas de documentos
Cardápios/capas de cardápios
Carimbos de borracha
Carteiras
Cartões
Cartões de associação
Cartões de felicitações
Cartões de telefones
Cartões de visita
Cartões e papéis para presentes
Cartões fotográficos
Cartões-postais
Castiçais
Cavaletes
CDs
Certificados
Cestos
Cestos de presentes
Chapéus/bonés
Charutos
Chaveiros
Chinelos
Clipes
Clipes de dinheiro
Clipes para sacolas
Cobertores
Coisas para escrivaninha
Coleiras
Coletes
Colheres
Conchas

Conjuntos de lápis/canetas
Conversores de moedas
Convites
Copos
Correias
Cosméticos
Cronômetros
Cubos de memorandos
Cubos fotográficos
Cuecas
Dados
Decalcos
Decalcos para parachoques
Decorações de Natal
Descansos de cabeça
Descansos de pulso
Despertadores
Diários
Discos voadores
Dispensadores
Dispositivos eletrônicos
Distintivos de lapela
Distintivos/botões
Doces
Embalagem
Embalagens especiais
Emblemas
Enfeites
Envelopes
Equipamento de camping
Equipamento esportivo
Escovas de dentes
Espelhos
Esponjas
Estatuetas (cerâmica ou metal)
Esteiras
Etiquetas
Etiquetas para chaves
Exercício/ginástica
Faixas
Faixas para os cabelos
Ferraduras da sorte
Ferramentas
Fichas de pôquer
Fidget spinners
Fivelas
Folhetos
Folhinhas
Fones de ouvido
Fósforos
Fotografias/pinturas
Frascos
Garrafas
Garrafas para licor
Garrafas para vinho

Globos
Globos de neve
Grampeadores
Gravadores
Gravadores de áudio
Gravatas
Guardanapos
Guirlandas
Hologramas
Ímãs
Infláveis
Instrumentos de mensuração
Instrumentos meteorológicos
Ioiôs
Isopores de piqueniques
Isqueiros
Jaquetas
Jarras
Jarros
Jogos
Jogos americanos
Joias
Kazoos
Kits de ferramentas
Kits de primeiros socorros
Lacres
Lâmpadas/luminárias
Lancheiras
Lanternas portáteis
Lápis de cera
Latas
Latinhas
Lavalamps
Lenços de bolso
Lenços de papel
Lenços de pescoço
Lenços estampados
Leques
Livros
Livros para colorir
Lupas
Luvas
Maletas
Mapas/atlas
Marcadores
Marcadores de página
Marcadores de textos
Martelinhos
Máscaras
Mata-moscas
Materiais para bebidas
Material de cozinha
Material de escritório
Material de golfe
Material de informática
Material de jardinagem

Material para bar
Material para telefone
Medalhas
Medalhões/moedas
Medidores
Megafones
Meias
Meias esportivas
Memorabilia esportiva
Microfones
Miniaturas
Moedeiros
Moedores de pimenta
Mosquetões
Mouse pads
Objetos de churrasco
Objetos para carro/viagens
Óculos
Óculos 3D
Óculos de aviador
Óculos de sol
Ornamentos
Pacotes de gelo
Painéis de avisos
Pandorgas
Panelas
Panfletos
Panos de mesa
Pás
Pastas
Pedras
Pegadores
Pen drives
Pentes
Pesos de papel
Pijamas
Pilhas
Pinhata
Piões
Placas
Placas de identificação
Placas gravadas
Plantas
Podômetros
Porta-cartão de visita
Porta-copos
Porta-distintivos
Porta-garrafas
Porta-identidades
Porta-papéis de valor
Porta-retratos
Porta-talões
Portfólios
Pranchetas
Pratos
Pregadores
Prêmios
Produtos de beleza
Produtos de cristal
Produtos de informação médica

Produtos de segurança
Produtos farmacêuticos
Produtos que brilham
Produtos reciclados
Protetor labial
Protetores solares
Pulseiras
Puxadores de zíper
Quebra-cabeças
Quebradores de gelo
Rádios
Raspadinhas
Rebatedores de sol
Recipientes
Refletores
Réguas
Relógios
Relógios de bolso
Relógios de pulso
Removedores de fiapos
Rodos
Rolhas
Rótulos
Roupas
Roupas de chuva
Roupões
Sabonetes
Saca-rolhas
Sacolas
Sandálias
Sapatos/calçadeiras
Selos
Sementes
Sinais/displays
Sombrinhas/guarda-chuvas
Suéteres
Suportes de livros
Tabelas/escalas
Tatuagens
Telefones
Telescópios
Temporizadores
Termômetros
Tesouras
Tiaras/coroas
Tigelas
Toldos
Travesseiros
Trenas
Troféus/canecos
Uniformes
Utensílios
Vasilhas
Velas

Fase 5 – Gestão de ativos

Visão geral

A gestão dos ativos de marca requer uma liderança esclarecida e um comprometimento de longo prazo para fazer tudo o que for possível a fim de construir a marca. Essa determinação deve vir do topo, mas a marca deve antes ativar os seus funcionários. E isso é só o início.

**5
gestão de ativos**

Estamos animados em usar nossa nova marca para contar melhor a nossa história.

Joe Hart
CEO
Dale Carnegie

Sabíamos que, no instante em que compartilhássemos nossa nova marca, ela não seria mais nossa. Seria de todo mundo.

Michelle Bonterre
Diretora de marca
Dale Carnegie

Dale Carnegie: Carbone Smolan Agency

A Dale Carnegie é uma empresa global de treinamento de liderança, baseada nos princípios delineados em *Como Fazer Amigos e Influenciar Pessoas*, um dos maiores *best-sellers* de todos os tempos. Mais de 8 milhões de pessoas já participaram dos cursos da empresa, em 90 países.

Um post no Instagram com o CEO Joe Hart e Michelle Bonterre, diretora de marca, segurando uma escultura do novo monograma da Dale Carnegie.

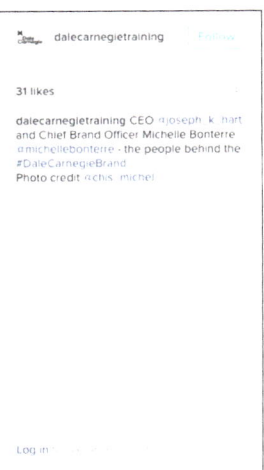

O lançamento da marca Dale Carnegie foi orquestrado cuidadosamente, para provocar entusiasmo e gerar confiança durante o congresso internacional bianual da organização. Os participantes começaram a tuitar e mandar mensagens assim que o diretor de marca começou a apresentar o novo sistema de identidade visual e o novo monograma, centrados na ideia unificadora de transformação.

Telões de vídeo foram espalhados pelo centro de convenções para criar uma experiência de marca imersiva. Cada participante recebeu um bóton com o monograma e dois livretos inspirados pela marca. Junto com um *press release* global, foi lançado um microsite da marca para ativar o engajamento.

A tecnologia e as mídias sociais permitem que uma comunidade global de *stakeholders* participe, em tempo real, passo a passo, no processo de dar vida à marca. Não existem mais lançamentos internos.

Justin Peters
*Diretor executivo de criação
Carbone Smolan Agency*

Fase 5 – Gestão de ativos

Mudanças de ativos de marca

São raras as pessoas que reagem às mudanças de maneira positiva em uma organização. O lançamento de um novo nome e de uma nova identidade em uma organização existente ou em empresas que entram em fusão é muito mais difícil do que criar a marca para uma empresa nova. A lista do que há por fazer é extremamente longa, mesmo em uma pequena empresa. A implementação de uma nova identidade exige um foco estratégico vigilante, planejamento com antecedência e obsessão pelos detalhes.

A aptidão para a mobilização militar é bastante útil, e o otimismo irredutível também ajuda. Em geral, quem vai supervisionar a mudança são o diretor de marketing e o de relações públicas. Nas organizações maiores, uma pessoa pode ser encarregada de se concentrar exclusivamente na implementação. As habilidades necessárias são conhecimento sobre gestão de marca, relações públicas, comunicação, design de identidade, produção e gestão organizacional.

Quem precisa saber?
O que eles precisam saber?
Por que eles precisam saber?
A mudança vai afetá-los?
Como vão ficar sabendo?
Quando vão ficar sabendo?

Principais perguntas do pré-lançamento

A gestão da mudança da identidade da marca tem o potencial de acentuar a percepção da marca – elevando a consciência entre os públicos, aumentando a preferência e gerando lealdade.

Patricia Rice Baldridge
Diretora, Marketing e Relações Públicas
Philadelphia University

Mutual of Omaha:
Crosby Associates

Maiores desafios

Desenvolvido por Patricia Rice Baldridge

Tempo e dinheiro: planejar com bastante antecedência os prazos e o orçamento adequado.

Decidir se será um megalançamento ou um lançamento por etapas.

Vender a ideia internamente e obter apoio interno.

Manter um foco estratégico em todas as comunicações.

Fazer a conexão do velho com o novo.

Honrar o que foi herdado do passado e, ao mesmo tempo, celebrar o que é novo.

Identificar quem é afetado pela mudança.

Realizar uma transição para ajudar os que apresentarem problemas com a mudança.

Comunicar com eficácia a essência da marca dentro das limitações de tempo e dinheiro.

Criar e manter consistência na mensagem.

Alcançar todos os públicos.

Construir entusiasmo e entendimento.

Principais crenças

Foco estratégico centrado na marca.

A identidade de marca pode ajudar a centralizar a empresa em sua missão.

Um megalançamento significa menor probabilidade de confusão.

É fundamental ter clareza em relação às principais mensagens do lançamento.

Comece internamente antes de seguir para o externo.

Uma só vez não é o bastante para comunicar uma ideia nova.

Um novo nome precisa ser vendido, e o significado precisa ser construído.

Públicos diferentes podem precisar de mensagens diferentes.

Faça tudo o que puder para manter o ímpeto em andamento.

Reconheça que um programa de identidade é mais do que um novo nome e um novo logotipo.

Elementos essenciais da mudança de nome

O primeiro passo, e o mais importante, é ter uma boa razão para a mudança de nome.

A mudança deve ter o potencial de destacar, entre outros, a percepção da empresa por parte do público, reconhecimento, recrutamento, relações com clientes e parcerias.

Aceite o fato de que haverá resistências.

Mantenha o ímpeto criando uma atmosfera de euforia.

As mensagens dirigidas são as melhores, mas são mais caras.

Aplicações afetadas

Site e *metatags*

Artigos de papelaria, cartões de visita e formulários

Assinaturas de e-mails

Sinalização

Propaganda

Material de marketing

Uniformes, crachás

Mídias sociais

Mensagens de voz, saudações telefônicas

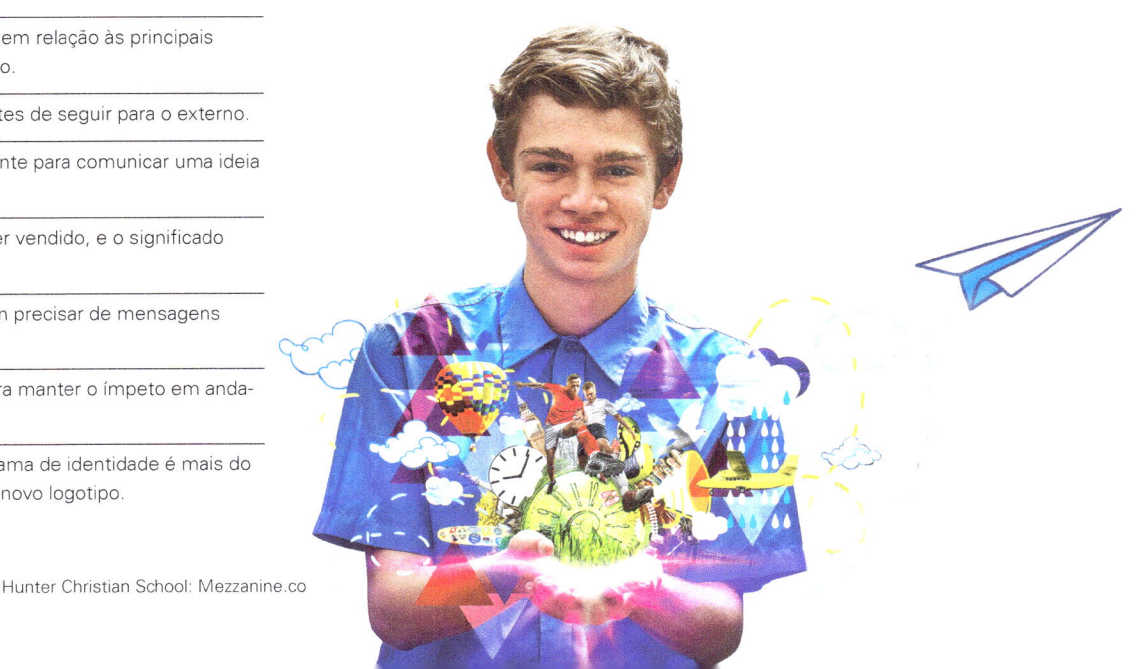

Hunter Christian School: Mezzanine.co

Fase 5 – Gestão de ativos

Lançamento

Preparar. Apontar. Fogo. Um lançamento representa uma gigantesca oportunidade de marketing. As organizações inteligentes aproveitam essa oportunidade para construir consciência de marca e sinergia.

Circunstâncias diferentes exigem estratégias de lançamento diferentes, desde campanhas multimídia, grandes reuniões na empresa e viagens até uma camiseta para cada colaborador. Algumas organizações fazem uma mudança grande e visível, incluindo sinalização externa e pintura de veículos, quase que da noite para o dia, enquanto outras preferem um lançamento por etapas.

As pequenas organizações podem não ter o orçamento para uma campanha multimídia, mas podem recorrer às mídias sociais. As organizações inteligentes aproveitam a oportunidade de uma reunião de vendas para apresentar um novo cartão de visitas ou enviam um e-mail em massa para cada cliente, colega ou fornecedor. Outras usam os canais de marketing existentes, como relatórios mensais.

Em quase todos os lançamentos, o público mais importante são os funcionários da empresa. Independentemente do escopo e do orçamento, um lançamento exige um plano de comunicação completo. É raro que a melhor estratégia de lançamento seja não ter estratégia, ou seja, fazer tudo como sempre ou simplesmente não realizar um lançamento.

> À medida que continuamos a crescer, atualizamos a expressão externa da nossa marca para que se destaque mais onde quer que voemos.

Sangita Woerner
Diretora de marketing
Alaska Airlines

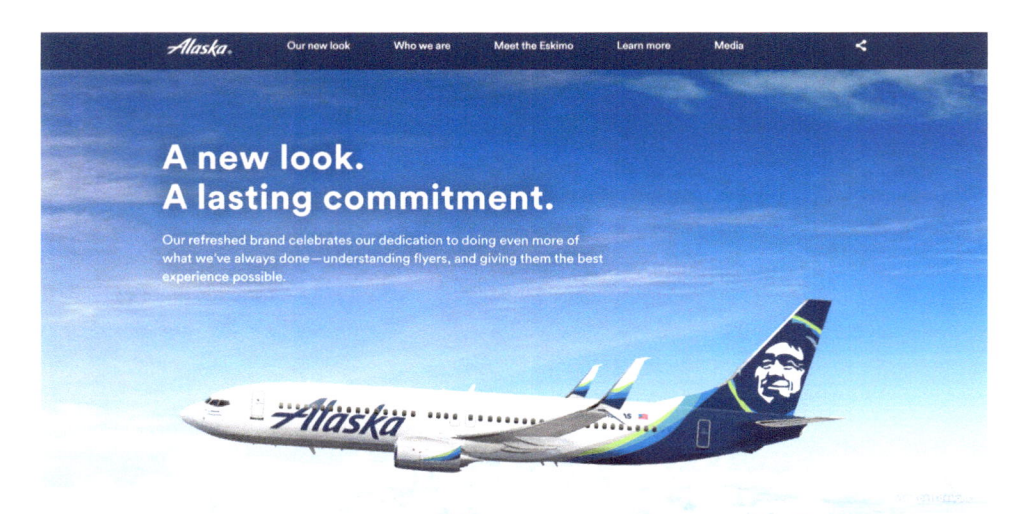

Após um ano trabalhando com a Alaska Airlines para desenvolver uma marca relevante e de visibilidade nacional, a Hornall Anderson criou um microsite de lançamento para apresentar a nova história da Alaska para um público mais amplo. Sempre com a perspectiva do passageiro, o site leva os visitantes a uma jornada do ar à terra, começando com a expressão mais pura da marca: o novo avião voando orgulhosamente pelos céus. A descida conta a história da marca, desde seus elogios e cartas de fãs até os detalhes da experiência ímpar dos clientes

Alaska Airlines: Hornall Anderson

> **A revelação de uma nova identidade de marca é uma oportunidade emocional para energizar os colaboradores com um novo senso de propósito.**
>
> Rodney Abbot
> *Diretor de criação*
> *Lippincott*

> **Não existem mais lançamentos internos. No instante em que você compartilha alguma coisa, ela está livre no mundo.**
>
> Justin Peters
> *Diretor executivo de criação*
> *Carbone Smolan Agency*

Metas de lançamento estratégicas

Aumentar a consciência de marca e o entendimento entre todos os *stakeholders*, incluindo o público geral.

Ampliar a preferência pela empresa, produtos e serviços.

Construir lealdade à empresa.

Criar uma conexão emocional com os *stakeholders*.

Influenciar positivamente as escolhas e/ou comportamento dos seus públicos.

Elementos do plano como um todo

Metas e objetivos da nova identidade de marca

Atividades de comunicação em apoio à implementação da marca

Cronograma para implementação e orçamento

Públicos-alvo

Mensagens principais

Estratégias de comunicação, incluindo comunicações internas, mídias sociais, relações públicas, publicidade e marketing direto

Estratégia de treinamento interno para funcionários

Estratégia de padrões e diretrizes

Métodos

Reuniões gerais em toda a organização

Mídias sociais

Releases

Eventos especiais

Linhas diretas de perguntas e respostas no site

Roteiro de mensagens principais

Anúncios impressos, no rádio e na televisão

Publicações especializadas

Mala-direta e e-mail em massa

Lançamento do site

O básico do lançamento interno

Construa um momento. Crie *buzz*.

Comunique por que é importante.

Reitere o que a marca significa.

Diga aos funcionários por que isso foi feito.

Comunique o que isso significa.

Fale sobre as metas e sobre a missão.

Reveja o básico da identidade: significado, sustentabilidade.

Informe que esta é uma iniciativa que vem de cima.

Faça os funcionários serem defensores e embaixadores da marca.

Mostre exemplos concretos de como os funcionários podem viver a marca.

Dê aos funcionários a sensação de serem donos da marca.

Dê algo tangível, como uma camiseta.

O básico do lançamento externo

O momento certo é tudo. Descubra a hora certa.

Crie mensagens consistentes.

Dirija as mensagens.

Produza a combinação de mídia correta.

Acione relações públicas, marketing e serviços ao consumidor.

Certifique-se de que o setor de vendas conhece a estratégia de lançamento.

Foque-se no consumidor.

Planeje o momento com bastante antecedência.

Aproveite todas as oportunidades para acumular sinergia de marketing.

Conte para eles, conte de novo e então conte outra vez.

Fase 5 – Gestão de ativos

Construção de campeões de marca

Um dos melhores investimentos que uma empresa pode fazer é envolver os funcionários, tenha a empresa 10 ou 10 mil deles. Os especialistas em desenvolvimento organizacional sabem que o sucesso duradouro é influenciado diretamente pela forma como os colaboradores compartilham da cultura da empresa: seus valores, suas histórias, seus símbolos e heróis.

Antes de uma nova estratégia de marca ser lançada no mercado, é essencial que os principais *stakeholders* entendam por que a mudança é necessária e como essa mudança apoia a visão e o propósito fundamental da organização.

Identifique os agentes de mudança. Capacite a equipe para pensar criativamente. Comunique. Comunique. Comunique mais.

Conselho da American Alliance of Museums para organizações implementando mudanças em grande escala

Não são somente os valores, é o intenso compartilhamento deles que faz a diferença.

Terrence Deal e Allan Kennedy
Corporate Cultures: The Rites and Rituals of Corporate Life

Os alicerces da marca Deloitte são nossos valores e nossa cultura organizacional, o que permite à marca informar e moldar nossas conversas e comportamentos.

Alexander Hamilton
Líder de envolvimento de marca Deloitte

> Acreditamos que, se acertarmos a cultura, quase todo o resto, como prestar serviços excelentes para o cliente ou construir uma marca e um negócio duradouros no longo prazo, acontecerá naturalmente por conta própria.
>
> Tony Hsieh
> CEO
> Zappos

Valores centrais da Zappos

Produza UAU! com o atendimento.

Adote e promova mudanças.

Crie diversão e um pouco de esquisitice.

Seja aventureiro e criativo e tenha a mente aberta.

Busque o crescimento e a aprendizagem.

Construa relacionamentos abertos e honestos com comunicação.

Construa uma equipe positiva e um espírito familiar.

Faça mais com menos.

Seja apaixonado e decidido.

Seja humilde.

A American Alliance of Museums e mudanças em grande escala

A American Alliance of Museums (AAM) implementou diversas mudanças organizacionais de grande porte durante a sua história. Em 2012, antes do lançamento do novo programa de participação, nome, identidade e site, a AAM criou uma agenda de tarefas e eventos para o processo. *Briefings* e *webinars* foram realizados para os principais líderes entre os voluntários e parceiros sobre as mudanças planejadas. A equipe e os membros do conselho foram orientados com tópicos sucintos, que os ajudariam a explicar as mudanças claramente e não desviar da mensagem. Os membros do conselho comunicaram a mudança pessoalmente para os seus colegas e foram os anfitriões de eventos de lançamento nas maiores cidades dos EUA. Após o lançamento inicial, outros marcos foram utilizados para surpreender e agradar os membros.

O livro de cultura da Zappos

Todos os anos, Tony Hsieh, CEO da Zappos, manda um e-mail para todos os funcionários, parceiros e fornecedores, pedindo que escrevam alguns parágrafos sobre o que a cultura significa para eles. Os textos não são editados (com exceção dos erros de ortografia), pois um dos valores fundamentais da empresa é criar "relacionamentos abertos e honestos com a comunicação". A prioridade número um na Zappos é a cultura. Os valores fundamentais da Zappos são integrados a todos os pontos de contato, incluindo o modo como a empresa contrata, treina e desenvolve seus funcionários. A cultura e a marca são consideradas "dois lados da mesma moeda". Todos os anos, a Zappos publica um livro de cultura colorido, cheio de fotos e textos sobre o que a cultura significa para todos. É uma tradição anual. O livro de 2010 tinha 304 páginas e foi impresso em papel reciclado com tintas à base de soja.

Deloitte e *eLearning*

A Deloitte desenvolveu um novo curso de *eLearning* sobre a marca, elaborado para promover a padronização e o envolvimento em uma rede global com mais de 245.000 profissionais. Ao contrário do *eLearning* tradicional, o curso utiliza tecnologias e inovações de última geração no aprendizado online para criar uma cultura de marca na qual os praticantes se empolgam com a marca e se sentem um pouco donos dela. Os módulos utilizam diversos exemplos interativos para ilustrar o valor de propriedades intangíveis, como reputação e confiança, e de que modo os diversos elementos da marca funcionam juntos para diferenciá-la em um mercado saturado. O curso ajuda a cultivar uma cultura de marca forte ao moldar uma rede de campeões com um entendimento mais profundo sobre o poder da marca.

A Aramark e o *road show*

As grandes empresas frequentemente utilizam *road shows* (eventos itinerantes que visitam várias cidades) para levar suas mensagens diretamente aos principais investidores e analistas. Quando foi lançada a nova marca da Aramark, Joe Neubauer, presidente e CEO da empresa, viajou a sete cidades para falar a 5 mil gerentes da linha de frente e alinhar os colaboradores com a visão empresarial. "Os funcionários levam a cultura e a personalidade da empresa para dentro do mercado", disse Bruce Berkowitz, diretor de publicidade da Aramark.

A Aramark trabalhou com uma empresa organizadora de reuniões para produzir apresentações para o *road show*. Neubauer reforçou as principais mensagens falando sobre a herança da empresa e sua liderança no setor. Sua mensagem geral, "os funcionários são o coração de nosso sucesso e produzem a alta qualidade de execução dos nossos serviços", sustentava-se pelo novo símbolo de marca.

Os gerentes foram totalmente instruídos sobre a nova visão e a nova estratégia. Receberam um "Kit de Embaixador", que continha a história da empresa, a nova campanha publicitária, um catálogo de mercadorias e um manual com as diretrizes da nova marca. Os materiais também incluíam uma lista de verificação para os gerentes e um cronograma do lançamento na mídia, com instruções explícitas sobre como acompanhar e explicar o lançamento e como implementar a mudança da gestão de marcas.

Fase 5 – Gestão de ativos

Livros de marcas

Os livros de marcas, de espíritos ou de pensamento inspiram, educam e constroem a consciência de marca. A estratégia da marca não vai influenciar pessoa alguma se ficar em uma sala de reuniões, na cabeça de alguém ou na página 3 de um plano de marketing. A visão da empresa e o significado da marca precisam de um veículo de comunicação acessível, portátil e pessoal.

O momento certo é tudo. Empresas em meio a mudanças organizacionais precisam mostrar "para onde vai o barco". Muitas vezes, o processo de identidade de marca dá origem a uma nova clareza sobre a marca. É uma boa ideia conscientizar os funcionários sobre como cada um pode ajudar a construir a marca.

Nossa capacidade de manter a marca jovem e continuar a surpreender nossos públicos é o segredo de quem somos.

Theresa Fitzgerald
Diretora de criação
Sesame Workshop

Livro de Marca da Vila Sésamo: © Sesame Workshop

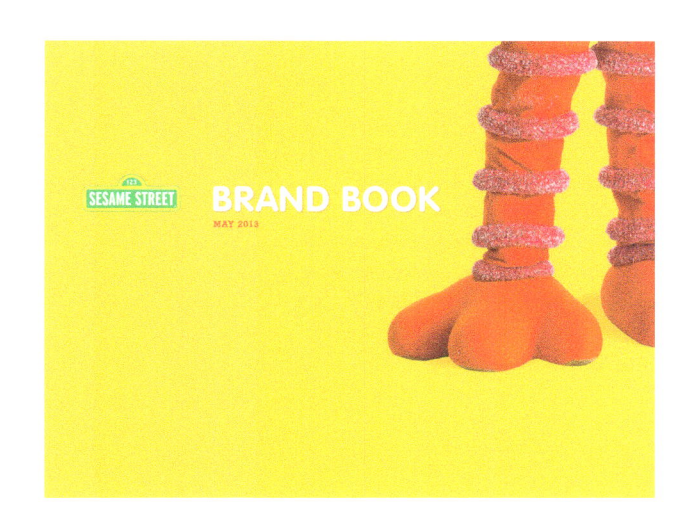

Extraído do *Livro de Marca da Vila Sésamo*

O propósito deste livro é garantir uma experiência Vila Sésamo consistentemente engraçada e peluda, como ou onde quer que nossos públicos nos encontrem.

Este livro não é destinado apenas aos funcionários, mas também a coprodutores, agências de criação, licenciados, patrocinadores e quem mais nos ajuda a criar a Vila Sésamo em todas as suas manifestações.

Juntos, todos contribuímos para construir a marca da Vila Sésamo diariamente.

Fase 5 – Gestão de ativos

Diretrizes

Diretrizes inteligentes para uma mudança de marca ajudam todos a se manter nos trilhos, mas elas não bastam. As organizações precisam promover o envolvimento com a marca. É importante que seja fácil seguir os novos meios de se comunicar sobre a marca. Mudar é difícil. Você precisa querer mudar.

As organizações precisam ter muito cuidado para terem certeza de que todos entendem por que a mudança é necessária e quais benefícios ela produzirá. As diretrizes se tornaram mais acessíveis, dinâmicas e fáceis de produzir. Hoje, até as menores organizações sem fins lucrativos podem oferecer padrões simplificados, arquivos de reprodução e modelos eletrônicos.

O início da mudança começa com os funcionários e as ferramentas que você dá a eles.

Jackie Cutrone
Diretora sênior de atendimento ao cliente
Monigle

Desenvolvemos uma plataforma de engajamento de marca e gestão de ativos na nuvem para inaugurar a nova era da Brand Concierge. Imagine, um centro de marca que segue a marca.

Gabriel Cohen
Diretor de marketing
BEAM by Monigle

Design sob medida & experiência do usuário

Diretrizes de marca

Gestão de ativos

Gerador de templates de documentos

Vitrine de marca

Material colateral dinâmico

Fluxo de trabalho & *help desk*

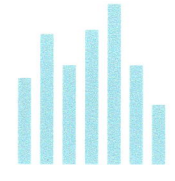

Relatórios & análise de dados

Gestão de conteúdo

© 2017 BEAM by Monigle

Tipos de diretrizes

Quem precisa ter acesso às diretrizes?

Colaboradores internos

Gerência
Marketing
Atendimento ao consumidor
Comunicação
Design
Jurídico
Vendas
TI
Gurus da Web
Recursos humanos
Relações públicas
Designers de produto
Qualquer um que esteja criando uma apresentação

Parceiros de criação externos

Empresas de gestão de marcas
Empresas de design
Agências publicitárias
Arquitetos da informação
Tecnólogos
Empresas de design de embalagens
Arquitetos
Redatores
Parceiros de cobranding
Empresas de SEO

Centros de marca online

A Web facilitou a consolidação da gestão de marcas em um só lugar, dando aos colaboradores e fornecedores instrumentos e recursos fáceis de usar.

Na nuvem e no chão

Frequentemente, uma agência de design fornece um guia de estilo e arquivos de reprodução para download. Muitas organizações ainda publicam as diretrizes em forma de livreto e guia de referência rápida.

Características das melhores diretrizes

São claras e fáceis de entender.

Têm conteúdo atualizado e fácil de aplicar.

Proporcionam informações precisas.

Incluem "o que a marca representa".

Falam sobre o significado da identidade.

Equilibram consistência com flexibilidade.

São acessíveis aos usuários internos e externos.

Constroem consciência de marca.

Consolidam todos os arquivos, modelos e diretrizes necessários.

Prometem retorno positivo sobre o investimento aplicado.

Indicam a pessoa que é o ponto de referência para responder a perguntas.

Captam o espírito do programa.

Apresentam protótipos (exemplos de melhores casos).

Portal de relações com as mídias

Muitas empresas disponibilizam arquivos de logotipos e imagens na seção de relações de mídia de seus sites. Muitas vezes, esses arquivos são acompanhados de longos textos com informações jurídicas que descrevem as regras de utilização.

Kits de ferramentas de marketing e de vendas

As empresas que têm distribuidores e varejistas independentes precisam de meios eficazes para controlar a aparência nos pontos de venda e obter uma presença de loja diferenciada e memorável por meio de sinalização externa, expositores e vitrines das lojas e propaganda.

Recursos online ajudam a construir marcas
Desenvolvido por Monigle

Envolvem os *stakeholders* com a marca.

Comunicam objetivos e estratégias de marca.

Ajustam-se a práticas de marca em evolução.

Proporcionam ajuda e boas práticas, não regras (ferramentas, não regras).

Economizam o tempo dos usuários.

Proporcionam os recursos para participar do processo de construção da marca.

Consolidam assuntos muito diferentes em um único centro de recursos online.

Acompanham a atividade do usuário e ROI para possibilitar investimentos futuros.

Reduzem os custos desde a estratégia até a implementação.

Constroem implementação consistente.

Reforçam o valor do site da marca com atualizações instantâneas.

Fase 5 – Gestão de ativos

Sumário das diretrizes

O design, a especificação, a publicação e a fabricação dos elementos de um novo sistema de identidade de marca dependem de um conjunto inteligente de padronização e diretrizes. Padrões bons e sólidos economizam tempo, dinheiro e frustrações. O tamanho e a natureza de uma organização determinam a profundidade e a amplitude do conteúdo, além do modo como os materiais de marketing serão concebidos e produzidos no futuro.

As considerações jurídicas e de nomenclatura são essenciais para proteger o valor de marca e a propriedade intelectual.

A The Nature Conservancy trabalha com governos, empresas, organizações sem fins lucrativos e comunidades para resolver alguns dos desafios ambientais mais urgentes do planeta.

Utilizar nosso logotipo de forma padronizada e impactante estabelece e reforça nossa confiança, confiabilidade e liderança de marca.

Diretrizes de Identidade Visual da The Nature Conservancy

© 2017 The Nature Conservancy. Todos os direitos reservados.

Sumário das diretrizes: um boneco detalhado

Prefácio

Nossa marca
Quem somos
O que representamos
Nossa missão e nossos valores
Atributos de marca
Mensagem do CEO
Como usar as diretrizes

Elementos da identidade da marca

Símbolo da marca
Logotipo
Assinatura
Tagline
Nome em texto
Uso incorreto dos elementos

Nomenclatura

Nome fantasia + razão social
Corporativo
Divisão
Unidade de serviços
Marcas registradas de produtos e serviços

Cor

Sistema de cores da marca
Cor padrão do sistema
Sistema de cores de apoio
Opções de cor da assinatura visual
Uso incorreto da cor

Assinaturas

Assinatura corporativa
Variações da assinatura
Uso incorreto da assinatura
Assinaturas subsidiárias
Assinaturas de produto
Assinatura com *tagline*
Tratamento incorreto da *tagline*
Espaço em branco ao redor da assinatura
Tamanhos da assinatura
Assinaturas de e-mails

Tipografia

Família de caracteres tipográficos
Caracteres tipográficos de apoio
Faces especiais para títulos
Fontes proprietárias

Biblioteca de imagens

Fotografia
Ilustração
Vídeo
Visualização de dados

Papéis administrativos (EUA)

Papel timbrado corporativo
Modelo de texto
Papel timbrado da divisão
Papel timbrado personalizado
Segunda folha
Envelopes para correspondência
Papel timbrado monarch
Envelope monarch
Modelos de memorando
Cartão de visita corporativo
Cartão de visita para vendas
Blocos de anotações
Releases
Etiquetas para correspondência
Envelope-janela
Envelope grande para correspondência
Avisos e pronunciamentos
Convites

Papéis administrativos internacionais

Papel timbrado A4
Papel timbrado personalizado A4
Envelope comercial A4
Cartões de visita

Redes sociais

LinkedIn
Facebook
Twitter
Pinterest
Instagram
YouTube
Snapchat

Mídias digitais

Site
Aplicativos
Intranet
Extranet
Blogs
Guias de estilo
Interface
Conteúdo
Cor
Caracteres tipográficos
Imagens
Som
Vídeo
Animação

Formulários

Elementos de formulários
Vertical e horizontal
Grids de formulários
Pedido de compra
Fatura
Expedição

Material de marketing

Voz e tom
Imagens
Posicionamento de assinaturas visuais
Fôlder
Capas de documentos
Grids recomendados
Sistemas de folhetos, variações de tamanhos
Cabeçalhos de publicações
Folhas de produtos
Mala-direta
Boletins informativos
Pôsteres
Cartões-postais

Propaganda

Assinaturas visuais de anúncios
Uso das *taglines*
Posicionamento de assinaturas visuais
Tipografia
Displays e vitrines
Televisão
Mídia exterior

Apresentações e propostas

Capas verticais
Capas horizontais
Capas com janelas
Grid interior
Modelos para PowerPoint
Imagens para PowerPoint

Exposições

Estande para feira de exposições
Banners
Ponto de venda
Crachás

Sinalização

Sinalização externa
Sinalização interna
Cor
Tipografia
Materiais e acabamentos
Considerações de iluminação
Orientações para fabricação
Bandeira da empresa

Identificação de veículos

Vans
Carros
Ônibus
Aviões
Caminhões
Bicicletas

Embalagem

Considerações legais
Tamanhos de embalagens
Grids de embalagens
Assinaturas de produtos
Sistemas de rotulagem
Caixas
Sacolas
Caixas de papelão
Digital

Uniformes

Inverno
Primavera
Verão
Outono
Uniformes de chuva

Material efêmero

Camisetas polo
Bonés
Gravatas
Portfólios
Canetas
Sombrinhas/guarda-chuvas
Canecos
Pregadores
Lenços de pescoço
Bolas de golfe
Cubos de memorandos
Mouse pads
Loja no site

Arquivos para reprodução

Apenas símbolo de marca
Variações da assinatura
Colorido
Monocromático
Preto
Branco

Diversos

Quem contatar para perguntas
FAQ (perguntas frequentes)
Informações sobre design
Processo de liberação
Informações jurídicas
Informações sobre pedidos

No bolso

Amostras de cor em papel brilhante
Amostras de cor em papel fosco

Fase 5 – Gestão de ativos

Centros de marca online

A Web transformou a gestão de marcas, envolvendo *stakeholders*, consolidando os ativos de marca e estabelecendo acesso permanente a diretrizes, instrumentos e modelos fáceis de usar. Sites expansíveis e modulares estão sempre evoluindo, à medida que a empresa cresce.

Os sites de gestão de marca promovem o engajamento por meio do compartilhamento de visão, estratégia e atributos da marca. Sites robustos dão apoio ao marketing estratégico, às comunicações consistentes e à execução com qualidade.

Hoje, os sites abrangem estratégias de marca, diretrizes para o desenvolvimento de conteúdos e recursos da Web, e podem ser usados para transações online.

Instrumentos de monitoramento de sites e estatísticas de utilização estão validando os resultados de ROI. As empresas criativas e os fornecedores recebem senhas para ter acesso às principais mensagens, logotipos, bibliotecas de imagens e documentos de conformidade sobre propriedade intelectual e todo um arsenal de recursos e conteúdos inteligentes. O acesso a determinadas seções pode ser limitado a grupos de usuários.

> **Uma marca forte e visualmente coerente ajuda a comunicar a visão, a missão e os valores da nossa empresa.**
>
> Aniko DeLaney
> *Diretora global de marketing corporativo*
> *BNY Mellon*

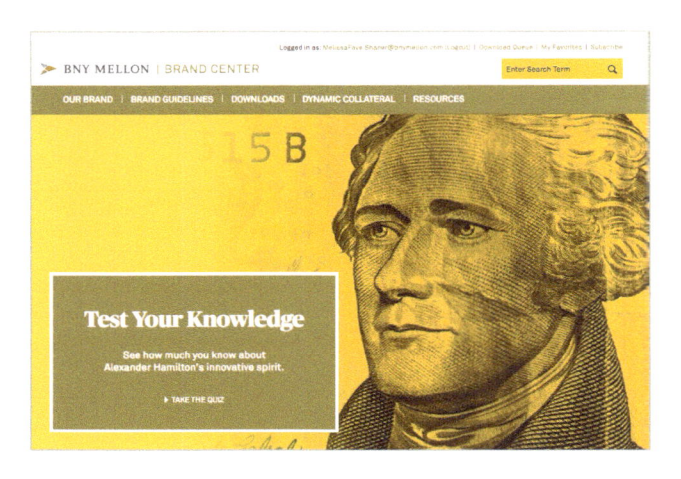

O centro de marca da BNY Mellon promove o engajamento com a tradição de inovação inspirada por Alexander Hamilton, fundador da empresa.

Processo: Centros de marca online
Desenvolvido por Monigle

> Comece o plano
Determine as metas.
Identifique os problemas e as questões da gestão de marca.
Identifique os grupos e perfis dos usuários.
Identifique os *stakeholders*.
Crie a equipe do projeto e indique um líder.
Desenvolva as funções, as regras e o protocolo da equipe.
Identifique o processo orçamentário.

> Construa a base do trabalho
Construa casos de uso.
Revise o *status* dos ativos e padrões.
Determine o processo de aprovação de conteúdo.
Priorize o conteúdo e a funcionalidade.
Pesquise as opções de desenvolvimento: Interno e externo.
Selecione o recurso de desenvolvimento do site.
Finalize o orçamento e o cronograma.

> Lance o projeto
Conduza uma reunião de lançamento.
Desenvolva:
Mapa da arquitetura do site
O escritório do projeto online
Cronograma e plano de lançamento
Grupos e listas de usuários
Planos de acesso e de segurança
Determine os requisitos da TI (tecnologia da informação) e plano de hospedagem.
Identifique os ativos de marca e o esquema de catalogação.
Defina métricas de sucesso.

> Prepare o conteúdo
Determine o autor e o *status* do conteúdo.
Determine as diretrizes de estilo editorial.
Desenvolva o plano de atualização do conteúdo, se necessário.
Determine a formatação do arquivo de conteúdo e requisitos de troca.
Obtenha a aprovação final do conteúdo.

> Projete + programe
Identifique a interface e o estilo de navegação.
Desenvolva e aprove *wireframes*.
Desenvolva e aprove a interface do site.
Comece a programação, tendo como base o mapa do site.
Desenvolva a funcionalidade do sistema.

Diretrizes de conteúdo

O BNY Mellon Brand Center ajuda nossa estratégia corporativa de produzir excelência, gerenciar riscos e promover nossas prioridades estratégicas.

Maria D'Errico
*Diretora global de serviços de marketing estratégico
BNY Mellon*

Escreva de forma concisa. Menos é mais.

Planeje com cuidado para criar uma ordem lógica de informação.

Conheça a cultura e escreva de acordo com ela.

Use terminologia de entendimento comum; não use "jargão de marca" desnecessariamente.

Forneça exemplos e ilustrações.

Ajude na navegação do site.

Características dos centros de marca online

São educativos, de uso fácil e eficientes.

São acessíveis a usuários internos e externos.

São expansíveis e modulares.

Consolidam a gestão de marca em um só lugar.

Oferecem retorno positivo sobre o investimento aplicado.

São guiados por banco de dados e não por arquivos PDF.

Novos conteúdos e funções fáceis de adicionar.

Elementos transacionais integrados.

São flexíveis na manutenção contínua e hospedagem.

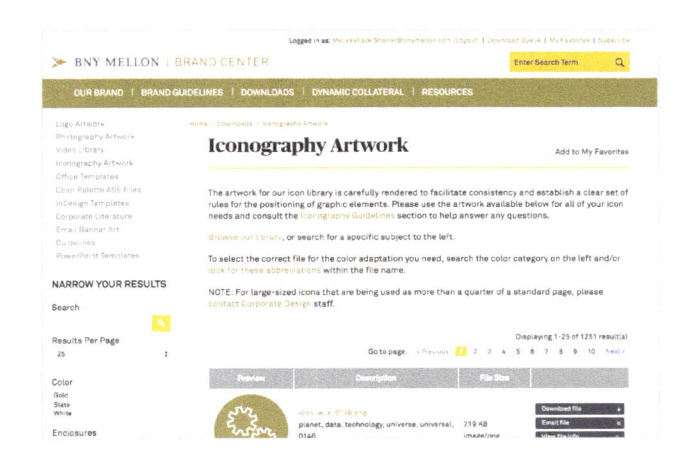

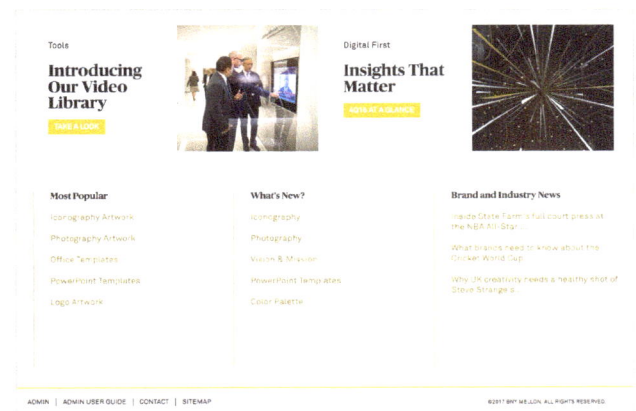

BNY Mellon: Monigle

> Desenvolva o banco de dados

Preencha o banco de dados com conteúdos e ativos.

Programe os links e as funções necessários.

Edite o conteúdo e o design com a equipe de base.

> Faça o protótipo + teste

Equipe de base revisa a versão beta do site.

Os usuários testam a versão beta do site.

Faça as modificações necessárias.

Aprove o lançamento do site.

> Lançamento

Finalize o plano de lançamento.

Crie a comunicação e *buzz*.

Promova o lançamento do site.

Escolha os campeões de marca.

Conduza as sessões especiais de treinamento.

> Monitore o sucesso

Desenvolva um plano de manutenção.

Indique um administrador.

Avalie as tendências de uso e os relatórios de usuários.

Identifique o processo e as atualizações de conteúdos.

Integre os avanços tecnológicos e funcionais.

Aloque o orçamento para gestão e atualizações.

Defina e meça o impacto.

Comunique os sucessos.

3 Melhores práticas

A **Parte 3** ilustra as melhores práticas. Projetos locais e globais, públicos e privados, todos incrivelmente bem-sucedidos, que inspiram e elucidam soluções originais, flexíveis e duradouras.

Faz-se um trabalho extraordinário para clientes extraordinários.

Milton Glaser
Designer

Estudos de caso

- **210** A Vaca que ri
- **212** ACHC
- **214** ACLU
- **216** Ação Contra a Fome
- **218** Adanu
- **220** Amazon.com
- **222** Ansible
- **224** Beeline
- **226** Boston Consulting Group
- **228** Boy Scouts of America
- **230** Budweiser
- **232** Cerner
- **234** Cidade de Melbourne
- **236** Coca-Cola
- **238** Cocktails Against Cancer
- **240** Cooper Hewitt, Smithsonian Design Museum
- **242** Coors Light
- **244** Credit Suisse
- **246** Deloitte
- **248** Dia Mundial de Lavar as Mãos
- **250** Fern by Haworth
- **252** Fred Hutch
- **254** IBM 100 Icons of Progress
- **256** IBM Watson
- **258** Jawwy from STC
- **260** LinkedIn China
- **262** Mack Trucks
- **264** Mastercard
- **266** Mozilla
- **268** Mural Arts Philadelphia
- **270** Museu do Ar e do Espaço do Smithsonian Institution
- **272** NIZUC Resort & Spa
- **274** NO MORE
- **276** Ohio & Erie Canalway
- **278** Ópera de Sydney
- **280** Peru
- **282** Philadelphia Museum of Art
- **284** Pitney Bowes
- **286** PNC
- **288** Quartz
- **290** (RED)
- **292** RideKC Streetcar
- **294** Santos Brasil
- **296** Shinola Detroit
- **298** SocialSecurity.gov
- **300** Southwest Airlines
- **302** Spectrum Health System
- **304** Starbucks
- **306** Unstuck
- **308** Vueling

Estudos de caso

A Vaca que ri

Seja ela chamada de La Vache qui rit, na França, seja de Die Lachende Kuh, na Alemanha, Con bo cuoi, no Vietnã, ou Laughing Cow, nos Estados Unidos, A Vaca que ri sempre leva sorrisos e prazer gastronômico aos consumidores.

A Vaca que ri é uma das marcas globais do Grupo Bel, que incluem Babybel, Kiri, Leerdammer e Boursin. Com a porção única, a Bel inventou um novo jeito de comer queijo, 150 anos atrás. Uma multinacional liderada por uma família há cinco gerações, o Grupo Bel tem 12.000 funcionários e suas marcas são distribuídas em 130 países.

Metas

Continuar a tradição de inovação e criatividade.

Levar arte contemporânea ao público mais amplo possível.

Ser o exemplo perfeito da Lab'Bel, o laboratório artístico do Grupo Bel.

Marcar o aniversário de 100 anos da marca, em 2021.

Por alguns trocados, você passa de mero espectador, que observa as obras de arte nos museus e galerias, a proprietário de uma obra de arte original. Agora as exposições e críticas de arte ocorrem em casa, na mesa da cozinha.

Michael Staab
Curador
Lab'Bel

Essas colaborações continuam a relação especial que sempre existiu entre A Vaca que ri e os artistas que usam esse ícone moderno como fonte de inspiração há quase um século.

Laurent Fievet
Diretor
Lab'Bel

Caixa Edição de Colecionador 2014, por Hans-Peter Feldmann
©GroupeBel-Hans-Peter Feldmann 2014

Processo e estratégia: em 1921, Leon Bel, filho do fundador do Grupo Bel, antiga Fromageries Bel, registrou a marca A Vaca que ri. Essa patente foi o primeiro produto de queijo de marca da França. Em 1923, o famoso ilustrador Benjamin Rabier criou o desenho de uma vaca sorrindo, contendo a maioria das características que tornam a marca tão famosa ainda hoje: humor, a cor vermelha, os brincos e os olhos marotos.

Em 2010, a Lab'Bel foi criada para ser o laboratório artístico do Grupo Bel. A Lab'Bel nasceu de um desejo enorme de envolver a empresa controladora com uma política mais ampla de apoio à arte contemporânea. A Lab'Bel trabalha com artistas plásticos e membros do mundo da arte contemporânea que combinam humor, impertinência e heterodoxia e começou a demarcar uma posição exclusiva no mundo da promoção da cultura na França.

Solução criativa: entre hoje e o centésimo aniversário da marca, em 2021, a Lab'Bel planeja uma série de colaborações com grandes artistas contemporâneos, cada um dos quais desenhará uma caixa de edição de colecionador. Cada caixa será disponibilizada para milhares de consumidores e colecionadores ao preço de varejo normal, em lojas escolhidas na França e Alemanha. Esse projeto inusitado é uma maneira de tornar a arte mais acessível ao público em geral, oferecendo a todos a opção de devorar o conteúdo da caixa ou guardá-la na sua coleção.

Em 2014, o Grupo Bel lançou sua primeira série de caixas de edição de colecionador, com a obra do artista conceitual alemão Hans-Peter Feldmann. Thomas Bayrle, pioneiro da Pop Art na Europa, que usa o logotipo da A Vaca que ri em suas obras desde 1967, criou a segunda caixa para colecionadores. O artista conceitual britânico Jonathan Monk criou a terceira da série.

Resultados: durante a feira internacional de arte de Paris (FIAC) de 2016, a Lab'Bel revelou a caixa da edição de colecionador de Jonathan Monk, em um espaço projetado junto com o artista para lembrar um minimercado. Levando a arte contemporânea ao público mais amplo possível, de uma forma original, descolada e frequentemente irreverente, o projeto das caixas de edição de colecionador são o ápice da filosofia da Lab'Bel e continua a destruir os limites entre consumidores, colecionadores e amantes da arte.

Caixa Edição de Colecionador 2015, por Thomas Bayrle
©GroupeBel-Thomas Bayrle 2015

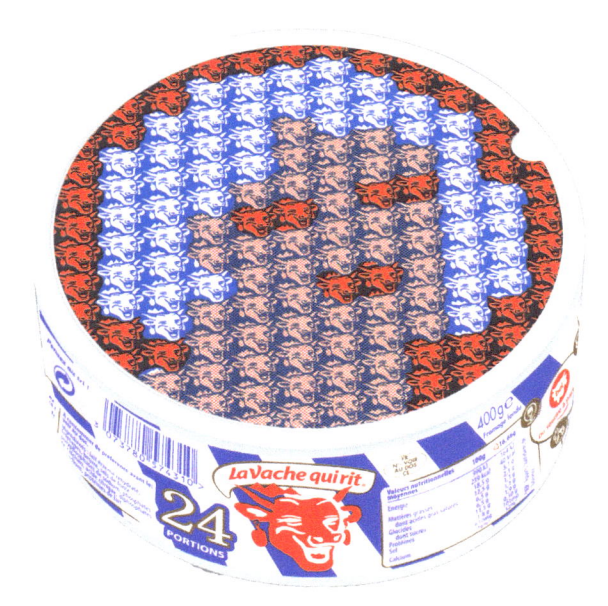

Caixa Edição de Colecionador 2016, por Jonathan Monk
©GroupeBel-Jonathan Monk 2016

Estudos de caso

ACHC

Nossa família de empresas constrói relações fortes com os clientes na busca contínua por oportunidades para fortalecer as liberdades culturais e econômicas dos iñupiat.

A ACHC (ASRC Construction Holding Company) é a divisão de consturção da Arctic Slope Regional Corporation (ASRC), uma empresa de propriedade do povo iñupiat, criada em consequência da Alaska Native Claims Settlement Act (Lei de Conciliação das Reivindicações de Terra dos Povos Nativos do Alasca). A ACHC presta serviços de apoio e supervisão para seis empresas, que realizam uma ampla gama de serviços de construção para diversos clientes governamentais e do setor privado.

Metas

Ampliar a vantagem competitiva.
Criar uma arquitetura de marca unificada.
Elevar o perfil público.
Honrar a tradição cultural da ACHC.
Criar um sistema integrado

Criamos uma marca que reflete totalmente os motivos da nossa existência. Nossa marca funciona como um alicerce para o nosso sucesso contínuo e, ao mesmo tempo, lembra constantemente da nossa tradição e dos nossos valores fundamentais.

Cheryl Qattaq Stine
Presidente e CEO
ASRC Construction Holding Company

Antes | **Depois**

Processo e estratégia: a designer e consultora de marca Sini Salminen orientou a alta gerência da ACHC durante o processo de rebranding. Realizou-se uma ampla pesquisa sobre o setor de construção, as competências da empresa e o seu histórico, além de uma auditoria da concorrência. Todos os nomes de subsidiárias e ferramentas de marketing e comunicação existentes foram analisados. Os executivos da ACHC colaboraram para explicar como os valores dos iñupiat determinam o modo como a ACHC e suas subsidiárias trabalham. Firmou-se um acordo unilateral de que a arquitetura de marca precisaria comunicar claramente o fato de a ACHC e as seis subsidiárias trabalharem juntas como uma equipe unificada para oferecer eficiências e valores exclusivos. Ficou evidente que o sistema de identidade final precisaria comunicar que cada uma das empresas pertencia a algo maior. Foi desenvolvida uma convenção de nomes unificada para comunicar a força da marca e apoiar o crescimento futuro por meio de fusões e aquisições. Assim nasceu a ACHC Family of Companies, que se tornou a plataforma para o processo criativo.

Solução criativa: Salminen desenhou um símbolo de marca simples e forte, que forma um escudo em torno da cauda de uma baleia polar. Considerada o mamífero de vida mais longa, a baleia polar vive exclusivamente no Ártico. Na cultura iñupiat, a baleia polar é um símbolo poderoso de comunidade, cooperação, justiça, integridade, liderança, respeito e trabalho em equipe, todos valores da ACHC Family of Companies. A curva branca e a forma inferior representam a vastidão do horizonte ártico. O sistema de arquitetura de marca posiciona as empresas como uma única entidade unificada e se liga à tradição cultural. A controladora e as subsidiárias têm, cada uma, uma cor predominante designada. A paleta de cores foi elaborada de modo a se comunicar diretamente com a localização geográfica do povo iñupiat, com nomes como cinza-baleia-polar, preto-rorqual, azul-gelo e verde-zona-úmida. Além de desenvolver padrões de identidade, Salminen desenhou materiais colaterais, sinalização, anúncios de revista, vestuário, equipamento de trabalho em campo e sete sites.

Resultados: com o novo sistema de identidade e arquitetura de marca, os clientes atuais e futuros entendem mais facilmente que cada uma das empresas da ACHC tem um foco especial no setor da construção. Isso aproveita mais completamente os recursos técnicos, logísticos e de pessoal da organização como um todo. Para lançar a marca internamente, cada funcionário recebeu um copo térmico, uma garrafa de água e um convite para visitar os sites recém-lançados. Um benefício inesperado do processo foi o orgulho no local de trabalho e a renovação da energia interna.

> **O processo estratégico foi o alicerce e o grande motor que ajudou todos os envolvidos a tomarem decisões de design informadas.**
>
> Sini Salminen
> *Designer e consultora de marca*

ACHC: Sini Salminen

Estudos de caso

ACLU

A American Civil Liberties Union (ACLU) trabalha para defender os direitos civis, articulando ações judiciais para preservar a justiça racial, os direitos humanos, a liberdade de religião, a privacidade e a liberdade de expressão.

Fundada em 1920, a ACLU é uma organização sem fins lucrativos e apartidária, com mais de um milhão de associados e apoiadores. A organização nacional e suas 50 afiliadas estaduais atuam nos tribunais, nas legislaturas e nas comunidades dos EUA, atendendo a 6 mil casos jurídicos anualmente. A ACLU é patrocinada por mensalidades, doações e subvenções.

Metas

Criar uma imagem unificada para toda a organização.

Desenvolver um sistema de identidade integrado, sustentável e significativo.

Conectar a organização com suas ideias e ideais.

Diferenciá-la de outros grupos de defesa de interesses públicos.

Comunicar estatura e estabilidade.

Facilitar a consistência das comunicações.

Precisamos ser uma só.

Anthony Romero
Diretor executivo
ACLU

Queríamos ajudar a ACLU a parecer a guardiã da liberdade.

Sylvia Harris
Estrategista de design da informação

> Apresentamos a história visual da ACLU nos níveis nacional e das afiliadas: identidade, imagens, material impresso para doadores e as identidades de outros grupos de defesa do interesse público. Resumimos o que obtivemos das entrevistas, outras pesquisas e nossas análises. Finalizamos a apresentação com as novas diretivas de design.
>
> Sylvia Harris
> *Estrategista de design da informação*

Processo e estratégia: a ACLU se propôs a alcançar um público mais abrangente e aumentar o número de associados. Para tanto, pediu ao Fo Wilson Group que destacasse uma equipe especial a fim de construir uma identidade unificadora e significativa. O Fo Wilson Group, uma consultoria de design, juntou-se a Sylvia Harris, estrategista de design da informação, e a Michael Hirschhorn, especialista em dinâmica organizacional. Durante a auditoria, a equipe encontrou mais de 50 logotipos. Cada afiliada estadual tinha seu próprio logotipo, design de site e arquitetura de marca, com pouca relação com a organização nacional. Outras organizações semelhantes foram estudadas e Harris constatou que "a ACLU representa um conjunto de princípios, enquanto a maioria das outras entidades representa algum grupo de pessoas". A equipe entrevistou diversos *stakeholders*, incluindo as afiliadas, a equipe de comunicação e os associados. O atributo mencionado com maior frequência como definidor da ACLU era "ter princípios", seguido de "justiça" e "guardiã". Um levantamento conduzido em 2000 por Belden, Russonello & Stewart constatou que "mais de oito em cada 10 americanos (85%) tinham ouvido falar da ACLU". A equipe percebeu que a identidade da ACLU precisava ser reconhecida em uma grande variedade de arenas, desde prefeituras municipais até cortes de justiça e *campi* universitários.

Solução criativa: as diretivas do design foram capitalizar um acrônimo com alto grau de reconhecimento e conectá-lo aos princípios e ao espírito de liberdade da ACLU. O Fo Wilson Group criou uma série de assinaturas visuais com um logotipo que era contemporâneo e tinha um simbolismo expressivo. Várias opções foram testadas para o sistema modular, que usava uma iconografia patriótica. Durante a fase de auditoria, a equipe verificou que o símbolo original da ACLU, da década de 1930, era a Estátua da Liberdade, que deixou de ser usado nos anos 1980. Nos testes de símbolos, a Estátua da Liberdade apareceu como o melhor e, apesar de outras entidades do setor usarem o símbolo, a ACLU decidiu retornar à sua herança e história. Foi estilizada uma perspectiva fotográfica especial e única da cabeça da estátua, tendo sido adotada uma assinatura visual com a fotografia para funcionar em formato digital. Uma série de aplicações demonstrou o funcionamento do sistema, desde a arquitetura do site até as *newsletters* e os cartões de identificação dos associados. O sistema era flexível e precisava funcionar para o escritório nacional, para as afiliadas, para as fundações e para os projetos especiais.

Resultados: a liderança da ACLU defendeu a iniciativa de identidade desde o início do planejamento até as análises, as tomadas de decisão e o lançamento do projeto. A equipe de identidade conduziu uma série de conferências telefônicas para apresentar o novo programa às afiliadas. Na sede, os funcionários participaram de programas educativos. O grupo foi importantíssimo para convencer 49 das 50 afiliadas a adotar o novo sistema de identidade. A organização nacional pagou pela impressão do novo papel timbrado para as afiliadas. A Opto Design foi contratada para arte-finalizar o sistema de design, produzir todas as aplicações preliminares e desenvolver o site com as Diretrizes da Identidade da ACLU. O número de associados aumentou para o patamar mais alto dos 85 anos da sua história, o orçamento duplicou e a equipe nacional aumentou em 75%.

> **O desafio foi desenvolver uma identidade que pudesse operar em múltiplas áreas ou para múltiplos públicos simultaneamente.**
>
> Fo Wilson
> *Designer e educador*

> **Apesar de a ACLU sempre ter tido um forte relacionamento com a mídia, a comunicação era uma nova função que se tornava necessária.**
>
> Emily Tynes
> *Diretora de comunicação ACLU*

> **Em um modelo organizacional complexo de amplitude nacional como o da ACLU, é importante ponderar estrategicamente como coletar opiniões, testar ideias e implementar novos planos em mais de 50 escritórios por todo o país.**
>
> Michael Hirschhorn
> *Especialista em dinâmica organizacional*

Identidade nacional

Identidade das afiliadas

Identidade das fundações

Estudos de caso

Ação Contra a Fome

Lideramos a luta global contra a fome mundial, tomando ações decisivas contra as causas e os efeitos da fome, pois os pobres e os subnutridos são vítimas do caos político e social, de desastres naturais e da desigualdade.

A Ação Contra a Fome, uma organização humanitária global comprometida com acabar com a fome no mundo, foi fundada em 1979. Trabalhando em quase 50 países, a organização ajuda crianças subnutridas enquanto dá às comunidades acesso a água potável e soluções sustentáveis para a fome. Em 2015, mais de 6.500 membros da equipe de campo trabalharam com mais de 14,9 milhões de pessoas.

Metas

Posicionar a organização como global.
Esclarecer o propósito da organização.
Desenvolver uma arquitetura de marca global clara.
Criar uma narrativa memorável.
Redesenhar o símbolo existente, partindo do seu patrimônio.

Se ao entrarmos em uma zona de guerra no Mali, as pessoas não conseguem ler o nosso logotipo, elas devem, pelo menos, conseguir reconhecer o nosso símbolo.

Membro da equipe de campo
Ação Contra a Fome

Nossa nova identidade explica mais clara e poderosamente quem somos e o que representamos.

Ação Contra a Fome

> As decisões que impactam as vítimas da fome são tomadas em nível global. As notícias e as comunicações não têm fronteiras.
>
> Michael Johnson
> *Fundador*
> *Johnson Banks*

Processo e estratégia: há quase 40 anos, a Ação Contra a Fome lidera a luta global contra a fome. Fundada em 1979 por um grupo de ativistas franceses, ela se tornou conhecida pela sigla ACF (Action Contre la Faim). Como acontece com muitas ONGs multinacionais, a organização usa uma mistura complexa de nomes locais. A Johnson Banks foi contratada para "encontrar uma área comum" para que, onde quer que atuasse, a ACF soasse a mesma e parecesse a mesma.

A Johnson Banks liderou diversos debates e *workshops* sobre o que precisaria acontecer para que a organização se representasse como verdadeiramente global: todos deveriam adotar o nome ACF ou cada país precisaria adotar Ação Contra a Fome no seu idioma local. A Johnson Banks estava procurando um grito de guerra que pudesse funcionar em muitas línguas, e percebeu que há "prós" e "contras" em todas. Além de ser flexível, a nova nomenclatura e o novo tema eram mais emotivos e respondiam claramente à pergunta "por que estamos aqui?" – *por* uma ação *contra* a fome.

Solução criativa: durante várias décadas, a identidade da organização era a ilustração de uma planta com a sua raiz. Apesar de o símbolo já ser familiar aos funcionários, para os novatos e para públicos externos, ele era confuso. Aquilo era o símbolo de uma organização agrícola? Ou, para alguns, era uma folha de maconha? Após muito debate, e um longo tempo na direção errada, todos concordaram que uma marca visual seria essencial para unir toda a organização; ela precisaria evoluir de alguma forma a partir do símbolo antigo. A Johnson Banks desenhou um novo símbolo, representando simplesmente dois elementos importantes do trabalho da organização (alimentos e água) e adaptando suas cores. Outra maneira de unir a organização foi estabelecer uma fonte com peso (Futura Bold), além de um conjunto de diretrizes fotográficas e ilustrativas.

Resultados: a Johnson Banks criou um sistema de design simples e direto. Enquanto isso, foi distribuído um conjunto de PDFs que se tornaria parte de uma central global de ativos de design. Regras claras facilitam o trabalho das equipes locais de comunicação e arrecadação de fundos para promover iniciativas e chamados de emergência. A Ação Contra a Fome acredita que a sua nova identidade explica mais clara e poderosamente quem ela é e o que representa. Comunicações mais claras e eficazes permitem que a organização tenha um impacto maior nas vidas de populações vulneráveis e nos aproximam ainda mais de um mundo sem fome.

FOR FOOD.
AGAINST HUNGER AND MALNUTRITION.

FOR CLEAN WATER.
AGAINST KILLER DISEASES.

FOR CHILDREN THAT GROW UP STRONG.
AGAINST LIVES CUT SHORT.

FOR CROPS THIS YEAR, AND NEXT.
AGAINST DROUGHT AND DISASTER.

FOR CHANGING MINDS.
AGAINST IGNORANCE AND INDIFFERENCE.

FOR FREEDOM FROM HUNGER.
FOR EVERYONE. FOR GOOD.

FOR ACTION.
AGAINST HUNGER.

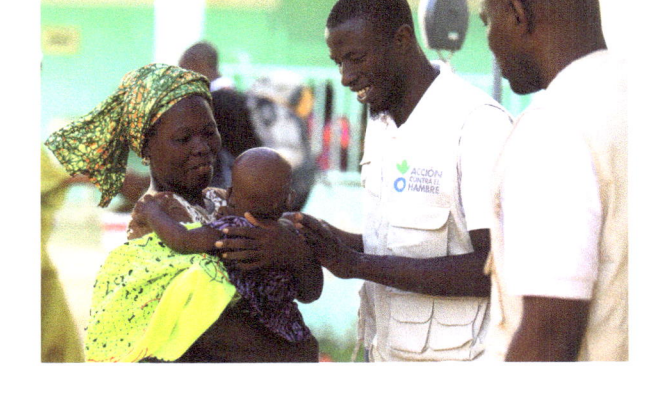

Ação Contra a Fome: Johnson Banks

Estudos de caso

Adanu

Construímos escolas no interior de Gana, usando a educação para transformar a vida de crianças, e de vilas inteiras, para sempre.

A Adanu é uma organização não governamental (ONG) que trabalha ao lado de comunidades rurais subdesenvolvidas em Gana para criar e estabelecer soluções sustentáveis para a educação, e oportunidades iguais para todas as pessoas, independentemente de gênero, idade ou situação econômica. Fundada por Richard Yinkah, em 1997, com o nome de Disaster Volunteers of Ghana (DIVOG), a organização desde então atendeu mais de 50 comunidades e recebeu 1.500 voluntários internacionais para construir escolas, instalações de saneamento, clínicas de saúde e mais.

Metas

Conscientizar e aumentar o apoio.

Representar a ONG ganesa nos EUA.

Renomear a organização.

Desenvolver uma narrativa de marca dinâmica.

Projetar um novo sistema de identidade visual.

Adanu captura a essência de todos os nossos valores: Gana, comunidade, colaboração, sustentabilidade, inspiração e empoderamento.

Richard Yinkah
Fundador e diretor executivo Adanu

Como parceiros, compartilhamos a crença fundamental de que um espírito colaborativo inabalável faz toda a diferença.

Shelly Morse
Presidente do conselho Adanu

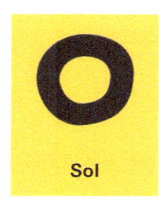

Sol

Comunidade

Vila

Parceria

Processo e estratégia: Richard Yinkah fundou a DIVOG com a visão de usar soluções locais para dar mais autonomia a comunidades rurais empobrecidas em Gana. Desde então, a organização atendeu mais de 50 comunidades e recebeu 1.500 voluntários internacionais para construir escolas, instalações de saneamento e clínicas de saúde em toda a região do Volta. A Matchstic foi contratada para criar a marca da "American Friends of DIVOG", uma estrutura de arrecadação de fundos nos EUA. Em vez de criar uma marca totalmente nova, a Matchstic buscou uma solução mais simples: criar uma nova marca para a DIVOG, algo que fizesse sentido em Gana e nos EUA. A Matchstic queria que o nome comunicasse luz, esperança e inspiração. Durante uma sessão de *brainstorming* de um dia inteiro, foi pedido que o grupo traduzisse uma série de palavras em ewe para o inglês, na esperança de encontrar esse nome. Após diversas tentativas, a Matchstic fez a pergunta que acertou na mosca: "Qual é a palavra para talento ou dom?" A resposta foi acompanhada de um sorriso: "Adanu. Significa sabedoria artística e colaborativa".

Solução criativa: Adanu era fácil de dizer em inglês e em ewe (o idioma do cotidiano na região do Volta) e atendia aos critérios de uma estratégia de nomes sustentável: significativo, memorável e com URL disponível. A marca precisava destacar a abordagem única da DIVOG ao desenvolvimento de comunidades, baseada em empoderamento em vez de em caridade e em parcerias sustentáveis em vez de em relações breves. Para a linguagem visual, a Matchstic se inspirou no sol, o símbolo maior do otimismo, em tecidos kente da África Ocidental e em símbolos adinkra. O sistema de identidade visual usa preto sólido (um cor que tem simbolismo positivo forte na região) com uma paleta de cores viva e limitada. O sistema forte de imagens de inspiração africana utiliza cores, texturas e padrões ganeses. Foram desenhados símbolos para seleção da comunidade, envolvimento comunitário e parcerias comunitárias. Cada forma do sistema tem seu próprio significado; juntos, eles criam uma linguagem especial, mas sem palavras, para a marca Adanu.

Resultados: em 2013, a Adanu tornou-se uma organização sem fins lucrativos do tipo 501(c)(3), registrada junto à Receita Federal dos EUA. Registrada originalmente com o nome de American Friends of Divog, Inc., hoje ela atua como Adanu. Os novos nome, identidade visual e site tiveram um efeito positivo, tanto em Gana quanto nos EUA, aumentando o reconhecimento e atraindo mais apoio e interesse. Com o nome ganês, ficou mais fácil contar a história da ONG. O profissionalismo das novas ferramentas de comunicação fortaleceu o orgulho e a moral. Posicionando a Adanu no mesmo nível que outras organizações sem fins lucrativos globais, até mesmo os parceiros de longa data aumentaram o seu apoio.

> **Queríamos criar um idioma único e sem palavras para a Adanu. Uma explosão de cores, texturas e padrões ganeses emergiram.**
>
> Blake Howard
> *Diretor de criação*
> *Matchstic*

Adanu: Matchstic

Estudos de caso

Amazon.com

A Amazon.com quer ser a empresa mais centrada no consumidor do planeta, um lugar onde as pessoas descobrem tudo o que querem comprar online.

Originalmente uma livraria online, a Amazon.com está posicionada como a "maior loja de varejo da Web", vendendo música, software, brinquedos, ferramentas, produtos eletrônicos, moda e artigos para o lar. Fundada em 1994, a empresa tem 244 milhões de clientes e envia mercadorias para mais de 100 países.

Metas

Criar uma identidade única e proprietária.

Manter o valor de marca da identidade original.

Posicionar a Amazon.com como uma empresa focada no cliente e amigável.

Modificar a identidade essencial para abarcar domínios globais.

Por que você deu o nome Amazon à sua empresa?

É o maior rio do mundo. É a maior seleção do mundo.

Jeff Bezos
Fundador e CEO
Amazon.com

Como parte do design da identidade da marca, a Turner Duckworth criou uma única letra que se prendia ao sorriso, usado originalmente como um botão online. Mais de 10 anos depois, a Amazon usa o design nos seus cartões-presente.

Processo e estratégia: em 1999, a Amazon.com contratou a Turner Duckworth para fazer o redesign da sua identidade de marca. A essência da missão e dos valores da Amazon.com era o seu posicionamento como uma empresa cordial e focada no cliente. O desafio era criar uma identidade única e proprietária, que mantivesse o que a Amazon.com acreditava ser os seus valores de marca: logotipo com tipos em caixa-baixa e um sorriso cor de laranja abaixo do nome. A Turner Duckworth mergulhou na marca, dedicou muitas horas ao site e examinou os sites concorrentes. A empresa analisou também o que faz um logotipo funcionar ou não na Web. "Nossa meta era dar personalidade ao logotipo e criar uma ideia empolgante que pudesse transmitir a mensagem da marca", disse David Turner, o chefe de design.

Solução criativa: a equipe de design desenvolveu diversas estratégias visuais no primeiro estágio do processo, e cada uma enfatizava um aspecto diferente do *briefing* de posicionamento. O design do logotipo era uma evolução do antigo. A ideia central refletia a estratégia de negócios, que era vender mais do que apenas livros. A equipe de design ligou o *a* inicial de "amazon" ao *z*. Esse conceito comunicava claramente que "a Amazon.com vende de tudo de A a Z". O recurso gráfico que conecta o *a* ao *z* também fala do posicionamento da marca: foco no cliente e serviço cordial. O mecanismo forma um sorriso atrevido com uma covinha que altera o *z*. Em cada estágio do design do logotipo, foi levada em consideração a caixa de expedição de papelão. A Turner Duckworth desenhou as letras personalizadas para o logotipo e fez "amazon" se destacar mais do que o ".com". A tipografia foi especialmente projetada para dar ao logotipo uma aparência mais simpática e especial. A equipe de design também desenhou um alfabeto completo, de forma que a Amazon.com pudesse atualizar seus domínios internacionais.

Resultados: Jeff Bezos, CEO, fundador e visionário, participou de cada apresentação e foi o principal tomador de decisões. A Amazon.com determinou um lançamento discreto para a nova identidade. A nova marca não foi anunciada para a imprensa ou destacada em seu site. Sensível às percepções dos consumidores e aos analistas de Wall Street, a empresa achou que era importante para a Amazon.com não parecer uma empresa "diferente". A Amazon.com será eternamente considerada a empresa de *e-commerce* que mudou o varejo para sempre.

Ter acesso ao principal tomador de decisão e, especialmente, ao visionário de uma empresa certamente facilita muito nosso trabalho. Além de acelerar os processos de *feedback*, desenvolvimento e aprovação, também nos permite fazer perguntas ao visionário e ouvir respostas diretas e sem filtros.

Joanne Chan
Chefe de atendimento ao cliente
Turner Duckworth

Quando você tem um líder com entusiasmo e visão de verdade, isso é contagioso. Toda a equipe se inspira.

Jaleh Bisharat
Ex-diretora de marketing
Amazon.com

Amazon.com: Turner Duckworth

Estudos de caso

Ansible

Acreditamos que a complexidade mata a inovação. A Ansible foi criada para a dar a todos na área de TI um jeito simples de automatizar tarefas prosaicas, pois assim poderão se concentrar no trabalho mais importante da inovação.

A abordagem da Ansible à automatização dos fluxos de trabalho na TI, que é simples, sem agentes e poderosa, tornou-a um dos projetos de software de código aberto mais populares do mundo, com mais de 2.250 colaboradores e milhares de downloads por dia. A tecnologia da Ansible é usada nas maiores organizações de TI do mundo para acelerar a inovação tecnológica. Sediada em Durham, no estado americano da Carolina do Norte, a Ansible é parte da Red Hat, a maior fornecedora mundial de soluções de software de código aberto.

Metas

Dar vida e energizar uma comunidade aberta.

Usar o design para comunicar a simplicidade da tecnologia.

Diferenciar-se de uma concorrência ampla de software de gestão de TI legado.

Estabelecer um sistema de identidade forte, fácil de amar e de compartilhar.

Crenças fundamentais internas

Simplesmente claro
Simplesmente rápido
Simplesmente completo
Simplesmente eficiente
Simplesmente seguro

Na Ansible, precisávamos ter uma marca que comunicasse simplicidade de forma autêntica a um público muitas vezes cético (os profissionais de TI). A Ansible precisava dar a sensação de ar fresco.

Todd Barr
Gerente-geral
Ansible by Red Hat

A marca Ansible se tornou um emblema que os usuários da comunidade e os clientes têm orgulho de compartilhar e de se associar. Ela nos permite crescer orgânica e viralmente, por boca a boca.

Gretchen Miller
Chefe de Marketing
Ansible by Red Hat

Processo e estratégia: com raízes no código aberto e uma comunidade fanática de usuários, a Ansible tinha uma plataforma sólida para embasar uma história de marca dinâmica, mas seu tempo era dedicado a criar a tecnologia, não a marca. A New Kind foi contratada para realizar pesquisas junto a clientes, parceiros e funcionários para entender os pontos fortes e as oportunidades da Ansible. A New Kind realizou uma série de levantamentos e entrevistas e analisou detalhadamente a concorrência. Preparar a marca para um novo futuro, mais claro, evoluiu a partir do estudo da comunidade, dos clientes e da cultura corporativa atuais, de modo a melhor entender as possibilidades do que ela poderia se tornar.

A New Kind compartilhou as aprendizagens com a equipe da Ansible, e trabalhou ao seu lado para sintetizar as pesquisas sobre uma história única, que refletiria o simples poder do seu produto. Os membros da comunidade de código aberto compartilhavam valores que a Ansible levava para o seu trabalho e que ajudaram a equipe a descobrir que o diferencial da Ansible era a sua forte capacidade de ocultar a complexidade da automação de TI. A ideia de simplicidade sofisticada se tornou o núcleo da história da Ansible.

Solução criativa: trabalhando com a equipe da Ansible, a New Kind desenvolveu uma história e uma arquitetura de mensagens de marca e começou a imaginar uma identidade visual para a marca que fortaleceria os elementos fundamentais da história de simplicidade. Era crítico que a mensagem de marca comunicasse que todos poderiam usar essa tecnologia poderosa, não alguns poucos privilegiados. Uma estratégia importante do design da identidade visual foi envolver e empolgar a comunidade que já contribuía para a tecnologia. A marca precisava apelar para uma comunidade fanática que, com sorte, a colocaria em adesivos de laptop, em camisetas e em *feeds* de mídias sociais, para que a comunidade e a marca crescessem organicamente.

Resultados: dois anos após o lançamento da marca, o crescimento orgânico da comunidade e do negócio da Ansible superaram as expectativas. O tráfego na web continuou a crescer bem mais de 100% ao ano, enquanto o negócio crescia ainda mais rapidamente. Em 2015, a Ansible foi adquirida pela Red Hat e continua a ser uma tecnologia crescente e vibrante do portfólio da empresa.

Ansible: New Kind

Estudos de caso

Beeline

A Beeline acredita no lado bom da vida. Nosso objetivo é ajudar as pessoas a sentir o prazer da comunicação e se sentir livres a qualquer hora e em qualquer lugar.

A Beeline é marca registrada da VEON (antigo VimpelCom Group), que oferece serviços de telecomunicações. Fundado em 1992, o VimpelCom foi a primeira empresa russa a ter suas ações listadas na Bolsa de Valores de Nova York. A Beeline oferece chamadas de voz, banda larga fixa, serviços de dados e serviços digitais para pessoas físicas e jurídicas.

Metas

Destacar-se e aumentar as expectativas do público.

Estabelecer um novo padrão para a Rússia moderna.

Renovar o entendimento do cliente.

Tornar-se líder de mercado.

Criar um senso de orgulho e pertencimento.

Foto: Jim Naughten

Processo e estratégia: em 2005, o mercado de telefonia móvel russo estava praticamente saturado, especialmente em Moscou. Os principais serviços competiam pela liderança no mercado e não havia nada que diferenciasse claramente uns dos outros. A auditoria da concorrência mostrou que o marketing e a gestão de marcas no setor de telefonia móvel se concentravam quase que exclusivamente na tecnologia, não nas pessoas. A Wolff Olins foi contratada para criar uma nova identidade de marca que estabelecesse laços emocionais com os consumidores para reter sua lealdade. O outro pré-requisito para a nova marca seria criar um rosto mais moderno e aberto, que ajudaria a empresa a se preparar para a expansão regional e internacional. A auditoria da concorrência também mostrou que o mercado em geral estava superlotado e confuso. Para a Wolff Olins, a oportunidade era clara: criar uma marca que se destacasse e elevá-la acima do ruído. A equipe de marca trabalhou junto à equipe de marketing da Beeline, em Moscou, para produzir uma marca forte e um grande impacto no mercado.

Solução criativa: inspirada pela estratégia da empresa, a Wolff Olins desenvolveu uma plataforma funcional para se focar no trabalho. Em termos visuais e de tom, a ideia "a Beeline me inspira a viver a vida ao máximo" esteve por trás de todos os aspectos do trabalho de criação. A solução era mais do que um logotipo, era uma linguagem completa e coerente, flexível e universal, que prendia a imaginação de diversos públicos em toda a Rússia e transcendia as barreiras culturais e sociais. Visualmente, era um convite a ver a vida com imaginação, ilustrado pelo uso individual e característico de faixas pretas e amarelas. A nova *tagline*, "Live on the bright side" ("Viva no lado claro"), informava o tom da personalidade da nova marca. Brilho, simpatia, simplicidade e emoções positivas seriam os novos atributos acolhidos pela marca revitalizada. Foram criados um novo sistema de identidade da marca, diretrizes de estilo de comunicação e uma biblioteca de imagens para preparar a empresa para o lançamento. A Wolff Olins também foi contratada para criar a campanha de lançamento.

Resultados: a nova marca foi um sucesso tremendo. Ao final de 2005, a receita da Beeline havia crescido 40%, a capitalização de mercado também incrementara 28% e a ARPU (receita média por usuário) aumentara 7%. A Wolff Olins continua a trabalhar com a Beeline enquanto a empresa se expande para novas regiões e áreas de produtos. Desde o relançamento da marca, a Beeline foi classificada independentemente como a marca mais valiosa da Rússia por três anos consecutivos, de acordo com a Interbrand Zintzmeyer & Lux, na revista *Business Week*.

Beeline: Wolff Olins

Estudos de caso

Boston Consulting Group

Em um mundo cada vez mais complexo, precisamos nos aprofundar para desvendar *insights* e ter coragem para agir. Queremos genuinamente ajudar nossos clientes e uns aos outros a ter sucesso. Estamos moldando o futuro. Juntos.

O Boston Consulting Group (BCG) é uma consultoria de gestão dos EUA, uma empresa de capital fechado com mais de 80 escritórios em 48 países. A empresa presta consultoria para clientes dos setores público, privado e sem fins lucrativos de todo o mundo, incluindo mais de dois terços da lista *Fortune 500*.

Metas

Atrair talentos de alto nível.

Unificar todos os canais digitais além do site.

Promover envolvimento mais profundo.

Criar um equivalente online da experiência offline.

Criar uma coleção de conteúdo visual diferenciado com boa relação custo-benefício.

Precisamos transformar nossa presença digital de uma maneira que eleve a marca muito além do que se espera no nosso setor.

Massimo Portincaso
Sócio e diretor-gerente
Boston Consulting Group

O BCG é rápido e não tem medo de experimentar novidades. Nosso processo ágil foi caracterizado por prototipagem rápida e teste rápido.

Paul Pierson
Sócio-gerente
CSA

© Paolo Pellegrin/Magnum Photos

Processo e estratégia: o BCG queria transformar a sua presença digital e ter um sistema de marketing mais robusto para atrair e recrutar talentos de alto nível. O sócio do BCG encarregado da marca e o sócio encarregado do recrutamento global trabalharam lado a lado com a Carbone Smolan Agency (CSA). Seu processo era fluido, concentrado em uma série de iniciativas-chave, com prototipagem e testes constantes. Com as novas empresas de tecnologia concorrendo pelos melhores MBAs, consultorias de gestão como o BCG precisam evoluir para se manterem relevantes. O recrutamento global era a prioridade número um. A agência começou com entrevistas aprofundadas para obter os melhores *insights* qualitativos, distribuiu questionários para mais de 1.800 membros da equipe de consultoria global e analisou milhares de páginas de pesquisas do BCG. Um entendimento do que há de realmente especial no BCG foi sintetizado em um *briefing*, focado nos três pilares de marca e suas mensagens de apoio: construir impacto, conectar aspirações e cultivar líderes.

Solução criativa: para responder ao desafio de como fazer as pessoas se interessarem por trabalhar no BCG, a CSA desenvolveu uma plataforma de recrutamento integrada, incluindo eventos de conexão, histórias convincentes, ferramentas para apresentar o BCG, tópicos de conversa, uma campanha publicitária e uma biblioteca interativa de casos. Após completar o microsite de recrutamento, a CSA enfrentou a experiência digital como um todo. Colaborando lado a lado com o BCG, a empresa liderou *workshops* de inovação para trazer mais sócios ao processo criativo.

A CSA cocriou uma suíte de ativos visuais que funcionaria em diversos canais e dispositivos, incluindo ferramentas de movimento e infográficos. A CSA formou uma parceria com Reza Ali, o artista digital que usa algoritmos e códigos de teclado para criar arte paramétrica, com a ideia de diferenciar as áreas de prática no site. Em vez de usar fotos de bancos de imagem, o BCG formou uma parceria com a EyeEm, uma comunidade global de fotógrafos, para adquirir imagens instigantes. Eles trouxeram o fotojornalista Paolo Pellegrin para capturar momentos na vida dos consultores globais. A CSA também projetou modelos de ativos sociais para facilitar as postagens em mídias sociais e introduziu uma estrutura de navegação simples para o BCG.com.

Resultados: a transformação de design afetou todos os aspectos da marca. O recrutamento levou a mais candidatos e a mais ofertas aceitas. O envolvimento com o BCG.com dobrou, e a CSA conseguiu reduzir e simplificar o conteúdo na Web, de 4.000 páginas para 1.700, uma redução de 68%. Além disso, o tráfego nas mídias sociais e o número de colaboradores aumentaram, ambos, em 400% nos microsites redesenhados.

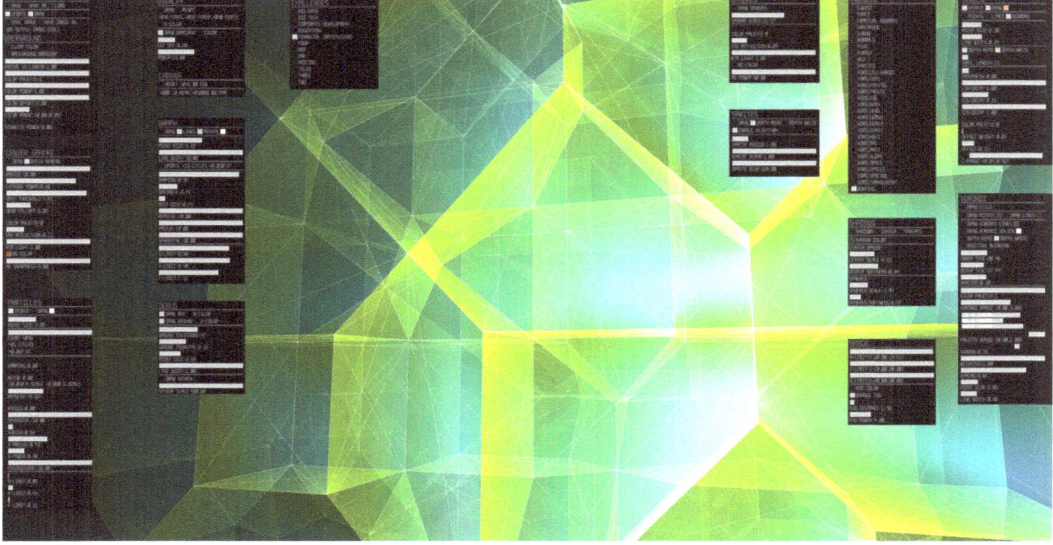

Algoritmos e códigos de teclado foram usados para criar arte paramétrica.

Boston Consulting Group: Carbone Smolan Agency

Estudos de caso

Boy Scouts of America

Acreditamos em combinar atividades educacionais e valores duradouros com diversão. Nossa Sustainability Treehouse (Casa da Árvore da Sustentabilidade) é um centro educacional vivo, que mergulha os escoteiros no conceito da sustentabilidade.

A Boy Scouts of America (BSA) é a maior organização de escotismo dos EUA e uma das maiores organizações juvenis do país, com mais de 2,4 milhões de participantes jovens e quase um milhão de voluntários adultos. Desde a sua fundação, em 1910, mais de 110 milhões de americanos já participaram de algum programa da BSA.

Metas

Desenhar uma experiência e programa de exposição.

Transformar o aprendizado em aventura.

Mergulhar os escoteiros no conceito de sustentabilidade.

Comunicar informações de forma surpreendente e inesperada.

Queríamos criar uma experiência que inspiraria os escoteiros a serem agentes da mudança.

Adam Brodsley
Diretor de criação
Volume

Fantástico!!! Ponto final.

Exposições absolutamente fascinantes. Aprovado!

Muito divertido. E aprendi um monte. :)

Legendas hilárias!

Demais!

Depoimento dos visitantes

Processo e estratégia: o Summit é um centro de escotismo e aventura para milhões de jovens e adultos envolvidos com a Boy Scouts of America. Sediado em uma área de 4.300 hectares no estado da Virgínia Ocidental, o local sedia o Jamboree, um acampamento de verão de alta aventura e um centro de liderança. Os escoteiros queriam uma instalação de educação ambiental que combinasse aprendizado, valores conservacionistas e diversão. A Mithun projetou uma casa na árvore gigante, de cinco andares, com um teto de quase 40 m de altura, que se ergue acima da floresta. A Volume foi contratada para projetar uma experiência de aprendizado imersiva e exposições com interação direta sobre ecologia e conservação de recursos naturais. A Volume montou uma equipe interdisciplinar, incluindo projetistas de exposições, desenvolvedores de conteúdo, pesquisadores, escritores, videógrafos e construtores de exposições interativas. "Como ensinar sustentabilidade a crianças que acabaram de chegar a um parque de aventuras?" era o desafio. A Volume queria contar a história da sustentabilidade de um jeito que fosse autêntico para os escoteiros e para o local, comunicasse informações de formas surpreendentes e inesperadas e evitasse soluções formulaicas e ultrapassadas para as exposições.

Solução criativa: enfatizar o papel dos sistemas naturais nas nossas vidas, encorajar um entendimento sobre como as coisas estão interligadas e inspirar os escoteiros a serem agentes de mudança eram os objetivos do design da exposição. A Volume sabia que um público jovem e ativo precisaria de uma experiência de aprendizado ativa, não de sermões. O Recyclotron, por exemplo, é ativado quando os visitantes pedalam em uma bicicleta ergométrica, gerando mensagens sobre como um edifício sustentável deve funcionar. Uma "corrente da chuva" feita de canecas de acampamento de aço inoxidável transfere água do telhado para a cisterna. A cisterna, que limpa e purifica a água para os bebedouros, está junto a um quadro de LED, que mostra quanta água foi coletada e consumida. Todas as decisões sobre materiais levaram em conta os padrões de sustentabilidade do Living Building Challenge. Foi importante utilizar soluções táteis, de baixa intensidade tecnológica, e materiais reaproveitados. Apesar de haver texto a ser lido, o tom é intencionalmente irreverente, e as palavras se misturam com ícones.

Resultados: há mais de um século que a Boy Scouts of America é líder na educação conservacionista e tutela ambiental. A organização sempre acreditou em combinar atividades educacionais, valores duradouros e diversão. A Sustainability Treehouse é um centro educacional vivo que é autêntico em relação à missão dos escoteiros."Com cada passo, ela captura a maravilha das aventuras da infância e desafia os visitantes a aplicarem ideais de tutela significativa nas suas próprias vidas", afirma a Mithun.

Boy Scouts of America/Trinity Works (cliente): Volume/Studio Terpeluk (design de exposição)
Mithun (arquitetura de design) + BNIM (arquiteto responsável)

Estudos de caso

Budweiser

Engarrafamos 140 anos de América. E colocamos nas suas mãos.
O Rei das Cervejas, nascido em 1876. Fermentada na marra.

A Budweiser é uma pale lager filtrada, disponível em chopp e embalada, produzida pela Anheuser-Busch, parte da multinacional Anheuser-Busch InBev. A marca foi lançada em 1876, pela Carl Conrad & Co. de Saint Louis, Missouri, e se tornou uma das cervejas mais vendidas dos EUA, disponível em mais de 80 mercados globalmente.

Metas

Representar uma essência de marca globalmente.

Reconquistar relevância nos EUA.

Criar uma apresentação mais moderna e universal.

Conquistar padrão global e relevância local.

Todo o nosso posicionamento de marca gira em torno de mostrar que nos importamos com a cerveja, que ela é "fermentada na marra".

Brian Perkins
*Diretor de marketing
Budweiser North America*

Budweiser: Jones Knowles Ritchie

Processo e estratégia: desde o crescimento da relevância das cervejas *light*, 40 anos atrás, a Budweiser tem administrado seu declínio nos EUA enquanto se expande globalmente. Regiões diferentes tinham versões diferentes da Budweiser: outras embalagens, outras comunicações, outras variantes. A Budweiser formou uma parceria com a Jones Knowles Ritchie (JKR) para ajudar a marca a representar a mesma coisa globalmente e ter a mesma aparência geral em cada região. Outro objetivo era reconquistar participação de mercado entre os consumidores mais jovens nos EUA. As pesquisas confirmaram que, apesar de a percepção da Budweiser ser forte, ela era nostálgica, então, a tarefa da JKR seria torná-la ao mesmo tempo moderna e universal. Eles acreditavam que a marca não refletia adequadamente a arte e o conhecimento do produto, e que era fundamental aumentar a percepção sobre qualidade. O diretor de criação da JKR viajou até Saint Louis para visitar a cervejaria, reuniu-se com os cervejeiros e brincou com os cavalos Clydesdales. Acima de tudo, ele passou o dia com o arquivista, formado no Instituto Smithsonian, que lhe mostrou todas as embalagens, anúncios e comunicações da história da empresa.

Solução criativa: a JKR começou o processo focando em dois elementos icônicos fundamentais: o logotipo de gravata-borboleta e o rótulo da Budweiser. A gravata-borboleta foi simplificada drasticamente e reduzida a uma única cor, permitindo que funcionasse digitalmente. Cada elemento tipográfico da embalagem icônica (mais de 14 tipos customizados) foi redesenhado e trabalhado. Além disso, todos os elementos ilustrativos, como cereais, lúpulo e o selo AB, foram redesenhados a mão. Finalmente, uma fonte sem serifa customizada foi criada para uso nas propagandas, inspirada pelo tipo industrial americano do século XIX usado nas garrafas originais da Budweiser. Múltiplas rodadas de testes qualitativos e quantitativos, em seis mercados globais, reforçaram a nova estratégia e linguagem visual. Após atualizar a embalagem, a JKR criou um sistema de identidade visual que reduzia tudo à essência: a cor vermelha, o produto e as mensagens fortes, apresentadas com a nova fonte customizada. O sistema de identidade visual foi criado no idioma local de cada um dos mercados da marca, comunicando a mensagem da marca "Brewed the Hard Way" ("fermentada na marra").

Resultados: o sistema de identidade visual redesenhado e a nova embalagem unificaram a marca em todo o mundo. A linguagem de design simplificada permitiu ativações de marca dinâmicas, reconquistando relevância junto aos consumidores mais jovens e restabelecendo a marca como o Rei das Cervejas. O novo design também aumentou a posição da Budweiser no ranking 100 Best Global Brands. A lata e a campanha "America" conseguiram conquistar relevância para a Budweiser no seu mercado mais maduro, com 1,3 bilhões de impressões mundiais, o que representa mais do que os dois últimos comerciais veiculados no Super Bowl juntos.

> Redesenhamos a Budweiser porque ela merecia ser redesenhada. É um artefato da nossa cultura, merece ser grande.
>
> Tosh Hall
> *Diretor executivo de criação global*
> *Jones Knowles Ritchie*

Estudos de caso

Cerner

Estamos comprometidos com a ideia de antecipar as necessidades do setor de saúde e desenvolver tecnologias inovadoras, que ajudam a criar um amanhã mais saudável, hoje.

A Cerner Corporation é uma empresa de tecnologia de saúde que fornece soluções, serviços, dispositivos e hardware para atender às necessidades clínicas, financeiras e operacionais das organizações de saúde. As soluções da Cerner são licenciadas em mais de 25.000 instalações e mais de 35 países. Com sede em Kansas City, EUA, a empresa de capital aberto (NASDAQ: CERN) tem mais de 25.000 colaboradores em todo o mundo, e sua receita em 2015 foi de 4,4 bilhões de dólares.

Metas

Criar relevância para consumidores de cuidados com a saúde.

Promover o entendimento da visão e da missão da empresa.

Fortalecer a percepção da marca.

Criar eficiências de escala entre eventos e campanhas de marketing.

Desenvolver um kit de ferramentas de mensagens e ativos criativos.

Já passamos pela digitalização dos serviços de saúde. Agora vamos transformar ser paciente em uma nova experiência.

Neal Patterson
*Presidente do conselho, CEO e cofundador
Cerner Corporation*

Nosso comprometimento com a marca está no cerne das nossas ações. Ele informa nossas decisões e influencia nossas respostas.

Melissa Hendricks
*Diretora de estratégia de marketing
Cerner Corporation*

Como marca global, trabalhamos com as nossas equipes ao redor do mundo para criar um tema que encontrasse eco além das fronteiras.

Sarah Bond
*Diretora de marca e experiência digital
Cerner Corporation*

Processo e estratégia: desde o início, a Cerner se imaginou como uma empresa que transformaria a saúde. Há mais de 35 anos, a Cerner é pioneira em registros médicos eletrônicos, com um público-alvo formado por administradores, médicos, enfermeiros e outros profissionais da saúde. Com a transformação do setor, de um modelo de pagamento por serviço para um sistema em que os prestadores são pagos com base nos resultados dos pacientes, o papel dos indivíduos na gestão da própria saúde se torna cada vez mais importante.

A conexão com os clientes promoverá a próxima fase do crescimento da Cerner. Com o maior foco no mercado consumidor, a equipe de marca da Cerner precisava desenvolver uma nova abordagem de comunicação e novas mensagens. Historicamente, apesar de a equipe ter lançado de cinco a sete campanhas por ano, decidiu-se que uma única estratégia central consistente teria mais impacto e seria crucial com a entrada da empresa no mercado consumidor.

Solução criativa: a equipe de marca da Cerner liderou uma iniciativa e envolveu os membros de sua agência de criação interna, comunicações internas e marketing global para promover o *brainstorming* inicial e explorar temas possíveis que poderiam ser estendidos para todo o globo, usados em diversas campanhas e todos os canais de marketing. Fundamental para o *brainstorming* era desenvolver um tema que tornasse a marca mais acessível e aberta para o público consumidor. O tema "Creating Healthier Stories" ("criando histórias mais saudáveis") foi lançado com o relatório anual da empresa, em 2015, e incorporado em todos os eventos e mensagens. O desenvolvimento de um kit de ferramentas com ativos de criação e recursos de mensagem ampliou a largura de banda, permitindo que a agência de criação interna se concentrasse em novos projetos em vez de criar ativos para diversos temas. Uma ideia central forte tornou a marca Cerner mais forte, pois reduziu o número de mensagens diferentes recebidas pelos clientes e funcionários.

Resultados: o tema "Creating Healthier Stories" foi bem recebido em toda a empresa e adotado rapidamente. Os funcionários compartilharam suas próprias #healthierstories nas mídias sociais e enviaram fotos para mostrar como o trabalho que realizam cria histórias mais saudáveis. O tema foi adotado por toda a comunidade de marketing global em eventos para clientes em todo o mundo, da Espanha à Arábia Saudita. Ele foi usado no principal evento para clientes da empresa, a Cerner Health Conference, que reúne mais de 15.000 participantes. Ele também foi usado como tema para o evento de treinamento executivo interno, com participação de mais de 700 executivos de toda a empresa.

Estudos de caso

Cidade de Melbourne

Melbourne é uma cidade forte, inspiradora e sustentável, um lugar que promove experimentação, inovação e criatividade e que cultiva líderes de ideia e de coragem.

Melbourne é a capital do estado australiano de Victoria e a segunda cidade mais populosa do país. Ela tem altos índices de educação, entretenimento, saúde, pesquisa e desenvolvimento, turismo e esporte, conquistando o prêmio de melhor cidade para se viver do mundo da Economist Intelligence Unit pela sexta vez consecutiva em 2016. O Conselho da Cidade de Melbourne apoia as ofertas de classe mundial da cidade e a representa nacional e internacionalmente.

Metas

Desenvolver uma estratégia de marca e um sistema de identidade coesos.

Identificar e articular uma ideia de marca fundamental.

Promover orgulho.

Estabelecer *insights* sobre as necessidades de um público global.

Melhorar a relação custo-benefício da gestão da marca.

Metas do Conselho da Cidade de Melbourne

Uma cidade para pessoas

Uma cidade criativa

Prosperidade econômica

Uma cidade do conhecimento

Uma ecocidade

Uma cidade conectada

Liderar pelo exemplo

Administrar bem nossos recursos

Processo e estratégia: em 2009, a Cidade de Melbourne pediu à Landor que desenvolvesse uma estratégia de marca coesa e um novo sistema de identidade. A Landor conduziu uma auditoria completa das diversas identidades existentes da Cidade de Melbourne, além de seus planos estratégicos e de sustentabilidade de longo prazo. A auditoria avaliou a opinião pública e entrevistou *stakeholders*, incluindo funcionários do governo local, empresários e representantes da comunidade. Além disso, foram examinadas comunicações, comportamentos, arquitetura de marca e outras cidades de classe mundial. A nova identidade também precisava superar complexidades políticas, melhorar a relação custo-benefício da gestão da marca e unificar um conjunto diverso de entidades governamentais, além de uma carteira cada vez maior de iniciativas, programas, serviços, eventos e atividades.

O desafio era identificar uma visão correta dos diferenciais mais profundos e genuínos da cidade. Histórias, hábitos, promessas e aspirações, quando desvendados, podem ser consolidados em símbolos, sinais e valores. A diversidade de Melbourne se tornou a ideia unificadora, que permitira que a cidade se tornasse mais flexível, crescesse e evoluísse junto com uma população cada vez maior e diversa e se conectasse dinamicamente com oportunidades futuras.

Solução criativa: no centro do novo design, a Landor desenhou um "M" impactante, tão multifacetado quanto a própria cidade: criativa, cultural e sustentável. O sistema de identidade teria um nível de flexibilidade integrado, deixando espaço para interpretações criativas e iniciativas e acolhendo a ideia de modulação e adaptação. Um sistema de cores, tipografias, imagens e tons de voz foi aplicado a uma série de modelos. As diretrizes de aplicações incluíam anúncios, patrocínios, eventos, parcerias de cobranding, sinalização e ambientes 3D. Diretrizes foram desenvolvidas para ajudar a administrar o lançamento da nova identidade.

Resultados: a nova identidade de Melbourne ajudou a criar associações positivas e diferenciais para os trabalhadores, os líderes cívicos e empresariais, parceiros de negócios globais, turistas e moderadores. Ela foi adotada pelo conselho da cidade, que acreditava que uma identidade diferenciada criaria um gatilho visual imediato para provocar uma série de emoções ou ideias, mostrando a empresa pelo melhor ângulo possível. O sistema gerou orgulho e um senso de lugar, além de ajudar a promover o crescimento econômico com investimentos em negócios e turismo.

> **Queríamos criar uma identidade que refletisse a cultura de criatividade e diversidade no cerne da Cidade de Melbourne.**
>
> Mike Staniford
> *Diretor executivo de criação*
> *Landor*

Cidade de Melbourne:
Landor

Estudos de caso

Coca-Cola

A Coca-Cola dá alegria. É a felicidade em uma garrafa. Vamos descobrir a verdade e comemorá-la.

A Coca-Cola Company é a maior empresa de bebidas e uma das marcas mais valiosas do mundo. Em média, saboreiam-se 1,9 bilhões de porções das mais de 500 marcas de bebidas gaseificadas e não gaseificadas da empresa por dia, em mais de 200 países.

Princípios das marcas icônicas
Desenvolvido por Turner Duckworth

Confiança para ser simples

Honestidade (não prometer mais do que pode cumprir)

Em sintonia com a cultura moderna

Uso muito cuidadoso de ícones

Atenção aos detalhes

Metas

Fazer a Coca-Cola ser feliz, nova e honesta.

Alavancar visualmente os valores icônicos e eternos da marca.

Provocar experiências de marca instigantes, coesas e abrangentes.

Evocar ligações significativas e memoráveis com o consumidor.

Restabelecer a reputação da Coca-Cola como líder em design.

A estratégia inspirou uma linguagem de design multidimensional, que amplifica os patrimônios da Coca-Cola em todos os pontos de contato com os clientes.

Vince Voron
Chefe de design
Coca-Cola North America

Processo e estratégia: a Coca-Cola é a marca mais valiosa e mais reconhecida do mundo. Seu logotipo e design de garrafa são ícones culturais onipresentes. No final de 2005, a Coca-Cola North America contratou a Turner Duckworth com a meta de design de fazer a marca parecer feliz, nova e honesta. O processo começou com a análise da tradição e dos ativos visuais da Coca e uma demonstração de como marcas líderes usam o design e a identidade visual para obter vantagens competitivas. Chegou-se a um consenso de que a identidade da Coca estava tumultuada, estática e pouco inspiradora. Dada a velocidade das mudanças em nossa sociedade de consumo atual, a equipe acreditava que a identidade da Coca precisava ser dinâmica e sempre relevante para a cultura. A Turner Duckworth identificou cinco princípios de marcas icônicas para orientar o design a partir da ideia de marca de que a "Coca dá alegria".

Solução criativa: a Turner Duckworth se concentrou nos elementos icônicos da Coca que nenhuma outra marca pode ter: o texto branco spenceriano sobre fundo vermelho, a garrafa curvilínea e a fita dinâmica. A Turner Duckworth mostrou a cara do design "Coca dá alegria" em múltiplos pontos de contato, incluindo copos, caminhões e ambientes. A empresa também examinou todas as ferramentas da identidade visual: marcas registradas, ícones, cor, escala, símbolos, padrões, formas, tipografia e fotografia. Em diversas fases do processo, os designs foram enviados para pesquisas, a fim de garantir que estariam em sintonia com a estratégia da empresa. A nova estratégia de design, simples e audaciosa, alavancou o apelo emocional duradouro da marca. O design tem a simplicidade, a confiança e a flexibilidade necessárias para funcionar em diversos ambientes e mídias. Foi criado para estar em sintonia com a cultura. O valor da liderança em design foi trabalhado com os principais tomadores de decisões. As novas diretrizes de design foram desenvolvidas e colocadas online para fornecedores, parceiros criativos e centros de design do mundo todo.

Resultados: a identidade visual revitalizada tornou a marca relevante para uma nova geração, reconectou-a com pessoas que cresceram com ela e aumentou as vendas. A Turner Duckworth e a Coca-Cola Company receberam uma série de prêmios mundiais, incluindo o cobiçado Design Grand Prix no Festival Internacional de Criatividade de Cannes e o Leão de Ouro por sua nova lata de alumínio. A nova estratégia de design deu à Coca-Cola uma nova posição de liderança, que a empresa expandiu para outras marcas principais. Além disso, ela ajudou a empresa a atrair talentos criativos de outras empresas, como a Nike e a Apple.

> **O segredo para fazer trabalhos como esse funcionarem é ter paixão, persuasão e perseverança.**
>
> David Turner
> *Diretor*
> *Turner Duckworth*

Coca-Cola: Turner Duckworth

Estudos de caso

Cocktails Against Cancer

Vamos além da simples doação e ajudamos na luta contra o câncer usando nossa melhor arma: reunimos amigos e familiares para uma noite de união, espírito, amor e, isso mesmo, coquetéis.

A Cocktails Against Cancer é uma organização sem fins lucrativos que realiza coquetéis anuais para angariar fundos para apoiar programas com impacto imediato na vida de pacientes que lutam contra o câncer na região da Filadélfia. Fundada em 2008, a Cocktails Against Cancer é uma organização de caridade 501(c)(3) registrada.

Metas

Atrair apoio e engajamento.

Promover vendas de ingressos, doações e patrocínios.

Criar uma campanha anual.

Projetar uma imagem unificadora memorável.

Queremos retribuir e colaborar com as organizações comunitárias que têm impacto imediato na qualidade de vida dos pacientes com câncer.

Sharon Sulecki
Fundadora
Cocktails Against Cancer

A fundadora aos 2 anos, junto à mãe

County Fair, 2015

Jukebox Boogie, 2016

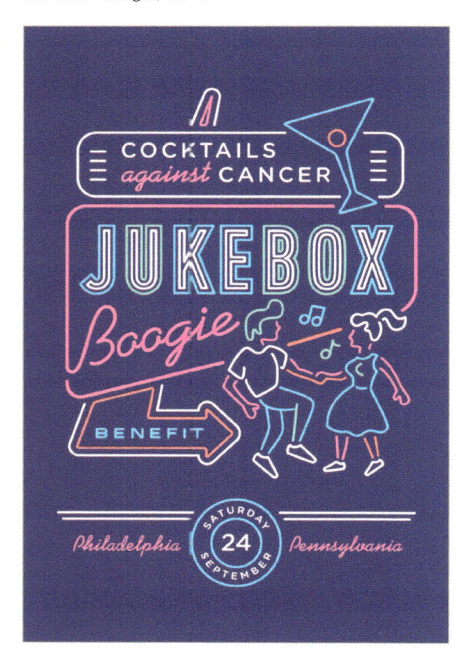

Processo e estratégia: a Cocktails Against Cancer começou como uma festinha humilde em 2008, quando a mãe da fundadora foi diagnosticada com câncer pela quarta vez, dessa vez no estágio quatro. Sharon Sulecki queria uma maneira ativa de expressar solidariedade com a luta da mãe, e decidiu usar seus superpoderes de anfitriã para montar um coquetel fabuloso, no qual pediria que os convidados contribuíssem. Desde o falecimento de sua mãe, em 2010, o evento anual presta homenagem a ela, continuando a apoiar programas que impactam quem ainda luta contra a doença.

Sulecki, que tem formação em marketing, reconhece e valoriza o poder do design. Ela convidou a designer Kathy Mueller para participar do primeiro Conselho de Administração, criado em 2014. Mueller recebeu a missão de usar o design para manter o engajamento dos apoiadores fiéis e expandir o público além da rede da fundadora. Após cinco anos de crescimento contínuo, foram introduzidos temas para os coquetéis, como maneira de manter o evento sempre novo e envolver continuamente os apoiadores.

Solução criativa: todos os anos, o evento adota um tema diferente e lança uma nova campanha promocional. O projeto inclui o nome do evento, um design de identidade, um cartaz, um folheto, uma *landing page*, mídias sociais, um kit para a imprensa e elementos de decoração para o dia do evento, como adereços para a cabine de fotos. Todos os pontos de contato são redesenhados para refletir o tema, criando uma experiência imersiva para o público. Até mesmo o logotipo é modificado para refletir o tema, e os perfis de mídia social são totalmente dominados pelo tema.

Com temas anteriores de Retro Carnival, '80s Prom e County Fair, os convidados recentemente participaram do Jukebox Boogie com saias rodadas e moletons de escola, prontos para uma noite supimpa e preparados para fazerem suas doações.

Resultados: graças aos convidados e patrocinadores, a Cocktails Against Cancer já angariou quase 100.000 dólares. Os recursos são destinados a organizações que têm impacto imediato na vida de pessoas em luta contra o câncer, como a Philadelphia Ronald McDonald House Camp e a Cancer Support Community of Greater Philadelphia.

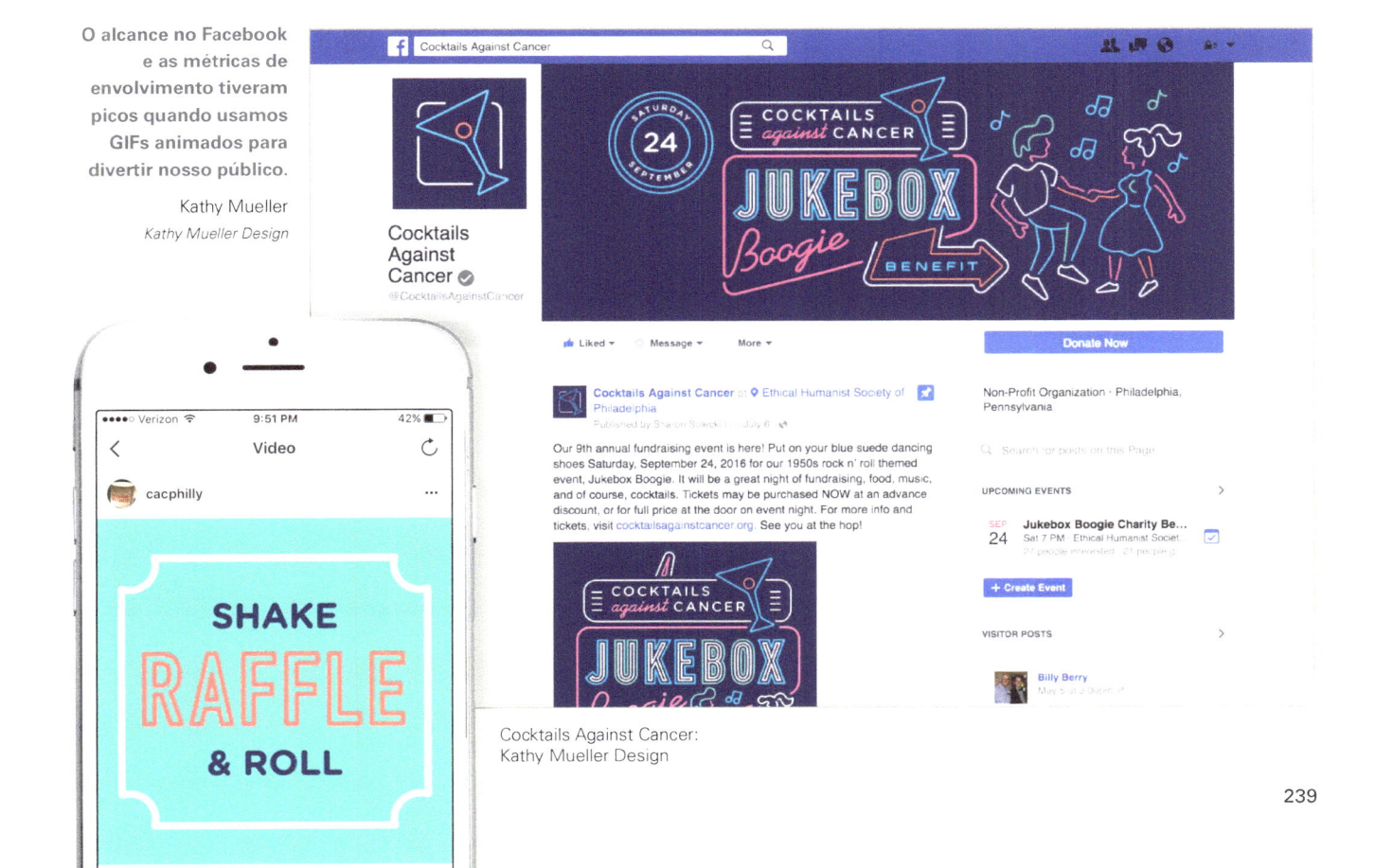

> O alcance no Facebook e as métricas de envolvimento tiveram picos quando usamos GIFs animados para divertir nosso público.
>
> Kathy Mueller
> *Kathy Mueller Design*

Cocktails Against Cancer:
Kathy Mueller Design

Estudos de caso

Cooper Hewitt, Smithsonian Design Museum

O único museu dos Estados Unidos dedicado exclusivamente ao design histórico e contemporâneo, o Cooper Hewitt detém uma das coleções de design mais diversas e abrangentes do mundo.

Fundado em 1897 por Sarah e Eleanor Hewitt, netas do industrialista Peter Cooper, o Cooper Hewitt, Smithsonian Design Museum promove o entendimento público sobre design por meio de exposições interativas, programação e recursos de aprendizagem online. A coleção permanente inclui mais de 210.000 objetos de design, contando a história do design e sua importância fundamental para melhorar nosso mundo.

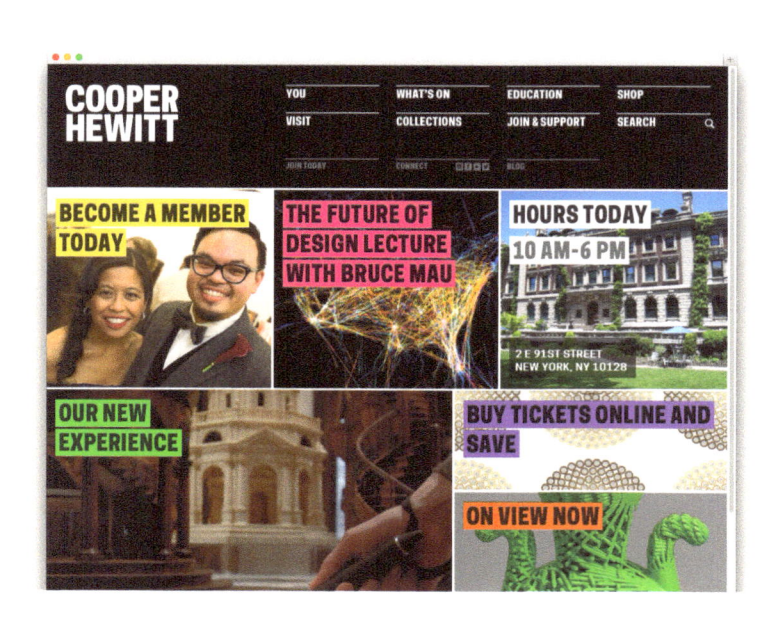

Metas

Redefinir e transformar a experiência dos visitantes.

Promover o entendimento público do design.

Alcançar um público nacional e global mais amplo.

Posicionar o museu como a autoridade educacional sobre design.

Redesenhar a marca visual, site e elementos gráficos de exposições e sinalização.

Queremos moldar a maneira como as pessoas pensam sobre o poder do design e, em última análise, sua capacidade de resolver problemas no mundo real.

Caroline Baumann
Diretora
Cooper Hewitt

A nova identidade do Cooper Hewitt é simples e direta, sem trabalhar com complexidade visual ou teórica. Função é o seu objetivo principal.

Eddie Opara
Sócio
Pentagram

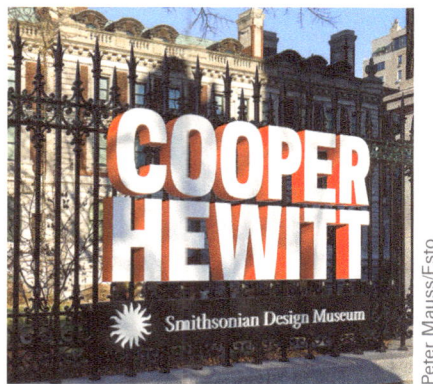

Processo e estratégia: promover o entendimento público sobre design é a missão do Cooper Hewitt. Em 2011, o museu embarcou em um processo colaborativo de três anos para repensar a experiência dos visitantes, atrair um público mais amplo e criar uma experiência de aprendizado imersiva, que daria vida ao processo de design. Uma parte essencial da necessidade de aumentar o espaço para exposições em 60% e de restaurar a clássica Andrew Carnegie Mansion era o objetivo geral de trazer o museu para o século XXI. Mais de 13 grandes agências de design começaram a trabalhar com o Conselho dos Mantenedores, o diretor e toda a equipe para imaginar um novo futuro. O museu ficou fechado durante três anos, mas, enquanto isso, continuou a realizar a curadoria de exposições itinerantes, para reforçar sua posição como o museu preeminente e autoridade no estudo do design. A Pentagram começou o processo de identidade pelo nome. A substituição de "National" por "Smithsonian" e a eliminação do hífen em Cooper-Hewitt reforçaram e simplificaram a identidade.

Solução criativa: os novos nome, sistema de identidade visual e site precisavam ser lançados antes da reinauguração do museu. A Pentagram projetou uma marca com palavras forte e um sistema de arquitetura de marca para todas as comunicações físicas e digitais. Um novo colaborador, o coletivo de fundição de tipos Village, foi contratado para desenvolver uma família tipográfica proprietária Cooper Hewitt, inspirada na marca com palavras. A Pentagram também começou a trabalhar o *wayfinding*, pois o programa de sinalização e elementos gráficos ambientais precisava contornar criativamente as limitações de um prédio histórico.

O Cooper Hewitt queria desenvolver uma inovação exclusiva para os visitantes, algo que enfatizasse o aspecto lúdico e desse vida ao processo de design. A Local Projects, trabalhando com a Diller Scofidio + Renfro, imaginou uma ferramenta interativa, "a Caneta". Os visitantes usam a ferramenta para coletar qualquer objeto do museu ou para desenhar e criar designs. Eles recebem a Caneta com o seu ingresso, que contém uma URL exclusiva para acessar a coleção curada, presente e futura. Para converter o conceito em um bem de consumo robusto, o Cooper Hewitt trabalhou com a Bloomberg Philanthropies e sua equipe global de especialistas e tecnólogos.

Resultados: as novas experiências interativas e imersivas do Cooper Hewitt foram resultado de um processo de design colaborativo internacional, que exemplifica de que modo os designers resolvem problemas do mundo real. Hoje, a transformação do Cooper Hewitt está envolvendo novos públicos mais amplos: estudantes, professores, famílias, crianças pequenas, designers e o público em geral. Sua coleção digitalizada está online para o acesso de todos. Até o início de 2017, mais de 25.000 pessoas haviam feito download da Cooper Hewitt, um tipo gratuito e de código aberto, disponível para uso público irrestrito.

E se déssemos aos visitantes de todas as idades as ferramentas para se tornarem designers por um dia?

Jake Barton
Fundador e diretor
Local Projects

Cooper Hewitt: Pentagram; A Caneta: Local Projects + Diller Scofidio + Renfro

Estudos de caso

Coors Light

Nossa cerveja é armazenada, filtrada e embalada no limite do congelamento, límpida e refrescante como as próprias Montanhas Rochosas. São nossas montanhas que nos fazem quem somos.

A Coors Brewing Company foi fundada em 1873 por Adolph Coors, que escolheu o Clear Creek Valley em Golden, Colorado, para a sua nova cervejaria devido à qualidade da água pura das fontes das Montanhas Rochosas na região. A Coors Light foi lançada em 1978 e hoje é produzida em todo o país. A Coors Light é a segunda cerveja mais vendida dos EUA, onde é produzida e comercializada pela MillerCoors, de propriedade da Molson Coors, a terceira maior cervejaria do mundo.

Metas

Partir da tradição da marca e expandi-la.

Evocar ligações emocionais fortes.

Renovar a experiência de marca.

Produzir uma experiência consistente para uma marca de estilo de vida.

Durante a evolução da nossa campanha e a criação de um mundo de marca visualmente icônico, estabelecemos a Coors Light como uma marca de estilo de vida, posicionada para o crescimento sustentável.

Elina Vives
*Diretora sênior de marketing
Miller Coors*

> Queríamos dar à Coors a confiança de ser simples e um design alinhado com a cultura atual.
>
> Bruce Duckworth
> *Diretor*
> *Turner Duckworth*

Processo e estratégia: a Coors Light é uma marca com uma ideia de local clara e verdadeira e um espírito pioneiro. Desde o lançamento da Coors Light, em 1978, a marca teve relevância entre diversas faixas etárias, gêneros e etnias. Como a história de marca da Coors Light havia perdido parte da sua riqueza e dimensão, a equipe de marca procurou a Turner Duckworth, em 2014, para revitalizar a identidade visual da marca. A empresa de design conduziu pesquisas nos arquivos da empresa e entrevistou distribuidores e vendedores de cerveja. O processo criativo começou pelo mapeamento das dimensões da história da Coors Light para expressar o mesmo espírito pioneiro que, em 1978, levou a Coors a elaborar uma cerveja filtrada a frio, límpida e pura, "aspirando às montanhas e ao poder do frio".

Solução criativa: a Turner Duckworth começou com o design da embalagem da Coors Light e então desenvolveu a identidade visual mais ampla para a marca. Inspirando-se nas imagens de Ansel Adams das montanhas dos EUA, a empresa de design desenvolveu uma estética fotográfica mais granitada, com iluminação azul e sobreposta com o logotipo cursivo vermelho icônico da Coors. Para dar uma dimensão gráfica à marca, a Turner Duckworth criou uma marca de procedência, no centro da qual fica uma montanha estilizada da Coors Light. O redesign da embalagem se baseou nesses elementos icônicos. As aplicações de ativação de marca essenciais incluíam caminhões, sinalizações, torneiras de chopp, interiores de bares e ferramentas locais. A equipe da 72andSunny desenvolveu a campanha "Climb On" ("siga escalando") para dar vida à estratégia de marca. O objetivo era construir um propósito de marca mais forte, que fosse interessante, convidativo, otimista e determinado, para que a Coors Light apelasse para consumidores-alvo, os homens e mulheres que acreditam que "a vida é uma jornada, não um destino". O último passo foi transformar o apelido da marca, "The Silver Bullet" ("a bala de prata"), em um ativo, e expandir o valor de marca.

Resultados: a Turner Duckworth desenvolveu diretrizes para integrar novos membros da agência, para que entendessem o que a marca representava e como aplicar os princípios de identidade visual, já que o marketing da Coors Light inclui os itens mais diversos, desde copos para bares *pop-up* a vestuário e sinalização em estádios esportivos. Desde o lançamento da campanha, em janeiro de 2016, a penetração da Coors Light entre os consumidores de cerveja, especialmente mulheres e o público hispano-americano, aumentou continuamente.

Coors Light: Turner Duckworth

Estudos de caso

Credit Suisse

Estamos alicerçados em uma tradição suíça de 160 anos de espírito empreendedor e inovação. Trabalhamos para antecipar as necessidades dos clientes e oferecer soluções e *insights* customizados.

A Credit Suisse é uma das maiores empresas de serviços financeiros do mundo. Por ser um banco integrado, a Credit Suisse oferece aos clientes seu conhecimento especializado e combinado nas áreas de serviços bancários privados, investimentos e gestão de ativos. Fundada em 1856, ela tem alcance global, com operações em mais de 50 países e 48.000 funcionários de mais de 150 nacionalidades diferentes.

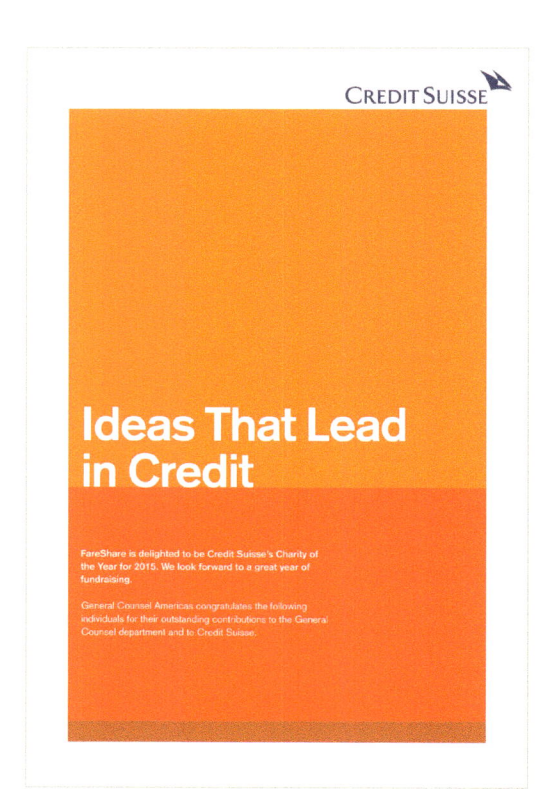

Metas

Unificar a voz e a marca globais.

Energizar nossas expressões de marca.

Tornar as comunicações mais centradas no cliente.

Expandir nossa base de clientes.

Construir um sistema integrado e melhorar a eficiência.

Precisávamos parecer um *player* global. A energia do nosso novo sistema ajuda a nos destacarmos em um mercado cada vez mais saturado.

Ramona Boston
Diretora global de marketing e comunicação
Credit Suisse

A gestão de conteúdo precisava ser mais focada no cliente, eficaz e simplificada, para que a marca Credit Suisse contribuísse para o sucesso do negócio.

Leslie Smolan
Cofundadora
Carbone Smolan Agency

Processo e estratégia: a Credit Suisse contratou a Carbone Smolan Agency (CSA) para fortalecer a imagem do banco e desenvolver uma abordagem de gestão de conteúdo focada no cliente. A CSA trabalhou lado a lado com o diretor de marketing e talento e com o líder global de marketing e gestão de marcas. O banco queria simplificar o funcionamento dos componentes da comunicação entre divisões e regiões e demonstrar a atenciosidade e inventividade da instituição em seus diversos canais de marketing. A agência de design conduziu uma auditoria detalhada de todas as comunicações, por conteúdo e público, e desenvolveu uma matriz-mestra organizada por consciência de marca, capacidades, produtos e programas, liderança intelectual, eventos e patrocínios. Além disso, as diversas divisões e regiões globais foram analisadas para esclarecer quem precisaria de qual conteúdo e para que propósito. Enquanto a auditoria abrangente era conduzida, a CSA começou a repensar uma campanha de recrutamento global.

Solução criativa: ao elaborar uma ampla gama de ferramentas funcionais, de comunicações online a eventos milionários, a CSA começou a demonstrar o impacto da simplicidade, cor, imagens e tipografia. Um vídeo de recrutamento global, intitulado *The Future at Work*, no qual ninguém diz uma única palavra, apenas com música na trilha, foi criado para atrair uma nova geração de banqueiros poliglotas. Um estilo fotográfico exclusivo foi conceitualizado, com a ideia de que fosse pessoalmente relevante para os públicos da Credit Suisse e usasse composições gráficas simples, com cores destacadas escolhidas de uma nova paleta corporativa. Temas como clientes e estilo de vida, clientes e negócios, setores da economia, regiões globais, soluções de investimento e filantropia, assim como conceitos e ideias metafóricas como sucesso, redes e inovação, foram organizados em categorias e em uma arquitetura de conteúdo. A biblioteca de imagens inclui mais de 1.200 imagens, infográficos e ícones, todos elaborados para diferenciá-los no mercado financeiro global.

Resultados: ao desenvolver um sistema de elementos de base para a marca Credit Suisse, a equipe de marketing global consegue implementar um sistema robusto de ferramentas de marketing para colocar a marca em ação. Há mais confiança no sistema de marca e, durante 84 *workshops* de treinamento global em 13 locais ao redor do mundo, os funcionários adotaram a renovação, considerada "energética, dinâmica e global". O vídeo de recrutamento, *The Future at Work,* teve 72% de avaliação positiva nos testes. A *newsletter* diária online, *The Financialist,* aumentou o envolvimento dos clientes de patrimônios elevados em 54% e a penetração nas mídias sociais em 22%.

Credit Suisse: Carbone Smolan Agency

Estudos de caso

Deloitte

O que realmente nos diferencia não é o quanto somos grandes, onde estamos ou que serviços oferecemos. O que nos define é nossa vontade de causar um impacto relevante no mundo. Somos tão bons quanto o bem que fazemos, afinal.

A Deloitte tem mais de 244.400 profissionais em 150 países, oferecendo auditoria, tributação, consultoria, assessoria financeira, assessoria de riscos e serviços relacionados a clientes públicos e privados em múltiplos setores. O nome Deloitte se refere a um ou mais membros da Deloitte Touche Tohmatsu Limited, uma empresa britânica de capital fechado limitada por garantia (a "Deloitte Global"), sua rede de empresas-membro e entidades relacionadas. A receita agregada no ano fiscal de 2016 foi de 36,8 bilhões de dólares.

Deloitte.

Metas

Dar vida à marca.

Envolver todos os profissionais da Deloitte no desenvolvimento da reputação da empresa

Expandir o sucesso do Brand Space, fornecendo regras e ferramentas.

Desenvolver um centro de marca em evolução constante para produzir consistência e eficiência.

Oferecer uma experiência do usuário consistente e intuitiva.

Nosso propósito, de causar um impacto relevante, deu ao pessoal da Deloitte uma âncora quando se fala sobre a nossa organização.

Michele Parmelee
Diretora-gerente de talento, marca e comunicação globais Deloitte

> O centro de marca da Deloitte evoluiu para atender às necessidades de ativação de marca atuais e criar a capacidade de transformar os policiais de marca em *concierges* de marca.
>
> Mike Reinhardt
> *Colaborador*
> *Monigle*

Processo e estratégia: em 2016, a Deloitte lançou uma identidade de marca renovada, sua primeira desde 2003. O objetivo era criar uma só arquitetura de marca e sistema de identidade, pois assim, independentemente da região geográfica do cliente, de com qual negócio interagisse e de qual dispositivo usasse para se comunicar com os profissionais da Deloitte, sua experiência seria significativa e consistente.

Para iniciar a ativação dessa renovação da marca, os membros da equipe de marca da Deloitte, colaborando com a Monigle, começaram o processo de definição dos requisitos para o Brand Space, um site global de centro de marca. Alinhar-se com a nova visão de marca e promover mais envolvimento com a defesa da marca era fundamental. Além disso, o novo site do Brand Space precisava corresponder à energia da renovação da marca; seriam necessárias capacidades avançadas e ferramentas melhores. O processo começou com grupos focais, para obter *insights*, e exercícios de *wireframe*, para explorar possibilidades de interface. Os requisitos foram definidos e informados por boas práticas e recursos do setor. O plano de atualização do site final lançou o processo de desenvolvimento de quatro meses.

Solução criativa: o Brand Space antecipa tudo que os profissionais da Deloitte e usuários externos precisam para oferecer uma experiência de marca consistente, seja ela em materiais impressos, seja na tela do computador ou em dispositivos móveis. Além dos elementos visuais, o centro de marca demonstra como orientar o tom de todas as comunicações e garantir que a personalidade confiante, clara e humanista da Deloitte será expressada com autenticidade.

Novas funcionalidades, como um site com design responsivo, ferramentas e diretrizes digitais, materiais de treinamento e bibliotecas de boas práticas, foram implementadas para melhorar a experiência do usuário. Uma funcionalidade de gestão de conteúdo robusta permite que os administradores do site da Deloitte atualizem todos os elementos e acompanhem a sua utilização e o seu retorno sobre o investimento. Pesquisas periódicas e análise dos dados de utilização produzem atualizações regulares do site. Além disso, o modelo de SaaS cria atualizações regularmente, para manter a funcionalidade do site.

Resultados: nos primeiros seis meses após o relançamento do Brand Space, em meados de 2016, a atividade no site se multiplicou 25 vezes. O site foi extremamente bem-recebido pela comunidade global da Deloitte, com um aumento de cerca de 70.000 novos usuários ativos. As referências e downloads do material de apoio à marca também aumentaram significativamente. E os usuários podem acessar uma série de vídeos de treinamento de marca para levar a marca Deloitte ainda mais longe.

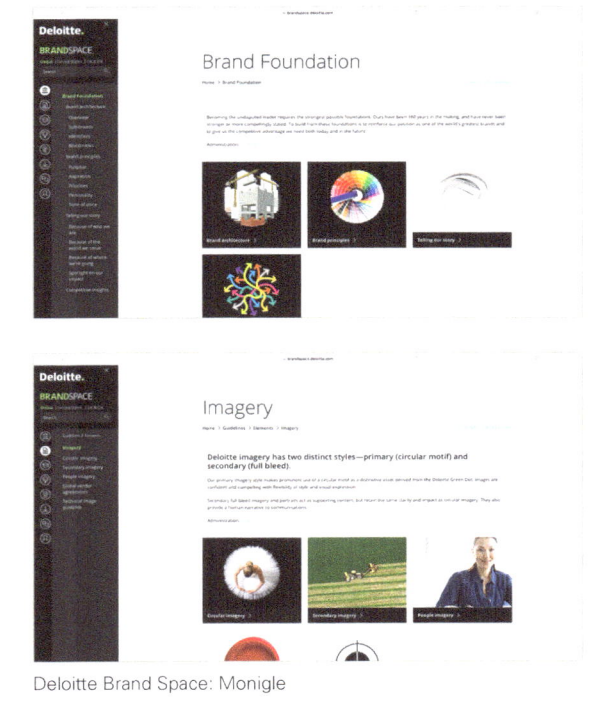

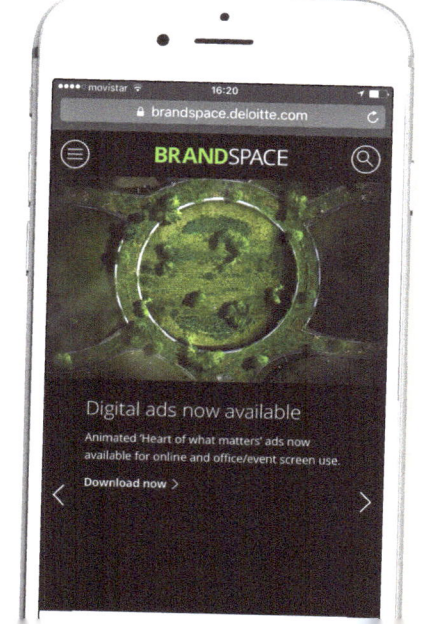

Deloitte Brand Space: Monigle

Estudos de caso

Dia Mundial de Lavar as Mãos

Incentivamos as crianças a serem agentes da mudança em suas casas, escolas e comunidades de todo o mundo. Mãos limpas salvam vidas, mais do que qualquer vacina ou intervenção médica isolada.

O Dia Mundial de Lavar as Mãos (15 de outubro) foi criado pela Parceria Público-Privada para a Lavagem das Mãos (PPPHW, na sigla em inglês) para motivar e mobilizar milhões de pessoas de todo o mundo a lavarem as mãos com sabonete. A PPPHW é uma colisão de grupos internacionais ligados à lavagem das mãos, fundada em 2001.

**Global Handwashing Day
October 15**

Clean hands save lives

Metas

Conscientizar o público sobre os benefícios de lavar as mãos com sabonete.

Promover uma cultura global de lavar as mãos com sabonete.

Desenvolver uma identidade visual única, sem texto.

Apelar a adultos e crianças de todo o mundo.

Criar diretrizes para os *stakeholders* futuros.

O desafio é transformar lavar as mãos com sabonete em um hábito arraigado, que pode ser realizado em casas, escolas e comunidades do mundo todo. Lavar as mãos com sabonetes de alta qualidade, como o Safeguard, pode prevenir doenças como diarreia e infecções respiratórias, que custam a vida de milhões de crianças todos os anos.

Aziz Jindani
*Diretor de marketing
Safeguard*

No design e na gestão de marcas, é raro ter a oportunidade de criar trabalhos que podem ajudar a salvar vidas. Este programa gerava satisfação para o design, além de ser reconfortante.

Richard Westendorf
*Diretor executivo de criação
Landor*

Processo e estratégia: lavar as mãos com sabonete é uma das maneiras mais eficazes e baratas de prevenir as doenças diarreicas e a pneumonia, que juntas são responsáveis pela maior parte da mortalidade infantil mundial. O Dia Mundial de Lavar as Mãos foi estabelecido em 2008 pela PPPHW para motivar pessoas de todo o mundo a adotarem a prática. Depois que 15 de outubro foi designado Dia Mundial de Lavar as Mãos, a PPPHW decidiu que uma identidade visual exclusiva, da qual poderia se apropriar, seria necessária para a campanha global. A identidade precisaria ser traduzida facilmente para múltiplas culturas e idiomas, de modo a comunicar sua mensagem poderosa e salvar vidas. A Procter & Gamble (parte da coalizão internacional de *stakeholders* da PPPHW) e sua equipe de marca Safeguard pediram à Landor para criar uma identidade para a campanha anual, que ajudaria a transformar a lavagem das mãos com sabonete de uma boa ideia abstrata em um comportamento automático nos lares, escolas e comunidades de todo o mundo. A empresa começou o processo com uma auditoria de outras campanhas globais bem-sucedidas de mudanças de comportamento para estabelecer critérios de design.

Solução criativa: em resposta ao *briefing* da Safeguard, a principal marca de sabonetes da Procter & Gamble, seis escritórios da Landor de todo o mundo colaboraram para criar uma identidade icônica e memorável, que deveria incentivar a adoção de um comportamento que salva vidas. A identidade precisava ser atraente e fácil de entender para adultos e crianças de diferentes culturas. Ela precisava ser pictórica, sem depender do idioma, e funcionar em uma ampla variedade de aplicações, mídias e escalas. A Landor desenhou três personagens simpáticos segurando mãos para comunicar que, quando a água e as mãos se unem ao sabonete, o resultado é a saúde, e saúde é motivo para sorrir. A Landor desenvolveu diretrizes de identidade, amostras de aplicações e normas ambientais que poderiam ser utilizadas por planejadores de eventos e *stakeholders* futuros, em seus inúmeros esforços de conscientização em diversos canais de comunicação. A empresa também criou materiais promocionais para o evento de inauguração, o que incluiu um guia do planejador para as equipes locais em 60 países, estatuetas e braceletes da causa.

Resultados: o Dia Mundial de Lavar as Mãos se tornou a peça central de uma campanha global que já mobilizou mais de 200 milhões de pessoas em mais de 100 países. A oitava edição ocorreu em 2016. A campanha se tornou uma plataforma incrível para que elaboradores de políticas defendam suas ideias e inspirou um comprometimento público concreto com ações que promovam mudanças públicas e alterem comportamentos. A identidade memorável e alegre funciona bem em diversas iniciativas e plataformas de mídia, nas mais diversas culturas e países.

Dia Mundial de Lavar as Mãos: Landor

Estudos de caso

Fern by Haworth

Nosso design coloca as pessoas no centro, para que possam sentar melhor, trabalhar melhor e se sentir melhor em locais de trabalho que não param de mudar.

A Haworth desenha e fabrica espaços de trabalho adaptáveis, incluindo pisos elevados, paredes móveis, assentos e móveis de escritório. Fundada em 1948, a Haworth é uma empresa familiar de capital fechado que atende mercados de mais de 120 países por meio de uma rede global de 650 concessionárias. Com sede em Holland, no estado americano do Michigan, a Haworth emprega mais de 6.000 funcionários no mundo todo e trabalha em 30 idiomas.

Metas

Pesquisar e projetar a nova geração de assentos.

Examinar a intersecção entre natureza, engenharia e design.

Desenvolver uma campanha de lançamento de marca e marketing.

Projetar o *showroom* para a NeoCon.

Nossos clientes influenciam os objetos que projetamos. A Fern começou com a pessoa, e mantivemos esse foco durante todo o desenvolvimento.

Michael Welsh
Gerente de design de assentos
Haworth Design Studio

A Fern representa todo o alicerce da Haworth de pesquisa, inovação e cultura colaborativa, alavancando o uso de equipes interfuncionais, governadas por uma estratégia bem definida.

Mabel Casey
Diretora de marketing global +
suporte de vendas
Haworth

> O design deve oferecer uma experiência mais humana e natural. A Fern representa um design que enriquece a vida e ajuda as pessoas a viverem melhor.
>
> Kyle Fleet
> *Designer industrial*
> *Haworth Design Studio*

Processo e estratégia: utilizando recursos e conhecimentos de todo o mundo, a Haworth colabora com parceiros de pesquisa e desenvolvimento em ergonomia para identificar, desenvolver e lançar novas inovações revolucionárias. Por mais de uma década, a Haworth e o Human Performance Institute da Western Michigan University coletaram mais de 5 bilhões de dados de mapas de pressão para entender a relação física entre a pessoa e a superfície do assento. O Haworth Design Studio colaborou com a agência alemã ITO Design para projetar a nova geração de experiência de assento. Em busca de novos níveis de desempenho, combinando movimento, flexibilidade e apoio, a equipe de design buscou inspiração na natureza. Ela queria uma cadeira que fosse menos máquina e mais humana, adotando e integrando um alto nível de engenharia e ciência. A equipe projetou, esculpiu e construiu diversos protótipos funcionais. As cadeiras foram testadas com clientes nos EUA e no exterior. O protótipo vencedor incluía uma inovação na suspensão que responde ao corpo do usuário, permitindo um novo movimento, com excelente apoio e flexibilidade.

Solução criativa: novas inovações de engenharia foram batizadas e registradas, facilitando o processo de discutir e proteger ativos de marca proprietários. A cadeira de trabalho se tornou a Fern; a estrutura do encosto moldada por injeção, a Fronds; a estrutura centrada, a Stem; e o novo sistema, o Wave Suspension. Antes do lançamento oficial da marca na principal feira do setor, a Haworth realizou um programa de treinamento robusto, para conectar os benefícios dos assentos confortáveis com o envolvimento dos funcionários no local de trabalho, pois a ergonomia dos assentos permite maior concentração e minimiza o desconforto.

Resultados: após cinco anos de pesquisa e desenvolvimento, a Fern foi lançada no *showroom* da Haworth na feira NeoCon de 2016, junto com outras inovações da marca para o local de trabalho. A designer Patricia Urquiola foi contratada para criar um *showroom* que destacasse a história da construção do design, representando diversas fases da produção e do processo de P&D. Um terrário gigante, cheio de folhagens de papel, foi iluminado com luzes de neon, agregando interesse visual ao nome memorável e significativo escolhido.

A feira comercial recebeu 50.000 participantes, incluindo profissionais de design, líderes de negócios, gerentes de instalações, ergonomistas e outros influenciadores na compra de cadeiras para ambientes de trabalho. A Fern recebeu o prêmio de Melhor do Ano e o HiP (Honoring Industry People and Product, homenagem a produtos e pessoas da indústria) da revista *Interior Design* na categoria de Local de Trabalho: Assento, Tarefa. A Fern recebeu o selo de parovação da United States Ergonomics.

Estudos de caso

Fred Hutch

Desde a fundação do Fred Hutch, quase 40 anos atrás, muitas curas tiveram início aqui, e as compartilhamos com todo o mundo. Nossa missão é eliminar o câncer e as doenças relacionadas como causas do sofrimento humano e da morte.

O Fred Hutchinson Cancer Research Center, também conhecido por Fred Hutch, foi fundado em 1972, na cidade de Seattle. Suas equipes interdisciplinares de cientistas e humanitários de renome mundial trabalham lado a lado na prevenção, diagnóstico e tratamento do câncer, HIV/AIDS e outras doenças. Os cientistas do Fred Hutch receberam prêmios importantes por suas pesquisas e descobertas, incluindo três vencedores do Prêmio Nobel de Fisiologia e Medicina.

Metas

Dar vida à marca e comunicar seu espírito.

Articular o que o Fred Hutch representa.

Reimaginar a marca do centro.

Promover o entendimento sobre o trabalho do Fred Hutch.

Ligar as pesquisas científicas às vidas transformadas.

Pesquisamos qual seria a melhor maneira de atender ao nosso público digital e como alinhar isso ao trabalho que fazemos para melhor definir o Fred Hutch no mundo não virtual.

Não é uma campanha publicitária, é uma expressão das nossas pesquisas para salvar vidas, nossa paixão, esperança e espírito colaborativo, tudo que torna o Fred Hutch um lugar tão importante e especial.

Jennifer Sizemore
Diretora, Comunicação & marketing
Fred Hutch

Antes que o Fred Hutch pudesse contar sua história ao mundo, era preciso encontrar uma área comum dentro das suas próprias paredes.

Michael Connors
Diretor de criação
Hornall Anderson

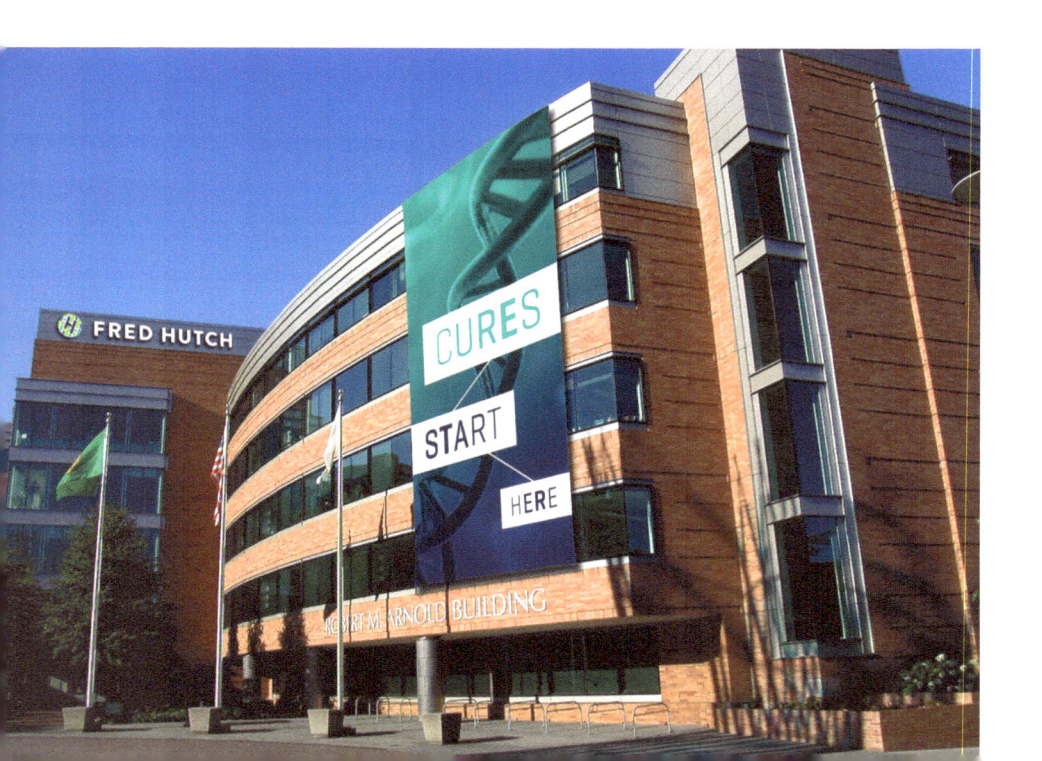

Processo e estratégia: o Fred Hutchinson Cancer Research Center é famoso como líder na luta contra o câncer e por ser uma das organizações de pequisa mais proeminentes do mundo. Mas a realidade é que a maioria das pessoas não entende a abrangência do seu trabalho ou a relação entre as suas pesquisas científicas e as vidas que muda, descobertas revolucionárias como o transplante de medula e o desenvolvimento da vacina contra o HPV.

A Hornall Anderson, uma agência de design e de marca com sede em Seattle, formou uma parceria com a equipe do Fred Hutch para reimaginar a marca. Eles organizaram uma série de conversas gerais, com todo o campus, que começou pela importância da própria ideia da marca, e usaram esse entendimento compartilhado como ponto de partida para uma conversa franca e profunda sobre o trabalho e as pessoas do Fred Hutch. As equipes queriam identificar a "verdade única": a essência da organização, o que ela representa e o espírito do lugar em um linguajar comum. Durante uma das reuniões no campus, um membro de equipe do Fred Hutch se levantou e disse que "as curas começam aqui" (Cures Start Here), e a verdade desse simples enunciado reverberou por todas as histórias.

Solução criativa: um levantamento realizado por terceiros obteve *insights* sobre como se fala sobre a organização, e "Fred Hutch" era o nome de comunicação usado pela maioria dos *stakeholders*. A exploração criativa começou com um novo sistema de identidade visual. O logotipo precisava comunicar que o Fred Hutch realiza pesquisa e desenvolvimento científico que leva a curas. Um dos pesquisadores mencionara que procurar o câncer significa procurar um ponto de mudança, quando as células começam a se comportar de um jeito diferente do que deveriam. Foi a peça final do quebra-cabeças. O logotipo lembra uma cultura celular sendo observada no microscópio. A barra entre as duas hastes do H se tornaram o momento catalisador que levou a marca ao seu estado final. O processo do site começou com imperativos claros de destacar melhor os pesquisadores, a ciência, as descobertas e as histórias mais importantes sobre o Fred Hutch contadas por pacientes, sobreviventes e cuidadores.

Resultados: a nova marca Fred Hutch ganhou vida em um esforço de lançamento forte e direcionado, criado para promover a conscientização e o envolvimento. Do novo site, criado pela equipe do Fred Hutch em torno de histórias humanas, sobre pessoas impactadas pelo trabalho da organização, até anúncios de rádio emocionais com essas histórias, a relação entre pesquisa e resultados é enfatizada em todos os pontos de contato. As campanhas publicitárias e impressas continuam a comunicar a missão do Fred Hutch e a colocar a complexidade da ciência em uma escala humana.

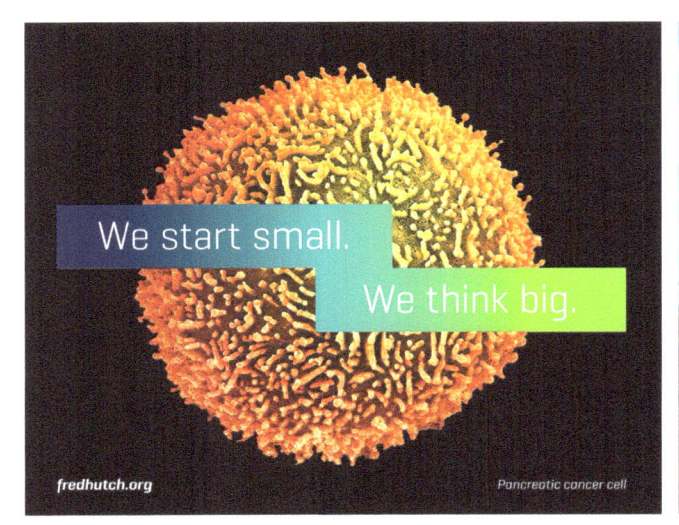

Fred Hutch: Hornall Anderson

Estudos de caso

IBM 100 Icons of Progress

O IBM 100 Icons of Progress demonstra nossa fé na ciência, nossa busca pelo conhecimento e nossa crença de que, juntos, tornaremos o mundo um lugar melhor.

A IBM é uma empresa integrada globalmente que ajuda seus clientes a produzirem valor de negócio ao se tornarem mais inovadores, eficientes e competitivos, usando *insights* de negócios e soluções de tecnologia da informação. A IBM tem mais de 380.000 funcionários.

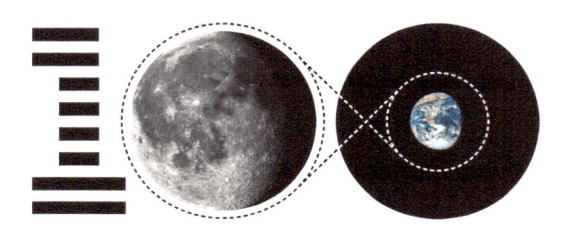

Metas

Marcar o programa de um ano do centenário da IBM.

Celebrar inovações, ideias e pessoas.

Capturar padrões de progresso.

Olhar para a frente e semear o futuro.

Aproveitar a memória institucional.

Perguntamos a nós mesmos: "Por que uma identidade só? Por que não cem marcas, para comemorar cem inovações e conquistas?"

Jon Iwata
Diretor sênior, Marketing e comunicação
IBM

Os ícones contam a história da IBM de uma forma altamente visual, sem precedentes, destacando o impacto prolífico da empresa no mundo.

Curt Schreiber
Diretor
VSA Partners

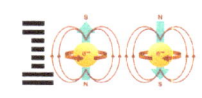

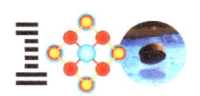

> Nunca imaginamos como as histórias eram poderosas e envolventes para os nossos clientes, nossa força de trabalho e outros pensadores de ponta ao redor do mundo.
>
> Terry Yoo
> *Diretora de expressão de marca*
> *IBM*

Processo e estratégia: em 2009, a IBM procurou suas agências parceiras e pediu que explorassem e conceitualizassem uma identidade para a comemoração dos cem anos da empresa, em 2011. Após três meses de ideação e experimentos vigorosos, as principais equipes de marketing, comunicação e marca da IBM se reuniram com as equipes das agências para analisar centenas de desenhos e formar uma visão da identidade para o centenário. As ideias foram desconstruídas e debatidas enquanto novos designs eram gerados. Uma colagem improvisada, integrando o famoso logotipo de oito barras, de 1972, desenhado por Paul Rand, com uma máquina de escrever Selectric, gerou uma epifania: por que só um? E se tivéssemos um sistema com cem marcas e momentos a serem comemorados? E se homenageássemos as ideias e inovações que moldaram quem somos? Esses seriam os IBM 100 Icons of Progress (100 ícones do progresso da IBM). Uma equipe de 30 membros foi formada para supervisionar um time de desenvolvedores, designers, escritores, gerentes de conteúdo, produtores, editores e especialistas.

Solução criativa: cada ícone precisa ser um veículo único para o significado e a narrativa. O processo de conteúdo começou com uma solicitação de inscrições para os membros da IBM de todo o mundo: "Queremos saber sobre as inovações, projetos e parcerias, passadas e presentes, que levaram a mudanças transformadoras nos mercados locais e regionais e ajudaram a criar um mundo melhor". Enquanto centenas de inscrições eram revisadas, a VSA Partners liderava um processo de exploração para desenvolver um sistema de design e conteúdo flexível e coerente. Cada ícone precisava funcionar como uma sugestão visualmente instigante para uma ideia poderosa e se basear no número cem. Um processo de análise interna a externa de 860 histórias as editou até chegar a 100 momentos icônicos. Uma equipe de redatores, editores e gestores de conteúdo realizou pesquisas adicionais e elaborou a voz e o tom de cada história. Os designers se inspiraram nos arquivos da IBM, materiais de terceiros e a arte e cultura histórica e contemporânea. A equipe de design criou milhares de versões para capturar ao máximo a história icônica por trás de cada marca.

Resultados: a campanha Icons of Progress foi lançada no início de 2011, no site IBM100.com e vários outros canais durante o ano. As histórias provocaram debates em 186 países sobre os muitos modos como a IBM transformou os negócios, a ciência e a sociedade, desde ajudar a colocar o primeiro homem na Lua até a desenvolver o código de barras e o PC. Para a IBM, o valor do seu centenário não está apenas em comemorar as conquistas do passado, mas também em reconhecer padrões fundamentais de progresso como forma de voltar-se para a frente e semear o futuro.

IBM 100 Icons of Progress: VSA Partners

Estudos de caso

IBM Watson

O IBM Watson representa a busca da humanidade por conhecimento, respostas e descobertas. Ao libertar o poder da sabedoria e do intelecto humano, o Watson simboliza nossa esperança e nossa crença em um futuro melhor.

A IBM é uma empresa integrada globalmente, dedicada à aplicação da inteligência, razão e ciência ao avanço dos negócios, da sociedade e da condição humana. A IBM tem mais de 375.000 funcionários.

Metas

Ensinar um novo conceito complexo de tecnologia.

Tornar a IBM relevante para um público amplo.

Capturar a imaginação mundial.

O Watson foi um catalisador para reunir e unificar nossa empresa incrivelmente complexa com um propósito, um ponto de vista e objetivos de negócios comuns. Ele continua a ser uma grande fonte de orgulho para os nossos funcionários, impactando nossa cultura e facilitando a comunicação sobre o que fazemos.

Noah Syken
Gerente, Análise de dados de negócios e marketing de liderança de otimização IBM

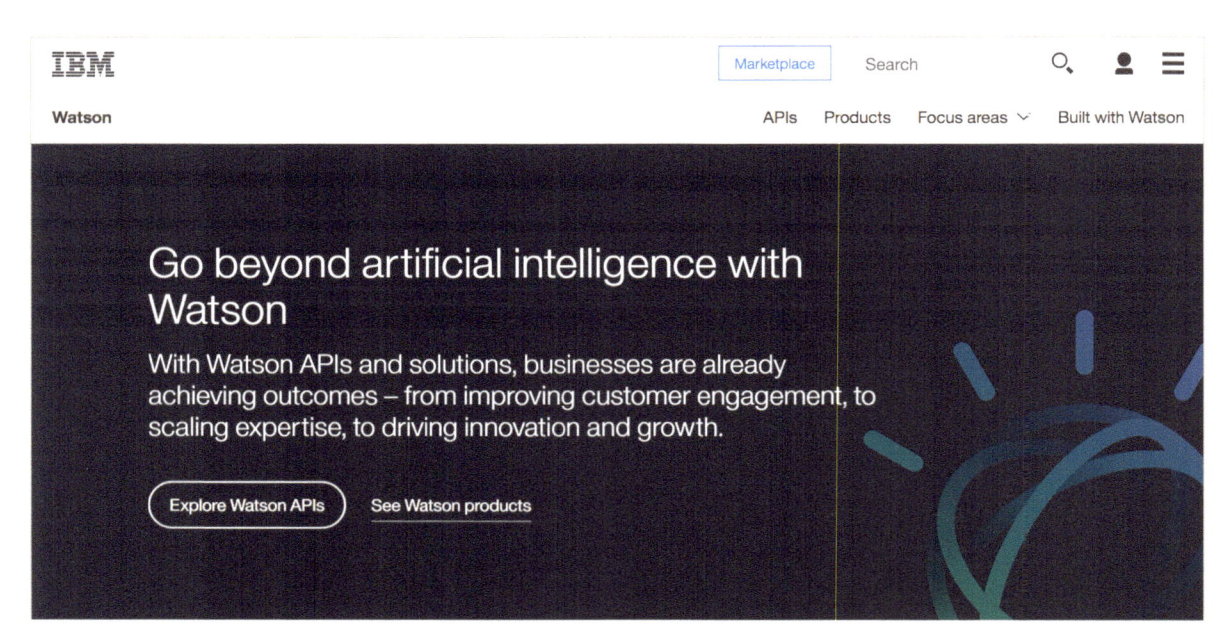

> Vemos um mundo em que a computação gira em torno de *insights*, não transações. Nesse sentido, a IBM está no ramo de ajudar as pessoas a usarem informações para pensarem de novas maneiras.
>
> Jon Iwata
> *Diretor sênior, Marketing e comunicação*
> *IBM*

> O que havia de especial no IBM Watson era o altruísmo da nossa equipe. Enxergávamos que, se acertássemos, isso ativaria a imaginação das pessoas sobre como a IBM poderia mudar o mundo de verdade, em prol da humanidade.
>
> David Korchin
> *Sócio sênior, diretor de criação de grupo*
> *Ogilvy & Mather Worldwide*

Processo e estratégia: os cientistas da IBM trabalharam por muitos anos em um sistema de computação altamente avançado, capaz de entender a linguagem humana. A equipe de pesquisa acreditava que o sistema seria capaz de responder perguntas complexas com precisão, confiança e velocidade suficiente para competir no *game show* americano *Jeopardy!*. Como 80% dos dados do mundo não são estruturados (linguagem natural, imagens, vídeo, etc.) e, logo, incompreensíveis para os sistemas de informática tradicionais, a IBM acreditava que esse avanço científico teria o potencial de transformar diversos setores e resolver alguns dos problemas mais críticos do mundo. A IBM desafiou sua agência, a Ogilvy & Mather Worldwide, a montar o evento, criar a apresentação visual da tecnologia e comunicar a um público global a ampla relevância e o enorme valor desse sistema complexo. Enquanto os pesquisadores e cientistas trabalhavam em um avanço na tecnologia, a equipe de criação da Ogilvy refletia sobre as seguintes questões: que cara ele deve ter? Quão humano deve ser? Como funcionará na TV? Do que vamos chamá-lo? A VSA, uma agência parceira, sugeriu o nome Watson, em honra ao presidente visionário da IBM, Thomas J. Watson.

Solução criativa: o processo de design demonstrou o que acontece quando a ciência encontra a arte. O desafio era produzir o equilíbrio certo entre as características emocionais humanas e os dados digitais. Após desenhar centenas de conceitos visuais, a equipe de criação da Ogilvy percebeu que o avatar precisaria estar visualmente ligado ao IBM Smarter Planet. O Watson era claramente parte da pauta da IBM de contribuir para um mundo instrumentado, interconectado e inteligente. A epifania criativa foi desenvolver um painel de resposta visível para o público televisivo que, de alguma forma, revelasse o processo de raciocínio e o nível de confiança do Watson. O artista digital Joshua Davis desenvolveu uma série de padrões animados, baseados nos dados gerados pelo Watson enquanto jogava. Enquanto a aparência pública era desenvolvida, a agência explicava a ciência por trás da capacidade tecnológica e começava a educar o mundo sobre as possibilidades dessa tecnologia. Foi desenvolvida uma série de vídeos que documentava a jornada do Watson pelos olhos dos pesquisadores da IBM, liderada por David Ferrucci, o pesquisador-chefe.

Resultados: apesar do IBM Watson ter derrotado seus adversários humanos no primeiro teste público no *game show Jeopardy!*, em fevereiro de 2011, a IBM considerava que o teste real seria aplicar a tecnologia em diversas indústrias para produzir resultados até então impossíveis, a começar pela saúde. O IBM Watson chamou a atenção da mídia global, obtendo mais de um bilhão de impressões. A partir daí, uma nova divisão foi formada para aplicar essa tecnologia, mas seu valor foi mais profundo para a cultura da IBM, inspirando seus funcionários do mundo todo com um novo senso de propósito e orgulho.

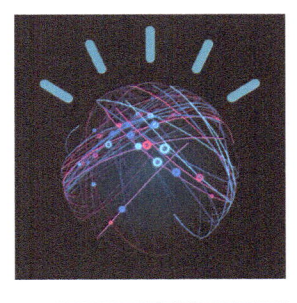

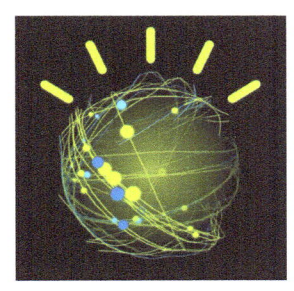

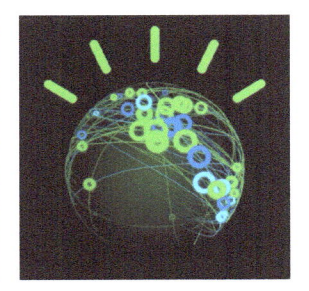

O avatar foi programado para refletir o processo de raciocínio do Watson.

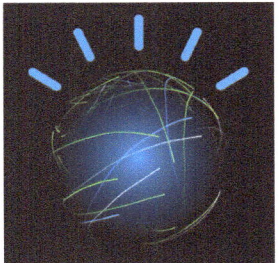

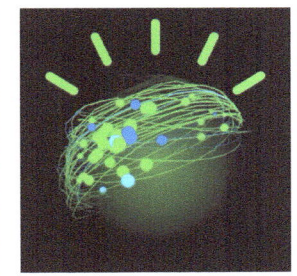

IBM: Ogilvy & Mather Worldwide

Estudos de caso

Jawwy from STC

A Jawwy é uma nova experiência digital móvel para a geração digital da Arábia Saudita. É um serviço móvel personalizado que permite construir, gerenciar e compartilhar planos.

A Jawwy é um serviço móvel pessoal de propriedade do Saudi Telecom Group (STC Group). Com sede em Riad, Arábia Saudita, o STC Group é a maior empresa de telecomunicações do Oriente Médio e do Norte da África em capitalização de mercado, prestando serviços de telefonia fixa e móvel, Internet e redes de computadores.

Metas

Cocriar uma marca com o consumidor no centro.

Transformar a experiência de compra, o uso e a manutenção de serviços móveis.

Redefinir a jornada de atendimento ao cliente.

Obter *insights* sobre o público Millennial saudita.

Batizar um novo serviço e criar uma identidade audaciosa e visual.

Pesquisa e *insight*, rigor estratégico e design inspirado são todos ingredientes essenciais para a criação e implementação de marcas.

Ash Banerjee
Ex-diretor de marca Jawwy, do STC

O desafio era criar uma identidade que refletisse algo radicalmente novo, mas que também permanecesse simples e fosse uma representação verdadeira da região, do seu povo, do produto e da nova empresa.

Mark Scragg
Sócio, Design Lippincott

Processo e estratégia: com aproximadamente 65% da população entre 15 e 34 anos, a Arábia Saudita possui um público apaixonado por serviços móveis e uma das maiores taxas de penetração do Twitter e do YouTube do mundo. O abismo entre o que os consumidores de telefonia móvel queriam e o que os provedores vendiam abrangia questões críticas, como tecnologias legadas, prioridades culturais e diferenças de geração. O STC Group e sua nova unidade de negócios, a Sapphire, formou uma parceria com a Lippincott e diversas outras agências para transformar todas as dimensões da experiência de compra, uso e cuidados de serviços móveis para essa geração saudita nativa digital e, pela primeira vez na região, adotar o poder da cocriação. Trabalhando com a Studio D Radiodurans, a equipe do cliente lançou um estudo etnográfico completo, revelando achados fundamentais sobre como a revolução digital, alimentada pelas mídias sociais, está influenciando a cultura no país. Junto com o estudo, a equipe usou painéis com consumidores altamente engajados para explorar elementos cruciais da estratégia de marca, nome, design funcional e experiência do usuário.

Solução criativa: em colaboração com a equipe do cliente, a Lippincott desenvolveu uma estratégia de marca e um posicionamento centrados na experiência para alicerçar o serviço. Uma redefinição radical de toda a jornada do cliente de serviços de telefonia móvel representava uma oportunidade real, a começar por como os consumidores desejam comprar, pagar, usar e se comunicar com seu provedor.

A Lippincott adotou uma abordagem de pensar na língua árabe primeiro para desenvolver um nome de marca que fosse relevante e contemporâneo. Após um longo período de testes, a Jawwy surgiu como vencedora, com mais do dobro da preferência do segundo colocado. "Jawwy" é uma gíria saudita contemporânea para "minha atmosfera", "meu espaço" ou "minha vibe", um nome apropriado para o novo serviço móvel digital customizável da Arábia Saudita. O "from STC" foi adicionado para ligá-la de volta à empresa controladora e produzir a transparência regulatória necessária.

A marca com palavras é composta dos caracteres arábicos alinhados verticalmente. O diacrítico *shadda* é eliminado, para lembrar uma mensagem de SMS. Suas formas geométricas simples se tornaram o alicerce do sistema visual, permitindo flexibilidade e funcionalidade em aplicações impressas e digitais. A paleta de cores vívida contrasta radicalmente com o visual previsível da concorrência.

Resultados: a marca jovem e otimista estabelece sua conexão de forma digital e social. Os preços da Jawwy são transparentes e o serviço é totalmente customizável, permitindo que os usuários configurem ou alterem seus planos e compartilhem créditos em segundos, tudo a partir dos seus dispositivos. Em vez de *call centers* anônimos, os clientes utilizam uma comunidade online de autoatendimento para receber apoio mais rápido. O lançamento da Jawwy representa algo inédito na região: uma marca cocriada, com o consumidor no centro, transformando o modo como os consumidores usam e vivenciam o serviço de telefonia móvel.

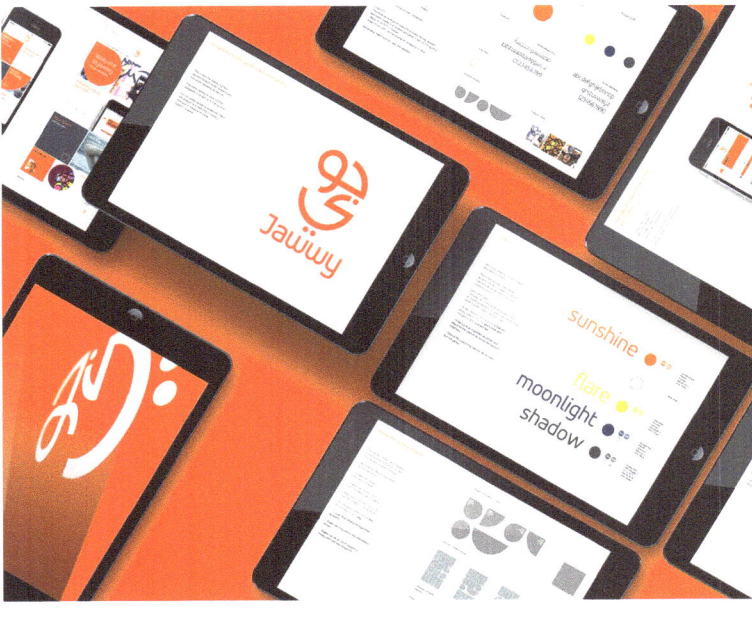

Diretrizes de marca

Jawwy: Lippincott

Estudos de caso

LinkedIn China

Conectamos profissionais de todo o mundo para que sejam mais produtivos e bem-sucedidos. Quando entra na rede, você tem acesso a pessoas, empregos, notícias e *insights*, que ajudam a iniciar oportunidades profissionais, negócios e novos empreendimentos.

A LinkedIn é uma empresa de capital aberto e serviço de redes sociais orientada para o mundo dos negócios. Fundada em 2002 e lançada em 2003, ela é usada principalmente para *networking* profissional. A LinkedIn é a maior rede profissional do mundo, com mais de 460 milhões de membros em 200 países e territórios, e está disponível em 24 idiomas. Em 2016, a Microsoft adquiriu a LinkedIn.

Metas

Estabelecer um nome chinês simples, fácil de ler e memorável, que mantivesse o elo fonético com o LinkedIn.

Garantir que o nome seja linguisticamente atraente e possa ser registrado.

Partir do significado e do valor de marca global existente e explorar um posicionamento e atributos específicos à China.

Integrar o nome de marca chinês à assinatura de marca.

Coordenar a pesquisa e implementação.

Muitas vezes, a decisão de marketing mais importante de uma empresa na China é a localização do seu nome.

Angela Doland
AdAge

Processo e estratégia: a rede social profissional LinkedIn queria se expandir na China. Como maior rede profissional do mundo, com 225 milhões de membros em mais de 200 países, a LinkedIn já tinha mais de 4 milhões de usuários registrados na China. Para expandir sua base de membros no país, a empresa queria estabelecer um nome e uma identidade para o público chinês. Em 2012, a LinkedIn escolheu a Labbrand para criar uma identidade verbal chinesa e uma estratégia de integração. O nome de marca chinês da LinkedIn precisava ser simples, fácil de ler e memorável, além de refletir as qualidades de seus usuários.

A Labbrand conduziu três rodadas de criação de nome, incluindo verificações linguísticas em Mandarim e cinco grandes dialetos chineses, para garantir que o nome seria apropriado para os consumidores. Na China, como as marcas muitas vezes têm problemas para registrar seus nomes chineses, a Labbrand conduziu uma verificação jurídica inteligente para garantir que o nome de marca estaria disponível para registro.

Solução criativa: com um bom entendimento do mercado chinês, a Labbrand explorou diversas direções criativas para o nome de marca da LinkedIn. O nome original da marca, em inglês, é acessível e amigável, descrevendo uma plataforma que conecta e inclui todos, enquanto os consumidores chineses são altamente aspiracionais e motivados. A identidade de marca precisava manter o padrão da marca global e funcionar no contexto chinês. Durante as conversas com membros do público-alvo em grupos focais, descobriu-se que a opção mais atraente era 领英 [lǐng yīng], foneticamente semelhante ao nome original, mas também aspiracional, devido às conotações de liderança e elite.

A Labbrand também trabalhou com a LinkedIn em uma estratégia de integração para seu nome chinês na assinatura de marca/*lockup*, para concretizar uma identidade de marca poderosa e consistente na China.

Resultados: desde o lançamento, em 2014, a LinkedIn China atraiu mais de 20 milhões de membros. O nome de marca chinês abriu o caminho para que a LinkedIn inovasse mais localmente. Ela formou parcerias com as principais plataformas de tecnologia do país, como o WeChat, da Tencent, e o Alibaba, da Ant Financial, além do governo de Xangai, para construir sua marca e seu negócio.

> **O nome chinês deve refletir os atributos da marca. O novo nome da LinkedIn China,** 领英 **[lǐng yīng], enfatiza as conotações de liderança e elite para encontrar eco junto ao público-alvo na China.**
>
> Amanda Liu
> *Diretora de criação*
> *Labbrand*

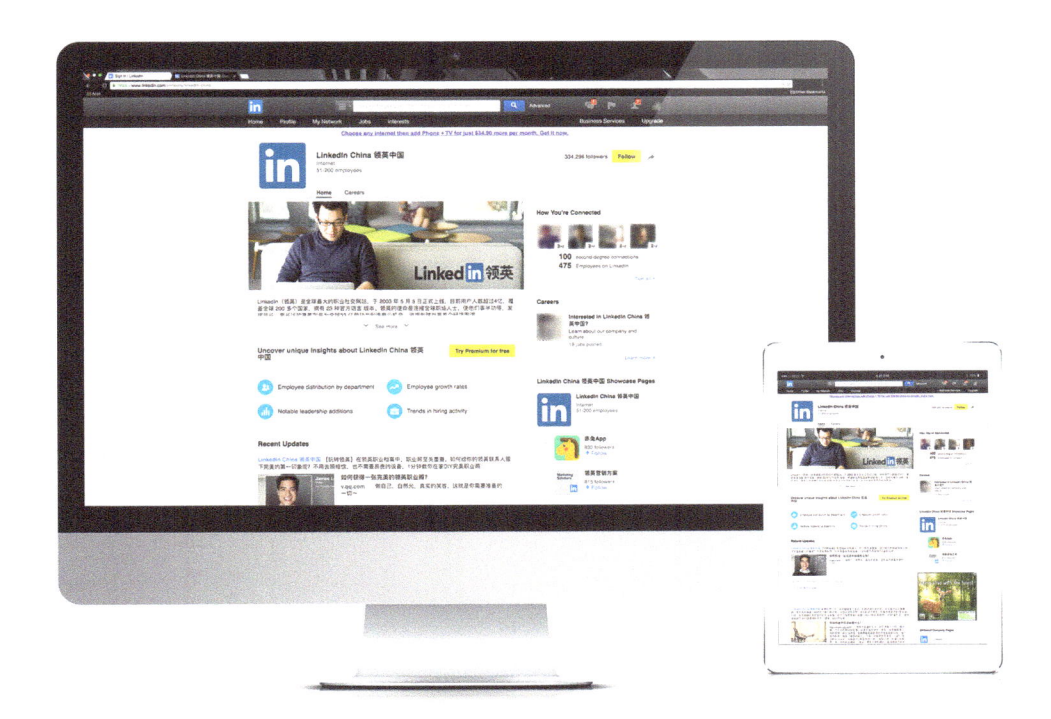

LinkedIn China: Labbrand

Estudos de caso

Mack Trucks

A Mack Trucks representa durabilidade, coragem e resistência e se tornou uma marca icônica, sinônimo de caminhão. Fazemos as máquinas que transformam homens em lendas.

Fundada em 1900, a Mack Trucks é uma das maiores empresas de capital aberto da América do Norte a fabricar caminhões, motores e transmissões para veículos pesados. Os caminhões da Mack são vendidos e atendidos em mais de 45 países do mundo todo. A Mack é parte do Grupo Volvo, um dos maiores fabricantes do mundo de caminhões, ônibus, equipamentos de construção e motores marinhos e industriais.

Metas

Ressuscitar o que a Mack Trucks representa em um mercado global em mudança constante.

Restaurar e liberar o propósito emocional único da marca.

Reunir a organização Mack Trucks e seus parceiros em torno de uma marca autêntica e aspiracional.

Amplificar o que há de melhor no legado da Mack Trucks para abrir caminho para o crescimento futuro.

O rebranding da Mack se baseava em autenticidade e *insights*. Nosso objetivo era construir a marca de baixo para cima e apresentar, em todos os momentos, uma história real e com forte carga emocional.

Equipe de design
VSA Partners

Processo e estratégia: a Mack Trucks queria mandar uma mensagem forte aos seus principais *stakeholders* sobre mudanças significativas na organização, seus produtos e soluções de suporte. A liderança queria reconquistar a essência emocional da marca Mack Trucks, fidelizar os clientes e aumentar os novos relacionamentos e vendas de caminhões. Eles embarcaram em um processo de revitalização da marca com a VSA Partners, que examinou todos os aspectos da marca, combinando as perspectivas de diversos *stakeholders*.

A VSA trabalhou com executivos globais e historiadores de marca, além de conduzir uma análise completa de mercado da concorrência e pesquisas de campo com concessionárias, equipes de vendas, proprietários de frotas de veículos, motoristas, clientes e funcionários da Mack. A análise da VSA foi interna, externa e nas condições de marketing, uma visão abrangente, de ponta a ponta. A partir dela, a VSA desenvolveu uma nova posição estratégica diferenciada, um propósito autêntico e uma persona emocional centrada na importância da relação entre homem e máquina.

Solução criativa: a VSA elaborou uma posição estratégica diferenciada para que a Mack Trucks revigorasse a marca. Uma nova *tagline* global, Born Ready (Nascido Pronto), captura o espírito durão inabalável da Mack e se liga a uma tradição de ser centrada no cliente. O trabalho de marca incluiu o desenvolvimento de uma nova identidade, baseada no ornamento de capô icônico, patenteado em 1932. A VSA também desenvolveu vídeos institucionais, um sistema de material colateral, embalagens e um conjunto de diretrizes de varejo e identidade. A estrutura de mensagens de 360° trabalhou uma nova segmentação de clientes e foi complementada por uma campanha publicitária, um novo sistema de sinalização e uma reforma completa do site da Mack.

Resultados: lançada para a equipe de liderança e as concessionários durante a sua grande feira em Las Vegas, a iniciativa foi comemorada pelos gestores como fundamental para ajudar a expandir a participação de mercado. Ela recebeu elogios incríveis no mundo dos caminhões, por ilustrar os valores de marca essenciais, sua história e sua cultura. O trabalho da VSA com a Mack Trucks representa a evolução de marca mais abrangente e estratégica da história da empresa.

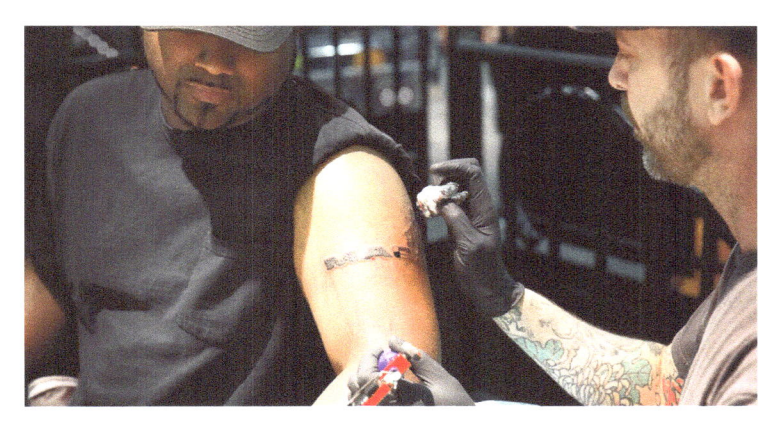

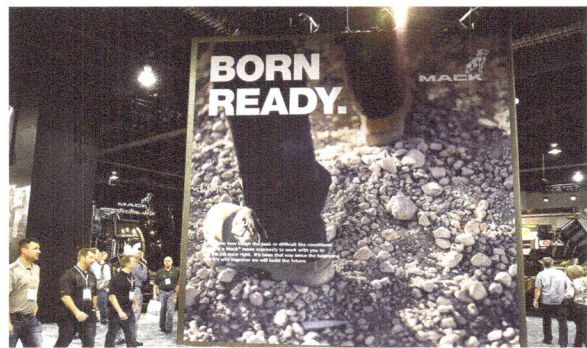

Mack Trucks: VSA Partners

Estudos de caso

Mastercard

Há 50 anos a Mastercard transforma o modo como o mundo paga e recebe, tornando as transações mais rápidas, fáceis, convenientes e seguras.

A Mastercard é uma empresa de tecnologia e pagamentos líder, que conecta consumidores, negócios, comerciantes, emissores e governos de todo o mundo. A Mastercard Worldwide é uma empresa de capital aberto desde 2006 (NYSE: MA). Hoje, ela tem mais de 10.000 funcionários. Antes da sua oferta pública inicial, a Mastercard Worldwide era uma cooperativa pertencente às mais de 25.000 instituições financeiras que emitiam os cartões com a sua marca.

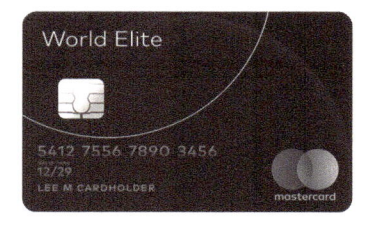

Metas

Otimizar a identidade para ambientes digitais.

Destacar a conectividade e experiência fluida da Mastercard.

Partir da tradição e do valor de marca.

Simplificar o sistema e estabelecer padrões para produtos e serviços futuros.

Posicionar a Mastercard como uma empresa de tecnologia.

Hoje, os consumidores estão todos conectados, e o digital está no centro do funcionamento de praticamente tudo que fazem, em todas as esferas das suas vidas.

Raja Rajamannar
Diretor de marketing & comunicação Mastercard

Ao longo de décadas de exposição, os círculos entrelaçados ganharam tanto reconhecimento que puderam ser reduzidos à sua essência e ainda comunicar a Mastercard, em grande e pequena escala, em meios analógicos e digitais e, em última análise, até mesmo sem palavras.

Michael Bierut
*Sócio
Pentagram*

O novo símbolo da Mastercard leva a marca de volta às suas raízes fundamentais.

Luke Hayman
*Sócio
Pentagram*

Processo e estratégia: a tecnologia digital é um segmento crescente dos negócios da Mastercard, e a empresa global queria posicionar sua marca como uma empresa de tecnologia voltada para o futuro e centrada em pessoas. O último redesign do símbolo de marca acontecera em 1996, e os círculos vermelho e amarelo em intersecção são uma das marcas mais reconhecidas do mundo. Mais de 2,3 bilhões de cartões haviam sido emitidos com o símbolo anterior da Mastercard, e milhões de comerciantes tinham a marca de aceitação da Mastercard nos seus estabelecimentos. Raja Rajamannar, diretor de marketing e comunicação, e a equipe de liderança da Mastercard trabalharam lado a lado com a Pentagram. O objetivo de design era comunicar simplicidade e modernidade, ao mesmo tempo preservando a tradição da empresa e o gigantesco valor da marca. O novo símbolo precisava funcionar perfeitamente em todas as plataformas digitais, canais de varejo e dispositivos conectados.

Solução criativa: para criar o novo símbolo, a equipe de design isolou os elementos da marca em sua forma mais pura. Desde o início, em 1968, o símbolo da Mastercard sempre dependeu de elementos excepcionalmente simples: dois círculos entrelaçados, um vermelho, outro amarelo. As formas sobrepostas expressam imediatamente a ideia de conexão, enquanto as formas circulares básicas sugerem inclusão e acessibilidade, fundamentais para a mensagem de marca da Mastercard de "possibilidades que não têm preço". O novo símbolo preserva e expande esse alicerce icônico, oferecendo um visual mais límpido, com configurações flexíveis mais adaptadas a aplicações digitais. Na nova identidade, a palavra Mastercard é posicionada fora dos círculos entrelaçados e pode ser usada facilmente na horizontal ou na vertical. Dada a evolução dos pagamentos digitais, o C maiúsculo em Mastercard foi transformado em minúsculo, para reduzir a ênfase no cartão em si.

O novo logotipo representa a empresa e o conjunto completo de produtos e serviços Mastercard, criando um único sistema de marca para a organização como um todo e para seus produtos existentes e futuros. Ele substitui a versão de 2006 do logotipo, que pretendia diferenciar a imagem corporativa da marca de sua imagem para os consumidores finais.

Resultados: na pesquisa de mercado global para a marca, a Mastercard descobriu que 81% dos consumidores reconhecia espontaneamente o novo símbolo, sem a inclusão do nome Mastercard. O novo símbolo de marca será usado em todos os pontos de contato da marca Mastercard, dos cartões na carteira dos clientes e o sistema de pagamento digital em seus *smartphones* à sinalização na sede da empresa. As diretrizes de uso do símbolo de marca foram postadas no site da Mastercard, e múltiplas configurações e versões do símbolo estão disponíveis para quem concordar com o Mastercard Artwork Download Agreement (Contrato de Download da Arte Mastercard).

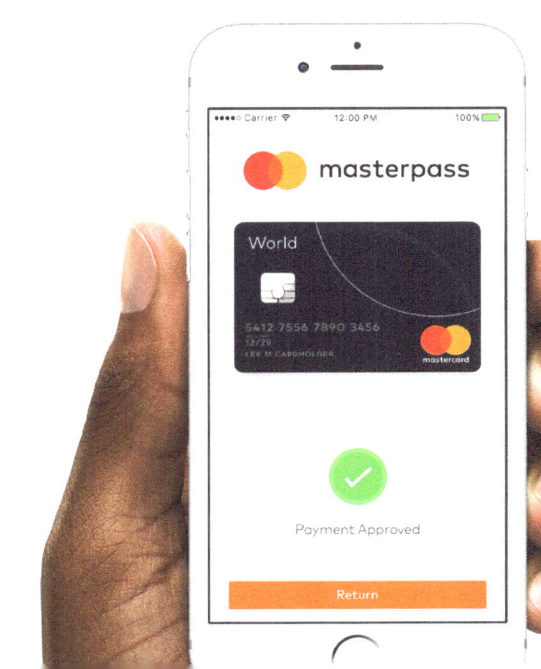

Mastercard: Pentagram

Estudos de caso

Mozilla

Somos uma comunidade global de tecnólogos, pensadores e construtores, que trabalham juntos para manter a Internet saudável, aberta e acessível, em nome de todos os indivíduos que valorizam a Internet como um recurso público global.

A Mozilla é uma organização sem fins lucrativos, formada em 1998 por um grupo de defensores do código livre no interior da Netscape. Apoiada por uma comunidade global de colaboradores voluntários, a Mozilla cria programas, tecnologias e produtos que beneficiam a saúde da Internet. O navegador de código aberto Firefox, desenvolvido pela Mozilla, é usado por mais de 100 milhões de pessoas todos os dias, o que demonstra os valores da organização em ação.

Metas

Aumentar o reconhecimento de marca usando princípios de código aberto.

Reforçar o propósito fundamental e o *status* de organização sem fins lucrativos.

Ser conhecida como defensora de uma Internet saudável.

Criar um kit de ferramentas visual e verbal.

Diferenciar a Mozilla do seu produto principal, o Firefox.

Nossa identidade de marca – nosso logotipo, nossa voz, nosso design – é um sinal importante do que acreditamos e do que fazemos. Integramos a linguagem da Internet à nossa identidade de marca.

Tim Murray
Diretor de criação
Mozilla

Esse processo de código aberto é uma ótima maneira de reunir *insights* de uma comunidade online bastante engajada. Ninguém vai poder dizer "ninguém me perguntou".

Michael Johnson
Fundador
Johnson Banks

Tinta: ©Olesya22, iStockphoto   Limalha de ferro: ©Windell H. Oskay, Flickr   Curvas de luz abstratas, Pexels

> Agora vai ser mais fácil saber que algo é da Mozilla e entender como as suas iniciativas globais se interconectam e se reforçam mutuamente.
>
> Tim Murray
> *Diretor de criação*
> *Mozilla*

Processo e estratégia: a Mozilla sempre foi associada apenas ao seu produto mais famoso, o Firefox, um navegador gratuito usado diariamente por mais de 100 milhões de pessoas do mundo todo. O fato de a Mozilla ser uma organização sem fins lucrativos simplesmente não era registrado por seus públicos mais importantes, e ela queria ser mais conhecida e compreendida. A Mozilla contratou a Johnson Banks para um rebranding visual da organização. Com inúmeros debates, cenários, *workshops* e pesquisas, a Johnson Banks buscou identificar um ponto estratégico claro e ideal no qual criar uma plataforma para a marca visual. O propósito essencial da Mozilla ficou evidente: "Somos especialmente capazes de construir produtos, tecnologias e programas que ajudem a Internet a crescer de forma saudável, com indivíduos informados e no controle das suas vidas online".

O processo de design utilizou os princípios do código aberto, encorajando a rede global da Mozilla a comentar sobre o trabalho em andamento no blog Mozilla Open Design, conhecido como "branding sem paredes". Da estratégia original aos estágios narrativos, passando pelos primeiros conceitos de design e o desenvolvimento, foram inúmeros posts e milhares de comentários no blog, incluindo de designers interessados de fora da rede global da Mozilla.

Solução criativa: A Johnson Banks desenvolveu uma ideia que integrava parte do código de uma URL ao nome da Mozilla para representar como as pessoas e o conhecimento estão ligados em um mundo cada vez mais conectado. Esse significado foi bem recebido entre os públicos externos e centrais e foi escolhido como estratégia final após um debate e uma exploração aprofundada dos outros conceitos. A holandesa Typotheque desenhou uma nova fonte para ser usada na marca com palavras e no conteúdo correlato.

A pioneira da Internet precisava de um sistema que facilitaria saber se algo é ou não da Mozilla. O sistema dinâmico simplifica e unifica as diversas atividades da Mozilla, de programas a eventos, e pode integrar diversas mensagens essenciais. A cor flui para o novo logotipo e varia com o contexto. As imagens sempre mutantes representam a riqueza ilimitada do ecossistema online. A Mozilla irá contratar novos artistas, programadores e desenvolvedores para criar imagens, que estarão disponíveis para todos sob a licença Creative Commons. A nova fonte Zilla é gratuita e já aberta a todos.

Resultados: o processo usado no rebranding da Mozilla foi autêntico a quem eles são, o que fazem e o que representam. O processo em si atuou como catalisador para conversas em todo o mundo, com diversos públicos, e resultou em maior reconhecimento de marca entre tecnólogos, pensadores e construtores. Como organização sem fins lucrativos, a Mozilla reafirmou pública e corajosamente que tem uma capacidade especial de criar produtos, tecnologias e programas que mantêm a Internet crescendo e saudável, com indivíduos informados e no comando das suas vidas online.

Mozilla: Johnson Banks

Estudos de caso

Mural Arts Philadelphia

Acreditamos que a arte dá início a mudanças. Somos o maior programa de arte pública do país, unindo indivíduos e comunidades para transformar espaços públicos e vidas individuais.

O City of Philadelphia Mural Arts Program foi estabelecido originalmente por Jane Golden, em 1984, como parte do esforço da Anti Graffiti Network para erradicar a crise de grafitagem na Filadélfia. A Mural Arts envolve comunidades em 50-100 projetos de arte pública por ano e mantém mais de 3.500 murais por meio de uma iniciativa de restauração. Os programas fundamentais de educação artística, justiça restaurativa e iluminação doméstica externa produzem oportunidades de aprendizado exclusivas, baseadas em projetos, para milhares de jovens e adultos.

Metas

Reposicionar a Mural Arts no palco nacional e global.

Simplificar a história da marca.

Destacar o impacto da organização.

Engajar artistas e comunidades diversas.

Inspirar o investimento na organização.

Queremos construir pontes de conexão e entendimento nas nossas comunidades e incentivar o diálogo sobre questões críticas.

Jane Golden
Fundadora e diretora executiva City of Philadelphia Mural Arts Program

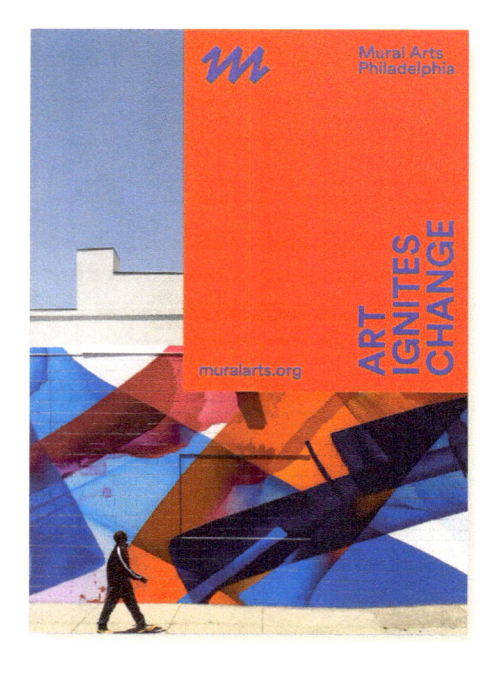

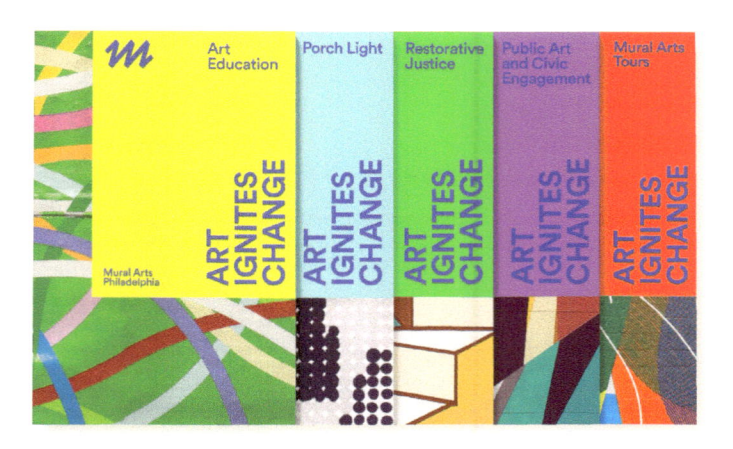

> A Mural Arts está reinventado o modo como o público se relaciona com a arte. Queremos reforçar que "Mural Arts" é muito mais do que só pintar uns muros.
>
> Brian Jacobson
> *Cofundador*
> *J2 Design*

Processo e estratégia: durante os últimos 30 anos, o City of Philadelphia Mural Arts Program evoluiu, passando de uma pequena agência municipal para o maior programa de arte pública dos EUA e modelo global de desenvolvimento comunitário. Mais de 3.500 murais transformaram diversas vizinhanças na cidade de Filadélfia.

O processo colaborativo do programa produziu inúmeros programas de educação artística, justiça restaurativa e saúde comportamental, combinando diversas agências. Os desafios constantes eram comunicar que a Mural Arts vai muito além de pintar muros e paredes e destacar os impactos duradouros para indivíduos e comunidades.

A J2 Design foi contratada para reformular a marca e reposicionar a organização. Ela começou o processo com entrevistas aprofundadas com a equipe, o conselho, agências parceiras do município e *stakeholders*. A empresa liderou *workshops* para produzir *insights* sobre os resultados mais significativos do trabalho da Mural Arts. A J2 editou todas as comunicações existentes para identificar as questões mais importantes e áreas de melhoria. Para fortalecer as comunicações, o nome de comunicação do programa foi simplificado para "Mural Arts Philadelphia".

Solução criativa: "A arte dá início a mudanças" ("Art ignites change") foi a ideia de marca essencial usada para inspirar o processo criativo. Como a organização cria arte com terceiros para transformar locais, indivíduos, comunidades e instituições, a J2 desenhou um *M* ativo que é reaproveitado, reinterpretado e reimaginado. As variações do *M* representam a Mural Arts, uma organização visionária que continua a mudar, adaptar-se e liderar, como fez desde que Jane Golden a fundou.

Projetou-se um sistema de comunicação integrado que incluiria uma família de mensagens principais, tipos, modelos de documento e novas narrativas. A mudança primária nas mensagens foi dos murais em si para o impacto do trabalho. Apresentar os resultados quantitativos e o impacto foi um fator de igual importância ao design visual do sistema de identidade, para comunicar o retorno sobre o investimento que a Mural Arts gera para os seus apoiadores e para os habitantes da cidade. A nova marca foi lançada durante o Philadelphia's Mural Arts Month, na inauguração do DesignPhiladelphia, apoiada por um novo site, criado pela Bluecadet, banners espalhados pela cidade e materiais colaterais atualizados.

Resultados: a Mural Arts continua colhendo frutos do aumento da atenção pública nas mídias sociais, eventos públicos e cobertura da mídia tradicional. Enquanto todo o sistema de identidade permite que a equipe de comunicação transmita sua mensagem com eficiência, apesar dos recursos limitados, o processo de design e a nova identidade de marca provocaram uma empolgação redobrada por parte da equipe, conselho de administração, fãs e apoiadores da Mural Arts Philadelphia, além de uma promessa renovada de grandes obras no futuro.

Mural Arts Philadelphia: J2 Design

Estudos de caso

Museu do Ar e do Espaço do Smithsonian Institution

O museu mais popular dos EUA está repleto de artefatos fascinantes: a *Columbia*, módulo de comando da Apolo 11; o *Spirit of St. Louis*, avião de Charles Lindbergh; o ônibus espacial *Discovery*; e o avião a jato mais rápido do mundo.

O Museu do Ar e do Espaço em Washington, DC, abriu suas portas para o público em 1976, um presente para o país no seu bicentenário. Desde então, 320 milhões de visitantes observaram em primeira mão objetos históricos da aviação moderna e do voo espacial. O museu é o maior dos 19 do Smithsonian Institution, e seu Centro de Estudos da Terra e Planetários é um dos nove centros de pesquisa da instituição.

Metas

Criar um ecossistema digital.
Reimaginar a experiência dos visitantes.
Celebrar o quadragésimo aniversário do museu.
Revelar histórias ligadas à coleção.
Revitalizar o site e o aplicativo.

Vivenciando a tecnologia digital e telas mais detalhadas, os visitantes saem com um entendimento mais profundo de como o voo espacial e a aviação afetou suas vidas.

Gen. J.R. "Jack" Dailey
*The John and Adrienne Mars Diretor
Museu do Ar e do Espaço do Smithsonian Institution*

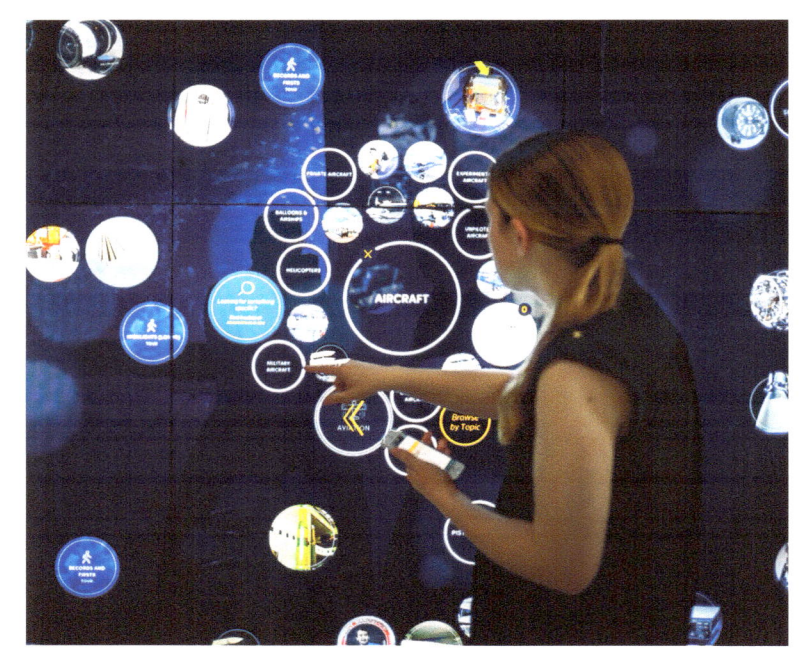

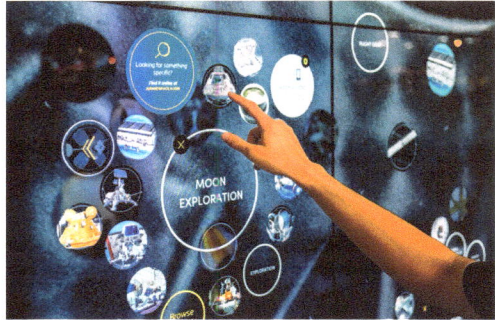

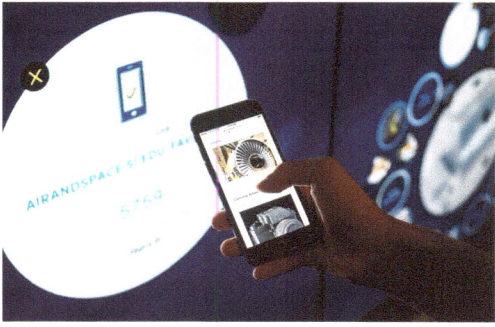

> A experiência começa quando o visitante entra e explora o museu, e continua a promover a exploração muito depois dos visitantes terem voltado para casa.
>
> Josh Goldblum
> *CEO*
> *Bluecadet*

Processo e estratégia: o Museu do Ar e do Espaço recebe mais de 8 milhões de visitantes por ano e possui milhares dos objetos mais icônicos da história aeroespacial. Mas como empolgar e educar uma nova geração de visitantes, que nem estava viva quando esses objetos fizeram história? Como ajudar os visitantes a se envolverem com os objetos, tanto presencialmente, no Boeing Milestones of Flight Hall, quanto antes da visita em si? A Bluecadet, uma agência de experiência digital, foi contratada para conceitualizar uma nova experiência e desenvolver um ecossistema digital com um conjunto de conteúdos dinâmicos, que poderiam mudar rapidamente e ser mantidos em diversas plataformas e departamentos.

A Bluecadet trabalhou lado a lado com um grupo interdisciplinar e interdepartamental de curadores, especialistas em aviação e espaço e equipes digitais, de marketing e de exposições. A fase de descoberta incluiu entrevistas com colaboradores de diversos departamentos, auditorias de conteúdo das plataformas atuais e uma análise de dados.

Solução criativa: os arquitetos, estrategistas e designers de UX da Bluecadet propuseram diversas abordagens durante uma breve fase de conceito. O museu aprovou uma experiência com uma parede interativa de quase 20 m² e o Go Flight, um aplicativo e experiência digital na Web projetados para que os visitantes acessassem rapidamente as histórias e o conteúdo relacionado aos objetos próximos a si ou acessassem uma visita guiada pré-definida, baseada nos seus interesses e local. Para a experiência do aplicativo na galeria, a Bluecadet desenvolveu um *feed* de proximidade, que se renova à medida que você explora o museu; por exemplo, quando está em frente ao Bell X-1, você pode querer assistir ele se desprendendo de um B-52 no ar. Com movimentos e uma interface lúdica, a parede interativa recompensa a exploração espontânea. Os visitantes podem marcar objetos como favoritos, sincronizá-los com o aplicativo ou site e realizar sua própria visita personalizada.

A suíte de estratégias e produtos digitais interconectados, incluindo um novo site, ligam-se ao sistema de gerenciamento de conteúdo (CMS) existente. O mesmo CMS que ativa o site e o aplicativo móvel produz conteúdo para a parede.

Resultados: o museu abriu para o público a recém-reformada Boeing Milestones of Flight Hall durante o evento de comemoração do seu quadragésimo aniversário, e milhares de visitantes conheceram a enorme tela *touchscreen* interativa no primeiro dia. A estratégia de ecossistema digital foi lançada ao mesmo tempo, facilitando o fluxo de trabalho e a gestão de conteúdo. Nos dois primeiros meses, a parede recebeu mais de um milhão de toques. Meio milhão deles foram em objetos diferentes, em 200.000 categorias. O novo site teve mais de 3 milhões de visualizações de páginas.

Museu do Ar e do Espaço do Instituto Smithsonian: Bluecadet

Estudos de caso

NIZUC Resort & Spa

Espírito mexicano. Alma maia. Situado em um enclave isolado, queríamos redefinir o luxo e colocar um novo destino no mapa.

O NIZUC é um resort de luxo localizado na península mexicana de Yucatán. Em quase 120 mil metros quadrados, o resort, inaugurado em março de 2014, tem 274 suítes e chalés privados, seis restaurantes, três bares, duas praias, duas quadras de tênis e um spa de 2800 m².

Metas

Criar uma marca de estilo de vida de luxo com alma.

Diferenciar a NIZUC de outros destinos de luxo de classe mundial.

Atrair os melhores parceiros do mundo em arquitetura, culinária, spa e hotelaria.

Criar uma campanha de lançamento que se traduzisse em reservas.

Para nós na NIZUC, a marca era essencial. Ela foi criada do zero, mas logo se estabeleceu e hoje se destaca em relação aos nossos concorrentes no mercado de luxo.

Darrick Eman
Diretor de vendas & marketing
NIZUC Resort & Spa

O design estava no coração do nosso processo. Imaginamos um lugar antes de haver um lugar. Definimos o estilo de vida NIZUC e os hóspedes vieram.

Leslie Smolan
Cofundadora e diretora de criação
Carbone Smolan Agency

Processo e estratégia: antes de qualquer desenho arquitetônico ou construção, a Carbone Smolan Agency (CSA) foi contratada para criar uma plataforma de marca exclusiva para um resort ultraluxuoso na Península de Yucatán, no México. A CSA produziu um livro de marca que expressava a visão e a promessa de marca do empreendedor. Inspirada pela tradição maia da região e as formas naturais do meio ambiente, a agência criou o alicerce para a marca.

Construiu-se uma história em torno das mensagens principais de experiência serena, natureza virgem, atendimento personalizado caloroso e design sofisticado. Essas ideias orientaram uma sessão fotográfica especial, cujos produtos foram utilizados para atrair o operador do hotel, uma equipe de arquitetura de classe mundial e parceiros no setor de hospitalidade premium. A marca sonhava em conectar pessoas à experiência do resort e evocar imagens do horizonte infinito do oceano e a estética autenticamente mexicana da NIZUC. Estabelecer uma plataforma de marca e uma abordagem de colocar a gestão de marcas em primeiro lugar funcionou da perspectiva de investimentos e também do ponto de vista do marketing.

Solução criativa: um logotipo ao mesmo tempo elegante e primitivo foi desenhado, parte de um rico portfólio de elementos de marca. O glifo icônico e moderno se presta à criação de belos padrões e facilita o design de objetos cobiçados, como lenços e cangas. A experiência no local foi comunicada por meio de narrativas de fotografia local e formou a base de uma campanha robusta de propaganda, mídias sociais e marketing direto. A CSA combinou anúncios impressos centrados na marca com marketing digital centrado em vendas para lançar uma campanha de mídia integrada, destinada ao mercado de luxo americano. As propagandas digitais, com vídeos em banners, levavam os usuários a um site altamente imersivo, desenhado para transformar o interesse pela marca em reservas online.

Resultados: as iniciativas de marketing direto obtiveram o apoio dos profissionais da área, enquanto a campanha nas mídias sociais produziu a aprovação informal de uma ampla variedade de fãs. As publicações *Conde Nast Traveler*, *Fodor's* e *Travel + Leisure* escolheram o NIZUC Resort & Spa como um dos melhores novos hotéis de 2014. A campanha de propaganda do lançamento gerou mais de 70 milhões de impressões e atingiu mais de 13 milhões de pessoas. A campanha nas mídias sociais aumentou o número de seguidores no Instagram em 558%, um indicador que não para de subir. Essa estratégia em múltiplos frontes se traduziu em sucesso financeiro: o hotel "saiu do vermelho" no primeiro ano de operação e tinha lotação completa na sua primeira temporada de Natal, em 2014.

NIZUC Resort & Spa: Carbone Smolan Agency

Estudos de caso

NO MORE

Juntos, podemos acabar com a violência doméstica e o abuso sexual. A NO MORE sonha em aumentar radicalmente a conscientização sobre violência doméstica e abuso sexual na nossa sociedade e ativar mudanças sob uma marca e um símbolo.

A NO MORE foi fundada em 2011 para conscientizar o público, energizar mudanças e remover o estigma associado à violência doméstica e ao abuso sexual. A missão da NO MORE é mudar normas sociais, melhorar políticas públicas e gerar mais recursos para pesquisa e prevenção.

Foto: SR 2 Motor Sports

Metas

Aumentar a visibilidade e o debate em torno da violência doméstica e do abuso sexual.

Eliminar a vergonha, o silêncio e o estigma em torno desses temas.

Aumentar o entendimento de que a violência doméstica e o abuso sexual afetam a todos, direta ou indiretamente,

Melhorar políticas públicas e aumentar recursos.

Criar um símbolo universal que permita o reconhecimento imediato.

Com a NO MORE, estamos destacando um problema ao mesmo tempo oculto e onipresente para aumentar a visibilidade, iniciar um diálogo e ajudar a mudar as normas sociais. Em outras palavras, a violência doméstica e o abuso sexual estão sempre à nossa volta, e pessoas que conhecemos e amamos são vítimas deles todos os dias. É hora de agir, é hora de dizer BASTA! (em inglês, "no more").

Comitê executivo
The NO MORE Project

O símbolo da NO MORE é, ao mesmo tempo, aspiracional e conceitual. Ele representa um ponto de fuga, pois imaginamos um momento em que esse problema deixará de existir na nossa cultura.

Christine Mau
Membro do conselho da NO MORE

Processo e estratégia: a NO MORE foi criada por 50 indivíduos dos setores público e privado, frustrados com o fato de a violência doméstica e o abuso sexual não serem uma prioridade nos EUA, mesmo tendo uma presença devastadora na vida das pessoas, impactando ricos e pobres, jovens e velhos, homens e mulheres de todas as raças, regiões e religiões. A questão recebia poucos recursos e continuava envolta em vergonha e estigma social.

Para enfrentar esse problema, Anne Glauber, Virginia Witt, Maile Zambuto e Jane Randel lideraram um esforço para aumentar a visibilidade e tornar o público mais ligado a esses temas. A questão: como podemos apoiar os sobreviventes, mostrar aos perpetradores que seus crimes não serão tolerados e demonstrar uma preocupação geral para os políticos? Primeiro, elas decidiram pedir a todas as grandes organizações de combate à violência doméstica e ao abuso sexual dos EUA que adotassem essa estratégia audaciosa para ajudar indivíduos, organizações e marcas nacionais a agirem. A seguir, elas realizaram diversas reuniões exploratórias para montar um consenso e formar alianças estratégicas. Por fim, todas concordaram que um símbolo universal, de alta visibilidade em todas as plataformas, poderia energizar o apoio, gerar financiamento e aumentar a conscientização sobre o problema.

Solução criativa: os fundadores começaram pela organização de grupos de pesquisa, compostos pelos maiores especialistas em marketing e gestão de marca, que jamais haviam considerado essas questões antes. As sessões de produção criativa levaram ao que se tornaria a "NO MORE" ("basta"), um símbolo que expressa a emoção universal e coletiva e um imperativo. Assim como o sinal da paz, o laço vermelho da Aids ou o laço rosa do câncer de mama, a proposta é que o símbolo da NO MORE seja usado pelo público, por influenciadores e por organizações de combate à violência doméstica e abuso sexual para dar destaque a essas questões na pauta da opinião pública. Assim, ele precisa funcionar em diversas plataformas, de uma página do Twitter a dispositivos móveis e camisetas. O plano de lançamento de três anos pedia que celebridades, influenciadores e pessoas normais usassem o símbolo para expressar seu comprometimento e inspirar ações. Marcas nacionais e alianças estratégicas demonstrariam seu apoio por meio de uma serie de plataformas de cobranding.

Resultados: em 2013, a NO MORE lançou sua primeira campanha de anúncios de utilidade pública, criada pela Joyful Heart Foundation e Rachel Howald, da Young & Rubicam. Em 2014, a National Football League começou a veicular anúncios de utilidade pública da NO MORE durante os jogos de futebol americano, e 23 jogadores e ex-jogadores participaram dos anúncios "NFL Players Say NO MORE" ("Jogadores da NFL dizem BASTA"). Em 2015, a NFL doou espaço durante o Super Bowl pela primeira vez para levar a questão da violência doméstica e abuso sexual a mais de 100 milhões de espectadores com um anúncio da NO MORE durante a final do campeonato. Em 2016, foi lançada a campanha "Text Talk" ("Conversa de Texto") durante o Super Bowl L. Os anúncios de utilidade pública da NO MORE geraram mais de 4 bilhões de impressões de mídia, obtiveram quase 100 milhões de dólares em tempo de antena doado e atingiram todos os 210 mercados de mídia dos EUA. A campanha britânica UK Says NO MORE foi lançada em 2015.

NO MORE: Sterling Brands

Estudos de caso

Ohio & Erie Canalway

Somos uma Área de Patrimônio Nacional que oferece trilhas, trens e estradas pitorescas, cidades junto a canais e vizinhanças étnicas, parques, grandes lagos e rios de transporte, paisagens industriais e vales verdes.

A Ohio & Erie Canalway é uma de 49 Áreas de Patrimônio Nacional que preserva e comunica aspectos importantes da tradição americana. Mais de 2,5 milhões de visitantes exploram, todos os anos, a Towpath Trail, que atravessa a Canalway. Praticando ornitofilia, caminhadas ou ciclismo, ou viajando a cavalo, de trem ou por trilhas, os visitantes entram em contato com os recursos culturais, históricos, recreacionais e naturais do nordeste do estado de Ohio.

Metas

Dar nome e marca à região.

Desenvolver um sistema completo de *wayfinding*, orientação e interpretação.

Compartilhar exposições e histórias interpretativas ricas com os visitantes.

Atrair crescimento e investimentos locais e regionais.

Gerar conscientização regional e nacional.

Começamos a nossa jornada para unir todos os *stakeholders* em um esforço para reconhecer o potencial incrível da Canalway e criar os alicerces para transformá-la em uma grande atração turística.

Tim Donovan
*Diretor executivo
Canalway Partners*

> Somos um conjunto de cidades grandes e pequenas que se vendem como uma região. O resultado é maior do que a soma das partes.
>
> Dan Rice
> *Presidente & CEO*
> *Ohio and Erie Canal Coalition*

Processo e estratégia: no século XIX, o sistema de canais da região nordeste do estado de Ohio contribuiu para a prosperidade regional e nacional. Apesar de a região ser rica em recursos culturais, recreacionais e naturais, era preciso estimular o crescimento econômico, incentivar o investimento de alta tecnologia e desenvolver o apoio a práticas ambientalmente corretas de desenvolvimento, turismo e comunidade. Em 2001, 48 comunidades participaram do desenvolvimento de um plano de gestão da tradição. Em seguida, a direção do comitê de 16 membros contratou a Cloud Gehshan (CG) para criar um nome e uma marca para a região e elaborar um sistema de gestão de marcas, marketing, sinalização de *wayfinding* e quadros de informações.

Para entender a experiência dos usuários e visitantes, a CG começou com uma auditoria fotográfica de todas as rotas e locais. Com fóruns e entrevistas, a empresa obteve uma ampla gama de ideias das 48 comunidades envolvidas. Rebatizar os mais de 170 km do Ohio and Erie Canal National Heritage Corridor tornou-se prioridade: o nome precisava ser fácil de dizer e lembrar e ser eficaz na sinalização e em todas as outras mídias.

Solução criativa: o nome Ohio & Erie Canalway foi escolhido por ser curto, conciso e diferenciado em relação a outros locais. Quando as palavras "canal" e "way" são combinadas em inglês, isso sugere que o canal era parte de uma ideia mais ampla, além de funcionar como espaço para tráfego. A CG elaborou uma identidade visual autêntica e eficaz na sinalização, no site e em outras mídias digitais. O sistema de *wayfinding* e sinalização precisava ser fácil de compreender e ajudar moradores e visitantes a se orientar pelas comunidades, lagos, edifícios, jardins e eventos. A CG formou uma parceria com a Dommert Phillips para criar um plano interpretativo que iluminaria os ricos temas históricos e as histórias da O&E.

Um manual de diretrizes forneceu normas abrangentes para o logotipo e sua aplicação a uma ampla gama de itens impressos, de vestuário, de varejo e promocionais. Ele também continha normas e especificações detalhadas para a fabricação de sinalização, incluindo placas de entrada, orientação para veículos, sinais de rotas, orientação para pedestres e trilhas, quiosques de informação e uma série de ferramentas interpretativas, marcadores de distância, sinais para trilhas na natureza e ciclismo, identificação de edifícios e programas de banners.

Resultados: desde que o novo nome foi lançado, vários milhões de pessoas participaram de uma ampla variedade de *tours*, trilhas, esportes aquáticos, *shows* e museus. Aos poucos, a visão que a Ohio & Erie Canalway Association começou a construir está dando frutos. Trabalhando com recursos limitados para coordenar todas as formas de extensão, o trabalho de posicionar a região como um lugar cheio de vida e emoção para se morar, trabalhar e visitar está na sua segunda fase de desenvolvimento e investimento.

> Estamos transformando os quintais industriais do passado nos jardins culturais e recreacionais do futuro.
>
> Jerome Cloud
> *Diretor*
> *Cloud Gehshan*

Ohio and Erie Canalway: Cloud Gehshan

Estudos de caso

Ópera de Sydney

Nossa visão para a Ópera de Sydney reconheceu que a criatividade e as artes poderiam ajudar a inspirar e apoiar a busca da Austrália por uma resposta para quem somos, como país, e quem gostaríamos de nos tornar.

Com suas velas icônicas, a Ópera de Sydney é a atração turística mais visitada da Austrália há décadas, além de ser um dos edifícios mais conhecidos do mundo. Patrimônio Mundial da Unesco, o local é uma fonte de orgulho imenso para os australianos, e deixa maravilhados seus 8,2 milhões de visitantes anuais. A ópera é um centro de artes cênicas com múltiplos palcos e recebe mais de 2.000 apresentações por ano.

Nosso prédio é de tirar o fôlego quando visto do porto, mas a magia de verdade acontece é no lado de dentro.

Metas

Dar vida à visão que levou à criação do centro.

Posicionar o centro de artes cênicas para o seu novo horizonte de crescimento.

Unificar todas as experiências, ofertas e comunicações.

Expandir o valor de marca.

Comunicar que a magia acontece no lado de dentro.

Mudança de perspectiva

Estamos abertos a novas ideias, novas pessoas e novas experiências.

Aos sonhadores e livre-pensadores, aos velhos amigos e recém-chegados e a quem busca conforto no desconhecido.

Então, se você vê as coisas de um jeito diferente, se está disposto a considerar mais de um ponto de vista, se está aberto a desafios, a mudanças, a quem você pode vir a ser... estamos abertos para você.

Foto: Hamilton Lund. Cortesia: Sydney Opera House Trust

Processo e estratégia: a Ópera de Sydney e a Interbrand Australia formaram uma parceria para revitalizar uma marca que poderia se preparar e se preservar para a próxima geração. O projeto teve início com uma longa fase de descoberta, incluindo mais de 50 horas de imersão, mais de 30 entrevistados no local, mais de 20 horas de monitoramento das redes sociais, mais de 100 horas de pesquisa bibliográfica, 12 entrevistas individuais e diversos *workshops*. Ficou evidente que a marca precisava inspirar conversas em torno dos temas de performance, arte e cultura.

Shifting Perspectives (Mudança de Perspectiva), a nova ideia de marca, incentiva a marca a fazer comparações conscientes. A fazer declarações provocadoras. A perguntar "e se?" e "por que não?". A atacar mensagens prosaicas de ângulos criativos e surpreendentes. Ela recebe os visitantes, inclusiva e calorosa, antes de convidá-los a experimentar algo de novo, a repensar e se envolver com a cultura das artes cênicas.

Solução criativa: Shifting Perspectives trazia uma abordagem refinada à linguagem e uma abordagem mais sugestiva às comunicações e ao design visual. A Interbrand elaborou uma família tipográfica escultural proprietária, que representa a forma e o movimento do edifício em si. Ela foi desenvolvida usando software de engenharia, para garantir que teria a integridade estrutural necessária para ser replicada em forma física, usando letras fundidas ou impressão 3D.

As cores principais da marca, casca de ovo e preto, foram inspiradas pelo exterior memorável do edifício. A paleta de cores secundárias da marca celebra a vividez e energia que encontramos no interior da Ópera de Sydney. Brilhante e diversa, a paleta permite que comunicações ligadas a apresentações específicas usem as cores e climas da apresentação em si. O arquiteto Jørn Utzon imaginava um edifício cheio de cor.

Como a ideia de marca foi inspirada pelas paisagens diferentes que se observa ao caminhar ao redor do edifício, era essencial que a marca capturasse a ideia de movimento e variação da luz em uma caixa de ferramentas de movimentos. A Interbrand trabalhou com os especialistas em animação da Collider para criar um conjunto de elementos animados que daria vida à marca em filme, no meio digital e na sinalização.

Resultados: partindo diretamente da visão e dos princípios criativos de Utzon, além da arquitetura icônica da ópera, a marca comunica uma ideia de permanência. Ao mesmo tempo, entretanto, ela revoluciona o modo como o centro de artes cênicas aborda a comunicação, os clientes e, mais ainda, a si mesmo. Com a sua capacidade de promover uma cultura colaborativa e receptiva na organização, iniciar o debate na comunidade e representar visualmente uma década de renovação, a marca se tornou tão audaciosa e inspiradora quando o edifício que representa.

Ópera de Sydney: Interbrand Australia

Estudos de caso

Peru

Das cidades e vilas à bacia do Rio Amazonas e à Cordilheira dos Andes, o Peru é uma nação multicultural em meio a um processo de evolução, mudança e transformação.

Localizado no oeste da América do Sul, o Peru tem 31,7 milhões de habitantes. Os principais setores da economia peruana são agricultura, pesca, mineração e indústria. Entre os idiomas mais falados no país, temos o espanhol e o quéchua.

Metas

Transmitir uma promessa de marca clara.

Aumentar investimentos, turismo e exportações.

Aumentar a demanda por produtos e serviços.

Criar um sistema de identidade da marca.

> **Uma pesquisa recente revelou que a marca Perú tem 94% de aprovação entre os cidadãos do país. Há quem já a considere o desenho ideal para uma tatuagem!**
>
> Isabella Falco
> *Diretora*
> *Marca Perú*

> **A imagem desenhada à mão destaca as qualidades humanas ou artesanais com uma série de linhas, que também encontramos nas culturas incas e pré-incas.**
>
> Gustavo Koniszczer
> *Diretor-gerente*
> *FutureBrand Spanish Latin America*

> **Instituições públicas e privadas estão ansiosas para representar o espírito da marca nacional peruana, e outros países estão estudando a marca e o sucesso local imediato com o seu público mais importante, os cidadãos do Peru.**
>
> Julia Vinas
> *Diretora executiva*
> *FutureBrand Lima*

Peru: FutureBrand

Processo e estratégia: uma força-tarefa criada pela Promperu (a comissão de promoção do turismo e das exportações do Peru), o Ministério das Relações Exteriores e a Proinversion (uma agência de promoção de investimentos privados) recebeu a missão de criar a marca do país e comunicar uma promessa de marca diferenciada. A FutureBrand foi contratada para prestar serviços de posicionamento, estratégia de marca e design para o país, com o objetivo de longo prazo de expandir o turismo, as exportações e os investimentos. O processo de pesquisa incluía perspectivas multidisciplinares globais, nacionais e locais, de uma equipe diversificada de especialistas. Visitas a distritos arqueológicos, pontos turísticos, museus e diversas áreas industriais incluíram entrevistas com múltiplos grupos de *stakeholders*. A FutureBrand desenvolveu diversas plataformas de posicionamento, avaliadas em oito regiões peruanas e sete cidades em mercados externos priorizados.

As plataformas estratégicas levaram ao posicionamento da marca Perú com base em três pilares: multifacetado, especializado e cativante, refletindo o caráter único do país de uma perspectiva cultural e natural. A equipe dos embaixadores de marca das áreas de turismo, exportações e investimentos concordaram que a grande ideia do Peru seria evolução, mudança e transformação.

Solução criativa: o Peru é o berço da civilização sul-americana, com maravilhas naturais e humanas, da cidadela mágica de Machu Picchu à Floresta Amazônica. A justaposição de culturas indígenas, como a inca, a nazca, a moche e a mochica, com as culturas espanholas inspirou a equipe da FutureBrand a criar uma forma espiral icônica que emana da letra *P*, refletindo evolução e transformação. O ícone é como uma impressão digital, comunicando que "há um Peru para cada indivíduo". A equipe de design também desenvolveu um estilo de imagem proprietário para capturar as maravilhas do país. A cor icônica é o vermelho, com o branco como alternativa. A TypeTogether criou uma família tipográfica proprietária para complementar o sistema de identidade de marca, enquanto a FutureBrand criou diretrizes explicadas claramente em um livro de marca.

Resultados: a nova imagem do Peru foi lançada nacionalmente em março de 2011, com uma campanha publicitária criada pela Young & Rubicam. Hoje, a nova identidade tem visibilidade em todo o país. Os turistas são recebidos por ela em aeroportos e estações ferroviárias, enquanto cidadãos de todas as idades e classes sociais usam camisetas com a marca Perú. A campanha promoveu um sentimento generalizado de orgulho em ser peruano. Trabalhando juntos, os setores público e privado continuam a expandir o turismo e as exportações e a posicionar o Peru no mercado global.

A marca foi apresentada no primeiro Dia do Peru na Times Square e em Wall Street, em Nova York.

Estudos de caso

Philadelphia Museum of Art

Somos o museu de arte da Filadélfia. Um lugar para brincadeiras criativas. Uma coleção mundialmente famosa. Uma surpresa em cada cantinho, onde os visitantes veem o mundo, e a si mesmos, com novos olhos, por meio da beleza e da expressividade da arte.

Um dos 100 museus mais visitados do mundo, o Philadelphia Museum of Art possui uma coleção de nível mundial, com mais de 240.000 peças. O museu administra diversos locais, incluindo o Rodin Museum, que contém a maior coleção pública de obras de Rodin fora de Paris; o Ruth and Raymond G. Perelman Building; e duas casas históricas do período colonial. Seu prédio principal, no estilo da arquitetura neogrega, é um dos cartões-postais da Filadélfia.

Metas

Revitalizar o propósito fundamental do museu.

Aumentar a participação e o número de visitantes.

Engajar novos públicos.

Ser mais visível e acessível.

Desenhar um sistema de identidade visual dinâmico.

Queremos que o museu receba a todos, seja criativo e incorpore uma ideia de surpresa e prazer.

Timothy Rub
*George D. Widener
Diretor e CEO
Philadelphia Museum of Art*

Nossa estratégia de marca amplifica a voz do museu na comunidade cultural local, regional, nacional e internacional e nos conecta a novos públicos.

Jennifer Francis
*Diretora executiva de marketing e comunicação
Philadelphia Museum of Art*

> O processo de estratégia de marca deu à equipe do museu confiança para falar com a cidade e compartilhar sua coleção maravilhosa com um público muito mais amplo e mais diverso.
>
> Jane Wentworth
> *Jane Wentworth Associates*

> Este museu de alto nível precisava de uma identidade capaz de levar o público a uma das melhores e mais amplas coleções de arte dos EUA.
>
> Paula Scher
> *Sócia*
> *Pentagram*

Processo e estratégia: o Philadelphia Museum of Art é um dos grandes museus americanos, com uma coleção respeitada por amantes da arte do mundo todo. Em 2012, sob a liderança do novo CEO e CMO, foi conduzida uma pesquisa sobre a concorrência e o posicionamento de marca. O número de visitantes não crescia. Os moradores da região viam o museu como elitista e inacessível. Historicamente, o marketing se concentrara em megaeventos, não nas coleções.

A Jane Wentworth Associates, uma consultoria estratégica londrina especializada no setor cultural, foi contratada para tornar o museu mais relevante para um público mais jovem e diverso. Uma série de *workshops* com a equipe e os principais *stakeholders* foi conduzida para estabelecer de que modo o museu poderia contar uma história mais instigante e cumprir seus objetivos estratégicos. Começando com a visão de se tornar "o lugar para atividades criativas na Filadélfia", a nova estratégia de marca colocaria os visitantes no centro de todas as decisões, convidando-os para ver o mundo com novos olhos ao entrar no mundo do artista e integrando a arte às suas vidas.

Solução criativa: a Pentagram foi contratada para elaborar um sistema de identidade flexível que fosse dinâmico e inclusivo. O nome local popular para o museu sempre fora simplesmente "o museu de arte". A nova identidade coloca a "arte" no centro e destaca a variedade da coleção, usando uma biblioteca criativa de ativos visuais. Drasticamente diferenciadas de outras instituições culturais locais e globais, as animações digitais da palavra "Art" ("arte") sublinham a estratégia de atividades criativas. A nova identidade foi lançada na mesma semana do anúncio de uma grande expansão do museu, feita pelo famoso arquiteto Frank Gehry.

Resultados: reavivar a visão e o propósito do museu, identificar prioridades estratégicas e criar uma nova identidade visual foram fatores que aceleraram a mudança, impactando o envolvimento da equipe e o número de visitas ao museu. A estratégia de marca foi usada como guia para transformar a cultura interna do museu, incentivando mais experimentação e colaboração e criando uma identidade verbal clara e confiante. A mudança foi comandada pela equipe de gestão sênior, com um grupo de Campeões de Marca de todo o museu liderando no nível dos departamentos; a função desse segundo grupo era implementar a estratégia de marca em todas as atividades. O número de visitas ao museu continua a superar as projeções de crescimento.

Philadelphia Museum of Art: Pentagram

Estudos de caso

Pitney Bowes

Na Pitney Bowes, levamos precisão e exatidão ao mundo conectado e sem fronteiras do comércio para ajudar nossos clientes a produzirem um impacto significativo.

A Pitney Bowes é uma empresa de tecnologia global por trás de bilhões de transações físicas e digitais. Clientes de todo o mundo, incluindo 90% da lista Fortune 500, dependem de produtos, soluções e serviços da Pitney Bowes nas áreas de gerenciamento das informações dos clientes, inteligência de localização, envolvimento do cliente, expedição, correios e *e-commerce* global.

Metas

Redefinir a categoria de negócio e a estratégia de marca.

Criar demanda entre compradores e parceiros.

Modernizar a identidade visual e renovar o tom de voz.

Reunir os funcionários em torno da nova marca.

Demonstrar claramente como a marca cumpre a sua promessa.

Queríamos que nossa nova estratégia e identidade de marca refletisse quem somos hoje e, mais do que isso, aonde vamos no futuro.

Marc Lautenbach
Presidente e CEO
Pitney Bowes

A nova estratégia de marca vai esclarecer o nosso papel em um comércio mundial em constante mudança e nos tornará mais relevantes para um público mais amplo ao redor do mundo.

Abby Kohnstamm
Ex-vice-presidente e diretora de marketing
Pitney Bowes

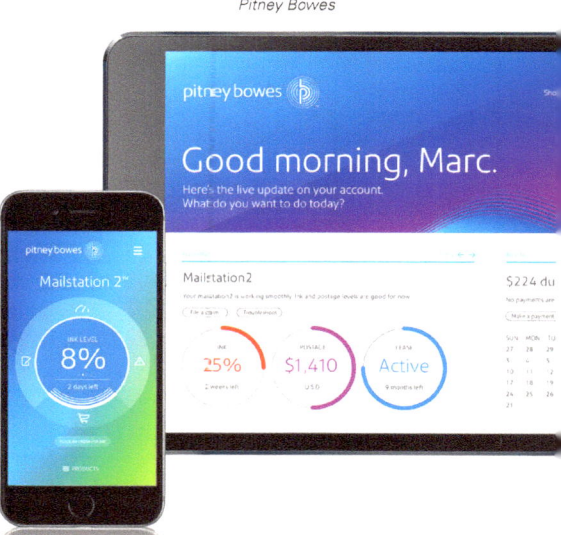

Pitney Bowes: FutureBrand

Customer Information Management

Location Intelligence

Customer Engagement

Shipping & Mailing

Global Ecommerce

Processo e estratégia: renomada líder na indústria de correios há décadas, a Pitney Bowes expandiu suas capacidades significativamente e se tornou uma empresa de tecnologia global, oferecendo soluções físicas e digitais no mundo do comércio. Contudo, a consciência sobre a ampla gama de capacidades da empresa ainda não refletia a realidade do seu negócio, o que impactava sua relevância.

A Pitney Bowes formou uma parceria com a FutureBrand para liderar sua transformação de marca. Elas começaram com um uma pesquisa global para estabelecer *insights* importantes sobre os quais embasar a nova estratégia de marca. Para dar profundidade ao reposicionamento, a agência redefiniu o espaço no qual a Pitney Bowes concorre. A frase que melhor captura o negócio transformado é: "Na Pitney Bowes, crescemos ajudando nossos clientes a navegar no mundo complexo do comércio. Fornecemos dados para que as empresas possam comercializar seus produtos para seus melhores clientes. Viabilizamos o envio de encomendas e pacotes em todo o mundo. E garantimos os pagamentos por meio de demonstrativos e faturas, para manter o crescimento de nossos clientes, tudo com precisão e exatidão para manter seus negócios avançando".

Solução criativa: uma abordagem rigorosa e orientada a *insights* levou a uma personalidade e um posicionamento de marca essencial, que inspiraram todo o trabalho, criaram o tecido conjuntivo para o negócio e deram nova vida à marca. Além disso, ampliamos o foco da empresa no comércio físico e digital, usando uma estratégia de lançamento no mercado centrada nas suas capacidades principais: gerenciamento de informações dos clientes, inteligência de localização, envolvimento do cliente, expedição, correios e *e-commerce* global.

A FutureBrand então desenvolveu uma identidade visual mais moderna, que destaca o foco da empresa na criação de ondas de impacto no mundo sem fronteiras do comércio, ao mesmo tempo que honra sua tradição e seus fundadores. Um conjunto de ícones proprietários e ilustrações customizadas foi criado para cada categoria de negócios, para melhorar o entendimento do lugar que as principais competências da Pitney Bowes ocupam no mundo do comércio. Além disso, uma nova aparência de marca transformou todos os canais e pontos de contato: impressos, digitais e de experiência. Cada elemento oferece sinais visuais de inteligência, reforçando consistentemente o que torna a Pitney Bowes um parceiro de negócios ideal.

Resultados: os resultados positivos foram incríveis. A participação maciça dos funcionários no lançamento da marca, em 2015, e a cobertura de mídia em mais de 200 veículos indicou a importância do momento para a empresa. O engajamento nas mídias sociais, o tráfego na internet e o interesse aumentaram significativamente após o lançamento. Acima de tudo, a marca reimaginada começou a influenciar o modo como clientes e funcionários pensam sobre a Pitney Bowes (antes datada, agora dinâmica e focada no futuro), com um ponto de vista claro e um valor claro no mundo do comércio.

Estudos de caso

PNC

A PNC está comprometida com o trabalho em equipe em todos os níveis da organização. Trabalhamos juntos para cumprir nossas metas e, no processo, ajudar nossos clientes a cumprir as suas.

A PNC Financial Services Group, Inc., é uma empresa de serviços financeiros sediada nos Estados Unidos. As operações da PNC incluem franquias bancárias regionais, serviços financeiros especializados para entidades corporativas e governamentais, um programa de gestão de ativos *turnkey* (chave na mão) e uma empresa de processamento.

Metas

Administrar a conversão da sinalização para 26.000 sinais/placas.

Coordenar a conversão com 1.640 instalações.

Criar uma força-tarefa de múltiplas equipes.

Avaliar fornecedores e terceirizados.

Manter a qualidade, o controle de custos e os prazos.

Nosso projeto não impactou apenas os resultados financeiros, ele também mudou o papel da PNC como cidadão corporativo nos mercados que atendemos.

John J. Zurinskas
Diretor e gerente regional de grupo
PNC Realty Services

Processo e estratégia: quando o PNC Financial Services Group (PNC) adquiriu a National City Corporation (NCC), um nível sem precedentes de atividades de conversão foi necessário para fabricar e instalar mais de 26.000 placas e sinais, em 1.640 agências e instalações e 1.524 caixas eletrônicos em mais de nove estados. Uma força-tarefa multidisciplinar foi formada com os membros de equipe de gestão de estruturas da PNC Realty Services e da National City. A PNC contratou a Monigle para auxiliar e assessorar a implementação do projeto tático no dia a dia. O projeto exigia adesão estrita a um cronograma de conversão definido, altíssimas normas de qualidade para produtos e instalação e controle dos custos do projeto. Um objetivo maior era aderir aos valores essenciais da PNC: primeiro, preservar os relacionamentos dos clientes com a PNC e NCC; segundo, respeitar os valores "verdes" da PNC. O projeto começou com uma avaliação de 16 semanas dos fornecedores, para analisar suas capacidades de produção e instalação. O software de gerenciamento de projetos da Monigle, o *SignChart*, conteria as especificações e controlaria as métricas e marcos críticos para a gestão de múltiplos fornecedores terceirizados durante o processo de conversão complexo que seria executado.

Solução criativa: a família padrão de sinais da PNC já estava estabelecida, mas foram realizadas melhorias para aumentar a eficiência energética e atender às necessidades de gestão de marcas. Aprovadas as recomendações de design de instalações pela equipe de conversão de sinais, todos os pacotes de recomendação de sinais foram entregues pessoalmente aos gerentes de varejo para revisão final. Após a aprovação do sistema de gestão de marcas, os pacotes de sinais para locais alugados foram enviados pelo PNC Leasing Group para inspeção e aprovação por parte dos senhorios. Alguns locais de alta visibilidade passaram por um processo de avaliação de variância complexo junto a conselhos de zoneamento e de análise arquitetônica. Além da economia direta obtida com a fabricação e instalação de menor custo, as despesas contínuas foram reduzidas com a análise e implementação de um novo conjunto de sinais com iluminação de LED. O consumo de energia de uma sinalização de parede média foi reduzida em 62%, sem prejuízo à qualidade, e a manutenção também foi reduzida. Metade dos fornecedores contratados tinha relacionamentos fortes com o banco, e fornecedores membros de minorias representavam quase 25% da equipe de trabalho, impactando positivamente a diversidade da carteira de fornecedores da PNC.

Resultados: a conversão como um todo demorou 66 semanas, do início à finalização. Um sistema de verificações confirmou que todos os mercados, em cada uma das fases, estava satisfeito com os resultados da conversão da sinalização. Os funcionários da PNC e NCC utilizaram uma rede de notícias interna para conversar sobre a qualidade e a velocidade do projeto, o que coincidiu com a implementação gradual do sistema de gestão de marcas. As apresentações multimídia da equipe de compras estratégicas enfocaram a economia de custos e o impacto na diversidade. A equipe de conversão recebeu diversos elogios da equipe executiva pelo modo como a conversão da sinalização fora bem planejada, comunicada e executada.

> **Nossa meta era melhorar o branding e a visibilidade de cada local da National City, ao mesmo tempo em que cumpríamos um cronograma apertado e controlávamos os custos.**
>
> Kurt Monigle
> *Diretor*
> *Monigle*

PNC Bank: Monigle

Estudos de caso

Quartz

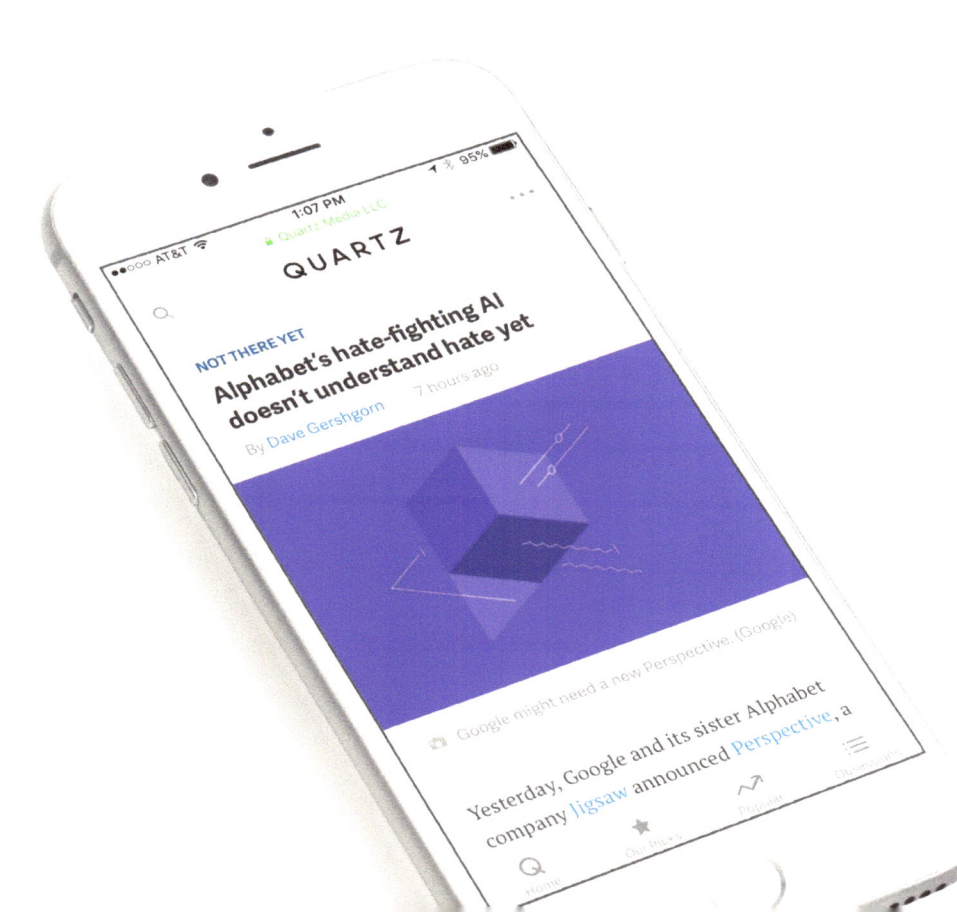

Somos um guia para a nova economia global, para pessoas entusiasmadas com mudanças. Nossas pautas giram em torno de um conjunto de "obsessões": tendências, fenômenos e terremotos que moldam o mundo.

A Quartz é um veículo jornalístico nativo digital para empresários e executivos na nova economia global. A Quartz é de propriedade da Atlantic Media. Criada para dispositivos móveis e estruturada para distribuição social, sem *paywalls* e sem exigir que os usuários se registrem para acessar o conteúdo, a Quartz pode ser acessada no site qz.com e por e-mail, mídias sociais e o aplicativo próprio.

Metas

Batizar um veículo jornalístico disruptivo e manter credibilidade e seriedade.

Diferenciar de modo adequado a primeira publicação jornalística global digitalmente nativa.

Criar o alicerce para uma marca que possa prosperar em diversas culturas e nacionalidades.

Apoiar uma estratégia focada em compartilhamento em mídias sociais e consumo em dispositivos móveis.

Facilitar o consenso e a clareza em torno da definição e do direcionamento dos produtos.

Escolhemos um nome que definia o que poderíamos ser, mas, acima de tudo, que servia, desde o primeiro dia, para nos lembrar do que não éramos.

Zach Seward
Diretor sênior de produto e editor executivo
Quartz

David Bradley pediu algo que fosse uma "revolução criativa". Foi uma instrução libertadora.

Howard Fish
Fish Partners

Quartz: Fish Partners

288

Processo e estratégia: a Atlantic Media tinha um forte histórico de transformar marcas impressas em sucessos digitais, e queria aplicar tudo que aprendera a um novo produto de mídia global, nascido digital. A Fish Partners foi contratada por Justin Smith (então presidente da Atlantic Media) para orientar o processo de escolha do nome em paralelo com a formação da nova equipe principal. Fish começou pela condução de pesquisas e entrevistas com a liderança da Atlantic Media e os principais *stakeholders*. Fish então trabalhou com a nova equipe principal para ter uma definição compartilhada do produto e das suas aspirações, que se formou em torno de métricas e imperativos específicos, referentes ao que o nome precisaria realizar. Fish analisou dezenas de milhares de palavras e expressões em potencial, testou os candidatos em relação essas métricas e imperativos e, por fim, reduziu as opções a uma pequena lista e uma recomendação de nome e URL.

Solução criativa: o nome precisava ser rápido, esperto e diferenciado dos produtos jornalísticos de negócios globais existentes; ele precisava sugerir disrupção e foco digital e funcionar em todo o mundo. Como nome, "Quartz" é curto, visual e linguisticamente único (com as duas letras mais raras da língua inglesa nas pontas), semanticamente rico e claramente diferente das publicações existentes. A palavra sugere uma qualidade digital sem recorrer a neologismos que podem ser transientes. O mineral tem associações atraentes: ele gera corrente elétrica sob tensão, tem um papel importante na facilitação do deslocamento das placas tectônicas, é onipresente na Terra e não sugere um país de origem implicitamente. A URL, qz.com, era extremamente prática e comunicava imediatamente o foco digital da publicação.

Resultados: em dois anos, a Quartz atingiu 5 milhões de visitantes únicos mensais; em quatro, chegou a 20 milhões. A receita com publicidade bateu novos recordes em cada trimestre desde o lançamento. Desde então, a Quartz lançou, com sucesso, a Quartz India, Quartz Africa, um aplicativo móvel, a Atlas (uma plataforma para criação de gráficos), múltiplas *newsletters* e um negócio de conferências globais.

Design de interiores: Desai Chia Architecture

Estudos de caso

(RED)

A (RED) acolhe marcas e dá ao consumidor a possibilidade de escolher produtos que contribuem para a Global Fund, para ajudar a acabar com a Aids na África.

A (RED) é uma marca licenciada global, criada em 2006, para levantar fundos e conscientizar o público sobre a Aids na África. Ela trabalha com os parceiros para criar e vender produtos (RED) exclusivos. Uma porcentagem dos lucros vai diretamente para a Global Fund, que investe em programas de luta contra o HIV e a Aids.

Metas

Aproveitar a força das maiores empresas do mundo para acabar com a Aids na África.

Desenvolver um novo modelo de marca e negócio.

Estabelecer uma fonte de renda sustentável do setor privado para a Global Fund.

Facilitar a participação para os consumidores.

Inspirar empresas parceiras a participar.

A (RED) nasceu da amizade e da raiva, da ambição e da comoção, e da pura vontade de transformar o impossível em possível.

www.joinRED.com

Processo e estratégia: Bono e Bobby Shriver conceberam uma grande ideia: aproveitar o setor privado e formar parcerias com marcas globais de sucesso para acabar com a Aids na África. Bono chama isso de "consumismo consciente". O novo modelo de negócios tem três princípios gerais: gerar uma fonte de renda privada sustentável para a Global Fund, entidade líder e especializada no financiamento da luta contra a Aids; oferecer aos consumidores uma opção que facilita as doações e não aumenta os custos; e gerar lucros e um sentimento de propósito entre as empresas parceiras. Os parceiros de marca pagam uma taxa de licenciamento para usar a marca (RED), que, por sua vez, podem utilizá-la para administrar e vender os produtos (RED). A taxa não afeta o valor destinado à Global Fund. A Wolff Olins foi contratada para trabalhar com Bobby Shriver e sua equipe para imaginar a nova marca e desenvolver uma estratégia para atrair parceiros fundadores, além de criar uma expressão de marca exclusiva que permitisse à (RED) interagir com marcas icônicas, para que pudessem ser elas mesmas e a (RED) ao mesmo tempo.

Solução criativa: a Wolff Olins desenvolveu a marca em torno da ideia de que a (RED) inspira, conecta e dá poder aos consumidores. A equipe de design precisava criar uma arquitetura de marca que destacasse as participantes e, ao mesmo tempo, vinculásse-nas ao poder da (RED). O sistema de identidade precisa ser fácil de reconhecer e funcionar em todas as mídias, no marketing e em produtos. Apesar de a criação de produtos da cor vermelha não ser um pré-requisito, muitas das participantes estenderam a ideia de (RED) ao produto. A Apple criou iPod Shuffles e iPod Nanos vermelhos. No Reino Unido, um cartão American Express (RED) doa dinheiro à Global Fund sempre que o consumidor faz uma compra. Todos têm a marca no formato (produto/marca) RED.

Resultados: nas primeiras semanas do lançamento nos EUA, a marca (RED) registrou reconhecimento espontâneo de 30%. Hoje, a (RED) é um verdadeiro fenômeno, com mais de 4 milhões de fãs no Facebook. Desde o seu lançamento, a (RED) havia conseguido 465 milhões de dólares para a Global Fund e impactado mais de 90 milhões de vidas.

Dois terços das pessoas com Aids na África são mulheres e crianças.

(RED): Wolff Olins

Estudos de caso

RideKC Streetcar

O RideKC Streetcar, de Kansas City, é gratuito para os passageiros nos três quilômetros que atravessa no centro da cidade, abrindo espaço para uma nova experiência de transporte coletivo regional.

A Kansas City Streetcar Authority (KCSA) é uma organização sem fins lucrativos que gerencia, opera e mantém o RideKC Streetcar. A KCSA também apoia a gestão de marcas, marketing, comunicação pública e engajamento comunitário do sistema. Ela trabalha lado a lado com a prefeitura de Kansas City, Missouri, e o Distrito de Desenvolvimento do Transporte (TDD, Transportation Development District) do centro da cidade.

Metas

Dar nome e marca a um sistema de transporte coletivo regional unificado, começando com o novo bonde.

Unificar a região em torno das marcas de transporte expandidas.

Renovar o interesse e o orgulho pelo transporte coletivo.

Ser imediatamente reconhecível, intuitiva, coesa e exclusiva a Kansas City.

Estabelecer padrões de marca de transporte coletivo.

Nossa gestão de marcas nos permite avançar na colaboração regional, mantendo o foco na linha de bondes no centro da cidade como catalisadora do desenvolvimento econômico e de uma melhor ligação das regiões do bairro e dos centros de emprego.

Tom Gerend
Diretor executivo
KCSA

Os projetos de design cívico são lições em diplomacia do design. A unificação metódica dos *stakeholders* do transporte coletivo de cinco sistemas independentes e dois estados em torno do orgulho cívico foi o ímpeto para o sucesso deste projeto de cobranding.

Megan Stephens
Diretora-gerente
Willoughby Design

Processo e estratégia: a construção da nova linha de bondes em Kansas City foi aprovada pelos eleitores para melhorar a experiência urbana e catalisar o desenvolvimento econômico sustentado do centro da cidade. Ao mesmo tempo, o Conselho de Coordenação do Transporte Coletivo Regional (RTCC, Regional Transit Coordinating Council), abrangendo dois estados e quatro grandes áreas metropolitanas, com 2,34 milhões de habitantes, foi formado para supervisionar a criação de uma marca-mestra, que uniria todas as operações de transporte coletivo independentes e daria aos passageiros regionais uma fonte centralizada de informações.

Os projetos de design de marca e escolha do nome do sistema de bondes e do sistema de transporte coletivo regional eram duas RFPs (solicitações de proposta) de dois grupos de clientes diferentes. A Willoughby Design respondeu a ambas por acreditar ser importante que a nova marca de transporte regional de Kansas City incluísse o novo bonde. A empresa conquistou ambas, e o processo de mais de dois anos começou em trilhos paralelos.

A Willoughby conduziu uma auditoria global das melhores práticas de transporte coletivo regional, especialmente o metrô de Los Angeles, o RATP de Paris, a londrina Transport for London e a GVB em Amsterdã. Ela descobriu que todos os melhores sistemas usam um design holístico para serem fáceis de entender e utilizar.

Solução criativa: seguindo um processo intensivo de pesquisa e exploração do design, a Willoughby apresentou a recomendação final para a identidade do sistema de bonde. O nome, RideKC Streetcar, é simples, intuitivo e único, dando a Kansas City um espaço entre os melhores sistemas de transporte coletivo do mundo. A marca estampa Kansas City no símbolo ferroviário universal, com uma paleta de cor atemporal e um estilo aberto e simpático.

Projetado para ser o líder audacioso de um sistema proposto de gestão de marcas regional, o nome funcional Streetcar se combina com o nome regional RideKC para formar o RideKC Streetcar. A Willoughby desenhou uma família de ícones de transporte coletivo e um kit de marca com peças que funcionam em todo o sistema de comunicação, incluindo o design de veículos (bondes, ônibus, Metro Area Express), paradas, sinalização de *wayfinding*, digital, materiais colaterais e campanhas promocionais e de segurança.

Resultados: a RideKC Streetcar tem alguns dos mais altos índices de passageiros por quilômetro de todos os sistemas do país, e a receita dos impostos sobre vendas aumentaram 58% na área atendida pelos bondes. O sistema teve seu milionésimo passageiro em menos de cinco meses, o dobro do número de passageiros projetado. Os bondes são tão lotados que a KCSA já está propondo a compra de dois veículos adicionais, além de uma possível expansão da rota.

> **A KC Streetcar era exatamente o que Kansas City precisava para permanecer entre as grandes. É preciso ter coragem.**
>
> Sly James
> *Prefeito*
> *Kansas City, Missouri*

RideKC: Willoughby Design

Alistair Tutton Photography

Estudos de caso

Santos Brasil

A Santos Brasil dedica-se a um modelo de crescimento sustentável, que combina desempenho financeiro e operacional de alto nível com preservação ambiental e responsabilidade social.

A Santos Brasil, empresa de capital aberto com 3.500 funcionários, é um dos maiores operadores portuários e prestadores de serviços de logística da América do Sul. Aproximadamente 25% dos contêineres do Brasil passam por suas instalações, e seus terminais de contêineres estão localizados em portos estratégicos ao longo da costa brasileira.

Metas

Posicionar a Santos Brasil como líder de mercado global.

Comunicar liderança responsável.

Aumentar o espírito de equipe dos funcionários.

Aumentar a sinergia entre as unidades de negócio.

Construir consciência de marca.

Nossa marca nos deu força para demonstrar para o mundo e para nós mesmos que somos uma empresa global.

Antonio C. D. Sepúlveda
CEO
Santos Brasil

> A Santos Brasil é uma empresa aberta, progressista e socialmente responsável, que utiliza sua nova marca para alterar percepções e conscientizar o público como líder responsável do setor.
>
> Marco A. Rezende
> Diretor
> Cauduro Associates

Processo e estratégia: inicialmente, a Santos Brasil contratou a Cauduro Associates para mudar o nome da empresa. O processo começou com a equipe de gestão sênior reafirmando sua visão para o futuro: ser a melhor empresa de serviços de logística integrada e de infraestrutura de portos nos mercados em que opera. A Santos Brasil queria ser vista como simpática e social e ambientalmente responsável. A empresa queria se posicionar como global, pois seus terminais tinham a eficiência operacional dos principais terminais portuários mundiais. Pesquisas revelaram que a marca tinha baixa visibilidade e baixos níveis de conscientização na comunidade de investimento. A análise e os *insights* da Cauduro determinaram que o nome Santos Brasil teria apelo junto a públicos de todo o mundo. Santos, o maior porto brasileiro, é relevante na categoria, além de ser uma expressão concreta da preocupação da empresa com as suas comunidades e o comprometimento com desenvolvimento sustentável. A marca geral se basearia na ideia de liderança responsável.

Solução criativa: a Cauduro começou pela criação de uma arquitetura de marca monolítica, que serviria de infraestrutura para posicionar o grupo como líder de mercado. As empresas de logística e de gerenciamento de contêineres seriam organizadas sob a marca principal Santos Brasil. Os nomes foram simplificados e unificados para todas as unidades de negócios, facilitando as aquisições futuras. O novo símbolo da Santos Brasil foi projetado para sintetizar valor econômico e simbólico. O design em *S* traduz a geografia portuária de Santos. As cores são uma escolha lógica: o azul do mar e o verde da natureza. O grande plano foi desenvolvido para dar alta visibilidade ao sistema de identidade de marca em todos os terminais portuários e em todas as comunicações internas e de investimento.

Resultados: a nova marca da Santos Brasil simboliza o seu comprometimento com a excelência nos negócios, a melhoria contínua e a geração de valor para acionistas, clientes, fornecedores, funcionários, comunidades locais e a sociedade. Ele gerou orgulho entre os colaboradores, criando um senso de união entre as diversas unidades de negócios. A consciência de marca aumentou entre a comunidade de investimento e no país como um todo. Em 2011, a Santos Brasil foi listada como líder de mercado na sua categoria. A nova identidade de marca está visível em todos os equipamentos e aparece em todas as suas instalações e terminais portuários.

Santos Brasil: Cauduro Associates

Estudos de caso

Shinola Detroit

Somos uma empresa americana dedicada a fabricar produtos de alta qualidade e criar empregos com significado. Somos dedicados à preservação da arte e da beleza da indústria. Não há só história em Detroit, há um futuro. É por isso que estamos aqui.

A Shinola é uma marca de estilo de vida de luxo sediada em Detroit, dedicada a fabricar produtos que criam empregos, incluindo relógios, bicicletas, produtos de couro, joias, produtos de áudio e diários de altíssima qualidade. A empresa pertence à Bedrock Manufacturing e à Ronda AG. A Shinola tem mais de 600 funcionários e 22 lojas, além de ser vendida em mais de 300 lojas de produtos de luxo em todo o mundo.

Metas

Criar empregos industriais de classe mundial.

Criar uma marca de estilo de vida de luxo global por meio da alta qualidade do produto e do orgulho pelo trabalho.

Ter impacto positivo na cidade de Detroit, onde a empresa está sediada.

Redefinir o luxo americano.

Usar narrativas autênticas para promover desejo e afinidade de marca.

O rosto do luxo está mudando. Não se trata mais de uma questão de logotipo, as pessoas estão buscando as histórias por trás das suas marcas.

Bridget Russo
Diretora de marketing Shinola

© Bruce Weber

> A marca Shinola é poderosa porque não vende um estilo de vida fictício, ela representa o progresso real em comunidades reais.
>
> Anthony Sperduti
> *Partners & Spade*
> *Izzy Pullen*

Processo e estratégia: a Shinola foi imaginada por Tom Kartsotis, cofundador da marca de relógios e acessórios Fossil, e parte da Bedrock Manufacturing, de Dallas, uma empresa de capital de risco e fundos de capital. A intenção de Kartsotis era estabelecer uma marca de design americana genuína, que ressuscitasse capacidades industriais de classe mundial, começando com Detroit. As pesquisas confirmaram que os consumidores estariam dispostos a pagar mais por produtos feitos em Detroit. O nome, Shinola, foi comprado. A marca de graxa para sapato Shinola foi fundada em 1877, faliu em 1960 e foi reimaginada em 2012. Uma expressão grosseira em inglês, "You don't know shit from Shinola" ("não dá para saber a diferença entre merda e Shinola"), era extremamente popular à época da Segunda Guerra Mundial.

Para iniciar a relojoaria em si, a Shinola formou uma parceria com a Ronda AG, um fabricante suíço de movimentos (calibres) de relógio. A sede da empresa e a fábrica de relógios estão sediadas em uma faculdade, a College for Creative Studies.

Solução criativa: os fundadores da Shinola trabalharam com a Partners & Spade para lançar a marca em 2013. A agência foi contratada para desenvolver uma estratégia de mensagens, livro de marca e design de site, além de todas as necessidades de propaganda. O trabalho começou após o nome ser criado, e o logo desenhado, pela equipe criativa interna da Shinola. A Partners & Spade também orientou a fotografia de produtos e da marca, trabalhando com fotógrafos como Bruce Weber para produzir campanhas que atrairiam o público feminino crescente da Shinola.

Resultados: a marca se tornou um símbolo do renascimento de Detroit e do potencial da indústria americana. A Shinola recebeu pedidos no total de 80 milhões de dólares nos primeiros 18 meses após o lançamento. Os produtos da Shinola são vendidos online, em lojas de marca em 21 cidades americanas (também há uma loja em Londres) e em lojas de luxo ao redor do mundo. A Shinola continua a expandir suas ofertas, formando novas parcerias, que incluem itens de couro, bicicletas, diários, joias, toca-discos e fones de ouvido. Com o crescimento desde a fundação, em 2011, a empresa hoje tem mais de 600 funcionários.

Shinola: Partners & Spade

Estudos de caso

SocialSecurity.gov

Estamos com você durante a jornada da vida. Descubra como o Seguro Social está ao seu lado em cada momento da sua vida, garantindo o hoje e o amanhã.

A Administração do Seguro Social dos Estados Unidos (SSA, Social Security Administration) é uma agência independente do governo federal dos EUA, que administra o sistema de Seguro Social, ou Social Security, um programa que combina aposentadoria por idade, aposentadoria por invalidez e pensões em favor de sobreviventes. A Agência, criada em 1935 pelo presidente Franklin D. Roosevelt, foi o primeiro programa do seu tipo criado pelo governo federal, elaborado para ajudar os americanos durante seus últimos anos de vida ou quando sofrem de invalidez.

Metas

Ajudar as pessoas a entenderem e se planejarem para a sua aposentadoria, plano de saúde Medicare e benefícios por invalidez.

Criar uma interface fácil de usar e positiva.

Oferecer uma central online segura e uma maneira de as pessoas enviarem documentos online.

Revitalizar ferramentas de planejamento para a aposentadoria.

Oferecer ao público opções de canais de serviço.

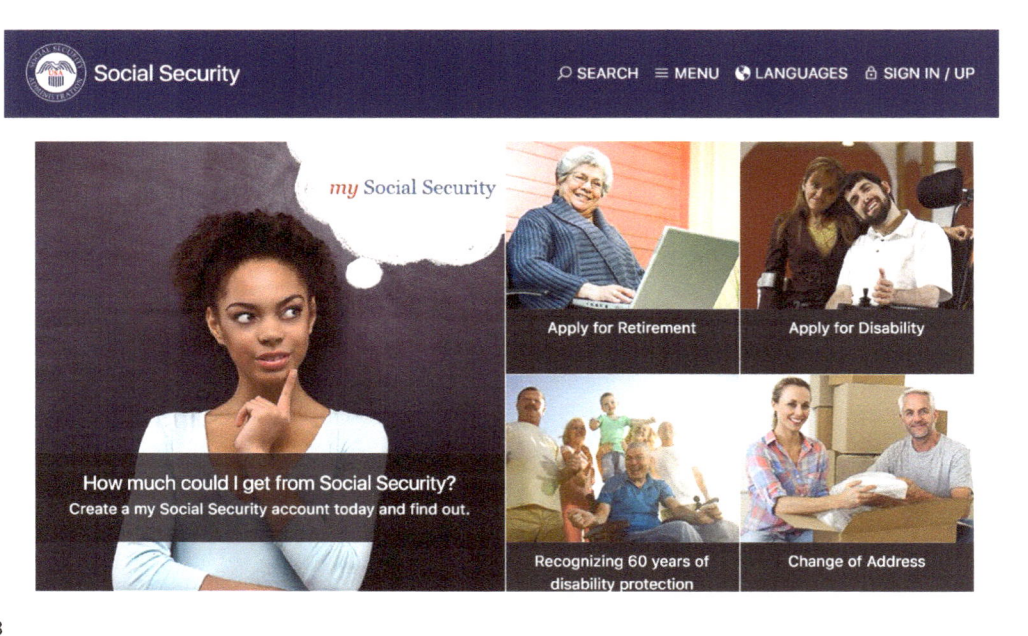

Fatos sobre SocialSecurity.gov

São 215 milhões de visitantes por ano ao SocialSecurity.gov (ano fiscal de 2015).

Aproximadamente 60 milhões de pessoas por mês recebem benefícios de Previdência Social.

Quase 44 milhões de beneficiários são trabalhadores aposentados ou seus dependentes.

São feitas 88 milhões de transações através do *my* Social Security (setembro de 2016).

Processo e estratégia: a Administração do Seguro Social (SSA, Social Security Administration) oferece inscrição online para aposentadoria por idade ou invalidez e pensões matrimoniais desde o início dos anos 2000. O principal benefício da inscrição online e do portal *my* Social Security é oferecer uma alternativa conveniente às pessoas que desejam resolver as questões de seguro social online, a qualquer hora do dia, sem ter que visitar um escritório local. Isso também permite que os funcionários da agência dediquem mais tempo a processar suas tarefas complexas no escritório, que não podem ser completadas online, e a atender pessoas que não têm acesso à Internet ou simplesmente preferem conversar com uma pessoa de verdade.

Os objetivos principais eram, e continuam a ser, oferecer ao público opções de canais de serviço e tornar a experiência online fácil de usar, segura, fluida e eficiente.

Solução criativa: com a geração *Baby Boomer* começando a se aposentar, a agência estava prestes a enfrentar um aumento significativo no número de solicitações, então ela reformulou o sistema de inscrição online, o "iClaim". Acompanhado de uma campanha de propaganda quando foi lançado, no início do ano fiscal de 2009, as inscrições online saltaram 32% naquele ano. Em 2012, foram lançados um novo site e o serviço *my* Social Security, agregando novos serviços para beneficiários e não beneficiários (com 18 anos de idade ou mais).

O desafio de realizar essas melhorias era enorme, dada a variedade e complexidade das necessidades dos usuários, as centenas de milhões de transações e pessoas que usam as ferramentas, aplicativos e outros recursos informacionais. Antes de cada mudança, a SSA conduzia testes públicos de usabilidade, grupos focais e entrevistas com clientes nos escritórios locais. Para o *my* Social Security, também foram realizadas comparações com os sites de instituições financeiras, organizações de saúde, empresas privadas e outras agências do governo. A satisfação dos clientes com a inscrição online lidera ou está sempre entre os líderes do índice de satisfação ForeSee, e frequentemente supera os melhores sites do setor privado.

Resultados: o percentual das inscrições online aumentou de menos de 10% do total, no início da década de 2000, para mais de 50% de todas as solicitações de aposentadoria por idade e por invalidez, e mais de 70% de todas as solicitações apenas para o seguro de saúde Medicare nos últimos anos. O *my* Social Security também demonstra seu sucesso pelo fato de mais de 27 milhões de pessoas terem se registrado para usar o serviço e de que, desde o seu início, em 2012, quase 260 milhões de transações foram realizadas. No ano fiscal de 2013, o primeiro ano completo em produção, os usuários realizaram 32,5 milhões de transações. No ano fiscal de 2016, as transações saltaram mais de 140%, atingindo 88 milhões até setembro de 2016.

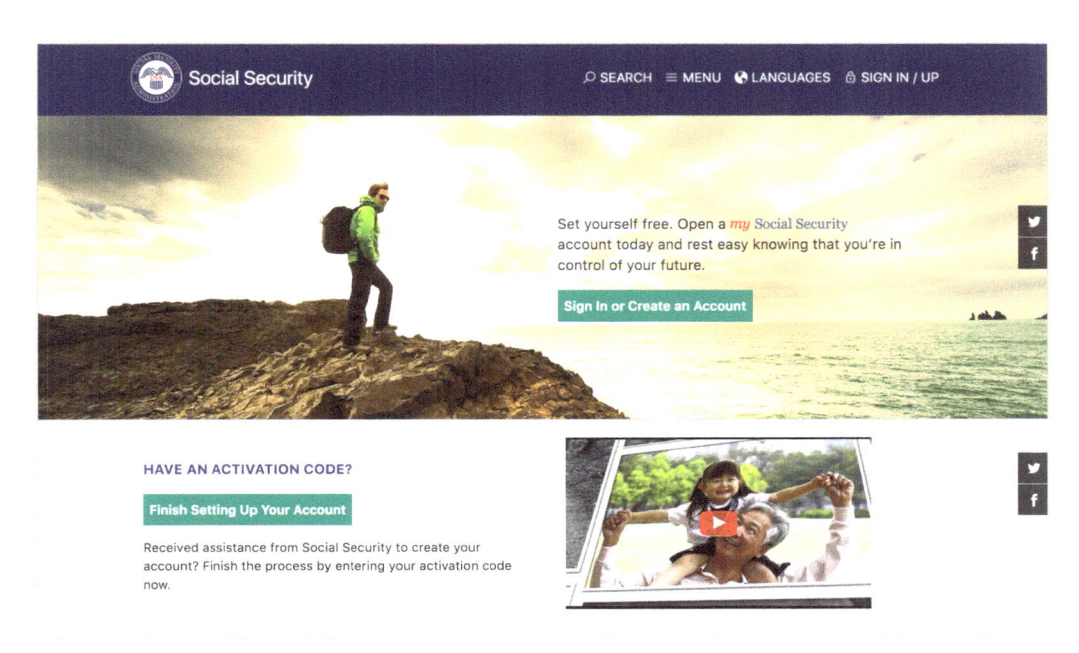

Estudos de caso

Southwest Airlines

Gostamos de nos imaginar como uma empresa de atendimento ao cliente que, coincidentemente, também opera aviões. Sem coração, os aviões não passam de máquinas.

A Southwest Airlines é uma grande companhia aérea americana, e a maior do segmento econômico em nível mundial, com sede em Dallas, Texas. A Southwest tem mais de 45.000 funcionários e atende mais de 100 milhões de clientes por ano. A companhia aérea foi fundada por Herb Kelleher, em 1967.

Até na parte de baixo da fuselagem, o coração é um lembrete simbólico de que a Southwest coloca o seu coração em todos os voos.

Metas

Criar um novo visual impactante.

Expressar os atributos característicos da cultura da Southwest.

Unificar um sistema fragmentado.

Atrair *Millennials* e quem viaja a trabalho.

O coração estampado na nossa aeronave simboliza o nosso compromisso com continuarmos fiéis aos nossos valores fundamentais enquanto olhamos para o futuro.

Gary Kelly
*Diretor, presidente, CEO
Southwest Airlines*

Já sabemos quem somos. O trabalho era manter os elementos da Southwest que nossos funcionários e clientes amam e criar uma expressão moderna e audaciosa do nosso futuro.

Kevin Krone
*Presidente e diretor de marketing
Southwest Airlines*

Stephen Keller, Southwest Airlines

> O desenvolvimento da identidade incluía não apenas um novo logotipo ou uma nova pintura nos aviões, mas sim a expressão de marca total e integrada da Southwest.
>
> Rodney Abbot
> *Sócio sênior, Design Lippincott*

Processo e estratégia: mesmo com uma reputação bastante humana e mais de 40 anos consecutivos de lucros, a Southwest estava preparada para repensar e renovar sua aparência e unificar um sistema visual fragmentado. A Southwest queria expressar as características mais marcantes da sua cultura, a humanidade e o toque pessoal, de modos que fossem aceitos e entendidos mais claramente em um mercado cada vez mais cético.

As metas da Lippincott eram destilar o sucesso da companhia aérea e ajudar a Southwest a se conectar com dois segmentos altamente desejáveis: *Millennials* e pessoas que viajam a trabalho.

Para criar uma solução de design bem-sucedida era preciso alinhar a visão da empresa com o seu histórico incrível. A Lippincott realizou uma pesquisa dos seus ativos, obstáculos e *benchmarks*. A Southwest sempre representara a liberdade. Os resultados apontaram um segundo aspecto poderosíssimo: desde o início, a Southwest sempre tratou todos os passageiros com igualdade; a empresa democratizou as viagens aéreas. Daí nasceu o *insight* sobre o que sempre tornara a Southwest excelente: sua ênfase em colocar as pessoas em primeiro lugar.

Solução criativa: a Lippincott identificou o coração como sendo o ativo simbólico mais potente da Southwest, e escolheu usar o coração para expressar uma ideia maior e transformá-lo em um símbolo realmente icônico. O coração, utilizado conscientemente em momentos de conexão, é a pontuação emocional da identidade. Na experiência do cliente, ele significa aquilo que torna a marca especial: um toque pessoal. Ele é cercado por um redesign da pintura dos aviões da Southwest, nos seus materiais de voo, aeroportos e site. Dos aviões aos sacos de amendoim, a renovação é moderna e respeita o DNA da Southwest: confiante, autêntica e cheia de personalidade.

Resultados: em 2014, a Southwest anunciou que o coração, humilde e corajoso, seria o símbolo da marca, cristalizando sua filosofia de negócio e mostrando ao mundo que a ideia inicial da empresa seria exatamente a mesma que guiaria no futuro: tratar as pessoas como pessoas. A Southwest se baseia na ideia de colocar as pessoas em primeiro lugar, e agora mostraria ao mundo que quem tem coração vai longe. Mais do que nunca, os passageiros sabem que estão voando com pessoas que se importam, não importa onde estão sentados.

Southwest Airlines: Lippincott

Estudos de caso

Spectrum Health System

Nossos funcionários, médicos e voluntários têm uma missão em comum: melhorar a saúde das comunidades que atendemos. Nossa história começou com o desejo de aliviar o sofrimento humano.

A Spectrum Health é um dos maiores e mais abrangentes sistemas de saúde do estado do Michigan, com 25.000 funcionários, 3.100 médicos e 2.300 voluntários ativos. O sistema da Spectrum Health inclui um grande centro médico, 12 hospitais comunitários regionais (incluindo um hospital exclusivamente infantil), um corpo médico de múltiplas especialidades e um plano de saúde com reconhecimento em nível nacional.

Metas

Criar uma marca principal única.

Desenhar um sistema de identidade visual unificado.

Desenvolver um sistema de nomenclatura uniforme.

Preparar a marca para o crescimento e a expansão.

Construir um recurso online de padrões de marca.

Sabíamos que a saúde passaria por mudanças enormes. Queríamos garantir que nossa expressão pública seria clara a sucinta. Precisávamos inspirar confiança no que estávamos fazendo.

Richard C. Breon
Presidente e CEO
Spectrum Health System

Com a expansão e o crescimento rápidos, a Spectrum Health usou a marca como catalisador organizacional e estratégia administrativa.

Bart Crosby
Diretor
Crosby Associates

> Um dos resultados de um programa bem-executado é o orgulho interno: as pessoas dentro da organização entendem para quem estão trabalhando, entendem os valores da organização e entendem que a "marca" é tudo que todos eles fazem, todos os dias.
>
> Nancy A. Tait
> *Diretora sênior de desenvolvimento*
> *Spectrum Health System*

Processo e estratégia: a Spectrum Health foi formada em 1997, pela fusão de dois hospitais concorrentes em Grand Rapids, seguida pela aquisição de nove hospitais adicionais e mais de 190 entidades de tratamento. Historicamente, os nomes das entidades eram mantidos ou alterados apenas ligeiramente quando se tornavam parte da Spectrum Health. Os profissionais de medicina e a comunidade continuavam a chamar as entidades pelos nomes antigos, mais conhecidos. Como acontece em muitas organizações que crescem rapidamente, a Spectrum logo superou sua identidade visual e estrutura de nomenclatura originais. Os gestores reconheceram a necessidade de um sistema de identidade e nomenclatura consistente e sofisticado para definir e descrever a organização, que funcionaria nas próximas décadas de expansão. Em 2008, a Crosby Associates começou a trabalhar com a organização para desenvolver uma nova identidade visual e um programa integrado de gestão de marcas. O processo começou com o estabelecimento de uma hierarquia de entidades de marca para as unidades administrativas e organizacionais, departamentos e divisões, centros e institutos. Também foram estabelecidas normais para os nomes de novas alianças e aquisições.

Solução criativa: a Crosby criou um símbolo dinâmico para a marca principal, conotando energia e movimento, que representa os muitos componentes, serviços e locais da Spectrum Health. Além da estratégia de posicionamento, a agência desenvolveu um amplo sistema para submarcas, tipografia, cores e formatação. As normas foram desenvolvidas para cada estrutura e item que representasse o sistema de saúde, incluindo sinalização, veículos, artigos de papelaria, comunicações impressas e eletrônicas, presentes, equipamento, alimentos, uniformes e modelos do Microsoft Word para todos os documentos do sistema. A seguir, as normas foram incorporadas a um site protegido por senha, disponível para todas as equipes de comunicação internas e fornecedores externos. Hoje, todas essas normas estão integradas ao manual oficial de políticas e procedimentos do sistema. Após completar as normas, a Crosby continuou a prestar consultoria de marca e a supervisionar o trabalho de agências de design e fornecedores externos.

Resultados: a marca da Spectrum Health contribuiu para a sua capacidade de atrair médicos e outros profissionais de saúde de alto nível e se tornar líder entre os prestadores de serviços de saúde para as entidades em busca de um parceiro para uma fusão. As normas de identidade visual e nomenclatura facilitaram a integração das organizações adquiridas. Em cinco ocasiões, entre 2010 e 2016, a Spectrum Health foi escolhida pela Truven Health Analytics™ um dos 15 melhores sistemas de saúde dos EUA e um dos cinco melhores entre os sistemas de grande porte. A Spectrum Health continua a ser o maior prestador de saúde da região e o maior empregador da região Oeste do estado de Michigan.

Spectrum Health System: Crosby Associates

Estudos de caso

Starbucks

Nossa missão é inspirar e cultivar o espírito humano, uma pessoa, uma caneca e uma vizinhança de cada vez. Cada Starbucks é parte de uma comunidade, e levamos a sério nossa responsabilidade de sermos bons vizinhos.

A Starbucks é a maior produtora e varejista de produtos de café especiais. A empresa opera em mais de 24.000 locais e mais de 70 países diferentes, com mais de 190.000 funcionários. A primeira Starbucks foi inaugurada em 1971.

Metas

Comemorar o quadragésimo aniversário.

Imaginar um futuro mais amplo do que o café.

Renovar a experiência do cliente.

Revitalizar a expressão visual.

Implementar uma nova estratégia global.

A marca Starbucks continua a seguir nossa tradição, de maneiras que respeitam nossos valores essenciais e também garantem que continuaremos relevantes e estaremos preparados para o crescimento no futuro.

Howard Schultz
CEO e Presidente Starbucks

Foto: Masao Nishikawa

Processo e estratégia: com seu quadragésimo aniversário, em 2011, no horizonte, a Starbucks queria usar a oportunidade para esclarecer sua visão para o ufutro e renovar sua experiência dos clientes e expressão visual. No início de 2010, o Starbucks Global Creative Studio conduziu uma avaliação de marca, marketing e estratégia e começou a identificar os elementos de marca essenciais em todos os pontos de contato. A Starbucks determinou, por meio de planejamento estratégico detalhado, que sua marca precisava de flexibilidade para explorar a inovação de produtos, tornar-se global e regionalmente relevante e desenvolver uma evolução da experiência do cliente. A Starbucks decidiu libertar a sereia do logotipo e permitir que os clientes estabelecessem uma ligação mais pessoal com a marca. O grupo de criação interno explorou centenas de alternativas gráficas para o símbolo da Sereia, além de alternativas de tamanho e relação para uso com o nome Starbucks (Coffee), antes de chegar a um símbolo de marca e limpo.

O Starbucks Global Creative Studio contratou a Lippincott para ajudar a refinar os elementos de marca e levar uma perspectiva intercultural à construção de um sistema integrado multiplataformas. A ampla experiência em gestão de marcas globais e implementação de experiências da Lippincott seria valiosíssima durante a fase de planejamento e na construção de um consenso dentro da multinacional.

Solução criativa: a Starbuks queria que o sistema de identidade visual dissesse tanto sobre o seu futuro quanto dizia sobre o seu passado, com base em 40 anos de confiança. A Lippincott examinou de que modo a estratégia de posicionamento funcionaria em todo o marketing, ambientes de varejo e embalagens, analisando a hierarquia dos elementos, do *look and feel* à cor, tipografia e padrões de uso, fotografia e ilustrações. Durante todo o processo, a Lippincott trabalhou lado a lado com o grupo de criação interno para refinar e definir os elementos de marca e atributos da personagem, desenvolver diretrizes de implementação e ajudar a formar um consenso entre os *stakeholders* internos. A Sereia foi libertada da sua corrente e a identidade, das palavras, com uma cor verde vívida sendo introduzida para sinalizar o futuro brilhante à frente.

Resultados: na terça-feira, 8 de março de 2011, a Starbucks comemorou seu quadragésimo aniversário. Ela começou a implementar o novo programa em suas 16.500 lojas de todo o mundo, começando com o vídeo de Howard Schultz, presidente da empresa, pedindo que todos os clientes participassem da conversa sobre a Sereia. A próxima evolução da marca deu à Starbucks a liberdade e a flexibilidade de explorar inovações e novos canais de distribuição, que manterão a empresa alinhada com seus clientes atuais ao mesmo tempo que formarão conexões fortes com novos clientes.

> **Há 40 anos que a Sereia é o centro da nossa paixão pelo café. E agora ela é um ícone que representa, mais do que nossa tradição, também o futuro da marca Starbucks.**
>
> Jeffrey Fields
> *Diretor, Global Creative Studio*
> *Starbucks*

> **Trabalhamos lado a lado com o Starbucks Global Creative Studio para revitalizar a marca de uma das experiências de varejo mais diferenciadas do mundo.**
>
> Connie Birdsall
> *Diretora de criação*
> *Lippincott*

Estudos de caso

Unstuck

Combinamos aprendizado online, ferramentas digitais personalizadas e dicas e *know-how* para ajudá-lo a entender o que o impede de fazer as coisas e como você pode avançar.

A Unstuck é um aplicativo, uma plataforma de aprendizado online e um site de conteúdo que equipa os usuários para enfrentar desafios e avançar com as suas vidas. A Unstuck é um *coach* digital, ao seu dispor sempre que você se sente empacado. O aplicativo ajuda as pessoas a enxergarem e resolverem situações usando perguntas provocadoras, dicas direcionadas e ferramentas orientadas para a ação.

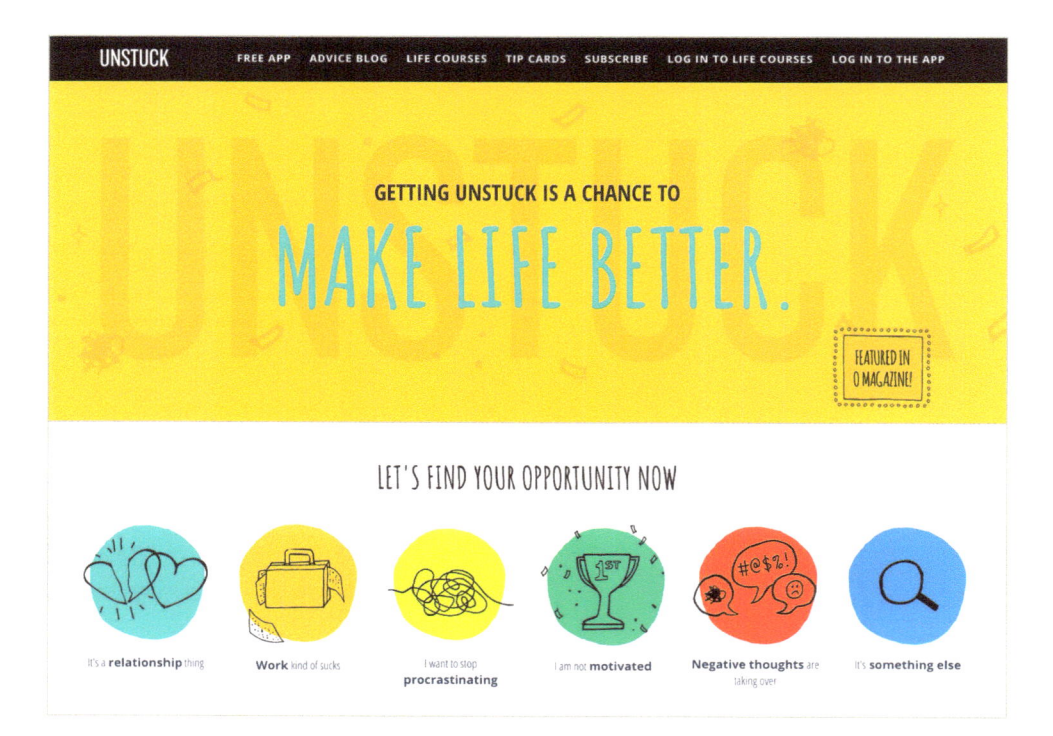

Metas

Liderar uma nova categoria de produtos de tecnologia e crescimento pessoal.

Desenhar uma nova marca a partir do zero e deixá-la evoluir conscientemente à medida que se expande.

Combinar psicologia, comportamento humano e design.

Estabelecer a plataforma de aprendizagem online da Unstuck como uma experiência única no espaço de desenvolvimento pessoal.

Acreditamos que há mais de uma maneira de seguir em frente, o que torna a Unstuck diferente das soluções de autoajuda tradicionais. Nosso aplicativo, o Life Courses, e o conteúdo usam provocações leves para ajudar as pessoas a descobrirem o melhor caminho para si.

Nancy Hawley
Vice-Presidente + Gerente-Geral
Unstuck

> Não queríamos que a Unstuck se tornasse clínica demais (chata) ou engraçadinha demais (insensível). Queríamos que parecesse um bom amigo, ou um treinador, alguém que está verdadeiramente tentando resolver o problema ao seu lado.
>
> Audrey Liu
> *Diretora de criação*
> *Unstuck*

Processo e estratégia: a ideia para a Unstuck nasceu com a SYPartners, uma empresa de transformação que sempre ajudou indivíduos, líderes, equipes e organizações a se transformarem nas melhores versões de si mesmos. Tendo trabalhado com líderes de empresas como IBM, Starbucks, Facebook e GE, a SYPartners queria levar seus métodos a mais pessoas. Com o lançamento do Apple iPad, a empresa finalmente sentiu que tinha a mídia certa para criar um sistema táctil, envolvente e (acima de tudo) centrado no ser humano, que poderia servir como primeira oferta da Unstuck.

Uma equipe principal de pessoas com habilidades em estratégia, design de produto, gerenciamento de projetos e desenvolvimento de produtos utilizou três princípios fundamentais do design para orientar a criação da marca: ela precisava ser ao mesmo tempo inteligente e acessível, inspirar ações e ser aspiracional e solidária. A equipe também se inspirou nos videogames e realizou uma pesquisa profunda sobre técnicas terapêuticas tradicionais. A tentativa e erro e o teste com usuários ajudou a equipe a se manter nos trilhos e alinhada com a base de usuários durante todo o desenvolvimento, e continua a informar a expansão da linha de produtos.

Solução criativa: o fluxo do aplicativo tem três seções distintas, mas unidas harmoniosamente: descobrir como você empacou, aprender a desempacar e agir. Cada ação é repleta de franqueza, humor, informação e diversão, mas tudo isso oculta a infraestrutura técnica complexa que explica a eficácia do aplicativo.

Da perspectiva do usuário, a seção um é composta de várias perguntas de múltipla escolha, apresentadas de forma envolvente e lúdica. No *back end*, um algoritmo baseado em padrões de comportamento humano determina as opções apresentadas a cada usuário, dependendo das respostas anteriores. Da mesma forma, as receitas da seção dois (como desempacar) nascem de uma ideia ao mesmo tempo simples e abrangente, de que os momentos em que "empacamos" vêm de lacunas no que se vê, crê, pensa ou age. Na terceira seção, as ferramentas que ajudam você a agir, o processo e a tela de resumo usam apresentações e exercícios provocadores para dar ao usuário um resultado contínuo. O resultado final para qualquer usuário: *insights* personalizados, que podem ser transformados em ação na vida real.

Resultados: a Unstuck foi lançada em dezembro de 2011, e uma pequena equipe lidou com tudo, incluindo marketing, relações públicas, atendimento ao cliente, mídias sociais e *bugs* técnicos. A empresa recebeu cobertura de mídia de diversos veículos, incluindo a revista *New Yorker*, *Oprah.com*, *TechCrunch*, *Lifehacker* e *Fast Company*. Por fim, as resenhas dos usuários da iTunes determinaram o sucesso, com 4,5 estrelas, e a taxa de downloads continuou a crescer. Desde então, a Unstuck expandiu suas ofertas para uma versão em app Web das ferramentas, uma ferramenta de aprendizado online chamada Life Courses e um programa editorial crescente.

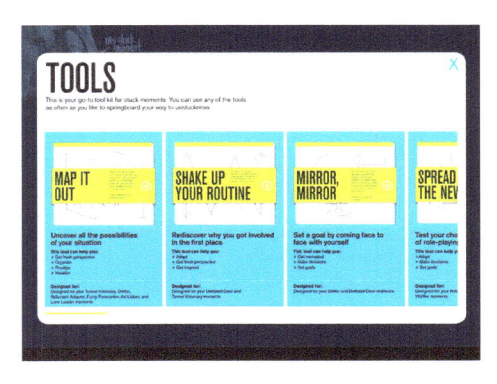

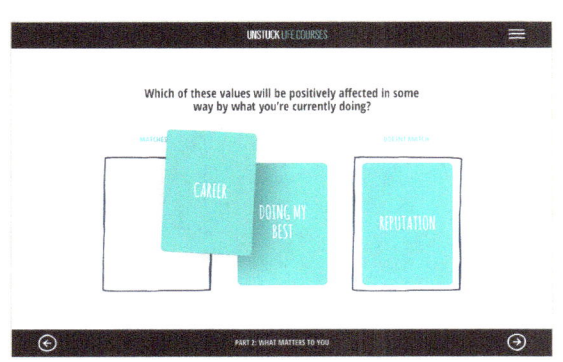

Unstuck: SYPartners

Estudos de caso

Vueling

A Vueling é rápida e objetiva. Não são só os preços baixos que fazem a empresa; também é importante ser prática e estar um passo à frente de todo mundo, seja no que for.

A Vueling Airlines SA oferece voos a mais de cem destinos na África, Ásia e Europa, e atualmente é a segunda maior companhia aérea da Espanha. A empresa foi fundada em 2002 e tem sede em Barcelona, na Espanha.

Metas

Imaginar um nome e uma nova marca.

Criar uma companhia aérea da nova geração, que rompesse com as categorias tradicionais e desafiasse os limites do setor.

Projetar uma identidade visual, verbal e comportamental integrada.

Agradar o cliente.

A Vueling se tornou o que a criamos para ser: uma companhia aérea da nova geração, combinando preços baixos, grande estilo e serviço de alta qualidade.

Juan Pablo Ramírez
Estrategista de marca
Saffron Brand Consultants

Vueling: Saffron Brand Consultants

> A Vueling teve sucesso desde o princípio porque foi criada por um grupo de sonhadores, que sonharam fundar uma companhia aérea de que o povo do sudoeste europeu precisava e realmente gostaria de ter.
>
> Desde o primeiro momento, o público adorou a experiência completa de eficiência, carinho pelo cliente e entusiasmo da equipe. Muito trabalho e aprendizagem, incluindo pedir desculpas aos clientes pelos erros cometidos, fizeram o resto do serviço.
>
> Carlos Muñoz
> *Fundador*
> *Vueling*

Processo e estratégia: a Vueling começou com a ideia de ser a primeira companhia aérea econômica a concorrer nacionalmente na Espanha e no sul da Europa a partir de um *hub* em Barcelona. A opinião pública sobre a categoria de companhias aéreas de baixo custo era caracterizada por decepção, desconfiança e sentimentos confusos. Concebida pelo fundador, Carlos Muñoz, em conjunto com a Saffron Brand Consultants, o desafio era reinventar a categoria e provar que voos baratos não precisavam significar serviço, conforto e estilo piores. A Saffron começou pelo nome. Na Espanha, o espanglês está na moda. Em espanhol, *vuela* significa "voar"; logo, Vueling. A URL estava disponível, o que é essencial para um serviço que faz quase todas as suas vendas online. A seguir, a Saffron criou uma nova experiência para os clientes: direta, simples, inesperada e prática, com preços baixos e serviço excelente. Todas as expressões de marca representariam o *espíritu* Vueling, fazendo tudo da maneira Vueling, sempre. As transações online seriam supersimples. Aviões novos, não velhos, partiriam dos principais aeroportos da região, não dos secundários.

Solução criativa: a Saffron criou o nome e todo o sistema de identidade (comportamental também, não só visual e verbal), da cabeça aos pés, do contato entre equipe e clientes à interface online, da música ao planejamento do cardápio. Rápido e direto, o *espíritu* Vueling inspira todos os pontos de contato com o cliente a parecerem novos, cosmopolitas e legais. A voz foi o primeiro elemento. A Saffron planejou uma transição cultural, do formal ao informal. Todas as comunicações de marca falam informalmente, usando o pronome *tú*, não o *usted*. A Airbus até precisou reescrever a sinalização de bordo para os aviões da Vueling. Desde o começo, a gerência da Saffron e da Vueling concordou que, como marca do setor de serviços, as pessoas estavam em primeiro lugar. O trabalho de identidade alimentou as políticas de RH da empresa e foi reforçado pela realização de muitas sessões de treinamento com os funcionários. Após completar o trabalho de marca principal, a Saffron continuou a sustentar o *espíritu* Vueling por meio de treinamentos e a trabalhar no comitê de marca da empresa.

Resultados: no lançamento, a Vueling conquistou a maior capitalização até o momento para uma nova companhia aérea europeia. A meta de receita para o primeiro ano era de 21 milhões de euros, mas a empresa chegou a esse valor nos primeiros seis meses. Em menos de um ano, a Vueling transportara mais de 1,2 milhão de passageiros em 22 rotas entre 14 cidades. Em 2008, a Vueling anunciou que se fundiria com a Clickair, outra companhia aérea econômica que é 80% de propriedade da companhia aérea nacional Iberia. A decisão de batizar a empresa resultante de Vueling foi apoiada por levantamentos que confirmavam a maior força da marca entre clientes e funcionários.

Referências

Aaker, David A., and Erich Joachimsthaler. *Brand Leadership*. New York: The Free Press, 2000.

Aaker, David. *Brand Portfolio Strategy*. New York: The Free Press, 2004.

Adams, Sean. *The Designer's Dictionary of Color*. New York: Abrams, 2017.

Adamson, Allen P. *BrandDigital: Simple Ways Top Brands Succeed in the Digital World*. New York: Palgrave Macmillan, 2008.

Adamson, Allen P. *BrandSimple: How the Best Brands Keep It Simple and Succeed*. New York: Palgrave Macmillan, 2006.

Advertising Metrics, www.marketingterms.com.

Airey, David. *Logo Design Love: A Guide to Creating Iconic Brand Identities*. Berkeley: New Riders Press, 2009.

Beckwith, Harry. *Selling the Invisible: A Field Guide to Modern Marketing*. New York: Warner Books, 1997.

Bierut, Michael. *How To*. New York: Harper Design, 2015.

Birsel, Ayse. *Design the Life You Love: A Step-by-Step Guide to Building a Meaningful Future*. New York: Ten Speed Press, 2015.

Blake, George Burroughs, and Nancy Blake-Bohne. *Crafting the Perfect Name: The Art and Science of Naming a Company or Product*. Chicago: Probus Publishing Company, 1991.

Bruce-Mitford, Miranda. *The Illustrated Book of Signs & Symbols*. New York: DK Publishing, Inc., 1996.

Brunner, Robert, and Stewart Emery. *Do You Matter? How Great Design Will Make People Love Your Company*. Upper Saddle River, NJ: Pearson Education, 2009.

Buell, Barbara. "Can a Global Brand Speak Different Languages?" *Stanford Business*, agosto de 2000.

Business Attitudes to Design. www.designcouncil.org.uk.

Calver, Giles. *What Is Packaging Design?* Switzerland: RotoVision, 2004.

Carlzon, Jan. *Moments of Truth*. New York: Harper Collins, 1987.

Carter, Rob, Ben Day, and Philip Meggs. *Typographic Design: Form and Communication*. New York: John Wiley & Sons, Inc., 1993.

Chermayeff, Ivan, Tom Geismar, and Steff Geissbuhler. *Trademarks Designed by Chermayeff & Geismar*. Basel, Switzerland: Lars Muller Publishers, 2000.

"Crowned at Last: A Survey of Consumer Power." *The Economist*, 2 de abril de 2005.

DeNeve, Rose. *The Designer's Guide to Creating Corporate I.D. Systems*. Cincinnati: North Light Books, 1992.

"A Discussion with Chris Hacker," *Enlightened Brand Journal*, www.enlightenedbrand.com.

Doctoroff, Tom. "What Chinese Want"—Thoughtful China. YouTube video, 16:44. Postado em 19 de junho de 2012. http://www.youtube.com/watch?v=2TiMRFydnsM.

Duffy, Joe. *Brand Apart*. New York: One Club Publishing, 2005.

Eiber, Rick, ed. *World Trademarks: 100 Years*, Volumes I and II. New York: Graphis US, Inc., 1996.

Ellwood, Iain. *The Essential Brand Book*. London: Kogan Page Limited, 2002.

Friedman, Thomas L. *Hot, Flat, and Crowded: Why We Need a Green Revolution—and How It Can Renew America*. New York: Farrar, Straus and Giroux, 2008.

Gallardo, Luis. *Brands and Rousers: The Holistic System to Foster High-Performing Businesses, Brands, and Careers*. London: LID Publishing Ltd., 2012.

Geismar, Tom, Sagi Haviv, and Ivan Chermayeff. *Identify: Basic Principles of Identity Design in the Iconic Trademarks of Chermayeff & Geismar*. New York, NY: Print Publishing, 2011.

Gilmore, James H. *Look: A Practical Guide for Improving Your Observational Skills*. Austin, Texas: Greenleaf Book Group Press, 2016.

Gilmore, James H., and B. Joseph Pine II. *Authenticity: What Consumers Really Want*. Boston: Harvard Business School Press, 2007.

Giudice, Maria, and Christopher Ireland. *Rise of the DEO: Leadership by Design*. San Francisco: New Riders, 2014.

Gladwell, Malcolm. *The Tipping Point: How Little Things Can Make a Big Difference*. New York: Little, Brown and Company, 2000.

Glaser, Milton. *Art Is Work*. Woodstock, NY: The Overlook Press, 2000.

Gobe, Marc. *Emotional Branding, The New Paradigm for Connecting Brands to People*. New York: Allworth Press, 2001.

Godin, Seth. *Purple Cow: Transform Your Business by Being Remarkable*. New York: Portfolio, 2003.

Godin, Seth. *Tribes: We Need You to Lead Us*. New York: Portfolio, 2008.

Grams, Chris. *The Ad-Free Brand: Secrets to Building Successful Brands in a Digital World*. Indianapolis: Que, 2011.

Grant, John. *The New Marketing Manifesto: The 12 Rules for Building Successful Brands in the 21st Century*. London: Texere Publishing Limited, 2000.

Hawken, Paul. *Blessed Unrest: How the Largest Social Movement in History Is Restoring Grace, Justice, and Beauty to the World*. New York: Penguin Books, 2007.

Heath, Chip, and Dan Heath. *Made to Stick: Why Some Ideas Survive and Others Die*. New York: Random House, 2007.

Heller, Steven. *Paul Rand*. London: Phaidon Press Limited, 1999.

Hill, Sam, and Chris Lederer. *The Infinite Asset: Managing Brands to Build New Value*. Boston: Harvard Business School Press, 2001.

Hine, Thomas. *The Total Package: The Evolution and Secret Meanings of Boxes, Bottles, Cans, and Tubes*. Boston: Little, Brown and Company, 1995.

Holtzschue, Linda. *Understanding Color: An Introduction for Designers*. New York: John Wiley & Sons, Inc., 2002.

Isaacson, Walter. *Steve Jobs*. Simon & Schuster. New York: 2011

Joachimsthaler, Erich, David A. Aaker, John Quelch, David Kenny, Vijay Vishwanath, and Mark Jonathan. *Harvard Business Review on Brand Management*. Boston: Harvard Business School Press, 1999.

Johnson, Michael. *Branding: In Five and a Half Steps*. New York: Thames & Hudson Inc., 2016.

Kawasaki, Guy. *Reality Check: The Irreverent Guide to Outsmarting, Outmanaging, and Outmarketing Your Competition*. New York: Portfolio, 2008.

Kerzner, Harold. *Project Management: A Systems Approach to Planning, Scheduling, and Controlling*. New York: Van Nostrand Reinhold, 1989.

Klein, Naomi. *No Logo*. New York: Picador, 2002.

Kotler, Philip, and Kevin Lane Keller. *Marketing Management*. Upper Saddle River, NJ: Prentice Hall, 2009.

Kuhlmann, Arkadi, and Bruce Philp. *The Orange Code: How ING Direct Succeeded by Being a Rebel with a Cause*. Hoboken, NJ: John Wiley & Sons, Inc., 2009.

Kumar, Vijay. *101 Design Methods: A Structured Approach for Driving Innovation in Your Organization*. Hoboken, NJ: John Wiley & Sons, Inc., 2013.

Lapetino, Tim, and Jason Adam. *Damn Good: Top Designers Discuss Their All-Time Favorite Projects*. Cincinnati: How Design Books, 2012

Lidwell, William, Kritina Holden, and Jill Butler. *Universal Principles of Design*. Gloucester, MA: Rockport Publishers, 2003.

Liedtka, Jeanne, and Tim Ogilvie. *Designing for Growth: A Design Thinking Toolkit for Managers*. New York: Columbia University Press, 2011. Edição para Kindle.

Lindstrom, Martin. *Small Data: The Tiny Clues that Uncover Huge Trends*. New York: St. Martin's Press, 2016.

Lippincott Mercer. *Sense: The Art and Science of Creating Lasting Brands*. Gloucester, MA: Rockport, 2004.

Lipton, Ronnie. *Designing Across Cultures*. New York: How Design Books, 2002.

Maeda, John. *The Laws of Simplicity: Design, Technology, Business, Life*. Cambridge, MA: The MIT Press, 2006.

Man, John. *Alpha Beta: How 26 Letters Shaped the Western World*. London: Headline Book Publishing, 2000.

Marcotte, Ethan. *Responsive Web Design*. New York: A Book Apart, 2011.

Martin, Patricia. *Tipping the Culture: How Engaging Millennials Will Change Things*. Chicago: LitLamp Communications, 2010. PDF e-book.

Mau, Bruce. *Massive Change*. London: Phaidon Press Limited, 2004

Meggs, Philip B. *Meggs' History of Graphic Design*. New York: John Wiley & Sons, Inc., 1998.

Millman, Debbie. *Brand Thinking and Other Noble Pursuits*. New York: Allworth Press, 2011.

Mok, Clement. *Designing Business: Multiple Media, Multiple Disciplines*. San Jose, CA: Macmillan Computer Publishing USA, 1996.

Mollerup, Per. *Marks of Excellence: The History and Taxonomy of Trademarks*. London: Phaidon Press Limited, 1997.

Morgan, Conway Lloyd. *Logo. Identity, Brand, Culture*. Crans-Pres-Celigny, Switzerland: RotoVision SA, 1999.

Müller, Jens, and Julius Weidemann. *Logo Modernism*. Köln, Germany: Taschen, 2015.

Neumeier, Marty. *The Brand Gap: How to Bridge the Distance between Business Strategy and Design*. Berkeley: New Riders, 2003.

Neumeier, Marty. *The Designful Company: How to Build a Culture of Nonstop Innovation*. Berkeley: New Riders, 2008.

Neumeier, Marty. *The Dictionary of Brand*. New York: The AIGA Press, 2004.

Neumeier, Marty. *The 46 Rules of Genius: An Innovator's Guide to Creativity*. San Francisco: New Riders, 2014.

Neumeier, Marty. *ZAG: The Number One Strategy of High-Performance Brands*. Berkeley: New Riders, 2006.

Newark, Quentin. *What Is Graphic Design?* Switzerland: RotoVision, 2002.

Ogilvy, David. *Ogilvy on Advertising*. New York: Crown Publishers, 1983.

Olins, Wally. *Corporate Identity: Making Business Strategy Visible Through Design*. Boston: Harvard Business School Press, 1989.

Olins, Wally. *On Brand*. New York: Thames & Hudson, 2003.

Onaindia, Carlos Martinez, and Brian Resnick. *Designing B2B Brands: Lessons from Deloitte and 195,000 Brand Managers*. Hoboken, NJ: John Wiley & Sons, Inc., 2013.

Osterwalder, Alexander, and Yves Pigneur. *Business Model Generation: A Handbook for Visionaries, Game Changers, and Challengers*. Hoboken, NJ: John Wiley & Sons, Inc., 2010.

Paos, ed. *New Decomas: Design Conscious Management Strategy*. Seoul: Design House Inc., 1994.

Pavitt, Jane, ed. *Brand New*. London: V&A Publications, 2000.

Peters, Tom. *Reinventing Work: The Brand You 50*. New York: Alfred A. Knopf, Inc, 1999.

Phillips, Peter L. *Creating the Perfect Design Brief*. New York: Allworth Press, 2004.

Pine II, B. Joseph, and James H. Gilmore. *The Experience Economy, Updated Edition*. Boston: Harvard Business Review Press, 2011.

Pink, Daniel H. *The Adventures of Johnny Bunko: The Last Career Guide You'll Ever Need*. New York: Riverhead Books, 2008.

Pink, Daniel H. *A Whole New Mind: Why Right-Brainers Will Rule the Future*. New York: Riverhead Books, 2006.

Redish, Janice (Ginny). *Letting Go of the Words: Writing Web Content that Works*. Waltham, MA: Morgan Kaufmann, 2014.

Remington, R. Roger. *Lester Beall: Trailblazer of American Graphic Design*. New York: W. W. Norton & Company, 1996.

Ries, Al, and Jack Trout. *Positioning: The Battle for Your Mind*. New York: Warner Books, Inc., 1986.

Ries, Al, and Laura Ries. *The 22 Immutable Laws of Branding*. London: Harper Collins Business, 2000.

Rogener, Stefan, Albert-Jan Pool, and Ursula Packhauser. *Branding with Type: How Type Sells*. Mountain View, CA: Adobe Press, 1995.

Roush, Wade. "Social Machines." *MIT's Magazine of Innovation,* Technology Review, agosto de 2005.

Rubin, Jeffrey, and Dana Chisnell. *Handbook of Usability Testing: How to Plan, Design, and Conduct Effective Tests*. Indianapolis: Wiley Publishing, Inc., 2008.

Scher, Paula. *Make It Bigger*. New York: Princeton Architectural Press, 2002.

Schmitt, Bernd. *Customer Experience Management*. New York: John Wiley & Sons, Inc., 2003.

Schmitt, Bernd and Alex Simonson. *Marketing Aesthetics: The Strategic Management of Brands, Identity, and Image*. New York: Free Press, 1997.

Sernovitz, Andy. *Word of Mouth Marketing: How Smart Companies Get People Talking*. Austin, TX: Greenleaf Book Group Press, 2012.

Sharp, Harold S. *Advertising Slogans of America*. Metuchen, NJ: The Scarecrow Press, 1984.

Spiekermann, Erik, and E. M. Ginger. *Stop Stealing Sheep & Find Out How Type Works*. Mountain View, CA: Adobe Press, 1993.

Steffen, Alex, ed. *World Changing: A User's Guide for the 21st Century*. New York: Abrams, 2006.

Stengel, Jim. *How Ideals Power Growth and Profit at the World's Greatest Companies*. New York: Crown Business, 2011.

Stone Yamashita Partners. *Chemistry (and the Catalysts for Seismic Change)*. San Francisco: Stone Yamashita Partners, 2001.

Thaler, Linda Kaplan, and Robin Koval. *The Power of Nice: How to Conquer the Business World with Kindness*. New York: Currency Doubleday, 2006.

Thompson, Derek. *Hit Makers: The Science of Popularity in an Age of Distraction*. New York: Penguin Press, 2017.

Traverso, Debra Koontz. *Outsmarting Goliath: How to Achieve Equal Footing with Companies that Are Bigger, Richer, Older, and Better Known*. Princeton, NJ: Bloomberg Press, 2000.

Williams, Gareth. *Branded? Products and Their Personalities*. London: V&A Publications, 2000.

Yamashita, Keith, and Sandra Spataro. *Unstuck: A Tool for Yourself, Your Team, and Your World*. New York: Portfolio, 2004.

Índice

Para referência

Consulte o livro inteiro rapidamente, por assunto e número de página, no Sumário, no início do livro.

Para pesquisas mais aprofundadas

312 Marcas
316 Pessoas
318 Empresas
320 Assuntos

Marcas

100 Icons of Progress
  IBM, 252–253

A

A Vaca que ri, estudo de caso, 210–211
AAM. Ver American Alliance of Museums
AARP, exemplo de acrônimo, 27
Ação Contra a Fome
  estudo de caso, 216–217
  relatório de auditoria, 135
  significado, 39
Accenture, nome, 147
ACHC Family of Companies, estudo de caso, 212-213
ACLU (American Civil Liberties Union)
  estudo de caso, 214–215
  redesign, 96
Activia, nome, 27
Adanu
  estudo de caso, 218–219
  material efêmero, 190
Adidas, *tagline*, 29
Administração do Seguro Social dos Estados Unidos (SSA), 298, 299
AdMob, arquitetura de marca, 22
Aether, marca com monograma, 59
Aetna, redesign, 98
AIGA Design Conference, 79
Airbnb
  Big Data Analytics, 74
  comprometimento, 47
  economia do compartilhamento, 71
  ícone de aplicativo, 81
  longevidade, 53
  nome, 27
  posicionamento, 140
  redesign, 95
Alaska Airlines
  lançamento, 196
  redesign, 96
Alexa, 71
Allstate, *tagline*, 29
Ally Financial, nome, 147
Alphabet, arquitetura de marca, 22
AlphaGo, inteligência artificial, 71
Altria, nome, 147
Amazon Echo, Internet das Coisas, 71
Amazon Web, armazenamento em nuvem, 71
Amazon.com
  esclarecimento da estratégia, 137
  estudo de caso, 220–221
  identidade de marca, 12
  longevidade, 53
  nome, 27, 146
  posicionamento, 140
  símbolos de marca, 25
American Alliance of Museums (AAM)
  envolvimento dos funcionários, 199
  redesign, 95
American Civil Liberties Union. Ver ACLU
American Girl Place, experiência do cliente, 18
Ancestry.com, nome, 27, 147
Andersen Consulting, nome, 147
Android
  arquitetura de marca, 22
Angie's List
  resenhas online, 71
Anheuser-Busch InBev, 230
Ansible, estudo de caso, 222–223
AOL, som e gestão de marcas, 161
Apple
  aplicativos, 80
  arquitetura de marca, 23
  experiência do cliente, 18
  longevidade, 53
  marca dinâmica, 66
  marca pictórica, 61
  nome, 147
  símbolo da marca, 55
  símbolos de marca, 24
  tagline, 29
  tecnologia vestível, 71
Apple Computer, nome, 147
Aramark, envolvimento dos funcionários, 199
Archer Farms, marca própria, 83
Arctic Slope Regional Corporation (ASRC), 212
Arthritis Foundation
  briefing da marca, 142
  redesign, 97
Ashoka, *tagline*, 28, 29
Ask Jeeves, personagem, 69
ASRC (Arctic Slope Regional Corporation), 212
ASRC Construction Holding Company (ACHC), 210
Asthmapolis
  saúde móvel, 71
AT&T, longevidade, 53
Atlantic Media, 288, 289
Atum Charlie, personagem, 69
Australian Open, redesign, 95

B

B Corporation
  certificação, 86
  símbolo da marca, 55
B&G Foods, personagem, 69
BackRub, nome, 147
Bala, redesign, 98
Barnes, marca com palavras, 57
Bass Ale, longevidade, 53
Bausch + Lomb, *tagline*, 29
BCG (Boston Consulting Group), estudo de caso, 226–227
BDG, marca própria, 83
BEAM by Monigle, 202
Bedrock Manufacturing, 296, 297
Beeline, estudo de caso, 224–225
Bell South Mobility, esclarecimento da estratégia, 137
Ben & Jerry's, nome, 27
Best Buy, marca própria, 83
Better Together, redesign, 100
Betty Crocker, personagem, 68, 69
Bevel
  arquitetura de marca, 23
  autenticidade, 41
  identidade de marca, 4
Birchbox
  clubes de assinatura, 71
Bloomberg Philanthropies, 241
Blue Apron
  auditoria da concorrência, 131
  clubes de assinatura, 71
BMW, *tagline*, 29
BNY Mellon
  centro de marca, 206–207
Boomerang, redesign, 94
Boston Consulting Group (BCG), estudo de caso, 226–227
Boy Scouts of America (BSA), estudo de caso, 228–229
Brad's Drink, nome, 147
Braun, marca com palavras, 57
Brokers Insurance, marca com monograma, 59
Brooklyn Brewery, emblema, 65
Bruvelo, design de produto, 178
BSA (Boy Scouts of America), estudo de caso, 228–229
Buddha Bar
  som e gestão de marcas, 160
Buddhify, atenção plena, 71
Budweiser
  estudo de caso, 230–231
  redesign, 101
  símbolos de marca, 25
  tagline, 29

C

California Institute of Technology, nome, 147
Calm, *mindfulness*, 71
Caltech, nome, 147
Captive Resources, marca abstrata, 63
Carl Conrad Co., 230
Carrefour, marca própria, 83
CBS
  longevidade, 53
  marca pictórica, 61
  símbolo da marca, 55
Cerner, estudo de caso, 232–233
Chase Design Group, redesign, 101
Chase, símbolo de marca, 55
Chatshopper for Facebook, 71
Chef'd, auditoria da concorrência, 131
Chipotle, ícone de aplicativo, 81
Christian Louboutin, nome, 27
Chrome, arquitetura de marca, 22
Ciba Geigy + Sandoz, nome, 147
Cidade de Melbourne
  estudo de caso, 234–235
  identidade de marca, 5
Cingular
  esclarecimento da estratégia, 137
Cirque de Soleil
  posicionamento, 140
Citibank, nome, 27

Classiques Entier, marca própria, 83
Clear Channel, nome, 147
Clickair, 309
Closca Helmet,
　design de produto, 179
　estratégia de conteúdo, 169
CNN, nome, 27
Coca-Cola
　cor, 154
　embalagem, 180
　estudo de caso, 236–237
　identidade de marca, 5
　longevidade, 53
　propriedade intelectual, 117
　símbolo da marca, 55
　tagline, 29
Cocktails Against Cancer, estudo de caso, 238–239
Coelho Energizer, personagem, 69
Coelho Nesquik, personagem, 69
Coelho Trix, personagem, 69
Columbia Pictures Corporation, personagem, 69
Columbus Salame
　redesign, 96
Comcast, nome, 147
Comedy Central, marca com monograma, 59
Computing Tabulating Recording Corporation, nome, 147
Concentrics, tagline, 29
Conservation International, redesign, 99
Cooper Hewitt, Smithsonian Design Museum
　estudo de caso, 240–241
　experiência do cliente, 18
　identidade de marca, 4
　tipografia, 158
Coors Light
　estudo de caso, 242–243
Corona, símbolos de marca, 25
Costco, marca própria, 82, 83
Cover Girl, fluidez de gênero, 71
Craigslist, posicionamento, 140
Credit Suisse
　estudo de caso, 244–245
　flexibilidade, 44–45
Criativia, marca abstrata, 63
Crocs
　marca pictórica, 61
　tagline, 29
Cruz Vermelha dos EUA, símbolo de marca, 54
Curalate, scrapbooks, 71
CVS, marca própria, 83

D

Dairy Council, tagline, 29
Dale Carnegie
　gestão de ativos, 192–193
　identidade de marca, 5
　material colateral, 172–173
　redesign, 97
　site, 170–172
Dallas Opera
　marca com monograma, 59

Darien Library
　marca abstrata, 63
Datsun, nome, 147
David and Jerry's Guide to the World Wide Web
　nome, 147
David Bowie
　fluidez de gênero, 71
DC Comics
　marca com monograma, 59
DeBeers, tagline, 29
Deloitte
　envolvimento dos funcionários, 198, 199
　estudo de caso, 246–247
Deloitte Touche Tohmatsu Limited (DTTL), 20, 246
Deluxe Moon, ícone de aplicativo, 81
Design Within Reach
　emblema, 65
Dia Mundial de Lavar as Mãos, estudo de caso, 248–429
Diet Deluxe, nome, 147
Disney
　símbolos de marca, 25
DJI, drones/video pessoal, 71
DKNY, nome, 27
DogVaCay
　economia do compartilhamento, 71
Domino's, redesign, 101
DonorsChoose
　crowdsourcing, 71
DoubleClick
　arquitetura de marca, 22
Dove, comprometimento, 46
Dropbox, marca pictórica, 61
DTTL (Deloitte Touche Tohmatsu Limited), 20, 246
Dunkin' Donuts, longevidade, 53

E

E*TRADE, nome, 27
Eastman Kodak, longevidade, 53
Eating Right, marca própria, 83
eBay
　símbolo da marca, 55
　tagline, 29
Eebee's Baby, ícone de aplicativo, 81
Elmer's Glue
　arquitetura de marca, 23
　personagem, 69
　som e gestão de marcas, 161
Energy Department Store,
　marca com monograma, 59
Engine 2 Plant-Strong, marca própria, 83
Enjoy, sob demanda, 71
Ernie Keebler & os elfos, personagem, 69
Ernst & Young, tagline, 29
ESPN, símbolos de marca, 25
Essential Waitrose, marca própria, 83
Etsy, símbolo de marca, 55
Eveready Energizer, personagem, 69

Evernote
　ícone de aplicativo, 81
　marca pictórica, 61
　nome, 27
Expedia, ícone de aplicativo, 81

F

Fabergé, ambiente, 184
Facebook
　chatbot, 71
　estratégia de conteúdo, 168
　estratégia de mídias sociais, 77
　longevidade, 53
　marca pessoal, 90
　símbolos de marca, 25
FatBooth, ícone de aplicativo, 81
Federal Express, nome, 147
FedEx, nome, 147
Feedburner, arquitetura de marca, 22
Fern by Haworth, estudo de caso, 250–251
Fiji Airways, uniformes, 188
Fine Line Features, marca com monograma, 59
Firefox, 266–267
Fitbit, ícone de aplicativo, 81
Five Guys
　cor, 157
　ícone de aplicativo, 81
Flex, nome, 147
Flextronics, nome, 147
Flickr
　ícone de aplicativo, 81
　nome, 27
Flipboard
　ícone de aplicativo, 81
　símbolo da marca, 55
Ford, longevidade, 53
Fork in the Road Foods, marca pictórica, 61
Forks Over Knives, auditoria da concorrência, 131
Formlabs, impressão 3D, 71
Fred Hutch (Fred Hutchinson Cancer Research Center)
　design do sistema de identidade, 151
　estudo de caso, 252–253
　redesign, 97
Frooti, diferenciação, 51
Fundación Proyecto de Vida, 73

G

GE
　arquitetura de marca, 23
　nome, 27
　tagline, 29
Gecko, personagem, 68, 69
GEICO, personagem, 69
General Electric, longevidade, 53
General Foods, longevidade, 53
General Mills, personagem, 68–69
Geo Walk, ícone de aplicativo, 81
Georgetown Opticians, propaganda, 183
Glaad, cor, 156

GMAC Financial Services, nome, 147
Gmail, arquitetura de marca, 22
Godiva Chocolatier, arquitetura de marca, 23
Goertz Fashion House, marca com monograma, 59
Good to Go, marca própria, 83
Google
　arquitetura de marca, 22–23
　design de produto, 178
　inteligência artificial, 71
　longevidade, 53
　nome, 27, 146, 147
　redesign, 95
　símbolo da marca, 55
　símbolos de marca, 25
　som e gestão de marcas, 160
Google Chrome, ícone de aplicativo, 81
Google Home
　Internet das Coisas, 71
GoPro
　drones/video pessoal, 71
Governo dos EUA, personagem, 69
Graphics Group, nome, 147
Green Chef
　auditoria da concorrência, 131
Greyhound
　longevidade, 53
　símbolo da marca, 55
Grupo Bel, 210, 211
Grupo Imagen
　marca abstrata, 62
Guinness, longevidade, 53

H

H&M, símbolos de marca, 25
Haagen-Dazs, nome, 27
Halogen, marca própria, 83
Hank, personagem, 164
Harley-Davidson
　esclarecimento da estratégia, 137
　licenciamento de marca, 85
　som e gestão de marcas, 161
Haworth, Fern, estudo de caso, 250–251
Headspace, atenção plena, 71
Healthy Choice, nome, 147
Hellmann's Mayonnaise, arquitetura de marca, 23
Hello Fresh
　auditoria da concorrência, 131
Herman Miller, marca com monograma, 59
High Line, marca com monograma, 59
Home Chef
　auditoria da concorrência, 131
Homebase, marca própria, 82
Howard Johnson's, ambiente, 184
HP, símbolo de marca, 55
HSBC
　intercultural, 21
　símbolo da marca, 55
Hulu, nome, 27

Human Performance Institute, 251
Hunter Christian School, 195
Hyatt Place, marca abstrata, 63
Hyperlapse, redesign, 94

I

I Love NY
    emblema, 65
    longevidade, 53
i.TV, ícone de aplicativo, 81
IBM
    100 Icons of Progress, estudo de caso, 254–255
    grande ideia, 33
    longevidade, 53
    marca com palavras, 57
    nome, 27, 147
    símbolos de marca, 25
IBM Watson
    big data analytics, 74
    big data, 71
    estudo de caso, 256–257
    grande ideia, 33
IDEO, estratégia de marca, 11
iHeart Radio, nome, 147
IKEA
    emblema, 65
    longevidade, 53
    marca própria, 82, 83
    símbolo da marca, 55
Indiegogo, crowdsourcing, 71
Instagram
    estratégia de conteúdo, 168
    estratégia de mídias sociais, 77
    ícone de aplicativo, 81
    longevidade, 53
    marca pessoal, 90
    redesign, 94
Intel, som e gestão de marcas, 161
International Business Machines, nome, 147
International Paper
    longevidade, 53
iPad, arquitetura de marca, 23
iPod, design de produto, 178
Irwin Financial Corporation, marca com monograma, 59

J

JAGR, artigos de papelaria, 174–175
Jawwy, estudo de caso, 258–259
Jeeves, personagem, 69
Jell-O, símbolos de marca, 25
Joe Fresh, marca própria, 83
Jogos Olímpicos, personagem, 68
    longevidade, 53
John Deere, longevidade, 53
Johnson & Johnson
    aplicativos, 80
    longevidade, 53
Jolly Green Giant, personagem, 69
Joyful Heart Foundation, NO MORE, estudo de caso, 274
Just Eat, veículos, 186–187
Justin.tv, nome, 147

K

Kanga
    apresentação, 164–165
    nome, 27
Kansas City Streetcar Authority (KCSA), 292–293
Kellogg's
    personagem, 69
    símbolos de marca, 25
Kemper, marca com monograma, 59
Kentucky Fried Chicken, nome, 147
KFC, nome, 147
Kickstarter, crowdsourcing, 71
Kijiji, nome, 146
Kimberly Clark
    arquitetura de marca, 23
    gestão de marcas na China, 92
    redesign, 98
Kimchi Blue, marca própria, 83
KIND
    emblema, 64–65
    símbolo da marca, 55
Kirkland Signature, marca própria, 83
Kleenex
    arquitetura de marca, 23
    gestão de marcas na China, 92
    redesign, 98
Klondike, redesign, 101
Kodak
    cor, 157
    nome, 27
    redesign, 99
    símbolos de marca, 24
Kraft, divisão de lanches
    nome, 147

L

L'Arte del Gelato, identidade de marca, 4
L'eggs, longevidade, 53
Lacoste, símbolo de marca, 55
Laura Zindel
    aplicações de teste, 162, 163
    identidade de marca, 5
Layout, redesign, 94
Leão Leo, personagem, 69
LEED, símbolo de marca, 55
Levi Strauss, propriedade intelectual, 117
LG, nome, 147
LifeMark Partners, marca com monograma, 59
LinkedIn China
    estudo de caso, 260–261
LinkedIn, 260
    estratégia de conteúdo, 168
    estratégia de mídias sociais, 77
    longevidade, 53
    marca pessoal, 90
Linux, colaboração, 112
Loblaw, marca própria, 83
London Underground, longevidade, 53
Looney Tunes, som e gestão de marcas, 160

Louis Vuitton
    fluidez de gênero, 71
Love Life, marca própria, 83
Löwenbräu, longevidade, 53
Lucky Goldstar, nome, 147
Lufthansa, tagline, 29
LulzBot, impressão 3D, 71
Lyft
    economia do compartilhamento, 71
    posicionamento, 140
Lynda, ícone de aplicativo, 81
Lysol, símbolos de marca, 25

M

M&M's, símbolos de marca, 25
Mack Trucks
    estudo de caso, 262–263
Magic Leap, realidade virtual, 71
MailChimp, marca pictórica, 61
MakerBot, impressão 3D, 71
Mall of America
    coerência, 43
    identidade de marca, 5
    redesign, 96
Malt-O-Meal, nome, 147
Marinha dos EUA, arquitetura de marca, 23
Market Pantry, marca própria, 83
Marley Spoon, auditoria da concorrência, 131
Marriott
    arquitetura de marca, 23
Marufuku Company
    nome, 147
Mastercard
    estudo de caso, 264–265
    identidade de marca, 5
    nome, 147
    redesign, 95
MasterCharge: The Interbank Card, nome, 147
Match.com, nome, 27
MBM Pictures, personagem, 69
McDonald's
    identidade de marca, 5
    longevidade, 53
    marca com monograma, 58–59
    nome, 27
    personagem, 69
Meekan for Slack
    chatbot, 71
Mercedes-Benz
    foco concentrado, 138
    longevidade, 53
    som e gestão de marcas, 161
    tagline, 29
Merck
    marca abstrata, 63
    símbolo da marca, 55
Merona, marca própria, 83
Method, valor, 49
Metropolitan Life, longevidade, 53
Miata, som e gestão de marcas, 161
Michelin
    longevidade, 53
    personagem, 69
Mickey Mouse, personagem, 69

Microsoft
    LinkedIn, aquisição da, 260
    tagline, 29
Microsoft HoloLens, realidade virtual, 71
MillerCoors, 242
MINI Cooper, tagline, 29
Mint, autoquantificação, 71
MIT Media Labs
    estratégia de marca, 11
    marca abstrata, 63
Mitsubishi, longevidade, 53
Mitsuko Chatbot, 71
Mobil, longevidade, 53
Molson Coors, 242
MOM Brands, nome, 147
MoMA
    ícone de aplicativo, 81
    marca com palavras, 57
    nome, 27
    símbolo da marca, 55
Mondelez
    arquitetura de marca, 23
    nome, 147
Monocle, nome, 27
Monster Worldwide, nome, 147
Mood sweater, tecido funcional, 71
MoodPanda, autoquantificação, 71
Morton Salt, longevidade, 52–53
Mossimo Supply Co., marca própria, 83
Motorola, longevidade, 53
Mountain Shades, nome, 147
Mozilla, estudo de caso, 266–267
Mr. Peanut, personagem, 69
MSNBC, tagline, 29
Munchery, auditoria da concorrência, 131
Muppets, visão, 36–37
Mural Arts Philadelphia
    estudo de caso, 268–269
    Open Source, 184-185
Museu do Ar e do Espaço do Instituto Smithsonian, estudo de caso, 270–271
Museu Guggenheim, Bilbao, Espanha, ambiente, 184
Mutual of Omaha, mudança de ativos de marca, 194
my Social Security, 298–299
MyFamily.com, nome, 147

N

Nabisco
    arquitetura de marca, 23
    esclarecimento da estratégia, 137
    longevidade, 53
National City Corporation, 287
National Football League (NFL), 275
National Guard, tagline, 29
Navy Seals
    arquitetura de marca, 23
NBC
    longevidade, 53
    marca pictórica, 61
    propriedade intelectual, 117
    símbolo da marca, 55

NEPTCO, marca com monograma, 59
Nespresso, símbolos de marca, 25
Nest, Internet das Coisas, 71
Nestlé, longevidade, 53
Netflix
    marca com palavras, 57
    nome, 27
    smartphones, 78
Netscape, 266
Newell Brands, arquitetura de marca, 23
NFL (National Football League), 275
Nike
    longevidade, 53
    marca dinâmica, 66
    nome, 27
    símbolo da marca, 55
    símbolos de marca, 24
    tagline, 29
Nintendo, nome, 147
Nissan, nome, 147
NIZUC Resort & Spa
    estratégia, 137
    estudo de caso, 272–273
NO MORE
    estudo de caso, 274–275
    marca abstrata, 63
Nokia, símbolo de marca, 55
Nongfu Spring, gestão de marcas na China, 93
Nordstrom
    marca própria, 83
    som e gestão de marcas, 160
Novartis, nome, 147
Novvi, marca abstrata, 63
NYT Now, ícone de aplicativo, 81

O

O Organics, marca própria, 83
OCAD University, marca dinâmica, 66
Oculus Rift, realidade virtual, 71
Ohio & Erie Canalway
    emblema, 65
    estudo de caso, 276–277
Olay, *tagline*, 29
OneVoice Movement, marca pictórica, 60
Open Source
    ambiente, 184, 185
OpenTable, redesign, 96
Ópera de Sydney, estudo de caso, 278–279
Operária Rosie, personagem, 69
Optic Nerve, nome, 147
Oreo
    arquitetura de marca, 23
    símbolos de marca, 25
OXO
    design de produto, 178
    símbolo da marca, 55

P

Paperless Post, redesign, 97
Patagonia, nome, 27
Paul Frank, marca pictórica, 61
Pause for Thought, longevidade, 53
PBS, longevidade, 53
PepsiCo., personagem, 69
Pepsi-Cola, nome, 147
Personal KinetiGraph, saúde móvel, 71
Peru
    estudo de caso, 280–281
    identidade de marca, 4
Philadelphia Museum of Art
    estudo de caso, 282–283
    marca dinâmica, 67
    sinalização, 176–177
Philip Morris, nome, 147
Philips, *tagline*, 29
Pic Stitch, ícone de aplicativo, 81
Picasa, arquitetura de marca, 22
Pillsbury Company, personagem, 68–69
Pinterest
    ícone de aplicativo, 81
    longevidade, 53
    marca com palavras, 57
    nome, 27
    scrapbooks, 71
    símbolo da marca, 55
    símbolos de marca, 25
Pitney Bowes
    estudo de caso, 284–285
    identidade de marca, 5
    redesign, 99
Pixar, nome, 147
Planters, personagem, 69
Plated, auditoria da concorrência, 131
PNC, estudo de caso, 286–287
Polo
    arquitetura de marca, 23
    símbolo da marca, 55
Poppin' Fresh, personagem, 68
Postmates, sob demanda, 71
Preferred, marca com monograma, 59
President's Choice, marca própria, 83
Principal Financial Group, nome, 147
Prius, design de produto, 178
Procter & Gamble, 249
Prudential, longevidade, 53
Public Theater, aparência e sentido, 153
Purple Carrot, auditoria da concorrência, 131

Q

Q-tips, símbolos de marca, 25
Quaker Oats, longevidade, 53
Quartz
    estudo de caso, 288–289
    nome, 27
Quest Diagnostics, marca com monograma, 59

R

Radial, marca com monograma, 59
Ralph Lauren, arquitetura de marca, 23
Ray-Ban, símbolos de marca, 25
Red Hat, Ansible, estudo de caso, 222, 223
(RED), estudo de caso, 290–291
Reddy Kilowatt, personagem, 69
Redguard, redesign, 97
RideKC Streetcar, estudo de caso, 292–293
Rildiz Holding, arquitetura de marca, 23
Robosapien, robótica, 71
Rolls-Royce, longevidade, 53
Ronald McDonald, personagem, 69
Ronda AG, 296, 297
Room Essentials
    marca própria, 83
Roomba, robótica, 71
Rusk Renovations, emblema, 65

S

Safeguard, 249
Safeway, marca própria, 83
Saint Harridan
    fluidez de gênero, 71
Samsung
    Gear VR, 70
    símbolo da marca, 55
Santa Classics, nome, 27
Santos Brasil
    estudo de caso, 294–295
    redesign, 98
Sapphire, 259
Sasaki, marca com palavras, 57
Saudi Telecom Group (STC Group), 258, 259
SBC Wireless, esclarecimento da estratégia, 137
Seatrain Lines, marca com monograma, 59
SEGA, nome, 147
Seguros AFLAC
    personagem, 69
    som e gestão de marcas, 161
Sensoree GER, tecido funcional, 71
Sereia, Starbucks, 304–305
Service Games, nome, 147
Serviço Florestal dos EUA, personagem, 69
Shazam, ícone de aplicativo, 81
Shell
    longevidade, 53
    marca pictórica, 61
Shinola Detroit
    estudo de caso, 296–297
    marca com palavras, 57
    nome, 27
ShoeSite.com, nome, 147
Shyp, sob demanda, 71
Silence & Noise, marca própria, 83
Siri, 71, 78
Skittles, *tagline*, 29
Smithsonian
    marca pictórica, 61
Snapchat
    estratégia de conteúdo, 168
    tecnologia vestível, 71
Social Media Business Council, redesign, 99
SocialSecurity.gov, estudo de caso, 298–299
Sonos, marca com palavras, 56, 57
Sony, nome, 147
Southwest Airlines
    estudo de caso, 300–301
    posicionamento, 140
SpaceX, 71
Sparkle Fade, marca própria, 83
Spectrum Health System
    estudo de caso, 302–303
    governança de marca, 8
Sphero SPRK, 71
Spotify
    ícone de aplicativo, 81
    inteligência artificial, 71
Sprint
    nome, 147
    símbolo da marca, 55
SSA (Administração do Seguro Social dos Estados Unidos), 298, 299
Starbucks
    big data, 71
    estudo de caso, 304–305
    ícone de aplicativo, 81
    marca pictórica, 61
    redesign, 98
StarKist, personagem, 69
STC Group (Saudi Telecom Group), 258–259
Stitch Fix, clubes de assinatura, 71
Subway, símbolos de marca, 25
Superpower Card Deck, 122
SurveyMonkey
    marca pictórica, 61
Swiffer, redesign, 101

T

Tang, arquitetura de marca, 23
Target
    estratégia de marca, 11
    ícone de aplicativo, 81
    identidade de marca, 4
    marca própria, 82, 83
    símbolos de marca, 24
    tagline, 28, 29
Tate
    esclarecimento da estratégia, 137
    marca com palavras, 57
    símbolo da marca, 55
Tazo, chá, esclarecimento da estratégia, 137
Teabox
    cor, 155
TED
    ícone de aplicativo, 81
    tagline, 29
Tennis Australia, redesign, 95
Terra's Kitchen, auditoria da concorrência, 131
Tesco, marca própria, 83
Tesla
    marca com monograma, 58, 59
    nome, 27
    símbolo da marca, 55
The Banker's Life Company, nome, 147

315

The Jane Goodall Institute, fazer a diferença, 72
The Nature Conservancy
  diretrizes de identidade de marca, 204
  marca pictórica, 61
  tagline, 29
The New York Times
  tagline, 29
The New Yorker, ícone de aplicativo, 81
The Ritz-Carlton, arquitetura de marca, 23
The WILD Center, marca pictórica, 61
the Y, nome, 147
Threshold, marca própria, 83
Tia Jemima, personagem, 69
Tiffany
  propriedade intelectual, 117
  símbolos de marca, 24
Tigre Tony, personagem, 69
Time Warner
  marca abstrata, 63
Tio Sam, personagem, 69
TiVo, símbolo de marca, 55
T-Mobile
  big data, 71
  símbolos de marca, 25
TMP Worldwide, nome, 147
Tokyo Telecommunications Engineering Corporation, nome, 147
TOMS Shoes
  emblema, 65
  tagline, 29
Topo Chico, redesign, 100
Tory Burch
  nome, 27
  símbolo da marca, 55
Toshiba, *tagline*, 29
Toys "R" Us, nome, 27
Trader Joe's
  marca própria, 83
  nome, 27
  posicionamento, 140
Treasure and Bond, marca própria, 83
Treino de 7 Minutos, 80
  ícone de aplicativo, 81
  identidade de marca, 4
Tribune Publishing, nome, 147
TripAdvisor, resenhas online, 71
tronc, nome, 147
Truvia, identidade de marca, 5
Tubej, marca com monograma, 59
Tumblr
  nome, 27
  scrapbooks, 71
  twitch, nome, 147
Twitter
  estratégia de conteúdo, 168
  estratégia de mídias sociais, 77
  ícone de aplicativo, 81
  marca pessoal, 90

marca pictórica, 61
símbolo da marca, 55

U

Uber, longevidade, 53
Under Armour
  marca com monograma, 59
  nome, 27
Unilever
  arquitetura de marca, 23
  redesign, 99
  símbolo da marca, 55
  símbolos de marca, 25
UNIQLO
  emblema, 65
  ícone de aplicativo, 81
  símbolo da marca, 55
United Telephone Company, nome, 147
United Way, longevidade, 53
Universidade de Cambridge, auditoria de linguagem, 132, 133
Univision, símbolo de marca, 55
Unstuck
  estudo de caso, 306–307
  tagline, 29
Up&Up, marca própria, 83
UPS
  longevidade, 53
  símbolos de marca, 24
Urban Outfitters, marca própria, 83
Urso Smokey, personagem, 69
USAA, exemplo de acrônimo, 27

V

Vanderbilt University, marca com monograma, 59
Vanguard ETF, arquitetura de marca, 23
Vanguard, arquitetura de marca, 23
Verizon Wireless, *tagline*, 29
Verizon, propriedade intelectual, 117
Vila Sésamo
  licenciamento de marca, 84
  livro de marca, 200–201
  visão, 36–37
Vimeo, estratégia de conteúdo, 168
VimpelCom, 224
Virgin Atlantic, 71
Virgin Mobile
  arquitetura de marca, 23
  símbolos de marca, 25
  tagline, 29
Virgin, arquitetura de marca, 23
vitaminwater,
  embalagem, 180, 181
  identidade de marca, 5
Volkswagen
  longevidade, 53
  som e gestão de marcas, 161
  tagline, 29

Volvo Group, 262
Volvo, foco concentrado, 138
Vueling Airlines SA, estudo de caso, 308–309

W

Waitrose 1, marca própria, 83
Waitrose, marca própria, 83
Walker & Company
  arquitetura de marca, 23
  autenticidade, 41
Walt Disney Co., personagem, 69
Warner Music Group, símbolos de marca, 25
Waterfront Bistro, marca própria, 83
Watson. Ver IBM Watson
Wauw!, redesign, 100
Wegmans, experiência do cliente, 18
Westinghouse, marca com monograma, 59
WGBH, gestão do design, 119
Whole Foods, marca própria, 83
Whole Trade, marca própria, 83
Wikipedia
  colaboração, 112
  longevidade, 53
Windy, personagem, 69
Wool Bureau, longevidade, 53

X

X-Box, símbolos de marca, 25
Xenex, marca com monograma, 59
Xfinity, nome, 147

Y

Yahoo!
  marca com monograma, 58, 59
  nome, 147
  símbolos de marca, 25
Yelp, resenhas online, 71
YMCA, nome, 147
YouTube
  arquitetura de marca, 22
  estratégia de conteúdo, 168
  estratégia de mídias sociais, 77
  tagline, 29

Z

Zappos
  envolvimento dos funcionários, 199
  nome, 147
Zippo, personagem, 69
Zonik, marca com monograma, 59
Zoom (programa da PBS), 27
Zostrix, redesign, 100
Zurich Insurance, símbolos de marca, 25

Pessoas

A

Aaker, David A., 137
Abbot, Rodney, 197, 301
Adams, Sean, 154, 174
Alexander, Dean, 182, 183
Alexandra, Keira, 99
Alibaba, 261
Ali, Reza, 227
Allemann, Hans-U., 148
Altman, Danny, 26, 144, 145
Anderson, Margaret, 31
Ascoli, Peter, 18
Ashcraft, Laurie C., 124
Avarde, Susan, 101, 115

B

Baer, Jay, 169
Baldridge, Patricia Rice, 195
Banerjee, Ash, 258
Barr, Todd, 222
Barton, Jake, 241
Bastida, Mario, 10
Bates, David, 96
Baumann, Caroline, 18, 242
Bayrle, Thomas, 211
Beebe, David, 182
Bel, Leon, 211
Berun, Ilise, 30
Berkowitz, Bruce, 199
Bezos, Jeff, 11, 21, 137, 221
Bierut, Michael, 105, 149, 152, 265
Bird, Susan, 120
Birdsall, Connie, 34, 305
Bisharat, Jaleh, 221
Bitetto, Jim, 26
Bjornson, Jon, 98, 137, 163, 175
Bond, Sarah, 232
Bono, 291
Bonterre, Michelle, 34, 97, 170, 172, 173, 192, 193
Borges, Bernie, 169
Boston, Ramona, 44, 244
Bowie, David, 162
Braekken, Anders, 74
Bravo, Luis, 67
Breon, Richard C., 302
Bridwell, Hampton, 9
Brin, Sergei, 70
Brite, Hanley, 16
Brodsley, Adam, 228
Buffett, Warren, 88
Buttress, David, 187

C

Carbone, Ken, 44
Casey, Mabel, 250
Ceccon, Andrew, 114
Center, Alex, 118, 180
Chan, Joanne, 221
Chanel, Coco, 50
Chen, Alexander, 160
Chesky, Brian, 95
Crisnell, Dana, 126, 127
Cloud, Jerome, 277
Cody, Heidi, 25

Cohen, Gabriel, 9, 202
Collins, Brian, 180
Collins, Jim, 123
Connors, Michael, 97, 252
Cooney, Joan Ganz, 37
Cooper, Gavin, 170
Cooper, Peter, 242
Coors, Adolph, 240
Cotler, Emily, 127
Covello, Vincent, 31
Crawford, Ilse, 121
Cronan, Karin, 120
Crosby, Bart, 8, 149, 302
Crowley, Ruth, 85
Cullen, Moira, 4, 112, 118
Cutrone, Jackie, 202

D

Dailey, J.R. "Jack," 270
Danziger, Lou, x, 166
Davis, Joshua, 257
Davis, Nick, 95
Deal, Michael, 57
Deal, Terrence, 198
DeLaney, Aniko, 206
D'Errico, Maria, 207
Deutsch, Blake, 24, 91, 112, 134, 136, 181
Djurovic, Vladimir, 92
Doland, Angela, 260
Donovan, Tim, 276
Dontha, Ramesh, 75
Drucker, Peter, 123
Duckworth, Bruce, 82, 241
Duffy, Joe, 43, 96, 134
Dugar, Kaushal, 155
Dunant, Henri, 54
Dunn, Dennis, 125
Dunn, Jeffrey, 36
Dunn, Michael, 123
Durbrow, Philip, 146

E

Eberstadt, George, 77
Elliot, George, 166
Eman, Darrick, 272

F

Falco, Isabella, 280
Feldmann, Hans-Peter, 211
Ferrando, Carlos, 169, 179
Ferrucci, David, 257
Fields, Jeffrey, 98, 119, 305
Fievet, Laurent, 210
Fili, Louise, 97, 149
Fish, Howard, 26, 144, 288
Fitzgerald, Theresa, 200
Fleet, Kyle, 251
Flynn, Matt, 241
Fox, Tiffany, 96
Francis, Jennifer, 67, 282

G

Galanti, Richard, 82
Galloway, Scott, 160
Gardner, Bill, 97
Gazdecki, Andrew, 80
Gehry, Frank, 90, 176
Geissbuhler, Steff, 148
Gerend, Tom, 292
Germick, Ryan, 160
Gibson, Raelene, 188
Gilbert, Jay Coen, 86
Gilmore, James H., 19
Glaser, Milton, 38, 208
Glauber, Anne, 275
Gleason, John, 106
Glitschka, Von R., 32
Gobe, Marc, 6
Godin, Seth, 40, 70
Goffman, Robin, 131
Goldblum, Josh, 271
Golden, Jane, 268, 269
Golden, William, 61
Goodall, Jane, 72
Gorman, Margie, 31
Goto, Kelly, 127
Grams, Chris, 28, 140, 141
Grear, Malcolm, 148
Grillo, Michael, 180
Gutierrez, Gaemer, 75

H

Hacker, Chris, 123
Haigh, David, 2
Hall, Carla, 128
Hall, Tosh, 231
Hamilton, Alexander, 198, 206
Hanes, Matt, 142
Hanks, Tom, 161
Harris, Sylvia, 96, 214, 215
Hart, Joe, 192, 193
Hassan Dr. Salah, 113
Haviv, Sagi, 62, 99, 148
Hawley, Nancy, 306
Hayman, Luke, 95, 265
Heiselman, Karl, 14
Hendricks, Melissa, 8, 232
Hewitt, Eleanor, 240
Hewitt, Sarah, 240
Hibma, Karin, 145
Hill, Andrew, 174
Hinrichs, Kit, 96
Hirschhorn, Michael, 106, 215
Hoffmann, Julia, 118
Hom, Kristopher, 160
Horan, Bill, 178
Howald, Rachel, 275
Howard, Blake, 97, 142, 164, 219
Hsieh, Tony, 199
Hudson, Sally, 12
Hurst, Joey, 160
Hwang, Dennis, 160

I

Iwata, Jon, 17, 74, 254, 257

J

Jacobson, Alan, xii, 176, 184
Jacobson, Brian, 268
James, Sly, 293
Jarvis, Jonathan, 95
Jay, Hilary, 184
Jen, Natasha, 155

Jobs, Steve, 11
Johnson, Craig, 99
Johnson, Michael, 39, 133, 135, 217, 266

K

Kahneman, Daniel, 77
Kartsotis, Tom, 297
Katz, Joel, 54
Kelleher, Herb, 29
Keller, Kevin Lane, 141
Kelly, Gary, 300
Kendall, David, 130
Kennedy, Allan, 198
Kohnstamm, Abby, 284
Koniszczer, Gustavo, 20, 280
Korchin, David, 257
Krone, Kevin, 300
Kuronen, Dennis, 54

L

Lafley, A. G., 6
Lang, Belinda, 98
Laudicina, Paul, 50
Lautenbach, Marc, 99, 284
Lee, Kevin, 78, 80
Lefebure, Pum, 182
Lentin, Geoff, 160
Levit, Alexandra, 15
Lincoln, Abraham, 17
Lipton, Ronnie, 21
Liu, Amanda, 261
Liu, Audrey, 307
Lowry, Adam, 49
Lund, Hamilton, 278
Lynch, Denny, 88

M

Maeda, John, 30
Marcario, Rose, 48
Marcotte, Ethan, 78
Martin, Patricia, 15
Matemosi, Makereta, 188
Mathews, Vijay, 78
Mau, Bruce, 66, 73, 138
McLaughlin, Grant, 108
Mau, Christine, 98, 274
Merriam, Cassidy, 116
Milch, David, 85
Miller, Abbott, 152
Miller, Gretchen, 222
Miller, Jen, 119
Miller, Virginia, 88, 89
Millman, Debbie, x–xi, 6
Monigle, Kurt, 287
Monk, Jonathan, 211
Morse, Shelly, 218
Mueller, Kathy, 239
Munoz, Carlos, 309
Munthree, Shantini, 10, 108, 143
Murray, Tim, 266, 267
Musk, Elon, 11

N

Naughten, Jim, 224
Neubauer, Joe, 199

Neumeier, Marty, 14, 50, 140
Newitz, Annalee, 18
Nishikawa, Masao, 304
Nocito, Jason, 71

O

Obama, Barack, 159
Ogilvy, David, 182
Olesya22, 266
Olins, Wally, 2, 42
Onaindia, Carlos Martinez, 20, 21
Opara, Eddie, 158, 240
Oskay, Windell H., 266

P

Pagan, Juan Carlos, 57
Page, Larry, 22
Parmelee, Michele, 246
Pasternak, Ken, 146
Patterson, Neal, 232
Paul, Les, 160
Pellegrin, Paolo, 226
Perkins, Brian, 230
Perz, Rudolph, 68
Peters, Justin, 171, 173, 193, 197
Pierson, Paul, 19, 226
Pine, B. Joseph, II, 19, 40
Pink, Daniel H., 90, 122
Platão, 40
Poenaru-Philp, Alexandra, 188
Portincaso, Massimo, 226
Proust, Marcel, 123
Pullman, Chris, 119

Q

Qubein, Nido, 46, 94

R

Rabier, Benjamin, 211
Radziejowski, Stanisław, 123
Raitt, Bonnie, 30
Rajamannar, Raja, 264, 265
Rallapalli, Emelia, 125
Ramirez, Juan Pablo, 308
Rand, Paul, 57, 148, 149
Randel, Jane, 275
Rashid, Karim, 49
Ray, Joe, 21
Redish, Ginny, 126, 127
Reidel, Lissa, 27, 31, 122, 140, 170
Reinhardt, Mike, 247
Resnick, Brian, 8
Rezende, Marco A., 98, 295
Rice, Dan, 277
Ries, Al, 138
Ries, Laura, 138
Riley, Barbara, 114, 115
Rodenbeck, Eric, 74
Romero, Anthony, 214
Rub, Timothy, 282
Rubin, Jeffrey, 126
Rusch, Robin, 83
Russo, Bridget, 296
Ruth, Babe, 112
Ryan, Eric, 49
Ryan, Meg, 161

S

Sabet, Denise, 92
Sagmeister, Stefan, 60
Salminen, Sini, 213
Sandoz, Steve, 137
Scher, Paula, vii, 67, 105, 149, 150, 153, 177, 283
Schreiber, Curt, 254
Schultz, Howard, 18, 304, 305
Scragg, Mark, 258
Sepúlveda, Antonio C.D., 294
Sernovitz, Andy, 76
Serota, Sir Nicholas, 137
Seward, Zach, 288
Shaylor, Andrew, 91
Shriver, Bobby, 291
Silva, Jason, 77
Sinek, Simon, 38
Sizemore, Jennifer, 252
Smith, Justin, 289
Smolan, Leslie, 44, 244, 272
Soukas, Nick, 46
Spaeth, Tony, 110
Spalter, Ian, 94
Speisser, Luc, 4
Sperduti, Anthony, 297
Speth, Dr. Ralf, 13, 118
Spiekermann, Erik, 158
Staab, Michael, 210
Staniford, Mike, 235
Stengel, Jim, 3, 13, 110
Stephens, Megan, 292
Stine, Cheryl Quattaq, 212
Strunk, Jr., William, 30, 132
Sulecki, Sharon, 238, 239
Swift, Jonathan, 36
Syken, Noah, 256
Szent-Gyorgyi, Albert, 124

T

Tait, Nancy A., 302
Taylor, Ellen, 111
Thompson, Derek, 70
Tierney, Brian P., 104
Tiger, Caroline, 77
Todorovich, Amanda, 168
Towey, Gael, 154
Traverso, Debra Koontz, 29
Turner, David, 12, 221, 237
Tutton, Alistair, 293
Tynes, Emily, 215

U

Ulrich, Bob, 11
Urquiola, Patricia, 251
Utzon, Jorn, 305

V

Vanderslice, Ginny, 107
Vinas, Julia, 280
Vives, Elina, 242
Voron, Vince, 236

W

Walker, Tristan, 41
Wallace, Rob, 180
Walsh, Jessica, 51
Watson, Thomas, Jr., 16
Weber, Bruce, 296, 297
Welsh, Mark, 183
Welsh, Michael, 250
Wentworth, Jane, 137, 283
Westendorf, Richard, 248
Whatmough, Danny, 123
Wheeler, Alina, vi, 324
Wheeler, Ed, ii–iii, vi
Wheeler, Tessa, 77
White, E.B., 30, 132
Wilde, Oscar, 90
Williams, Nathan, 18
Williamson, Ed, 112
Willoughby, Ann, 14
Wilson, Fo, 215
Winfrey, Oprah, 11
Wingate, Linda, 113
Wise, Rick, 12, 110
Witt, Virginia, 275
Woerner, Sangiata, 196

Y

Yamashita, Keith, 109, 122, 123
Yinkah, Richard, 218, 219
Yonck, Richard, 71
Yoo, Terry, 255
Young, Suzanne, 165

Z

Zambuto, Maile, 275
Zindel, Laura, 163
Zurinskas, John J., 286

Empresas

A

Allemann Almquist + Jones, marca com monograma, 59
Alusiv, marca com monograma, 59
Axumen Intelligence, 74

B

Bedrock, 57
Bernhardt Fudyma, esclarecimento da estratégia, 137
Bluecadet, Museu do Ar e do Espaço do Instituto Smithsonian, 270–271
BNIM, Boy Scouts of America, 228–229
Bresslergroup, design de produto, 178
Bruce Mau Design
  fazendo a diferença, 73
  marca com palavras, 56, 57
  marca dinâmica, 66

C

Carbone Smolan Agency (CSA)
  Boston Consulting Group, 226–227
  Credit Suisse, 244–245
  experiência do cliente, 19
  flexibilidade, 44, 45
  marca com monograma, 58, 59
  NIZUC Resort & Spa, 137, 272–273
  redesign, 97
  site, 171, 172
Carmichael Lynch, esclarecimento da estratégia, 137
Cauduro Associates
  redesign, 98
  Santos Brasil, 294–295
CG. Ver Cloud Gehshan
Chase Design Group, redesign, 100
Chermayeff & Geismar
  marca com monograma, 58, 59
  marca pictórica, 61
Chermayeff & Geismar & Haviv
  marca abstrata, 62, 63
  redesign, 99
Chester Jenkins, tipografia, 158
Closca Design
  design de produto, 179
  estratégia de conteúdo, 169
Cloud Gehshan (CG) emblema, 65
  Ohio & Erie Canalway, 276–277
Collider, Ópera de Sydney, 278–279
Collins, embalagem, 180
Criativia Brand Studio, marca abstrata, 63
Crosby Associates
  governança de marca, 8
  marca abstrata, 63
  mudança de ativos de marca, 194

Spectrum Health System, 302–303
CSA. Ver Carbone Smolan Agency
Culcesac, design de produto, 179

D

Desai Chia Architecture, 289
Design Army, propaganda, 182, 183
Design Council UK métricas, 111
Design Matters, vii
DesignStudio, redesign, 95
Digital Surgeons, site, 171
Diller Scofidio + Renfro, Cooper Hewitt, 240–241
Dommert Phillips, Ohio & Erie Canalway, 276–277
Dropbox Creative Team, marca pictórica, 61
Duffy & Partners
  coerência, 43
  redesign, 96

E

Equipe de design da IBM, grandes ideias, 33
Evernote Creative Team, marca pictórica, 61
Exit, ambiente, 185
EyeEm, 227

F

Fish Partners
  marca pictórica, 61
  Quartz, 288–289
Fo Wilson Group, ACLU, 214–215
FutureBrand
  Peru, 280–281
  Pitney Bowes, 284–285
  redesign, 99

G

Gardner Design, redesign, 97
Gartner, 74
George Nelson, marca com monograma, 59

H

Hornall Anderson
  design do sistema de identidade, 151
  Fred Hutch, 252–253
  lançamento, 196
  redesign, 96, 97

I

IMG Licensing, 84
Interbrand
  Ópera de Sydney, 278–279
  redesign, 100

J

J2 Design
  ambiente, 185
  Mural Arts Philadelphia, 268–269
Jane Wentworth Associates
  Philadelphia Museum of Art, 282–283
  V&A, 137
JKR. Ver Jones Knowles Ritchie
Joel Katz Design Associates, marca com monograma, 59
Johnson Banks
  Ação Contra a Fome, 216–217
  Dear Cambridge, 132
  Mozilla, 266–267
  relatório de auditoria, 135
  significado, 39
Jon Bjornson Art + Design
  aplicações de teste, 162, 163
  artigos de papelaria, 175
  esclarecimento da estratégia, 137
  marca com monograma, 58, 59
  redesign, 98
Jon Hicks, marca pictórica, 61
Jonathan Jarvis, redesign, 95
Jones Knowles Ritchie (JKR)
  Budweiser, 230–231
  redesign, 101

K

Kashiwa Sato, emblema, 65
Kathy Mueller Design,
  Cocktails Against Cancer, 238–239
Kevin Plank, marca com monograma, 59

L

Lab'Bel, A Vaca que ri, 210–211
Labbrand,
  China, 93
  LinkedIn China, 260–261
Landor
  Cidade de Melbourne, 234–235
  Dia Mundial de Lavar as Mãos, 248–249
  Mint, 137
  redesign, 95
Leo Burnett, personagem, 68
Lippincott
  cor, 156
  Jawwy estudo de caso, 258–259
  marca abstrata, 63
  marca com monograma, 59
  marca pictórica, 61
  Southwest Airlines, 300–301
  Starbucks, 304–305
Liquid Agency, marca abstrata, 63
Little Big Brands, redesign, 100, 101
Local Projects, Cooper Hewitt, 240–241
Louise Fili Ltd
  emblema, 65
  redesign, 97

M

Magnum Photos, 226
Malcolm Grear Designers, marca com monograma, 58, 59
Matchstic
  Adanu, 218–219
  apresentação, 164–165
  briefing da marca, 142
  marca com monograma, 59
  material efêmero, 190
  pilares de marca, 141
  redesign, 97, 99
Matthew Carter
  marca com palavras, 57
  tipografia, 159
Matthew Ebbing, marca pictórica, 61
Meta Design, tipografia, 159
Mezzanine.co, 195
Milton Glaser, emblema, 65
Mithun, Boy Scouts of America, 228–229
Monigle
  centro de marca, 206–207
  Deloitte, 246–247
  PNC, 286–287
  recursos online, 203
MOO, cultura, 17
Moroch Partners, marca com monograma, 58
Mother NY, smartphones, 79
Mouse Graphics, gestão de marcas na China, 93
Mural Arts, ambiente, 184–185

N

Nature Conservancy, Design interno, marca pictórica, 61
New Kind, Ansible, 222–223
North Design, marca com palavras, 57

O

Ogilvy & Mather Worldwide
  grandes ideias, 33
  IBM Watson, 256–257
Opto Design, ACLU, 214–215

P

Park La Fun, marca pictórica, 61
Partners & Spade, Shinola Detroit, 296–297
Paul Frank Sunich, marca pictórica, 61
Paul Rand
  marca com monograma, 59
  marca com palavras, 57
Pentagram
  aparência e sentido, 153
  Cooper Hewitt, 240–241
  cor, 155
  diferenciação, 51
  emblema, 65
  marca com monograma, 59
  marca dinâmica, 67
  Mastercard, 264–265
Pepco Studio, marca pictórica, 61
Philadelphia Museum of Art, 282–283
  marca com palavras, 57
  redesign, 95, 96
  sinalização, 176–177
  tipografia, 158
Prada Studio, marca com monograma, 59

Q

Q Cassetti, marca com monograma, 59

R

Raymond Loewy, marca pictórica, 61
Rev Group
  marca abstrata, 63
  marca com monograma, 59
Rob Janoff, marca pictórica, 61
Roger Oddone, marca com monograma, 59

S

Saffron Brand Consultants, Vueling, 308–309
Sagmeister & Walsh
  diferenciação, 51
  marca pictórica, 60
Sandstrom Design, esclarecimento da estratégia, 137
Satori Engine, redesign, 95
Sesame Workshop
  licenciamento de marca, 84
  livro de marca, 200–201
  visão, 36–37
Siegel + Gale
  critérios de comunicação, 133
  marca com monograma, 58, 59
  redesign, 98
Snask, redesign, 100
SR2 Motor Sports, 274
Stamen Design, big data analytics, 74
Starbucks Global Creative Studio
  marca pictórica, 61
  redesign, 98
Starbucks, 304–305
Steff Geisbuhler, marca abstrata, 63
Sterling Brands
  marca abstrata, 63
  NO MORE, 274–275
Stoopid Buddy Stoodios, diferenciação, 51
Studio D Radiodurans
  Jawwy, 258–259
Studio Hinrichs, marca pictórica, 61
Studio Terpeluk, Boy Scouts of America, 228–229
SYPartners
  cultura, 16, 17
  insight, 122
  Unstuck, 306–307

T

The Martin Agency
  personagem, 69
TheGreenEyl
  marca abstrata, 63
Tobias Frere-Jones, tipografia, 159
Tomorrow Partners
  redesign, 96
Turner Duckworth
  Amazon, 220–221
  Coca-Cola, 236–237
  Coors Light, 242–243
  esclarecimento da estratégia, 137
  identidade de marca, 12
  marca própria, 82
  princípios das marcas icônicas, 236
  realidade virtual, 71
Typotheque, Mozilla, 266–267

V

Venturethree, veículos, 186
Village, Cooper Hewitt, 240–241
Volume, Boy Scouts of America, 228–229
VSA Partners
  esclarecimento da estratégia, 137
  IBM 100 Icons of Progress, 254–255
  IBM Watson, 256–257
  Mack Trucks, 262–263

W

W&CO, smartphones, 79
Willoughby Design
  exercício dos *stakeholders*, 14
  RideKC Streetcar, 292–293
Wolff Olins
  (RED), 290–291
  Beeline, 224–225
  esclarecimento da estratégia, 137
  redesign, 99
  tipografia, 159
Wolfgang Schmittel, marca com palavras, 57
Woody Pirtle, marca com monograma, 59
Work-Order
  marca com monograma, 59
  redesign, 99

Y

Young & Rubicam
  NO MORE, 274–275
  Peru, 280–281

Assuntos

A

Acrônimos
  como marca com palavras, 56
  como nomes, 27
Adaptabilidade, em liderança de projetos, 107
Aferição do sucesso, 109–111
Agentes de mudança, 198
Agilidade, 44. Ver também Flexibilidade
Algoritmos, 75, 78
Ambiente de marca, 184–185
Ambiente, como ponto de contato, 184–185
Análise de marca, 74
Análise descritiva, 75
Análise digital, 124
Análise preditiva, 75
Análise prescritiva, 75
Antes e depois, 94–101
  redesign de embalagens, 100–101
  redesign de símbolos de marca, 94–99
Aplicação do design, 167
Aplicações de teste, 162–163
Aplicativos, 80–81
  categorias de, 80
  marcas com monogramas para, 58
  melhores qualidades dos, 80
  taxonomia de ícones, 81
Aprendizado de máquina, 75
Apresentações
  diretrizes para, 205
  multimídia, 161
  no design da identidade, 149, 164–165
  protocolo para, 107
Aquisições
  cor para, 157
  e tomada de decisão, 115
Armazenamento virtual, 75
Arquitetura de marca, 22–23
  em ambiente, 184
  flexibilidade em, 45
  no design da identidade, 149
  para marcas próprias, 83
  tipos de, 23
Arquivos para reprodução, diretrizes para, 205
Artigos de papelaria, como ponto de contato, 174–175
Assinatura(s)
  como símbolo de marca, 54
  diretrizes para, 205
Ativos intangíveis, 116. Ver também Propriedade intelectual (PI)
Ativos visuais, no design da identidade, 149
Auditorias
  da concorrência, 130–131
  de linguagem, 132–133
  de marketing, 128–129
Autenticidade, 40–41
  como crucial para o sucesso, 72
  como ideal de marca, 35
  em marca pessoal, 90
Autoquantificação, 71

B

B Corporations, 86–87
Básico das marcas, 2–33
  arquitetura de marca, 22–23
  cultura, 16–17
  estratégia de marca, 10–11
  experiência do cliente, 18–19
  foco na mensagem, 30–31
  gestão de marcas, 5–6
  governança de marca, 8–10
  grande ideia, 32–33
  identidade de marca, 4–5
  intercultural, 20–21
  marca, 2–3
  nomes, 26–27
  por que investir, 12–13
  símbolos, 24–25
  stakeholders, 14–15
  taglines, 28–29
Benchmarks, 106
Biblioteca de imagens
  diretrizes para, 205
Big data analytics, 74–75
Big data, tendência em direção a, 71
Briefing da marca, 142–143
Briefing de criação, 142, 143, 167

C

Campeões de marca, construção de, 14, 198–199
Canais
  distribuição de conteúdo, 168
  SocialSecurity.gov, estudo de caso, 299
Capital humano, 110
Caracteres tipográficos, 158, 159, 217
Cartões de visita, 175
Centro de marca, como ferramenta de tutela de marcas, 9
Centros de marca online, 206–207
  métricas para, 111
Certificação, 86–87
Chatbot, 71
China
  gestão de marcas em, 92–93
  LinkedIn China, estudo de caso, 260–261
Clareza
  de estratégia, 136–137
  em comunicações, 30
  para coerência, 42
Clientes
  e cultura, 17
  e iniciativas de marca, 108
Clientes internos, 14, 196
Clubes de assinatura, 71
Cobranding, definição, 6
Código aberto, 112
Coerência, 42–43
  como ideal de marca, 35
Cognição, 24
Colaboração
  e cultura, 17
  para sucesso, 112–113
Coleta de informações, 107
Comprador disfarçado, 124
Comprometimento, 46–47
  como ideal de marca, 35
  em liderança de projetos, 107
  para iniciativas de marca, 109
  por equipes, 106
Computação em nuvem, 75
Comunicação de crise, 88–89
Comunicação(ões). Ver também Mensagem(ns); Pontos de contato
  coerente, 42
  com aplicativos, 80–81
  critérios de avaliação para, 133
  cultura corporativa, 16–17
  de crise, 88–89
  em liderança de projetos, 107
  em mídias sociais, 76–77
  foco na mensagem em, 30–31
  força de três em, 31
  identidade de marca e, 12
  organização visível e comunidade invisível em, 16
  por meio de símbolos, 24, 38
  por *smartphones*, 78–79
  princípios fundamentais de, 31
  protocolo para, 106
Comunicações de marca, 30–31
Comunidade invisível, 16
Concentração do foco, 138–139
Confiança, 52
  certificações para, 86–87
  no processo de tomada de decisão, 114
Conjunto imagem, 48
Consciência ambiental, 48, 72
  B Corporations, 86–87
Consciência da marca
  e cultura, 17
  métricas para, 111
  por meio de lançamentos, 196
  símbolos fortalecendo, 24
Construção de campeões de marca, 198–199
Construcionismo, 176
Consumidores. Ver também Experiência do cliente
  e iniciativas de marca, 109
  no processo de construção de marcas, 76–77
Conteúdo atemporal, 169
Conteúdo com curadoria, 169
Conteúdo gerado pelos usuários, 169
Conteúdo original, 169
Conteúdo patrocinado, 169
Conteúdo, na sequência da cognição, 24
Copyrights, 116
Cor
  diretrizes para, 205
  e consciência da marca, 24
  e diferenças culturais, 20
  na sequência da cognição, 24
  no design da identidade, 149, 154–157
  para aparência e sentido, 152
Crescimento, 110
Crowdsourcing, 71
Cultura, 16–17
  camadas de, 21
  da China, 92
  e grandes ideias, 32
  empresa, 12, 16–17
  intercultural, 20–21
Cultura de marca, 16–17

D

Dados
  big data analytics, 74–75
  estruturados e não estruturados, 75
  por assinatura, 125
  tendência em direção ao big data, 71
Demanda, 110
Design
  baseado em evidências, 111
  função de, 4
  interação, 78–79
  investimento em, 12–13
  (Ver também Design de identidade)
  métricas para, 111
  para aparência e sentido, 152
  responsivo, 78
Design baseado em evidências, 111
Design de identidade
  aplicações de teste, 162–163
  apresentação, 164–165
  cor, 154–157
  design de logotipos, 150–151
  design de símbolos, 150
  design do sistema de identidade, 150–151
  investimento em, 12–13
  look and feel, 152–153
  som, 160–161
  tipografia, 158–159
  visão geral, 148–149
Design de interação, 78–79
Design de produto, como ponto de contato, 178–179
Design de sistema de identidade, 150–151. Ver também Sistema de identidade visual
  desenvolvimento de imagem, e diferenças culturais, 20
  design de logotipos, 150–151
  design de símbolos, 150
  ícones de aplicativos ilustrativos, 81
  investimento em, 110
Design responsivo, 78
Diferenciação, 50–51
  como ideal de marca, 35
  como pilar de marca, 141
  definida por estratégia de marca, 10
  gestão de marcas como, 6

Dinâmicas de marca, 70–93
    aplicativos, 80–81
    big data analytics, 74–75
    certificação, 86–87
    China, 92–93
    comunicação de crise, 88–89
    fazer a diferença, 72–73
    licenciamento de marca, 84–85
    marca pessoal, 90–91
    marca própria, 82–83
    mídias sociais, 76–77
    smartphones, 78–79
    tendências, 70–71
Diretrizes
    atualização, 9
    conteúdo de, 204–205
    customização, 9
    métricas para, 111
    visão geral, 202–203
Diretrizes de nomenclatura, 205
Diretrizes para propostas, 205
Disciplina
    em liderança de projetos, 107
    para iniciativas de marca, 109
Discurso de elevador, 30
Documentação, 107
Drones, 71
Durabilidade, 52

E

Economia do compartilhamento, 71
Elementos da marca, 54–69
    diretrizes para, 205
    emblemas, 64–65
    marcas abstratas, 62–63
    marcas com monogramas, 58–59
    marcas com palavras, 56–57
    marcas dinâmicas, 66–67
    marcas pictóricas, 60–61
    personagens, 68–69
    símbolos de marca, 54–55
Embalagem, 100–101
    como ponto de contato, 180–181
    diretrizes para, 205
    marca própria, 82–83
    métricas para, 111
Emblemas, 55, 64–65
Empatia, em liderança de projetos, 107
Entrega, como pilar de marca, 141
Entrevistas individuais, 124
Equipes
    comprometimento de, 106
    e cultura, 17
    internas de design, 118–119
    para iniciativas de marca, 109
    protocolo para, 106
Equity tracking, 125
Esclarecimento da estratégia, 136–137
Espaços de varejo
    e diferenças culturais, 20
    som e gestão de marcas em, 161
Essência da marca, 139
Estratégia, 10–11
    briefing da marca, 142–143
    concentração do foco, 138–139

dar nomes, 144–145
desenvolvimento de, 11
em apresentações, 165
para coerência, 42
para criação e distribuição de conteúdo, 168–169
para lançamentos, 196, 197
posicionamento, 140–141
renomeação, 146–147
visão geral, 136–137
Estratégia de conteúdo, 168–169
Estratégia de marca, 10–12. Ver também Estratégia
Estrutura de mercado, 125
Estudos de caso, 210–309
Etnografia, 124
Exercício da voz dos *stakeholders*, 145
Exercício de unicidade, 140
Experiência do cliente, 18–19
    aferição, 110
    digital, 19
    fundamentos da, 19
Exposições, diretrizes para, 205
Expressão de marca, congruente com organização, 40

F

Fazer a diferença, 72–73
Feiras de negócios, material efêmero em, 190
Fidelidade do consumidor, 116
Flexibilidade, 44–45
    como ideal de marca, 35
    em liderança de projetos, 107
Fluidez de gênero, 71
Foco
    concentração do, 138–139
    em liderança de projetos, 107
Foco na mensagem, 30–31
Fontes, 158. Ver também Tipografia
Força de três, 31
Forma, na sequência da cognição, 24
Formulários, diretrizes para, 205
Fusões
    auditorias com, 128
    cor para, 157
    e tomada de decisão, 115
    gestão de marcas para, 7
    métricas para, 111

G

Gerações, amplitudes de tempo das, 15
Gerenciamento do processo, 106–107
Gestão de ativos, 192–193
    centros de marca online, 206–207
    comprometimento com, 46
    construção de campeões de marca, 198–199
    diretrizes, 202–203
    lançamento, 196–197
    livros de marcas, 200–201
    mudança de ativos de marca, 194–195

sumário das diretrizes, 204–205
visão geral, 192–193
Gestão de marcas digital (*Digital branding*), 6
Gestão de marcas, 6–7
    imperativos para, 13
    investimento em, 12–13
    marketing *versus*, 9
    pessoal, 6, 90–91
    processo para (Ver Processo para gestão de marcas)
    tipos de, 6
Gestão de projeto, 106–107
Gestão de reputação, 88–89
Gestão do design, 118–119
Goodwill, 14, 116
Governança de marca, 8–9
Grande ideia, 32–33
    criação, 139
    na propaganda, 182
Grupos focais, 124

I

Ícones de aplicativos, 81
Ideais da marca, 34–53
    autenticidade, 40–41
    coerência, 42–43
    comprometimento, 46–47
    diferenciação, 50–51
    flexibilidade, 44–45
    longevidade, 52–53
    significado, 38–39
    valor, 48–49
    visão geral, 34–35
    visão, 36–37
Identidade
    marca pessoal, 90
    mudança em, 194–195
    organizacional, 40
Identidade de marca, 4–5. Ver também Design de identidade
    como ativo, 48
    consistência e integridade de, 202
    critérios funcionais e, 34
    desenvolvendo programas para, 118
    e valor intangível da marca, 48
    investimento em, 12–13
    mudança em, 194–195
    revitalização, 7
Imagens, para *look and feel*, 152
Iniciativas de marca, 108–109
Inovação, 44
    para sustentabilidade, 72
Insight
    em liderança de projetos, 107
    na condução de pesquisa, 122–123
Insubstituibilidade
    diferenciação para, 50 (Ver também Diferenciação)
    posicionamento para, 6
Inteligência artificial, 71
    big data analytics, 74–75
Inteligência competitiva, 125
Intercultural, 20–21
Internet das Coisas, 71
Investimento em design, 12–13, 110

J

Jingles, 161

K

Kits de ferramentas de marketing e de vendas, 203

L

Lançamentos, 196–197
    de iniciativas de marca, 109
    de produtos, 180
Levantamentos online, 125
Licenciamento de marca, 84–85
Líderes e liderança, 110
    para iniciativas de marca, 109
    planejamento de crise por, 89
    projeto, 107
    tomada de decisão por, 114, 115
    visão da, 36
Linguagem, 30. Ver também Comunicação(ões)
    intencional, 31
    para coerência, 42
    visual, 152
Livros, 200
Logotipo
    design de, 150–151
    e consciência da marca, 24
Logotipo. Ver também Símbolos
    diferenças culturais e design de, 20
    e significado da marca, 38
    interativo, 160
    licenciamento, 84
Longevidade, 35, 52–53
Look and feel
    e design da identidade, 152–153
    no design da identidade, 149
    para coerência, 42

M

Mantras de marca
    criação, 141
    foco na mensagem como, 30–31
    taglines como, 28
Mapeamento da percepção, 139
Mapeamento de mensagens, 31
Marca (em geral), 2–3. Ver também tópicos individuais
    análise, 74
    arquitetura de marca, 22–23
    cultura, 16–17
    embalagem, 100–101
    estratégia de, 10–11
    experiência do cliente, 18–19
    foco na mensagem, 30–31
    funções primárias de, 2
    gestão de, 6–7
    governança de, 8–9
    grande ideia, 32–33
    ideais da, 34–53
    identidade de, 4–5
    intercultural, 20–21
    mudança em, 94–95
    nomes, 26–27
    pontos de contato de, 3

por que investir, 12–13
redesign, 96–99
símbolos, 24–25
stakeholders, 14–15
taglines, 28–29
valor intangível de, 2
Marca de país, 6
Marca pessoal, 6, 90–91
Marca própria, 82–83
Marca registrada, 117
Marcas abstratas, 55, 62–63
  como elemento de marca, 62–63
  como ícones de aplicativo, 81
Marcas com monogramas, 55, 58–59, 81
Marcas com palavras, 55–57
  como ícones de apicativo, 81
Marcas de causas, 6
Marcas de serviço, 116, 117
Marcas dinâmicas, 66–67
Marcas pictóricas, 55, 60–61
Marcas próprias, 82–83
Marcas registradas, 116
  características de, 34
  confiança em, 52
  datas de origem de, 53
  emblemas como, 64–65
  ícones de apps, 81
  personagens, 68–69
  processo de pesquisa e registro, 116–117
  proteção jurídica de, 48
  tipos de, 117
Marketing
  diretrizes para materiais, 205
  e arquitetura de marca, 22
  estratégia de marca guiando, 10
  flexibilidade em, 45
  gestão de marcas versus, 9
Material efêmero
  como ponto de contato, 190–191
  diretrizes para, 205
Mensagem(ns). Ver também Comunicação(ões)
  e diferenças culturais, 20
  em veículos, 186
  gravadas, 161
  principais, 31
Metas
  para conteúdo, 168
  para iniciativas de marca, 109
  para lançamentos, 197
Métrica, 111
Mídias digitais. Ver também Aplicativos; Mídias sociais
  diretrizes para, 205
Mídias sociais, 76–77
  diretrizes para, 205
  marca pessoal em, 90–91
  métricas para, 111
Millennials, 15
Mindfulness, 71
Mineração de dados, 75
Modelos de negócio disruptivos, 71
Monitoramento de redes sociais, 124

Mudança(s), 94–95
  big data analytics para, 74–75
  de ativos de marca, 194–195
  e marca pessoal, 90
  entendimento dos stakeholders principais sobre, 198
  inovação de marca em resposta a, 70 (Ver também Tendências)

N

Neuromarketing, 124
Nomes, 26–27
  e diferenças culturais, 20
  eficazes, 27
  licenciamento, 84
  mitos sobre, 26
  mudança em, 7, 194, 195
  na China, 92, 93
  processo de dar nomes, 144–145
  renomeação, 146–147
  tipos de, 27
Nova empresa ou novo produto, gestão de marcas para, 7
Novos amigos eletrônicos, 71

O

Organização visível, 16

P

Padrões
  de sinalização, 177
  melhores, características dos, 203
  métricas para, 111
Painéis de avisos, 124
Palavras mágicas, nomes de, 27
Papéis administrativos internacionais, diretrizes para, 205
Papel timbrado, 175
Patentes de design, 116
Patentes de invenção, 116
Percepção
  ciência da, 24
  e sucesso da marca, 2
  métricas para, 111
  visual, 154
Personagens, 68–69
  históricos, 69
  licenciamento, 84
  som de, 161
Personalidade
  em comunicações, 30
Pesquisa de mercado, 124–125
Pesquisa de usabilidade, 124
Pesquisa primária, 124
Pesquisa qualitativa, 124
Pesquisa quantitativa, 125
Pesquisa secundária, 124, 125
Pesquisa, 120–135
  auditoria da concorrência, 130–131
  auditoria de linguagem, 132–133
  auditoria de marketing, 128–129

insight, 122–123
  pesquisa de mercado, 124–125
  relatório de auditoria, 134–135
  revisão, 149
  teste de usabilidade, 126–127
  visão geral, 120–121
Pilares de marca, 141
Política para mídias sociais, 89
Pontos de contato, 3
  ambiente, 184–185
  artigos de papelaria, 174–175
  design de produto, 178–179
  em iniciativas de marca, 108
  embalagem, 180–181
  estratégia de conteúdo, 168–169
  ícones de aplicativos, 80–81
  identidade expressa em, 12
  material colateral, 172–173
  material efêmero, 190–191
  métricas para, 111
  para coerência, 42
  propaganda, 182–183
  sinalização, 176–177
  site, 170–171
  uniformes, 188–189
  veículos, 186–187
  visão geral, 166–167
Por que investir, 12–13
Portal de relações com as mídias, 203
Porta-vozes, 161
Posicionamento
  definida por estratégia de marca, 10
  estratégia para, 139–141
  para ser insubstituível, 6
  redesign, 94, 96–99
  reposicionamento, 94
Prazos, 106
Princípios de tutela de marcas, 9
Processo de gestão de marcas
  aferição do sucesso, 110–111
  colaboração, 112–113
  fase 1, condução da pesquisa, 120–135
  fase 2, esclarecimento da estratégia, 136–147
  fase 3, design de identidade, 148–165
  fase 4, criação de pontos de contato, 166–191
  fase 5, gestão de ativos, 192–207
  gerenciamento do processo, 106–107
  gestão do design, 118–119
  iniciativas de marca, 108–109
  propriedade intelectual, 116–117
  quando começar, 7
  tempo necessário para, 106
  tomada de decisão, 114–115
  visão geral, 104–105
Produtividade, cultura e, 17
Produtos falantes, 161
Programa de embaixadores de marca, 9
Promessa de marca
  da Target, 11
  sustentabilidade como propósito fundamental de, 72

Propaganda, 182–183
  diretrizes para, 205
  métricas para, 111
  personagens em, 68
Propósito
  como pilar de marca, 141
  em iniciativas de marca, 108
Propostas de valor
  definida por estratégia de marca, 10
  para fazer a diferença, 72
Propriedade intelectual (PI), 116–117
  ativos intangíveis versus, 116
  conjunto imagem, 48
  copyrights, 116
  diretrizes para proteção de, 204
  licenciamento de marca, 84–85
  marcas de serviço, 116, 117
  marcas registradas, 34, 48, 52, 53, 64–65, 68–69, 81, 116–117
  patentes, 116
  protocolo jurídico para, 107
  segredos comerciais, 116
  símbolos de marca, 54–55, 212, 213, 265
Protocolo de tomada de decisão, 106
Protocolo jurídico, 107

Q

Qualidade uniforme, para coerência, 42
Qualidades sensoriais, para *look and feel*, 152

R

Realidade virtual, 71
Recrutamento, e cultura, 17
Redesign, 94–101
  de embalagens, 100–101
  de símbolos de marca, 94–99
Relatório de auditoria, 134–135
Reputação, 14
  e iniciativas de marca, 108
  marca pessoal, 90–91
Resenhas online, 71
Resolução criativa de problemas, na liderança de projetos, 107
Responsabilidade social, 48, 72–73
  B Corporations, 86–87
Resultado final triplo, 72
Retenção, cultura e, 17
Revitalização de marcas
  gestão de marcas para, 7
  iniciativas der, 108–109
Robôs sociais, 71
Robótica, 71

S

Saúde móvel, 71
Scrapbooks, 71
Segmentação, 125
Segredos comerciais, 116
Sentido, 152. Ver também *Look and feel*

Serviços de nuvem, 71
Significado, 35, 38–39
Símbolos de marca, 54–55
   tipologia dos, 55
   tipos de, 54–55
Símbolos, 24–25
   como veículos de significados, 38
Simplicidade, para coerência, 42
Sinais, som, 161
Sinalização
   como ponto de contato, 176–177
   diretrizes para, 205
Sistema de cores, 157
Sistema de identidade visual, 149. Ver também Design de sistema de identidade
Sistema de material colateral, 172–173
Sites
   como pontos de contato, 170–171
   métricas para, 111
   som em, 161
Sites de gestão de marcas online, 203
Slogans, licenciamento, 84
Smartphones, 78–79
Sob demanda, tendência em direção a, 71
Som
   do nome da marca, 26
   no design da identidade, 160–161
Stakeholders, 14–15
   estratégia de marca entendida por, 10
Stakeholders principais, 15
   entendimento das mudanças por, 198
   entrevistas com, 120, 121
Sucesso
   aferição, 110–111
   coerência para, 42
   de conteúdo, 169
   e estratégia de marca, 11
   e percepção de marca, 2
   em mídias sociais, 76
   medidas de negócio do, 72
Sustentabilidade, 108
   como propósito fundamental, 72
   e conversa de valor, 48
   métricas para, 111

T

Taglines, 28–29
Tecido funcional, 71
Tecnologia vestível, 71
Tendências, 70–71
Testes
   aplicações de teste, 162–163
   conceituais, 144
   de elementos da marca, 166
   de produtos, 125
   de usabilidade, 125–127
   para certificações, 86
Tipografia, 158–159
   diretrizes para, 205
   no design da identidade, 149
   para aparência e sentido, 152
   para artigos de papelaria, 175
Tom, em comunicações, 30
Tomada de decisão, 114–115
Transparência
   de B Corporations, 86
   em comunicação de crise, 89
Tutela de marca, 9

U

Um processo para o sucesso, 104–105
Unicórnios, 70
Uniformes
   como ponto de contato, 188–189
   diretrizes para, 205

V

Valor, 48–49
   como ideal de marca, 35
   como pilar de marca, 141
   criação, 48–49
   em iniciativas de marca, 108
   proteção jurídica de, 48
   valor intangível das marcas, 2, 48
Valor de marca
   com marcas próprias, 82–83
   conquista histórica de, 66
   construção, 13
   diretrizes para proteção de, 204
Vantagem competitiva
   de grandes ideias, 32
   definida por estratégia de marca, 10
   processo como, 105
Veículos
   como ponto de contato, 186–187
   diretrizes para, 205
Vendas, investimento em gestão de marcas e design, 13
Viagem espacial, 71
Vídeo pessoal, 71
Visão, 36–37
   como ideal de marca, 35
   comunicação, 200
   e estratégia de marca, 10
Voz
   em comunicações, 30
   em marca pessoal, 90
   em mídias sociais, 77
   para coerência, 42

Gratidão eterna

O maior presente que recebi por escrever este livro foi conhecer colegas do mundo inteiro – de CEOs a diretores de marketing e de design, professores, empresários e pessoas de órgãos do governo. Foi uma honra compartilhar sua paixão e seu processo na construção e no design das marcas do futuro.

Alina Wheeler é especialista em gestão de marca e palestrante requisitada, cujas apresentações revigorantes são apreciadas por públicos do design e dos negócios em todo o mundo. Wheeler já liderou equipes de branding e design para empresas públicas e privadas; já esteve nas trincheiras do design e em apresentações de CEO; já ajudou empresas de marca, produtos e inciativas, utilizando o processo comprovado, apresentado neste livro.

Utilize este livro

Como um guia para a sua iniciativa de marca.

Para relembrar o que já sabe.

Para aprender algo novo.

Para educar seu cliente.

Para educar sua equipe.

Para educar seus alunos.

Para construir uma marca melhor.

Para elaborar um contrato melhor.

Para inspirar-se com um estudo de caso.

Para derrubar silos.

Para colocar executivos e criativos para conversar.

Para citar um especialista ou um avatar.

Marcando com notas adesivas as suas passagens favoritas.

Para utilizar diagramas em uma apresentação.

Para sair da sua zona de conforto.

Para recarregar as baterias.

Para dar de presente de aniversário.

Como um belo livro de mesa.

10 coisas que você não sabe sobre Alina Wheeler

Meu nome de solteira é Alina Radziejowska, e o idioma polonês é minha língua materna. Meu pai era comandante de navio e me entretinha com as histórias de suas aventuras pelos portos do mundo.

Sempre fui fascinada pelo modo como as pessoas se expressam com palavras, ações, valores e ambientes.

Meu primeiro projeto de arquitetura de marca foi a codificação por cores dos meus pecados durante a catequese, no segundo ano.

Já trabalhei com empresas públicas, privadas, sem fins lucrativos e com pessoas visionárias com um grande sonho.

Estou casada com o Papai Noel desde 7/7/77. Acesse santaclassics.com. Temos duas filhas e dois netos.

Minha alma vive em uma montanha. Quando não estamos na Filadélfia ou viajando, moramos em uma casa chamada Skylight, nas montanhas de Adirondacks.

Vi os Beatles em 1963, encontrei o Mick Jagger por um milésimo de segundo em 1966 e sou obcecada pelo David Bowie.

Meu mantra é: quem é você? Quem precisa saber? Como eles vão descobrir? Por que eles devem se importar?

Meu lema de vida: nunca é tarde para ser o que você poderia ter sido.

Escrever este livro me deu de presente novos amigos e almas gêmeas em todos os continentes. E esta edição é a minha canção do cisne.

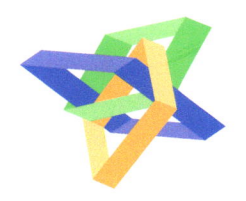

Para comentários, trabalhos de consultoria e consultas sobre palestras:
alina@alinawheeler.com

@alinawheeler